21世纪经济管理精品教材
工商管理系列

企业文化与CI策划

（第五版）

张德 吴剑平◎著

清華大學出版社
北京

内 容 简 介

本书全面系统地阐述了企业文化理论，深入浅出地介绍了企业文化建设的规律、方法和技巧。书中指出了世界企业管理的发展趋势，阐明了从科学管理到文化管理的必然性，系统介绍了企业文化设计、实施、变革创新以及集团文化建设、跨文化管理等内容，并对企业形象战略、品牌战略、公共关系战略等进行了有机整合。

本书总结了作者长期从事企业管理和企业文化理论研究、教学和指导企业实践所取得的主要成果。在前四版的基础上，这次再版做了进一步调整和大幅更新，以突出理论的系统性和前瞻性，增补了组织文化理论的主要流派、企业文化建设的中国特色、互联网和人工智能时代企业文化的发展趋势等内容，对于建设中国特色的企业文化具有重要的现实指导作用。

本书适合企业家和各级管理人员阅读，同时也可以作为工商管理、公共管理专业的研究生和本科生教材，还可供管理学者、公务员以及对企业管理感兴趣的人士作为参考。

图书在版编目（CIP）数据

企业文化与CI策划 / 张德，吴剑平著. —5版. —北京：清华大学出版社，2020.1（2024.7重印）
21世纪经济管理精品教材. 工商管理系列
ISBN 978-7-302-53807-3

Ⅰ. ①企… Ⅱ. ①张… ②吴… Ⅲ. ①企业文化 ②企业形象－设计 Ⅳ. ①F272-05

中国版本图书馆CIP数据核字（2019）第198418号

责任编辑：陆浥晨
封面设计：李召霞
责任校对：王凤芝
责任印制：丛怀宇

出版发行：清华大学出版社
网　　址：https://www.tup.com.cn, https://www.wqxuetang.com
地　　址：北京清华大学学研大厦A座　　邮　　编：100084
社 总 机：010-83470000　　邮　　购：010-62786544
投稿与读者服务：010-62776969，c-service@tup.tsinghua.edu.cn
质 量 反 馈：010-62772015，zhiliang@tup.tsinghua.edu.cn
印 装 者：三河市龙大印装有限公司
经　　销：全国新华书店
开　　本：185mm×260mm　　印　　张：18.25　　字　　数：432千字
版　　次：2013年1月第4版　　2020年1月第5版　　印　　次：2024年7月第5次印刷
定　　价：59.00元

产品编号：077440-01

第五版序言

企业文化与CI策划

Preface

随着改革开放的不断深入，人们日益认识到管理在经济社会发展中的重要作用。加强企业管理，实现管理的科学化和现代化，是摆在我国广大企业面前的紧迫任务。

那么，如何加强企业管理？怎样提高管理的科学化、现代化水平？

首先，要从生产力和生产关系的高度来认识管理。人们对于生产要素的认识，从劳动、资本，到劳动、资本、技术，经历了一个曲折的探索历程。这些生产要素只有相互结合、相互作用，形成有序运转并增值的有机系统，才能转化为现实的生产力。把这些生产要素进行有机组合，使之有序运转并不断增值的过程，就是管理的过程。管理是生产力和生产关系矛盾运动的结果。管理理论是管理实践的产物，管理理论的每一次突破都会极大地推动管理实践的发展，从而进一步推动生产力和生产关系协调发展。随着生产力的现代发展，管理在今天早已不再是可有可无，而是当之无愧地成为不可或缺的生产要素，这已经被中外企业的大量实践反复证明。

其次，要始终坚持以人为本。人是生产力中最积极、最活跃的因素。物要人去驾驭，事要人去做，科技要人去发展，信息要人去开发利用，离开了人，一切都无从谈起。人是管理实践的主体，又是管理实践的首要对象。正反两方面的经验都深刻揭示出，只有高度重视生产力中人的因素，充分发挥广大劳动者的积极性、主动性、创造性，才能使生产力得到真正的解放和发展。无论哪家哪派的管理理论，如果不坚持以人为中心，最终必将被人类的实践所抛弃。建立在行为科学基础上的企业文化理论，强调以人为本，坚持把人作为企业管理和一切工作的中心，充分反映了对生产关系要素本质的客观认识，反映了以人为本的科学发展观对企业管理工作的具体要求。重视企业文化理论研究、推进企业文化建设实践，既能够避免管理中“见物不见人”“重物轻人”等片面做法，又能够促进企业科学发展与社会和谐建设。

再次，实现中国管理的科学化，必须先实现科学管理的中国化。国外管理经验只有和中国国情、企业实际相结合，形成中国特色的科学管理理论，才能真正被中国企业所掌握，成为指导管理实践的强大理论武器。中华民族在漫长的历史中创造了灿烂的中华文明，形成了高明的管理思想，积累了丰富的管理经验，成为人类文明的共同财富。我们不但要借鉴西方先进管理经验，更要树立文化自信，继承中华民族传统文化的精华，充分发挥文化优势和管理特色。这是今天我国企业加强管理的现实基础，是中国特色的科学管理赖以生存的土壤。中国的管理模式应是西方科学管理与中华优秀传统文化相结合的产物。加强企业文化建设，是实现科学管理中国化，进而实现中国管理科学化的必然选择，也是建设社会先进文化的根本基石，是用先进文化推动先进生产力发展的根本要求。

最后，企业管理必须面向未来。现代科学技术日新月异，知识经济迅猛发展。生产力的发展呼唤先进的生产关系，必然要求进行管理的变革。国内外优秀企业在继承人类已有管理经验的同时，纷纷进行管理创新，收到了积极成效。这些企业的管理实践探索有一个共同点，就是注重发挥文化力在市场竞争中的作用，在科学管理的基础上及时向文化管理迈进。实践已经证明并将继续证明，以企业文化建设为关键环节的文化管理是适应知识经济和信息化时代的管理模式，是管理科学发展的新阶段，也是21世纪构建中国特色的管理科学理论体系的重要内容。加强企业文化建设，正是企业管理联系现实和未来的桥梁，是中国企业在21世纪赶超世界管理先进水平、形成独特管理优势的必由之路。

作者在长期从事管理学、组织行为学、人力资源管理和企业文化理论研究及教学的基础上，结合指导企业管理实践的丰富经验，进行系统总结、提炼、升华形成了本书。本书揭示了从经验管理到科学管理再到文化管理的管理发展规律，深入阐述了企业文化理论，全面介绍了企业文化诊断、设计、实施、变革等推进企业文化建设的规律、方法和艺术，整合了企业形象战略（CI策划）、品牌战略、公共关系战略等有关理论，对于中国企业实现管理的科学化和现代化、提高科学发展水平具有重要的现实指导意义。

本书在2000年首次面世以后，就受到广大读者特别是企业各级管理人员的欢迎和好评，应读者要求先后于2004年、2008年、2013年三次再版，并不断重印。作者在每次再版时，都本着对读者高度负责的精神和严谨科学的态度，对书稿内容进行了大量及时的调整、充实和更新，以努力反映企业管理现代化的最新实践和企业文化理论研究的最新成果。为满足读者的愿望，两位作者最近又用了一年时间，在第四版基础上进一步作了全面修订。在继续坚持准确性、前沿性、可读性、实用性的同时，这次修订主要有以下四个方面。

一是对全书各章结构和内容作了进一步优化调整，精简了一些相对陈旧和重复的内容，修正了一些不太准确的提法，使全书更严谨、更精练。

二是新增了企业文化的主要学派、中国学派的形成等理论研究最新成果，以帮助读者了解和掌握企业文化理论的发展脉络。

三是阐明了企业贯彻落实我国创新发展理念、创新驱动发展战略等内容，以进一步突出企业文化建设的中国特色和时代特征。

四是充实了跨文化管理、企业集团文化的整合等有关章节，全面更新和补充了企业文化建设案例，以更好地满足企业管理和企业文化建设的实践需要。

党的十九大以后，我国进入了建设中国特色社会主义新时代，我们相信，只要中国广大企业坚持文化自信，充分认识企业文化的重要性，努力学习和掌握企业文化理论，积极运用企业文化建设的科学方法，坚定不移地推进企业文化建设、变革与创新，中国企业的发展前景将更加美好灿烂，中国作为经济强国、文化强国，必将对世界做出新的更大的贡献。

由于作者的知识、能力局限，错误和疏漏在所难免，敬请广大读者斧正。

张　德
吴剑平

目录

企业文化与CI策划

Contents

走进文化管理时代

文化管理是20世纪80年代兴起的一种崭新的管理思想、管理学说和管理模式，是继经验管理、科学管理之后企业管理发展的新阶段。如果说经验管理、科学管理是"人治"和"法治"，则文化管理的特点就可以称为"文治"——把组织文化建设作为管理的中心工作。

21世纪是"文化管理"的世纪，也是"文化制胜"的时代。

第一节 世界企业文化热

改革开放以来，中国持续快速发展，成为世界经济增长的火车头。在我国从计划体制走向市场经济的过程中，企业管理日益受到重视。与此同时，发达国家对管理的认识已经进入了一个更高的境界——管理是一门科学，也是一种艺术，还是一种文化。这种深化的认识源于30多年前，当时在美国企业界和管理学界的带动和影响下，企业文化被提高到理论层次去认识和研究。此后，很多国家都兴起了企业文化建设和研究的热潮。

一、日本经济崛起之谜

20世纪70年代，日本在第二次世界大战的废墟上一跃而起，成为仅次于美、苏的世界第三大工业国和经济强国。美国的钢铁、汽车、电器等王牌工业纷纷被日本打败，这使美国社会大为震惊，也令西方国家乃至全世界都大为惊叹！

日本经济崛起的秘密何在？日本企业靠什么样的管理，使产品具有强大的竞争力？通过痛苦的反思，美国的管理理论家和实践家们开始把目光聚焦日本，探究日本企业的经营管理模式。他们发现，日本企业的成功在于其管理实践对管理理论的突破，而美国企业管理的困境恰恰在于管理思想的局限和管理理论的落后。

企业管理专家在考察研究后一致认为：美国企业注重"硬"的方面，强调理性管理；而日本企业不但注重"硬"的方面，而且更注重"软"的方面——这是日本企业长期管理实践的产物，如全体员工共同的价值观念、向心力和内部人际关系等，也就是企业文化。

它推动实现了以人为中心的管理，使企业具有强大的凝聚力、旺盛的技术消化能力、局部调整生产关系的能力以及弹性适应市场的能力，激励着全体员工共同为实现企业目标而奋斗。

在日本，企业文化的表现形式多种多样，如“社风”“社训”“组织风土”“经营原则”等。这是企业内部把全员力量统一于共同目标之下的价值观念、历史传统、道德规范和生活准则，是反映企业独特精神的信念，是增强企业凝聚力的意识形态。

1. “和魂”“洋才”构成日本企业文化的核心

日本人自称大和民族，“和魂”指日本的民族精神。“和魂”实际上是以儒家思想为代表的中国文化的产物，是“汉魂”的变种和东洋化。中国儒家文化的实质是人伦文化、家族文化，提倡仁、义、礼、智、信、忠、孝、和、爱等思想。

日本企业家充分利用“和魂”，提倡员工应忠于企业，鼓吹劳资一家、共存共荣，从人际和谐入手来稳定劳资关系。他们从《孙子兵法》《三国演义》等中国典籍中汲取丰厚营养，把兵不厌诈、待竭而制、先发制人、避实击虚等军事谋略移植到企业竞争中，成效显著。例如，日本精工集团早就想称雄世界，但羽翼未丰时一直避免与瑞士钟表业正面冲突，直到20世纪70年代才以大批高精度的石英表和电子表涌进国际市场，先后打垮178家瑞士手表厂，一举取代瑞士引领世界潮流。

“洋才”则指西洋（欧美）的技术。1886年明治维新，日本开始资本主义进程，日本企业纷纷向欧美学习先进技术及管理方法。于是“和魂”与“洋才”结合，成为企业经营的指导思想，构成日本企业文化的重要基础。

2. 家族主义是日本企业文化的显著特色

日本民族具有农耕民族的很多文化特征。它首先表现为集团内部的互助合作——家族主义。与欧美重个人才能相比，日本人更重视协作与技术的作用。这种家族主义观念在企业中普遍转化为团队精神，即一种为群体牺牲个人的意识。农耕文化还表现为乡土性、稳定性。至今，家族主义、稳定性等农耕特征在日本企业中仍十分明显。

在日本，集团具有广泛含义。日本社会是集团的社会，一个企业可以被看作集团，企业内的科室、班组、事业部也都是大小不一的集团；在企业外部，密切联系的企业结成集团，无数个集团最终又构成日本这个总的集团。所谓家族主义，就是把家庭的伦理道德移植到集团，企业管理的目的和行为都是保持集团协调、维护集团利益、发挥集团力量。在家族主义影响下，集团被看成社会的一个细胞，人的个性几乎完全被集团特征所淹没。企业管理对象也不再是单个的人，而是由人群组成的集团；个人的责任、权利和利益统统由集团来承担，如同家庭一样。

许多日本企业家认为，企业不仅是获得利润的经济实体，而且是满足员工广泛需求的场所。因此，日本企业管理强调员工对企业要有认同感，与企业共存共荣。日本企业一般采用终身雇佣制，使员工有职业保障的安全感；在工资及晋升上实行年功序列制，把员工收入与其服务企业的年限挂钩；往往还提供廉价公寓、减免医疗费、发放红利等全面福利，从物质利益上诱使员工“从一而终”。这样的制度体系，通过物质及精神需要的满足，强化员工对公司产生家庭般的归属感，把工作、事业追求甚至精神寄托都纳入以企业为中心的轨道。同时，日本企业特别强调献身、报恩精神，要求员工特别是管理人员与企业命运融为一体，为之而生，为之而死。松下幸之助就说过：“专业知识或经验固然相当重要、可贵，但我认为仅靠这些还不够，更重要的是舍命的精神，尤其在多事之秋，能发挥舍命精神的人才是真正有用的人。”

家族主义要求和谐的人际关系。因此，“和为贵”思想是日本企业文化的核心。这是吸收中国儒家学说形成的人生哲学和伦理观念。例如，日立公司的“和”，松下公司的“和亲”，丰田公司的“温情友爱”。这里的“和”，就是和谐一致、团结协作。

3. *以人为中心的思想是日本企业文化的重要内容*

终身雇佣制、年功序列制以及企业工会，是日本企业经营模式的“三大支柱”。三者都紧紧围绕人这个中心，相互联系、密切配合，从不同侧面调整企业的生产关系，缓和劳资矛盾。正是这些形成了命运共同体的格局，实现了劳资和谐，推动了企业经营管理的改善和提高。

本田公司坚持“以人为中心”的理念，认为企业经营的一切根本在于人，注重办成有人情味的集团。公司的基本任务不仅是制造消费者喜爱的汽车，而且还为员工提供发挥才能、安居乐业的场所。为此，公司重视员工有没有朝气和独创精神，在分配年轻人工作时总是稍微超出其能力，并要求各级负责人都要有向年轻部下放权的胆量。

日本企业贯彻“经营即教育”的思想，松下幸之助提出“造物之前先造人”的理念，松下公司几千名营销骨干，都是在松下商学院系统培养出来的。

20 世纪 90 年代以来，由于泡沫经济的破灭，日本经济停滞不前，相应地在管理上借鉴美国的能力主义，更强调竞争和效率，但日本企业文化和管理模式的基本形态尚未改变。相反，欧美企业则普遍借鉴日本模式，重视企业文化建设，把团队精神等日本企业的长处作为公司核心价值观的重要内容。

二、美国的“文化觉醒”

美国学者发现，在日本企业的诸多成功因素中，排在第一位的既不是规章制度、组织形式，也不是资金、设备和科学技术，而是企业文化。日本的企业文化使企业的共同理想、价值观念和行为准则植根于员工心中，产生强大的感召力、凝聚力，使人、财、物、管理技术、组织技能等要素有效组织起来，发挥出较高效能。

受日本企业启发，美国企业界和管理学界认识到，美国企业讲效率、重科学，但过于依赖制度、数理方法和奖金刺激，忽视了人的社会性及其作用，忽视了精神力量，忽视了共同价值观和信念的培养。

当时，美国管理学界发表了大量论著，以创建美国的企业文化。其中，《日本企业管理艺术》（1981）、《Z 理论——美国企业界怎样迎接日本的挑战》（1981）、《公司文化——公司生活中的礼仪与仪式》（又译《企业文化》，1982）、《追求卓越——美国管理最佳公司的经验》（1982）奠定了企业文化的理论基础，被并称为美国企业文化“四重奏”。

后来，美国又陆续出版了《组织文化和领导》（1985）、《第五项修炼——学习型组织的艺术与实务》（1990）、《企业文化与经营业绩》（1992）、《基业长青》（1994）、《从优秀到卓越》（2001）等著作，也很有影响。例如，《组织文化和领导》中关于企业文化的概念和理论，就为大多数研究者所接受。

总结有关研究成果，可以清楚地看到美国企业文化的主要特征。

1. 建立共同价值观

美国企业领导者认识到，决定公司生存发展最重要的因素是共同的价值观和信念。美国杰出企业的价值观主要有以下四个方面。

（1）企业都有崇高的目标。企业通过目标来激励和领导员工，不能单纯以盈利作为企业最高目标，而要努力为顾客、为社会提供优良的产品和服务。只有崇高的目标，才能产生健全而具有创造性的策略，并使个人愿意为之献身。

（2）使员工参与决策和管理。由于经济全球化和产业转移，美国企业管理人员和普通员工的工作性质发生了变化，体力劳动减少，脑力劳动增加，管理工作主要是促使员工从事创造性的思考、学习和参与。因此，企业成功不仅要有先进科技，而且必须创造一种合作文化，让员工参与解决问题。企业领导方式也由指挥领导变为共识领导，使员工感到自己与企业结为一体，为企业成功而喜、为企业失败而悲。

（3）追求卓越。这是美国企业文化的核心之一，表示永无止境的进步过程。求新求变，才会使人朝着更高的标准努力。企业应创造一种环境和文化，使更多的人感到不满足和追求卓越。

（4）建立亲密文化。美国许多处于领先地位的高技术企业，大都由一群志同道合的科技人员组成。他们彼此间坦诚沟通，共同激荡创意，相互鼓励及启发事业的成就感。美国企业要求管理人员与下属建立友谊。有了友谊，才会有信任、牺牲和忠诚，员工才会发挥出巨大的创造力。美国很多公司都为此而努力。

2. 个人能力主义

与日本农耕文化寻求稳定相反，美国人总是希望不断变动。这种好动好胜的民族特点有其历史渊源：一是北美大陆除土著外的早期居民都为来自欧洲的冒险者；二是美国建国后西部尚有大片肥沃的土地未开垦，“冒险家”们纷纷背井离乡，单身出走或举家西迁，以寻求致富之道，成为美国历史上著名的“西进运动”。

沿袭传统，使美利坚人民带有明显的个人能力主义及流动性、变动性等特点，美国企业文化也因此培植了不怕风险失败、勇往直前的开拓进取精神，尊重个人、崇尚自由、追求个人发展的精神，鼓励自由贸易、自由竞争、任何人都要凭才智和工作而致富的精神。微软公司（Microsoft）依靠充分发掘技术人员的个人潜力，在激烈竞争中获得独一无二的优势；谷歌公司（Google）提倡工作就是生活，凭借鼓励创新、自由畅快的企业文化，造就了巨大财富；在埃隆·马斯克（Elon Musk）的领导下，特斯拉公司（Tesla）、太空探索技术公司（SpaceX）等在电动汽车、可回收火箭等领域的异想天开、大胆创新，吸引了全球的目光。这样的企业文化保证了美国科技和经济长期领跑全球。

3. 软硬结合

“二战”后，美国企业由以物为中心的单纯技术与纯理性主义的管理方式，转向以人为中心的现代管理方式；从把企业当作单一的投入产出体、毫无顾忌地向社会攫取最大利润，转向把企业看成是整个社会有机体的一分子，企业努力与社会协调发展；从过去注重企业管理的硬件，转向既注重硬件又注重软件，强调它们的协调发展以实现其整体功能；由只重视硬专家、强调科技对生产经营的促进作用，转向同时重视软专家、强调信息与咨询服务的作用。

美国优秀企业强调组织弹性，即根据生产经营活动的需要及时扩充或收缩某些职能部门。《追求卓越——美国管理最佳公司的经验》所考察的 62 家杰出企业，没有一家采用刚性很强的矩阵组织结构，即使曾一度试行过这种组织形式的公司又都很快放弃了，因为优秀的企业组织机构都是柔性的。

美国企业文化强调“走动”管理，提倡管理者必须倾听和尊重员工的意见，给员工以充分的自主权；实行面对面领导，管理人员深入基层、接触员工，在企业内部建立广泛的、非正式的、公开的信息网络，以体察下情、沟通意见、促进交流、提高效率。同时，推崇发展公共关系，实行软专家管理等。他们认为，在当时和以后的经营环境中，管理方法、技术、手段的最佳效果取决于对无形资源的重视程度，诸如企业风气、经营哲学、公司精神、最高目标和信息沟通、人力资源开发、技术创新等能力。尤其在经济不景气的情况下，这些软件资源将会给企业发展带来显著的活力。

20 世纪 90 年代以来，美国企业由于重视软管理，在信息技术领域取得独一无二的领先优势。软硬结合，是美国企业文化促使企业管理方式发生变化的根本趋势。

三、儒家文化与亚洲四小龙腾飞

从 20 世纪 80 年代开始，东亚悄然成为全球经济最具活力的地区。其中，韩国、中国台湾、中国香港和新加坡四地的发展速度高居世界前列。它们因处于中国这条巨龙周边，所以被并称为“亚洲四小龙”。亚洲四小龙地域不大、人口稠密、自然资源缺乏、经济底子薄，靠什么在短期里实现了经济腾飞？虽然国际学术界众口不一，但都不否认以儒家文化为代表的中华文明是它们崛起的精神支柱。

日本现代企业管理的开山祖之一涩泽荣一说过：“要把现代企业建立在算盘和《论语》的基础上。”这形象地说明了儒家思想对企业管理的指导作用。《论语》《资治通鉴》《三国演义》等成为日本、韩国、中国港台地区很多企业家的必读之书，绝非偶然。韩国釜山大学教授金日坤曾指出：“东亚是依靠儒教的集体主义文化驱动资本主义体系，成功地实现了经济的发展，而且通过传统的集权秩序使经济发展走上正轨。”这实际上就是重家族、重群体、重社会、重国家和轻个人的伦理观念，以及忠于国家、尊敬长者、勤劳敬业的道德规范。美国加州大学客座教授中岛岭雄也认为：“儒教是极为宽容的理论，是社会的规范和道德标准。儒家资本主义也就是‘义利两全’和‘致富经国’，儒教的教义和儒教文化现在对于东亚国家的经济发展是重要的精神支柱，是劳动与生产、买卖与交易的伦理规范。”

与日本相似，亚洲四小龙腾飞除了引进西方科学技术，无不伴随着儒家价值观的继承和发扬。

1. 韩国

强烈的民族自尊和致富经国的价值观，是韩国经济崛起的原动力。韩国原商工部高级官员朴云绪曾说：“我们的国家目标是在 1990 年成为工业国，我们的野心是成为世界第一。”一心想证明“韩国也能”，是韩国企业拼命经营的重要精神力量。

现代集团创办人郑周永对员工说：“为了同先进国家并肩而立，我们必须竞争，而且要胜利。竞争的战场就在车间。”为应对欧美和日本的挑战，韩国企业之间可以进行必要的合作。三星财团创办人李秉哲明确指出：“共存共荣的精神和相互让步的美德，是解除因瓜葛和对立而纠缠在一起的社会紧张的第一步。吴越尚能同舟，我们还有什么做不到呢？”他说：“对我影响最深的是《论语》。”

韩国经历了20世纪80年代的高速增长，到90年代增速放慢，原因是韩国社会“生了病”。接任总统的金泳三称之为“韩国病”，主要症状为军人政治、寡头经济和红包文化。他和继任的金大中总统靠什么解决这些问题，并面对亚洲金融风暴？金大中提出：“我们将依靠果断和爱国主义战胜危机。”韩国政府一方面进行产业重组，结束“财阀时代”；一方面发扬儒家传统，动员全国力量重振经济。韩国民众积极向国家捐献金银首饰，以挽救经济。这种不计个人得失、国家利益至上的国民精神，正是儒家文化的体现。通过推行企业、金融、公共部门和用工制度四大改革，并实施“文化立国”方略，韩国经济在亚洲四小龙中率先复苏。

2008 年国际金融危机后，韩国政府也通过及时干预、加强宏观调控等措施从容应对。总的来看，后几届韩国政府重视保护传统文化，不断深化同中国的经贸关系，使韩国成为搭乘中国经济快车的最大受益者之一。

2. 新加坡

新加坡的繁荣，很大程度上得益于东亚特别是中国的发展。由于扼守马六甲海峡，新加坡在全球贸易和大国博弈中左右逢源，追求自身的最大利益。

新加坡深受全盘西化之害，奉行美国式的实用主义哲学，在对待中华传统文化方面一直摇摆。在新加坡政治家中，吴作栋对全盘西化的危害有着较为清醒的认识。他任副总理时就指出：“新加坡人越来越西化，人民的价值观也从儒家伦理的克勤克俭和为群体牺牲的精神转为以自我为中心的个人主义。这种价值观的改变，将会削弱我们的国际竞争能力，从而影响国家的繁荣与生存。”他提出，要“有一套明确的国家意识，以防止社会走入迷途”，应“把儒家基本价值观升华为国家意识”。

1991 年，新加坡政府发表《共同价值观白皮书》，倡导“国家至上，社会为先；家庭为根，社会为本；关怀扶持，尊重个人；求同存异，协商共识；种族和谐，宗教宽容”。《白皮书》指出：“新加坡社会正在迅速发生变化，生活方式和价值观念都在急剧地演化，这种变化的大部分压力来自讲英语的发达世界。”为应对全盘西化的压力，新加坡在中小学恢复儒家伦理课程，在全社会提倡孝道，提高汉语地位，提倡克勤克俭和重视群体的儒家精神。

面对亚洲金融风暴，新加坡政府1999年制定并颁布“新加坡21世纪五大理想”：重视每个人的价值；家庭凝聚，立国之本；人人都有机会；心系祖国，志在四方；积极参与，当仁不让。正是重群体、重和谐、重伦理、重勤俭的亚洲价值观，使新加坡成功应对挑战，保持了企业活力和国家竞争力。

新加坡虽以跨国公司和国有控股公司为主，但在新加坡人开办的企业中，却重视培育以儒家价值观为特色的企业精神。“新加坡的企业精神”成为新加坡领导人挂在嘴边的一句话。在普遍低工资的情况下，如何维持员工的工作热情？这成了新加坡企业重点解决的问题。许多企业强化“和谐”文化，兴起“减压”热，组织各种活动为员工减少心理压力。ASA 卓越自动化系统公司组织员工聚餐会、汇报会（管理层向下级汇报公司经营情况），加强感情沟通，形成互相谅解的气氛。一些公司则通过为员工办托儿所、组织郊游等方式，进行心理减压。为争夺市场，许多企业强化面对顾客的服务文化，例如华联银行拆掉柜台，与顾客围坐在茶几旁洽谈业务，拉近了距离。

3. 中国台湾

儒家文化传统同样是台湾企业振兴的精神动力。台湾没有受到“文革”冲击，一直注意继承和维护中华传统文化。例如，“中华汽车工业公司”以“和谐、创新、卓越”为经营理念，以“互信互利，己立立人，己达达人”为经营原则，开展“以厂为家，以厂为校”运动，收到很好的效果。外资企业建元电子公司，也把公司文化台湾本土化，提出了带有儒家色彩的经营理念——良知、良心、良行。台湾地区经济的主力是中小企业，它们多数是家庭式企业，流行的更是儒家传统价值观。

当然，西方文化特别是美国文化的入侵，同样给台湾地区社会带来了很大麻烦。21 世纪初民进党首次执政时，全面推行“去中国化”，严重影响了台湾地区经济社会发展，引起岛内外强烈反对。时任日本三菱商社台北支店长的山口宽在台演讲指出：中国台湾正朝着美国经济失败的前例前进。员工流动率高，个人主义盛行，企业重视短期利益，对外投资盛行，均是造成台湾产品丧失竞争力的主要原因。他强调：日本曾从美国学习技术，却避开了美国失败的教训，才会有今天的成功，但是，中国台湾却踩着美国失败的前例前进。此话可谓一针见血。

后来，国民党在台湾重新执政后，顺应历史潮流，推动两岸和平发展，加强两岸经贸合作，成功走出国际金融海啸的阴影。根据瑞士洛桑管理国际学院（IMD）《2011 全球竞争力报告》，中国台湾一度跃升至全球第 6 位，创历年最佳。2016 年“大选”后，民进党新政府拒绝承认“九二共识”，推行“文化台独”，严重影响了台湾的经济和民生，2017 年 IMD 排名台湾也降至第 14 位。

事实证明，只有坚持“九二共识”，认同中华文化、中华民族，台湾才有希望、才有出路、才有未来。

4. 中国香港

香港从 1897 年沦为英国殖民地以后，经济社会发展十分缓慢，教育文化事业非常落后，直到 20 世纪 70 年代才真正迎来高速增长。

香港的发展，离不开背后日益强大的祖国，离不开数百万香港同胞忍辱负重、勤俭创业。尽管过去港英当局在民族意识、价值观念等方面长期实施愚民、西化的教育，但绝大多数香港同胞仍牢记自己是中国人，有一颗中国心。许多香港企业在吸收发达国家技术与管理经验的同时，仍保留了中国传统文化特色，如义利两全、诚实经营、勤俭持家等。长江实业的创办人李嘉诚能够成功，不但在于敏锐的头脑，更在于凭借勤奋、诚信、节俭等传统美德，宽厚待人、诚实处世的做人哲学，各尽所能、各得所需、量材而用的用人之道。毫无疑问，中华文化是促进香港企业发展、经济腾飞的重要动力。

回归祖国后，香港特区贯彻“一国两制”方针，在国家大力支持下继续繁荣发展。香港地区因出色的营商环境，IMD 竞争力排名一直名列前茅，2016 年、2017 年蝉联第一。值得警惕的是，近年在西方敌对势力操纵下，香港少数人特别是青年以街头暴力等手段上演“港独”闹剧，对社会和谐、经济繁荣都造成消极影响。这也说明，爱国主义和国家认同的教育要从娃娃抓起，以打牢香港发展的文化根基。

无论是 20 世纪七八十年代经济起飞，还是世纪之交以来应对亚洲金融风暴和国际金融危机，亚洲四小龙都得益于以儒家文化为代表的中华文明，受惠于亚洲价值观和重视企业文化建设的管理模式，离不开中国这个世界经济增长的火车头的强劲带动。这从一个侧面说明，以中华文化为主体的东方文明充满生机活力，以中国为龙头的东亚将在世界上扮演日益重要的角色。

四、中国企业文化建设回顾

20 世纪 80 年代初，企业文化理论传入中国。中国企业界很快从这一崭新的管理思想中受到启发和鼓舞，兴起了企业文化建设热潮。

1. 对历史文化的反思，正本清源

中华文明源远流长、博大精深，培育了中华民族、日本民族、高丽民族等占世界 1/4 人口的“黄色人类”，对人类文明产生了深远影响。实事求是地认识、剖析和反思，对正确把握中华文化的未来走向具有伟大历史意义，对形成中国特色的企业文化具有重大现实意义。

对历史文化的反思，伴随中国走过了充满曲折的 20 世纪。特别是 1978 年开始的改革开放，是一场伟大的社会变革和思想革命，必然伴随着深刻反思。反思从总结“文化大革命”开始，涉及民主与专制、人治与法治、个人与集体、领袖与人民等方面，其积极成果是深刻剖析了封建残余思想，其弊病则是有人借此否定一切，宣扬“全盘西化”。这场反思的深入与对外开放分不开，随着外国商品、设备、技术以及摇滚乐、霹雳舞乃至“黄赌毒”，连同个人主义、享乐主义一起涌来。强烈的反差使人们瞠目结舌，中国传统文化面临西方现代文明的严峻挑战。

在这场全国范围的大反思中，主要有三种思潮：一是民族虚无论，把中华传统文化视为“沉重的包袱”，提出“根本改变和彻底重建中国文化”，主张全盘西化；二是儒学复兴论，认为“五四”以来对封建文化糟粕的批判“搞错了”，把改革开放出现的社会新问题归咎于放弃儒学，认为只有完全恢复儒学才能振兴民族精神；三是中西合璧论，认为中西方文化各有长短，应集中二者优点，但对两种文化优劣扬弃的具体分析却不尽相同。

我们认为，一方面应积极借鉴欧美的成功管理经验，但绝不能完全照搬西方的个人主义等价值观念；另一方面要抛弃传统文化的消极保守成分，但重视伦理道德的群体价值观念必须继承和发扬。基于对中美两国文化的切身体验，诺贝尔物理学奖获得者杨振宁曾说：“我在美国住了 45 年，我认为今天的美国危机四伏，不可以效仿。假如说 20 世纪是美国的世纪，那么可以肯定地说 21 世纪不是美国的世纪。”原因何在？杨振宁认为是美国“个人至上主义推到了极端”。这番话可谓一针见血，对中国企业应有所启发。

如何正确评价中国的历史文化传统，不仅是一个理论问题，更是一个实践课题。正是在这样的反思中，企业文化这块冻土开始冰雪消融。

2. 对外国经验的借鉴，中国学派的形成

改革开放新时期，借鉴外国管理成为中国企业管理者的普遍共识。是学习科学管理、从严治厂？还是学习行为科学、企业文化理论，实行以人为中心的管理？在深入考察国外先进企业后，处在选择中的中国企业界颇为惊讶。

美国是现代管理理论的主要策源地，也是企业文化理论的发源地。积极借鉴美国、欧洲和日本的理论，是 20 世纪 80 年代中国企业文化热的主旋律。当时，我国先后翻译出版了许多西方著作，包括美国企业文化“四重奏”，日本企业家松下幸之助、土光敏夫等的书籍，以及《致胜之道——英国最佳公司成功秘诀》等。此后，中国企业界、管理学界广泛借鉴了西方企业文化理论，并开始形成企业文化的中国学派。

一方面，管理学界评价了上述理论，并迅速开展对中国企业文化的研究，陆续出版了自己的专著，并在高校开设了有关课程和讲座。有影响的中国企业文化著作有：《管理之魂》（1988），《企业文化——走出管理的困境》（1989），《中国企业文化——现在与未来》《企业文化学》《企业文化的理论与实践》（1991），《建设社会主义企业文化》《企业文化建设的运作》（1995），《中国企业文化大词典》（1999），《企业文化与 CI 策划》（2000 第一版），《企业文化——人力资源开发与经济增长的关键》（2002），《文化力制胜》（2003）等。此外，《中外企业文化》等专业期刊问世，一些期刊开设了企业文化专栏，中国企业文化研究会等全国和地方性学术组织、联谊组织先后成立，推动了企业文化研究。

1991 年出版的《中国企业文化——现在与未来》由本书作者之一张德和清华大学经济管理学院同事刘冀生教授合著。该书作为研究中国企业文化的第一部专著，第一次系统构建了中国特色企业文化理论的框架，标志着企业文化中国学派已初见端倪。其包括：①企业文化内涵和结构的中国理解，及企业文化与企业思想工作的关系；②企业文化的性质（无形性、软约束性、相对稳定性和连续性、个异性）；③企业文化的作用（导向、约束、凝聚、激励、辐射）；④企业文化的影响因素（民族文化、制度文化、外来文化、企业传统、个人文化）；⑤中国企业文化的民族土壤和建设经验，及对外来文化的正确取舍；⑥中国职工队伍素质与企业文化；⑦中国企业文化建设模式（观念体系、道德规范体系、制度体系、物质文明）；⑧中国企业文化建设机制（心理机制、行业特点、行业文化建设）；⑨企业文化建设的实施艺术（概括、贯彻、更新）；⑩企业集团文化建设。附录有 270 家中外企业的企业文化表述（含外国企业 30 家），其中 128 家作为案例在书中进行了分析。由于该书在理论体系、理论观点、具体观念上都体现了中国特色，得到了中国学者和企业家的广泛认同。

另一方面，中国企业界借鉴西方理论，积极开展企业文化建设实践。很多企业总结了思想政治工作经验，纷纷召开研讨会推进企业文化建设，大力培育企业精神。20 世纪 80 年代，二汽、长钢、大同煤矿、玉溪烟厂、白云山制药厂等，在企业文化建设中走在前面。90 年代以来，海尔、联想、长虹、万科、春兰、海信、同仁堂等，培育出特色鲜明的企业文化。合资企业在文化冲突与融合中，探索中外合璧的企业文化，如西安杨森、北京松下。广大民营企业在市场搏击中深感企业文化的重要性，华为、福耀、万向、新奥、新希望、奥康等均形成了独具特色的企业文化。

在实践探索中，我国企业学习借鉴了西方企业文化的很多理念，如以人为中心的管理思想、顾客至上的经营理念、追求卓越的价值观念、诚实守信的商业道德、开拓创新的改革意识、互助合作的团队精神、重视效率的竞争意识。这对于克服见物不见人、“一切向钱看”的错误倾向，得过且过、小富即安的消极心态，因循守旧、求稳怕变的保守思想，过度竞争、内耗不止的劣性文化，收到明显成效。

3. 中国企业文化建设的初步经验

伴随中国从计划经济走向市场经济和企业走向现代化、走向世界，中国企业文化建设迅速兴起、蓬勃发展。今天作全面的回顾、分析和评价，对于明确中国企业文化的今后走向具有重要意义。

（1）经济领域的思想解放运动。由于传统观念的束缚，企业文化传入中国后，一些人曾对此持消极态度，甚至从政治上加以指责，以至谈企业文化色变。如何对待企业文化等西方企业管理理论，成为当时经济领域争论的一个热点。争论的实质是姓“社”姓“资”。正如邓小平所说，社会主义的本质是解放生产力、发展生产力。判断企业文化理论和西方管理经验，只有一个标准：是否有利于解放和发展社会生产力，是否有利于提高我国企业管理水平、劳动效率和经济效益。改革开放新时期，我国广大企业用实践证明，企业文化理论与其他科学理论一样，不仅适合于西方企业，也适合于中国企业。

企业文化热的兴起，可以说是经济领域的一次思想解放运动。与之相伴，企业初步从计划体制羁绊中走出，开始树立商品、市场竞争、利润、效率、创新、营销、战略、人力资源开发等新观念，大大促进了企业发展和改革开放。在此过程中，伴随着思想解放运动，中国企业文化发生了明显变化：从平均主义到奖勤罚懒，从"铁饭碗"到优胜劣汰，从干部"铁交椅"到能上能下，从小富即安到自强不息，从因循守旧到开拓创新，从生产导向到利润导向，从上级中心到顾客中心，从"等靠要"到"变干创"等。

（2）企业改革发展的推动力和润滑剂。改革开放这场深刻的社会变革，虽以农村改革拉开大幕，但最精彩的篇章却是以企业改革为重点的经济体制改革。

改革是一项复杂的系统工程。特别是在企业内部理顺责权利关系，建立现代企业制度，打破平均主义，进行利益的再分配再调整，必然遇到各种阻力。如处理不当，不但影响企业命运，而且将事关国家发展。面对挑战，中国企业八仙过海、各显神通，优秀企业家们不约而同地把目光投向企业文化。时任二汽厂长陈清泰强调"在企业中升起人的太阳"，推动建设二汽文化和企业发展。张瑞敏全力打造海尔文化，使海尔拥有"大海摧枯拉朽的神奇"。华为坚持"以客户为中心、以奋斗者为本"的企业文化，企业快速发展，赢得了全球声誉。在企业走向现代化的过程中，企业文化不仅成为改革的润滑剂，而且成为深化改革的推动力。

改革开放是决定当代中国命运的关键抉择，是实现国家富强、民族复兴的必由之路。在当前全面深化改革的时代洪流中，加强企业文化建设，不断深化企业管理改革，必将是中国企业在全球竞争中增强内力、走向成功的推进器。

（3）文化自信的物质基础和群众基础。在新时期，中国从以阶级斗争为纲转变为以经济建设为中心。很多企业的效益观念、盈利意识等显著增强，从只算"政治账"变得会算"经济账"，大大推动了物质文明建设。但同时，一些企业及其经营者又倒向拜金主义，片面追求利润最大化，精神文明建设远远滞后，人们缺乏应有的文化自信。

物质文明和精神文明，犹如鸟之双翼，都是社会文明进步的标志。邓小平反复强调，"两手抓、两手都要硬"。企业是社会的细胞，不但承担着发展先进生产力、建设物质文明的责任，也肩负着发展先进文化、推动精神文明的重担。作为微观经营管理文化，企业文化是"两个文明"建设的有机结合点。河北黄骅信誉楼百货集团自1984年创建以来，坚持"以信誉为本"的经营理念，赢得顾客信任，获得发展动力，集团创始人张洪瑞2015年获得全国道德模范提名奖。浙江宝石新集团坚持"以人品制造精品"，跻身全国民营企业500强并在全行业唯一荣获全国质量奖。实践说明，眼睛只盯住钱，挣钱的路必然越来越窄；而重视信誉、形象和社会责任，发展之路必将越走越宽。

当前，中国共产党正带领全国人民努力实现中华民族伟大复兴的中国梦。文化繁荣，是民族复兴的根本要求和重要标志。为此，必须树立文化自信，倡导社会主义核心价值观，弘扬民族精神和时代精神，为人们提供更基础、更广泛、更深厚的力量。文化自信，离不开必要的物质基础和坚实的群众基础。企业文化建设无疑是打牢这"两个基础"的重要手段，一方面，有利于改善经营管理，提高企业效益和发展质量，增加社会财富和国家经济实力；另一方面，有助于提升员工素质，凝聚共同意志，将国家意识形态通过企业理念深入人心、落到实处。

第二节 从科学管理到文化管理——管理的软化趋势

世界上企业管理的整个历史，大致可以划分为经验管理、科学管理和文化管理三个阶段，其总体趋势是管理的软化。清醒地认识这一点，对于跟踪世界管理发展方向、实现我国企业管理现代化至关重要。

1769 年，世界上第一家现代意义上的企业在英国诞生，这意味着人类开始迈向工业社会。在此后一个多世纪里，早期的企业家们普遍依靠个人经验和直觉，再加上简单的分析和计算来指挥下属、运作企业。就当时的企业规模、市场条件和科技水平而论，不断丰富的经验管理应该说促进了生产力的发展；然而，随着企业规模不断扩大和社会化大生产的形成，这种经验管理反而成为企业发展的障碍了。

1911 年，工程师出身的美国管理学家弗雷德里克·温斯洛·泰勒（Frederick W.Tayler）的代表作《科学管理原理》问世。这标志着企业管理结束了漫长的经验管理阶段，迈入了划时代的科学管理新阶段。企业家不再靠个人经验和直觉来指挥下属，而是采用调查研究、数学工具等社会科学和自然科学的方法；企业家和工人可以不再为生产定额争吵，因为“时间和动作研究”提供了计算定额的精确方法；企业家不再为生产工具和操作工艺的随意性而大伤脑筋，生产工具、操作工艺、作业环境、原材料的标准化，为提高生产效率开辟了广阔前景；企业家不再为工人水平的参差不齐而忧虑，“工作挑选工人”的原则和系统的培训，为各个岗位提供了一流的工人；企业家不再因工人作业的随意性而叹息，也不再事必躬亲、疲于奔命，“计划（管理）与执行相分离”的原则，大大加强了企业的管理职能，使依法治厂成为可能。总之，泰勒的科学管理理论使企业管理由经验上升为科学，很快在欧美企业推广。以福特汽车厂的流水线生产为标志，科学管理极大地促进了生产效率的提高。

泰勒的科学管理理论有以下一些要点：以提高劳动生产率为中心、工作定额、能力和工作相适应、标准化、差别计件工资制、管理职能专业化。虽然我们今天所说的科学管理，内涵早已不再局限于泰勒的阐述，其理论的深度和广度都今非昔比，但泰勒提出的许多重要观点却依然放射着真理的光芒，他和同时代的其他管理学家共同为管理科学的发展做出了里程碑意义的贡献。特别是泰勒对管理的重要性和普遍性的认识，以及研究管理现象的科学态度和方法，始终令人尊敬。列宁曾对泰勒的科学管理予以高度评价，派人去考察并主张在苏联借鉴科学管理的精华。他为此说：“社会主义实现得如何，取决于我们苏维埃政权和苏维埃管理机构同资本主义最新的、进步的东西结合得好坏。”

实践证明，科学管理是医治经验管理的良方，是依法治企的根本保证，是企业管理走向现代化不可逾越的台阶。改革开放新时期，我国企业界积极借鉴国外企业科学管理的理论和方法，这对总体处在经验管理阶段的中国企业来说，无疑是强有力的推动。广大企业普遍加强了定额和定员管理、标准化管理、计量管理、人员培训、现场管理、营销管理，逐步走上标准化、制度化、法制化的依法治企轨道。当前，我国正处于经济社会发展的重要转型期。加快转变经济发展方式、推动科学发展，要求进一步深化企业改革，健全中国特色的现代企业制度、促使企业管理真正实现从经验管理到科学管理的质的飞跃。

科学管理的理论和方法，尽管是一个伟大的创举，但它有着时代的和阶级的局限，特别是随着生产力发展，其局限就越发突出。发端于20世纪30年代、流行于60—70年代的行为科学，力图纠正和补充科学管理的缺陷和不足，80年代兴起的企业文化理论正是这种努力的最新成果。企业文化理论完整地提出了与科学管理不同的管理思想和方法，成为世界管理的大趋势。由科学管理过渡到文化管理，不是哪个学派的主观臆断，而是科学管理越来越不适应生产力发展的集中表现，是管理实践发展的必然要求。

一、温饱问题的解决与“经济人”假设的困境

尽管泰勒本人认为科学管理的主要目的是“使雇主实现最大限度的富裕，也联系着使每个雇员实现最大限度的富裕”，但科学管理却建立在“经济人”假设的基础上。该假设认为，企业员工都是追求经济利益最大化的“经济人”，他们除了赚钱糊口和追求物质享受，没有其他的工作动机，因此都是懒惰、怕负责任的，没有主动性和创造性的。泰勒及其追随者认为，对于这样的工人只能用严厉的外部监督和重奖重罚的方法来管理，金钱杠杆是唯一有效的激励手段。

泰勒所处的时代，生产力水平低下，工人远未实现温饱，经济人假设并非没有道理。即便在当时，有觉悟的工人也绝非纯粹的经济人，轰轰烈烈的工会运动就是明证。随着工业革命进程，生产力迅速提高，发达国家的工人逐步解决温饱问题，赚钱谋生不再是劳动的唯一需要，经济人假设陷入了困境，工人的劳动士气低落重新困扰着企业主。为解决这个问题，20世纪30年代在霍桑试验的基础上，美国管理学家梅奥提出了“人群关系论”。该理论认为，工人不是经济人，而是社会人，他们不仅有经济需要，还有社会需要、精神需要；影响员工士气的不是物质因素，而是社会条件，尤其是员工的人际关系。

此后，行为科学进一步把人的需要划分为生存、安全、社交、自尊和自我实现五个层次。对于解决了温饱的员工，满足生存和安全需要的物质激励杠杆变得越来越失去作用；相反，设法满足社交、自尊、自我实现等高层次需要，成为激励员工、赢得竞争的关键。企业文化坚持以人为本，强调尊重人、关心人、理解人、满足人、发展人，提倡在满足必要物质需要的基础上努力满足精神需要。以人为中心管理，完全适应广大员工需要层次的不断提高。

随着中国现代化步伐和实现全面建成小康社会目标，必然要求企业管理方式从科学管理转变为文化管理。

二、脑力劳动比重的增加与“外部控制”方式的局限

随着新技术革命的突飞猛进，以及高等教育的大众化、普及化发展，劳动人口的文化层次迅速提高，白领工人的比例越来越高，蓝领工人的比例越来越小，即使蓝领工人也逐渐摆脱了笨重的体力劳动。以美国20世纪末为例，体力劳动者只占总就业人数的20%，并且还在不断减少。脑力劳动在整个劳动构成中的比重日益提高，是不可逆转的趋势。

脑力劳动看不见、摸不着，其劳动强度和劳动质量主要取决于人的自觉性和责任感。在无形的脑力劳动面前，泰勒的时间动作研究失去了用武之地。创造性的脑力劳动，其定

额如何确定，其进度如何控制，都已成为企业管理亟待解决的新课题。如果说泰勒的从严治厂、加强监督的外部控制方法对于体力劳动曾经卓有成效的话，那么对待复杂的、无形的脑力劳动，管理重点必须转移到“自我控制”的轨道上来。这就是说，要注重满足员工自我实现需要的内在激励，注意更充分地尊重员工，激发员工的敬业精神和创新精神，并在价值观方面取得共识。而培育共同价值观，正是企业文化建设的核心内容。

科技进步日新月异，知识经济蓬勃发展，脑力劳动将成为社会劳动的主要形式，这预示着文化管理必将取代科学管理，成为知识经济时代的最佳管理模式。

三、服务制胜时代的到来与“理性管理”的误区

作为生产力快速发展的另一个结果，是产业结构加速调整和第三产业的兴起。目前，欧美发达国家，超过50%的劳动者从事第三产业。第三产业的主要“产品”是服务，服务质量是第三产业竞争的主要形式。即使在第二产业，随着人们消费水平的提高和消费观念的变化，服务水平也早已成为市场竞争的重要因素。在产品的规格、品种、性能、价格等差不多时，对客户提供服务的质和量，往往成为竞争成败的关键。为此，很多企业家和管理学家认为：服务制胜的时代已经到来。

那么，如何提高服务质量？按照泰勒科学管理的时间动作研究和外部控制，只能治标不治本。比如微笑服务，硬挤出来的笑无法使顾客愉快，皮笑肉不笑更会使顾客难受，只有发自内心的真诚微笑才能给顾客带来温暖和快乐。这种真诚的微笑，主要来自员工的敬业精神、对企业的忠诚、对社会的责任感和高尚的道德品质。这种状态运用形体动作的培训和外部严格的监督是无法做到的，只能靠在长期的生产经营活动中形成一种共同价值观、一种心理环境、一种良好的传统和风气，即形成良好的企业文化。

美国商用机器公司（IBM）第二任总裁小沃森在《事业与信念》一书中指出：“我坚定地相信，为了生存下去和取得成功，任何一个组织都必须具备一整套健全的信念，并把这些信念作为采取一切政策和措施的前提。其次，我还认为，公司取得成功的唯一最重要因素，便是踏实地严守这些信念。”IBM几十万人长期遵循“尊重个人、最佳服务、追求卓越”三大信条，成为科技企业中为数不多的常青树。2015年11月11日，IBM上市整整100年，股价涨了3.4万倍。

科学管理又被称作理性管理。这种管理模式认为只有数字才是过硬的和可信的，只有正式组织和严格的规章制度才是符合效率原则的。完全依赖科学管理的企业管理者，过多地依靠数学模型进行定量分析，把管理当成是纯粹的科学，而忽视了一个最重要的因素——人是有思想、有感情并为思想感情所支配的人，不是机器；忽视了管理的非理性因素——观念和情感；忽视了管理不仅是科学也是艺术这一本质规律。

因此，在服务制胜的时代，企业必须走出完全理性管理的误区，既强调管理的理性，又突出管理的非理性，即实行以人为中心的、高度重视观念和情感因素的非理性管理。使管理中的理性因素与非理性因素有机结合，相得益彰，这正是文化管理模式。

四、战略管理的崛起与企业哲学的导航功能

当今时代，生产高度社会化和国际化，市场竞争及企业并购日趋激烈，企业面临前所

未有的挑战，也获得了发展的契机。任何企业要立于不败之地，都应想方设法抓住转瞬即逝的机会，避开可能的风险，拓展生存的空间。为此，必须进行战略研究和战略管理。

战略管理以全局为对象，综合考虑供应、生产、技术、销售、服务、财务、人事等各方面因素，根据总体发展的需要制定企业经营活动的行动纲领。而以生产管理为主的科学管理模式，难以适应以市场销售为主的全局性的战略管理的需要。战略管理是一种面向未来的、向前看的管理，基于预测未来可能碰到的许多模糊性的、不确定的因素。而以精确的定量分析为特点的科学管理模式，很难适应对模糊性的、不确定因素的研究和分析。战略管理是在复杂多变的竞争中求生存、求发展的战略选择，必须以过人的战略远见和观念为指导，必须确立高明的企业哲学，从而决定了它只能在文化管理的模式下去实现。许多成功的企业，之所以能在市场经济的海洋中乘风破浪，正是因为它们有高明的企业哲学、优良的企业文化。

正如小托马斯·沃森所说："一个企业的基本哲学对成就所起的作用，远远超过其技术或经济资源、组织机构、发明创新和时机选择等因素。"日本松下公司靠大量生产的"自来水哲学"和仿制为主的"后发制人策略"，曾长期保持优质低价的竞争优势，成为家电行业的"超级大国"。而日本太阳企业集团奉行"大则死，小则活"的哲学，用"见缝即扎根"的"蒲公英精神"和化整为零的灵活经营方式，在市场竞争中得到发展。

东风汽车公司秉承二汽"视今天为落后"的企业哲学，确立了"学习，创新，超越"的经营哲学，积极推进与跨国公司战略合作，市场竞争力不断增强。华为秉持"聚焦""创新"等核心理念，实施"以客户为中心"的战略，始终专注通信业务，持续开展技术创新，成为具有全球竞争力的"中国制造"。沈阳金杯汽车公司信守"不求最大，但求最优"的企业哲学，不在生产规模上与一汽等大企业竞争，而把精力放在质量和服务上，在强手如林的汽车行业里站稳脚跟。近年来，长虹集团按照"高低结合，双拳出击"的基本思路，全力推进制造业升级、服务业转型和全球化发展，成功实现从产品出口到技术、资本输出的转型。

春江水暖鸭先知。中外企业的大量实践，不但证明"战略决定成败"，更说明企业哲学及企业文化在全球化竞争中起着越来越重要的作用。

五、分权管理的发展与企业精神的凝聚作用

随着通信手段的现代化，世界变小了，决策加快了，决策的复杂程度也空前地提高了。对决策快速性、准确性的要求，导致决策权力下放，各种形式的分权管理应运而生。特别是20世纪80年代以来，随着经济全球化步伐，跨国公司大量涌现，分权化趋势更为明显。过去，泰勒时代以效率高著称的直线职能制组织形式，即金字塔组织，由于缺乏灵活性而逐渐失去活力，取而代之的是事业部制、矩阵组织，以及重心移至基层的镇尺型组织和新兴的虚拟组织。这些分权组织的特点是有分工但不死板，重效率而不讲形式，决策权下放给最了解情况、最熟悉问题的相应层次。总之，等级层次大幅度减少，组织弹性大幅度增强。随着金字塔的倒塌、柔性组织和分权管理的发展，企业的控制方式也发生了巨大的变化。

泰勒的科学管理，依靠金字塔型的等级森严的组织体系和行政命令的方式，实施集中统一的指挥和控制，权力和责任大多集中在企业高层。现在，权力下放给各事业部或各地

分公司了，有时相隔十万八千里，直接监督和控制已不可能，行政命令已不适宜。那么，靠什么维持庞大的企业（跨国公司）的统一？靠什么形成数万、几十万员工的整体感和向心力？靠什么把分散在世界各地的、不同国籍、不同民族、不同语言、不同文化背景的员工队伍凝聚起来呢？只能依靠共同的价值观、共同的企业目标、共同的企业传统、共同的仪式、共同的企业形象等，也就是要有统一的企业文化。

法国阿科尔集团从 1976 年开设单一旅馆的小企业，仅 10 年时间就成为取得全球领导地位的巨型跨国企业。这个集团腾飞的诀窍是什么，怎样使分散在 72 个国家和地区、用 32 种商业牌号从事各种业务活动的 5 万名员工保持凝聚力呢？时任董事长坎普指出，我们有七个词的共同道德：发展、利润、质量、教育、分权、参与、沟通。对这些词，每个人都必须有相同的理解。

世界最大的快餐企业麦当劳公司拥有 3 万多家快餐店，遍布五大洲 120 多个国家和地区。公司制定了“保证质量、讲究卫生、服务周到、公平交易”（Q，S，C+V）的经营原则，并从企业标志、餐厅装修、员工制服等方面建立了统一的品牌形象。为使企业文化和经营原则深入人心，总部编写了《麦当劳手册》来培训全球所有加盟店员工，并开办了汉堡包大学培训餐厅所有者和经理。可见，全世界的麦当劳不是靠行政命令和直接监督统一起来，而是靠独特的企业文化形成一个不可分割的整体。

六、网络经济的兴起与虚拟企业的运作

计算机互联网是人类 20 世纪的重要创举，它的广泛运用正改变着人们的生产生活方式。网上办公、网上制造、网上购物、网上炒股、网上拍卖、网络资讯、网络广告、网络银行……网络无处不在，e 时代向我们走来。与此同时，依靠互联网的一种全新的经济名词、经济概念、经济形态、经济模式——网络经济也迅速兴起，席卷全球。

伴随着互联网特别是移动互联网的普及，世界上出现了一种前所未有的企业组织——虚拟企业。关于虚拟企业，有两种较具代表性的观点，一种观点认为它是网络化、虚拟化的企业；另一种观点则认为它是若干企业通过网络构成的虚拟组织，这实际上并非真正意义上的企业。前者，以一批高科技企业，特别是网络企业作为代表，它们的下属公司、部门和员工可能分散各处，工作时间也没有统一的要求，互联网成为工作的载体和渠道，内部网站成为员工的共同家园。后者，以多种形式的企业集群（虚拟企业群落和企业网络联盟）为代表，这是一种基于计算机互联网的新型企业组织合作形式，网络把不同地区、不同部门的企业与个人迅速联合起来，合作成员之间往往通过合作协议达成共同目标、寻求共同利益。

阿里巴巴打造的“淘宝”“天猫”都是这样的平台。天猫“双十一”交易额 2009 年仅 0.52 亿元，到 2016 年已达 1 207 亿元（图 1-1）。与网络零售激增形成鲜明对照的是，我国实体的百货商场、购物中心、店铺近年来的“关店潮”。有关数据显示，2012—2015 年全国关闭百货店 138 家、超市 262 家、体育品牌店 6 209 家、服装专卖店 9 464 家。

无论虚拟企业，还是虚拟企业集群，无论提供有形的产品，还是无形的服务，这样的企业（集群）有一个不可忽视的最大共同点：维系企业运作和连结成员之间的主要渠道是计算机网络。即使在不少传统企业中，由于信息技术广泛运用，生产自动化、办公自动化的程度很高，企业对互联网的依赖程度大大增加，其运行、管理也具有虚拟企业的某些特征。

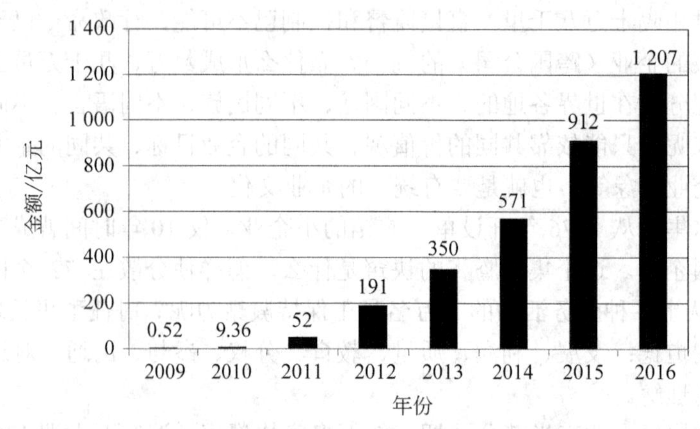

图 1-1　天猫“双十一”历年全球交易总额

如何管理和运作虚拟企业？如何满足来自更大范围顾客的各种全天候、个性化需要？如何管理存在于网上的“虚拟”员工？如何提高虚拟环境下的企业效率、增强企业竞争力？这些新的问题不仅困扰着e企业的董事长、首席执行官（CEO），也同样摆在了管理学界的面前，急需从实践和理论上作出回答。经验管理，显然跟不上“十倍速时代”的要求；科学管理，其种种弊端暴露无遗。文化管理在很多e企业的管理实践中浮出水面，不约而同地成为它们的唯一选择。观察那些成长较快、运作良好的e公司，可以看到它们几乎都是文化管理的积极实践者。在分散化、虚拟化的组织中，平时互不见面的员工认同的是企业的共同目标和愿景，维系他们的是共同价值观；在快速变化的环境中，学习与创新成为企业的活力来源，企业精神、企业风气对于创新的促进作用必然代替制度化、标准化的制约作用；面对社会日益增多的个性化需要，企业宗旨、企业道德更有利于引导企业尽最大努力满足顾客。文化管理对于虚拟企业而言，可谓“以实制虚”加“以虚制虚”，正中要害。

从上述六个方面可以看到：从科学管理到文化管理，是企业管理顺应历史发展而必然产生的第二次飞跃。这种飞跃的背后，最根本的原因是生产力的现代发展，是生产力与生产关系这对社会基本矛盾作用的必然结果。如果不是经验管理、科学管理提高了劳动生产率，人们尚未普遍摆脱贫困，甚至社会化大生产尚未实现，则不可能有现代管理，就更谈不上文化管理了。只有机械化、自动化、信息化相继发展，社会生产力空前提高，市场经济不断完善，竞争对产品差异和服务创新有了新的更高要求，才形成了企业文化的锐不可当之势，孕育出文化管理的强大生命力。因此，无论是从经验管理到科学管理，还是从科学管理到文化管理，推动这两次飞跃的真正力量都是生产力的发展。

第三节　文化管理的特点和标志

当发达国家的跨国公司纷纷跃上文化管理的台阶时，我国大多数企业尚处在经验管理阶段，甚至根本不知道什么是科学管理。经过30多年的企业管理改革，包括推广现代管理18法、开展企业升级达标活动、建立现代企业制度等，我国企业管理整体水平明显提高，不少企业已逐步登上科学管理的台阶，一些先进企业基本进入文化管理阶段。

那么，怎样判断一个企业是否登上文化管理的台阶呢？根据中外许多优秀企业的管理实践，可以初步列出下面几个判别标准。

一、以人为中心进行管理

文化管理认为，在人、财、物等因素中，人是首要的因素，人应该成为企业管理的出发点和归宿。这与科学发展观“以人为本”的要求是完全一致的。

对内，要尊重和关心员工，千方百计调动员工的积极性、主动性和创造性。技术虽然重要，但要靠人驾驭；效益虽然重要，但要人创造。人应该成为企业家关注的中心、工作的重点。我国国有企业一直强调发挥职工的“主人翁精神”，领导者首先就要关心、尊重职工，把职工的冷暖苦乐放在心中，全心全意为职工服务。民营企业在强调效益、市场、利润的同时，也必须懂得人是一切的决定因素，企业与员工之间并非只是雇佣和被雇佣的金钱关系。正如百度公司董事长李彦宏所说：“互联网公司，最有价值的就是人。我们的办公室、服务器会折旧，但一个公司，始终在增值的就是公司的每一位员工。”只有充分考虑人的多层次需要，尽量创造员工自尊和自我实现的良好环境，才能使之创造出远高于薪酬的价值，二汽、海尔、TCL、长虹、华为等企业的认识和做法值得借鉴。创新是一家企业、一座城市、一个国家获取竞争优势的关键，而创新的主体是人！人才竞争已经成为全球竞争的焦点，实行以人为中心的管理将显得更迫切、更重要。

对外，要以用户为中心，关心用户，时时处处为用户着想，树立“用户为王”的价值观。中华人民共和国成立前，许多民族资本家信守顾客是“衣食父母”的观念，提倡对待顾客要像侍奉父母那样尽心尽力。同仁堂为病人准备服药的开水、代客煎药等，无疑是良好声誉的重要组成部分。国外企业大都提倡“顾客就是上帝”，大到产品设计、小到包装细节都设身处地从顾客角度出发。我国很多优秀企业也是如此，长虹集团以“员工满意、顾客满意、股东满意”的“三个满意”为企业宗旨。海尔集团“是非观”的含义是：海尔人永远以用户为是，不但要满足用户需求，还要创造用户需求；海尔人永远自以为非，只有自以为非才能不断否定自我，挑战自我，重塑自我。无论是“衣食父母”“上帝”，还是“顾客永远是对的”“永远以用户为是”，顾客始终是企业存在的前提。了解顾客需求，满足顾客愿望，应该成为企业永恒的追求。

二、培育共同价值观

人与动物最大的区别就在于人有思想、有感情，人的行为无不受观念和感情的驱使。行为科学研究了人们的行为规律，呼吁企业家关心员工的感情需要、社会需要，这是非常有进步意义的。但行为科学研究较多地局限于个体行为方面。企业文化理论则将重点转移到群体行为，因为只有员工群体协调一致的努力，才会为企业赢得成功。协调一致的群体行为的出现，依赖于共同信守的群体价值观的培育。因此，把最主要的精力放在培育企业的共同价值观上，是登上文化管理台阶的基本标志。

在黑龙江齐齐哈尔，有一家职工上万人的军工企业华安集团，曾因“困难大、底子穷、不稳定、闹得欢”而一度濒临倒闭的边缘，1996 年亏损 1 亿元。1997 年，总经理许远明走马上任后带领集团“二次创业”。创业的“启动资金”不是钱，而是“人是华安人，心是华安心，创我华安业，铸我华安魂”的响亮誓词。由于加强企业文化建设和思想政治工作，全体员工有了共同的奋斗目标和价值观，创业积极性被大大调动起来，短短几年企业面貌焕然一新。2004年，企业的产值和销售收入由1997年前不足5 000万元增至6亿多元，职工平均收入由1996年不足2 000元增长到9 000多元。集团先后被国家有关部门评为“新世纪中国企业形象AAA级企业”“企业诚信AAA级单位”以及“黑龙江省知名企业”。这个例子说明，培育共同价值观是凝聚人心、创造奇迹的关键。

鉴于培育共同价值观在企业管理中的巨大作用，美国许多学者和企业家干脆把文化管理称作“基于价值观的管理”或“基于价值观的领导”。

三、企业制度与价值观协调一致

企业的管理制度，对员工来讲是外加的行为规范，它与内在的行为和道德规范——群体价值观是否一致，可以判断企业家是否真正确立了文化管理观念。英特尔公司以业绩为导向“双位一体”的制度，就是建立在企业文化倡导平等的价值观、开放式沟通等理念基础上。

存在决定意识，不同的制度强化不同的价值观。平均主义的分配制度强化“平庸”和“懒汉”的价值观，按劳分配制度强化“进取”和“劳动”的价值观，真是泾渭分明。许继集团为了打破平均主义的束缚，在企业树立尊重知识、尊重人才的风尚和按劳分配、多劳多得的价值观，先后建立和实行了“新产品价值‘3、2、1’提成奖励法”“五年利润比例提成奖励”“利润比例提奖＋比例科技股权配奖制”“实力工资制（年薪制）”“定量化奖励制”等一系列制度，真正按劳动的数量与质量进行分配，科学，合理，激发了员工的积极性，促使企业持续快速发展，入选全国首批创新型企业，并先后获得首届“中国工业大奖”表彰奖、首届“中国质量奖”提名奖等荣誉。

企业制度与共同价值观二者之间是相互影响、相互作用的辩证关系。关键在于企业制度要在共同价值观指导下制定，并及时修改那些与共同价值观相矛盾的制度与规范，这样，在贯彻制度和规范的过程中，实现了对企业共同价值观的强化。

四、管理重点由行为层转到观念层

三国典故“身在曹营心在汉”，讲的是关羽虽一时投在曹操帐下，却一直盼望早日回到义兄刘备身边，未曾替曹操立过半点战功。当时还有一位谋士徐庶，不得已跟随曹操后就再也没有出过什么谋略。此一文一武，曹操虽得其人，却不得其心，不能不说是很大的遗憾。“二战”时期，在纳粹德国的一家制造炮弹的兵工厂里，工人全是抓来的奴工，他们厌恶法西斯暴行，不是磨洋工就是搞小破坏，为此德军加派大量士兵看管，几乎每个劳工身后都站着一名荷枪实弹的士兵，但生产效率仍十分低下。上述故事虽然发生在不同时代、不同国家，但都说明了同一个道理：单纯对人的行为进行管理和控制并不能换来高效率和创造性。

人们的工作兴趣、工作热情、敬业精神等思想情感因素，对工作效果起着十分重要的作用。考察人类历史可以看到，科技进步对生产力的贡献越来越大，脑力劳动的含量越来越高。新知识、新技术要靠人的脑力劳动来创造，而科学管理对人的行为进行严格控制的方式，显然无法适用于创造性的脑力劳动。因此，管理重点是否由行为层转到观念层，无疑是衡量企业是否进入文化管理阶段的又一试金石。

管理重点的转移，要求企业管理人员要注重满足员工自尊和自我实现需要，要鼓励员工的敬业精神和创新精神，要注重培养共同价值观，打牢团结合作的思想基础。我国有些高科技企业，一方面强调尊重人才、鼓励创新；另一方面又完全照搬西方科学管理的做法，对从事技术开发的科研人员也一律实行严格的外部控制。这与3M、微软、谷歌等公司的宽松环境相比，真是天渊之别。例如，3M 公司允许研发人员花 15%的工作时间做自己想做的事，不管它们是否与公司任务有关。

五、实行“育才型”领导

美国的戴维·布雷福德和艾伦·科恩在合著的《追求卓越的管理》中，从领导方式上研究企业管理的现代化。他们把领导方式分为三类，即师傅型、指挥型和育才型。前两种类型又统称为英雄型，其特点是权力和责任高度集中，任何重要决策只由一人做出；不尊重下级的创造性和智慧；只关心工作任务的完成，不关心下级的疾苦、冷暖和成长。而育才型领导则实行分权管理，上级与下级共担责任、共同控制；尊重下级的创造性和智慧；既关心工作任务的完成，又关心下级积极性的发挥和思想能力的培养；一切工作都依靠配合默契的团队，培养团队精神成为领导者注意的焦点。

显然，文化管理需要育才型领导。文化管理要求企业领导者具有民主作风，尊重人、关心人、爱护人、培育人，特别是重视培育共同价值观，提高群体的需要层次，在此基础上发挥团队的作用。这种领导者不被眼前利益所诱惑，而是着眼长远，从企业文化入手，以提高队伍素质为重点，以增强企业的持久竞争力、凝聚力为目的。《基业长青》一书研究发现，截至 1994 年，在 3M、波音、花旗银行、惠普、强生、默克、宝洁、索尼、沃尔玛等 18 家世界著名企业累计 1 700 年的历史中，总共只有四次由外部人员直接任 CEO 的现象。坚持育才型领导，使这些公司源源不断涌现优秀人才、业务不断发展，同时，内部人员担任领导确保其优秀的文化得以持续地传承。

詹姆斯·库泽斯和巴里·波斯纳在所著《领导力》一书中指出：领导就是教练，做良师益友。时任美国坎贝尔汤料公司董事长戴维·约翰逊认为，管理人员最先应该具备的素质是如何当好一个老师：“若是我的工作不能被称为老师——我是指一贯如此地引导和训练我的员工，那么我真不知道是否该把我的工作叫好。”IBM 有一个著名的“长板凳（Bench）计划”，即接班人计划，要求主管级以上员工将培养下属作为自己业绩的一部分。山东电力集团重视培养青年员工，针对不同人员设计了“三条路”，让管理人员当干部、科技人员当专家、工人当“高技能操作能手”，通过实施“人才工程”增强了企业活力。

六、建立学习型组织和学习型文化

学习型组织是 20 世纪 80 年代兴起的。美国麻省理工学院彼得·圣吉 1990 年在《第五项修炼——学习型组织的艺术与实务》中指出，学习是一个终身的过程，“一家公司不可能达到永恒的卓越，它必须不断学习，以求精进”。圣吉把学习型组织的五项技能称为“五项修炼”：自我超越、改善心智模型、建立共同愿景、团体学习和系统思考。其核心是“第五项修炼”。此后，建设学习型组织不仅在世界上形成热潮，也引起中国企业界和学术界的重视。

文化管理强调以人为中心，注重发挥员工内在的积极性和创造性，不断提高员工队伍的整体素质，以持续创新来保持企业的活力。为此，就必须建立学习型的组织，其实质则是建设学习型文化。正如AT&T公司教育助理总监、原美国纽约大学教授迪帕克·塞西的预言：未来的组织将需要这样一种文化——学习是持续的。美国通用电气公司（GE）原董事长兼CEO杰克·韦尔奇曾说："今天经营管理的前提是，某个人或某个地方会有更好的创意；管理者必须发现谁有更好的创意，学习它，并把它付诸实现。"德赫斯在《长寿公司》一书中揭示了企业长寿的四大特点，其中之一就是它们都是学习型企业。

早在世纪之交，美国排名前25位的企业就有20家按照学习型组织模式进行改造，世界排名前100位的企业有40%建立了学习型组织。在全球化竞争中，实施创新驱动发展战略是中国的不二选择，创新也是中国企业增强竞争优势的关键。要增强企业创新能力，就必须首先提高员工队伍整体素质，而建立学习型组织就是关键一环。

七、软管理与硬管理巧妙结合

所谓硬管理，是指执行规章制度，进行直接的外部监督以及行政命令等刚性管理，也包括采用计算机管理信息系统、人机监控系统等现代化的物质手段。所谓软管理，是指开展思想工作，培育共同价值观，倡导企业精神，形成和谐的人际关系等柔性管理。科学管理主要依靠硬管理，而文化管理则要求刚柔并济、软硬结合。用中国企业习惯的语言来说，就是要把管理工作与思想工作有机结合。企业文化建设正是把软、硬管理两者结合起来的最佳方式。

群体价值观、规章制度都是企业文化的组成部分。制度和纪律是强制性的、硬的，但它们靠企业精神、共同价值观得到自觉的执行和遵守。企业精神、企业道德、企业风气是非强制性的、软的，但其形成的群体压力和心理环境对员工的推动力又是不可抗拒的、硬的。特别是这种软环境的建立和维持，需要通过执行制度、进行奖惩等来强化。软环境保证硬管理，硬制度强化软管理，这就是文化管理的辩证法。

2012年中铁十二局三公司面临市场疲软，新任董事长梁彬彬一方面提出从精细化角度进行成本管理，一方面加强企业文化建设，可谓"软硬结合"。2013年公司完成施工产值首次超过80亿元，稳居集团公司和股份公司第一。梁彬彬认为："治理好一个公司，最重要的因素还是对人的管理"，"企业的管理是人心的管理，要把公司的全体员工的积极性调动起来。"连锁火锅店"海底捞"曾引入关键绩效指标（KPI），并采用"杯子里饮料不能低于多少""客人戴眼镜一定要给眼镜布""翻台率"等具体的量化考核指标，结果啼笑皆非、事与愿违。公司由此领悟到"每一个KPI指标背后，都有一个复仇的女神在某个地方等着你"。于是决定去掉所有KPI，只考核一个柔性指标"顾客满意度"。董事长张勇讲"海底捞既要正式化管理，也要非正式化管理"，强调的就是软管理、硬管理相结合。

中国的企业管理要从科学管理迈上文化管理的台阶，必须从上述七个方面扎扎实实练好内功，而其中的关键则是企业主要经营管理者思想观念的转变和升华。

市场经济与文化竞争力

文化是含义非常广泛的概念，至今都没有一个被普遍公认的、严格的、精确的定义。尽管如此，人们却又越来越多地形成共识，那就是文化在人类社会发展中的作用日益凸显。在经济全球化深入发展、市场竞争更加激烈的当今时代，努力增强企业的文化软实力和文化竞争力，已经成为越来越多企业的共同选择。

第一节　什么是企业文化

什么是企业文化，它有什么内涵和特点？对此，一些人并不清楚，即使企业界和学术界也未形成完全一致的看法。

一、企业文化的概念

国内外对企业文化主要有两种有代表性的观点。

一是狭义的，认为企业文化是意识范畴的，仅包括企业的思想、意识、习惯、感情领域。美国的迪尔和肯尼迪在《公司文化》一书中认为，企业的文化应有别于企业的制度，它包括价值观、英雄人物、典礼仪式、文化网络四个要素，价值观是企业文化的核心，英雄人物是企业文化的具体体现者，典礼仪式是传输和强化企业文化的重要形式，文化网络是传播企业文化的通道。

二是广义的，认为企业文化是企业物质文明和精神文明的总和，包括企业管理的硬件与软件、外显文化与隐型文化（或表层文化与深层文化）两部分。理由是企业文化是同企业的物质生产过程和物质成果联系在一起的，既包括非物质文化，又包括物质文化。该观点认为，企业的人员构成状况、生产资料状况、物质生产过程和物质成果特色、厂容厂貌等都是企业文化的重要内容。

本书并不赞同上述看法。我们认为，企业文化是全体员工在企业创立和发展的长期实践中培育形成并共同遵守的最高目标、价值标准、基本信念及行为规范。它是企业理念形态文化、制度形态文化和物质形态文化的有机统一体。

二、企业文化的结构和要素

剖析企业文化的结构，便于全面认识、科学把握其内涵和要素。对此，也有多种观点。例如，分两个层次，常见有形文化和无形文化、外显文化与内隐文化、物质形式和观念形式、“硬”S与“软”S等。又如，分四个层次，即物质文化、行为文化、制度文化和精神文化。而挪威国家石油公司的“HSE文化”则包括行为、能力、协作、程序、物质条件、管理者和员工七个要素。这些划分都有其合理性，对认识企业文化并无大碍。

本书把企业文化分为理念层、制度行为层和符号物质层三个层次（图2-1）。

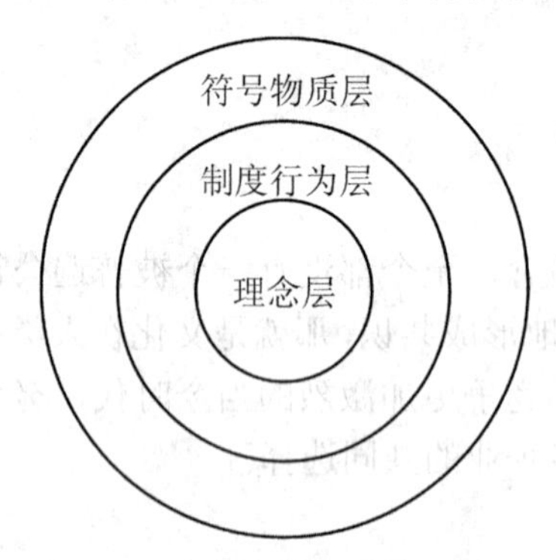

图2-1 企业文化的结构示意图

1. 理念层

理念层也称作精神层或观念层，指企业领导者和员工共同信守的基本信念、价值标准、职业道德及精神风貌。理念层是企业文化的核心和灵魂。有无理念层，是衡量一个企业是否形成了自身企业文化的标志。

理念层通常包括下列要素。

（1）企业目标与愿景。企业目标，特别是最高目标或长远目标，反映了企业领导者和员工的理想追求，是共同价值观的集中体现，也是企业文化建设的出发点和归属。当企业目标被全体员工所共识，就成为企业愿景。有了明确的目标，可以充分发动企业各级组织和员工，使人们将岗位工作与企业紧密联系，把企业发展转化为每名员工的具体责任。

（2）企业核心价值观，指全体员工共同遵循、信奉的价值标准和基本信念，也称作企业的基本信仰。这是企业文化的核心，是企业理念中最稳定的内容。随着企业环境、发展阶段、目标等的改变，发展战略、竞争策略、经营理念和管理模式往往随之调整，但核心价值观却不轻易改变。例如，北京同仁堂300多年秉持“同修仁德，济世养生”，香港李锦记百年如一地信守“思利及人”。

（3）企业哲学，也称企业思想、经营哲学或经营原则，是从实践中抽象出来的关于企业一切活动本质和基本规律的明确表述。企业哲学是经营管理经验和理论的高度概括，是企业家对经营管理的哲学思考，是对企业与社会的关系、企业与人（员工、顾客）的关系等基本问题的回答。企业哲学属于企业观的一部分，是处理生产经营中各种问题的基本指导思想和依据。松下幸之助提出“造物之前先造人”作为实践经营哲学的核心内容，为松下公司的发展指明了方向，也对全球企业界产生了深远影响。

（4）企业宗旨与经营理念。企业宗旨又称企业使命，指企业存在的价值及其作为经济单位对社会的承诺。例如，对内维护企业的生存发展并不断满足员工的需要，对外提供合格的产品和服务以满足顾客的需要，从而为社会文明进步做贡献。中兴通讯的使命是："我们致力于为合作伙伴构筑安全、开放、共享的平台，为用户带来更酷、更绿色、更开放的ICT产品和服务。"经营理念则是企业面对市场竞争时所确立的基本策略、整合资源的基本思路以及经营方针政策等，是企业宗旨或使命在生产经营中的具体化。

（5）企业管理理念和管理模式。管理理念是指企业管理所依据的人性假设、管理思想和原则。它要回答诸如集权与分权、宽与严、效率与公平、竞争与合作、工作导向与关系导向等带有根本性的管理思路的倾向性。当一个企业有了明确的管理理念，就会构建相应的管理体制机制，从而形成特定的管理模式。例如，松下、GE等世界著名企业率先实行了以人为中心的文化管理模式。

（6）企业精神。企业精神是企业有意识地提倡和培养员工群体共有的精神风貌，是对企业现有的观念意识、传统习惯、行为方式中的积极因素进行总结、提炼、倡导的结果。企业文化是企业精神的源泉，企业精神则是企业文化发展到一定阶段的产物。"爱国、创业、求实、奉献"的大庆精神，就是在"铁人"王进喜等先进人物的优秀品质的基础上总结提炼而成的，1998年组建的中国石油天然气集团公司也以这八个字作为企业精神。

（7）企业伦理与道德。企业伦理是蕴涵在企业生产、经营、管理等各种活动中的伦理关系、伦理意识、伦理准则与伦理活动的总和。企业道德则是调整企业内部人与人、单位与单位、个人与集体、个人与社会、企业与社会之间关系的行为准则。二者含义相近、各有侧重，有时合称伦理道德。伦理道德与制度虽然都是行为准则和规范，但制度有强制性，而伦理道德却是非强制性的。通常，制度解决是否合法的问题，伦理道德解决是否合理的问题。

（8）企业风气，也称企业作风，指企业及其员工带有普遍性的、重复出现且相对稳定的行为心理状态。风气是约定俗成的行为规范，是企业文化在员工的思想作风、传统习惯、工作方式、生活方式等方面的综合反映，对员工的工作表现和企业经营管理有着潜移默化的重要影响。人们总是通过企业全体员工的言行举止感受企业风气的存在。

有些企业的理念并不是按照上述几方面来表述的，甚至统称"企业理念""企业格言""企业口号"等。例如，紫光股份"文行忠信，恭宽敏惠"的企业格言，天狮集团"全球一体，天下之一家"的全球观，等等。

2. *制度行为层*

制度行为层是企业文化的中间层次，是指对组织及其成员的行为产生规范性、约束性影响的部分，它集中体现了理念层和符号物质层对员工个体和群体行为的要求。制度行为层规定了企业成员在共同工作中应当遵守的行为准则，主要包括以下四个方面。

（1）一般制度，指企业中普遍存在的工作制度、管理制度和责任制度。这些成文的制度与约定俗成的企业规范和习惯，对员工的行为起着约束作用，保证整个企业井然有序高效运转。例如，计划制度、人事制度、财务制度、奖惩制度、资产管理制度、生产管理制度、市场营销与售后服务制度、技术研发制度、岗位责任制度等。

（2）特殊制度，指企业的非程序化制度，如员工评议干部制度、总结表彰会制度、干部员工平等对话制度等。与一般制度相比，特殊制度更能反映企业的管理特点和文化特色。有良好文化的企业，必然有多种多样的特殊制度；文化贫乏的企业，则往往忽视特殊制度建设。

（3）企业风俗，指企业长期相沿、约定俗成的典礼、仪式、行为习惯、节日、活动等，如歌咏比赛、体育比赛、集体婚礼等。企业风俗与一般制度、特殊制度不同，它不是表现为准确的文字，也不需强制执行，完全靠习惯、偏好的势力维持。企业风俗可自然形成，又可以人为开发。一项活动、一个习惯，一旦被员工们共同接受并沿袭下来，就成为一种风俗。

（4）行为规范，指企业对各级领导者、管理人员和各类工作人员的言行举止提出的基本要求和具体规范。行为规范一般反映企业理念对组织成员个体的外在要求，越具体越容易执行；通过行为规范的有效执行，又可以促进组织成员对组织理念的认同。

3. 符号物质层

符号物质层也叫物质层、器物层或符号层，是指企业创造的物质文化。作为企业文化的表层，它是形成理念层和制度行为层的条件，是核心价值观的物质载体。符号物质层有以下要素。

（1）符号层——视觉识别要素，包括企业名称、标志、标准字、标准色等，是企业物质文化最集中的外在体现。

（2）办公和文化用品，指企业旗帜、歌曲、工服、办公用品以及定制的宣传册、纪念品等公共关系用品，它们鲜明地反映了企业文化的个性和品位。

（3）物质环境，指企业的自然环境、建筑风格、办公室和车间的设计和布置方式、企业造型和纪念性建筑、绿化美化情况、污染治理等，构成人们对企业的整体印象。

（4）产品和服务特色，既包括产品的功能、规格、式样、外观和包装，又涉及服务的规格、标准、流程，是企业文化的具体反映。

（5）技术工艺设备特性。产品的技术工艺要求不同，所采用的关键技术和设备不同，也必然反映出文化的不同。

（6）文化活动及设施。积极创造条件，组织员工开展业余文艺、体育等活动，是企业文化建设的重要手段。

（7）文化传播网络，包括网站、微信、报刊、广播、电视以及宣传栏、广告牌等。

大庆油田为了弘扬以“铁人精神”为代表的企业文化，多年来不断推进符号物质层建设。目前，以“铁人”命名的广场、中小学、大道、桥梁已成为城市的文化景观；铁人王进喜纪念馆、大庆油田历史陈列馆等近百个企业精神教育基地星罗棋布，成为传承大庆精神的有效载体；劳模灯箱、标兵展板、员工走廊，队史、矿风、警语……大庆精神时刻在耳边、在眼前，鼓舞着油田员工不断超越。

由上述可见，企业文化的 3 个层次具有紧密的内在联系：符号物质层是企业文化的外在表现和载体，是理念层和制度行为层的物质基础；制度行为层则约束和规范着符号物质层及理念层的建设，没有严格的规章制度，企业文化建设无从谈起；理念层是制度行为层和符号物质层的思想基础，也是企业文化的核心和灵魂。

三、企业文化的性质和特征

对于企业文化的性质和特征有许多不同的概括与描述，这反映了人们对其本质的认识和揭示在不断深入。综合现有的研究成果可见，以下 4 项特征是比较重要的。

1. 客观性

企业文化是在一家企业建立和发展过程中形成的，与企业相伴相生、如影随形。无论人们承认与否、喜欢与否，也无论被感知到多少、认识到多深，它都会对员工的思想和行为产生一定影响，从而影响着企业发展。特别是企业理念，尽管人们看不见、摸不着，却往往会潜移默化地影响员工的思考和言行。企业文化客观存在的这种特征，就是客观性。当然，客观性并不意味着人们在企业文化面前束手无策，只能被动接受，恰恰说明企业文化与其他客观事物一样，有其客观的发展规律。人们不但可以了解和评价企业文化，而且可以通过认识和把握其内在规律来主动进行文化建设与变革，培育和建设优秀的企业文化，使自发的文化成为自觉的文化，从而增强企业的文化竞争力。

2. 稳定性

企业文化的形成是一个长期过程，一旦形成后又具有相对稳定的特点，不会轻易改变。产生稳定性是因为在企业内外环境变化时，人的认知和行为往往滞后，难以同步变化。企业文化改变时，最容易也是最先改变的通常是外在的符号物质层要素，然后是中间层次的制度行为层要素，最后才是内在的理念层要素。改变企业成员根深蒂固的思想观念和长期养成的行为习惯，有时需要数年甚至更长时间。稳定性说明，企业文化的建设和变革并非一朝一夕之功，不能急功近利、急于求成，而要持之以恒、久久为功。

3. 个异性

世界上没有完全相同的两片树叶。同样，任何两家企业也不会有完全相同的文化。企业文化的这种个异性，是由于企业的特殊性，即不同企业的使命和社会职责、发展历程、经营规模、员工群体等不同所决定的，反映了对企业本身的路径依赖性。个异性是企业文化的生命力所在，它决定了企业文化建设要从自身的历史和现实出发，面向企业的未来发展，在遵循企业文化发展普遍规律的基础上，注重发现和突出特殊规律，体现个性特色，绝不能照抄照搬其他企业、行业或民族的文化。

4. 无形性

无形性又称内隐性。企业文化特别是理念层要素，看不见、摸不着，但总是潜移默化地影响着员工个体和群体。在企业稳定运转的情况下，人们很难感受到所处的文化环境。当企业内外环境发生较大改变或员工到了另一个企业时，才能比较明显地感受和体会到原来的组织文化和新的组织文化。企业文化的影响是无形的、隐性的，就像空气对于人，只有在对比和变化中才能感受到它的内涵和价值。

四、企业文化的影响因素

分析企业文化的影响因素，可以为改造现有企业文化、塑造崭新企业文化提供线索。企业文化的影响因素主要有下列七个方面。

1. 民族文化因素

现代企业管理的核心是对人的管理。作为企业文化主体的广大员工，同时也是社会成员，长期受到并将继续受到民族文化的浸润。企业文化植根于民族文化土壤，打上了民族文化的深刻烙印。要把企业管理好、把企业文化建设好，一定不能忽视民族文化的影响。

建设具有民族特色的企业文化，是企业管理的重大实践课题。一方面，企业文化要努力适应民族文化环境，从中吸收养分。如果不符合特定民族的社会心理状态，可能影响到企业经营。当然，对待民族文化要有所取舍，不能良莠不分、兼收并蓄。另一方面，企业是社会进步的经济基础，企业文化对社会文化有着很大影响。优良的企业文化对民族文化起着改造和推动的作用，使之向着先进方向前进；反之，会带来负面影响，产生阻碍作用。

2. 制度文化因素

制度文化的制度，包括政治制度、法律体系和经济制度等构成的整个社会制度。企业文化的核心问题是要形成具有强大内聚力的群体意识和群体行为规范。由于社会制度不同，企业文化必然有所差异。我国和日本同为东方民族，都受中华文明滋养，但社会制度不同导致两国企业文化有很大差别。例如，日本的"家族主义"使得在被视为大家庭的企业内部，老板是"父亲"，员工是"儿子"，并非平等关系，员工的敬业精神也不是主人翁意识，这与我国工人阶级当家做主的企业文化明显不同。

中国特色社会主义制度，决定了我们区别于其他国家、具有中国特色的企业文化，也为我国企业文化发展提供了广阔空间。例如，国有企业大唐集团的"同心文化"，指企业与国家同心，以电力报国为己任，执行国家能源战略，与时代共同进步；同时指整个集团上下同心，全体职工目标一致、思想统一、务实行动、追求卓越。

3. 外来文化因素

对于特定企业而言，其他国家、民族、地区、行业、企业的文化都是外来文化，都会对该企业文化产生一定影响。企业必须从实际出发，有选择地加以吸收、消化、融合外来文化中的有利因素，警惕、拒绝和抵制不利的文化因素。

外来文化首先指外国文化。"二战"后，日本从美国引进了先进技术和设备，也从美国接受了价值观念、现代管理思想等，像日本企业的"年功序列工资制"就受到挑战。可以说，日本企业文化既有中国文化的根，又有美国文化的叶。改革开放以来，外国文化特别是价值观念悄然涌入，对中国企业文化有很大影响。国外先进管理理念，成为我国企业文化的新鲜血液；而拜金主义、享乐主义、极端个人主义、唯利是图等腐朽思想，也造成许多负面冲击。随着世界多极化、经济全球化深入发展，各国经贸往来日益密切，文化交流交融交锋更加频繁。我国企业文化建设要坚持解放思想、实事求是，大胆吸收借鉴国外企业文化中的积极因素和人类文明一切优秀成果；同时要坚持以社会主义核心价值观为指导，传承弘扬中华优秀文化，切实防止西方文化糟粕侵蚀，始终保持先进文化前进方向。

在跨区域、行业或企业之间技术转移的过程中，也会对企业文化产生影响。例如，信息产业重视技术、重视创新、重视人才等新观念，就对其他行业有很大的影响。

4. 企业传统因素

应该说，企业文化的形成也是企业传统的发育过程，企业文化的发展也就是企业传统去粗取精、扬善抑恶的过程。因此，企业传统是形成企业文化的重要因素。

从宏观来看，中国现代工业虽然只有 100 多年历史，却创造了宝贵而丰富的企业文化传统：①旧中国民族资本企业形成的实业救国、勤劳节俭、诚信经营为特色的企业精神；②解放区和根据地企业艰苦奋斗、无私奉献、顽强拼搏的精神和传统；③社会主义建设时期的企业文化特色和传统，如爱厂如家、艰苦创业、拼搏奉献等精神；④改革开放以来企业文化的创新所积淀的新传统，如以人为本、改革创新、重视效益、重视管理等。这些优良传统，对于形成我国企业文化发挥了重要作用，也将对中国特色企业文化的未来发展产生深远影响。

从微观来看，企业处于生命周期不同阶段，管理特点不同，进而形成不同阶段的文化传统。从导入期、成长期到成熟期，企业逐步积累着优良传统，也会不断摒弃不良风气。处在导入期的企业，生存是第一位的，往往以盈利为导向，这时更要坚持以义取利、义利并重，克服短期行为。进入成长期，随着经营规模和业务不断增长，企业文化建设进入了关键时期，应抓住机遇、谋划长远，打造具有持久生命力的优秀文化。企业一旦进入成熟期，企业文化就基本稳定了，这时要特别警惕文化的老化和异化。在此阶段，许多企业家都进行了文化变革，不断激发文化活力，用企业文化这只无形的手，避免企业走入衰退期。总之，应准确把握企业发展的阶段性特征，发掘积累优良传统，打造独具个性特色的企业文化。

5. 个人文化因素

企业成员的思想素质、文化素质和专业素质等个体因素，对企业文化有着深刻影响。员工中的英雄模范人物是员工群体的杰出代表，也是企业文化的人格化体现，王进喜对“大庆精神”、张秉贵对“一团火精神”、李双良对“太钢精神”的形成起了重要作用。宣传和学习英雄模范人物的过程，就是企业文化的培育过程。

个人文化因素中，企业领导者的思想素质、政策水平、思想方法、价值观念、经营思想、经营哲学、科学知识、实际经验、工作作风以及个性特征都对企业文化有明显影响，这是因为企业文化在某种程度上是企业领导者价值观的反映。主要领导者的更换，往往会对企业文化产生较大影响。国外有时甚至把企业文化称为“企业家精神”。松下幸之助、韦尔奇、乔布斯、郑周永、张瑞敏、柳传志等中外企业家，都是各自企业文化的缔造者和重要发展者。培育一个好的领导者集体，是建设优秀企业文化的重要保证。

6. 行业文化因素

不同行业的企业文化特点不同。从大的方面来说，可以分为第一、第二、第三产业和第四产业（公共产业）。每个产业又包括许多大的行业领域，如第二产业分为采矿、制造、电力与能源、建筑等行业；进一步细分，如制造业包括了农副食品加工、纺织、家具制造、医药制造、橡胶制品、金属制品、通信及电子设备制造等30多个主要行业。由于各个行业在管理模式和要求上存在很大不同，所以企业文化必然有差异。

在不同行业领域中，企业文化长期相互影响，逐步形成了一些鲜明的共性特征。美国IBM、谷歌、苹果、特斯拉，中国的华为、中兴通讯、阿里巴巴、腾讯，韩国三星等网络、信息、通信领域的著名企业，都具有一个共同的企业文化特点——创新。这是因为该行业的技术更新很快，只有创新才能生存和发展。例如，华为秉持“以客户为中心，以奋斗者为本”理念，倡导自我批判、开放进取等核心价值观，累计获得专利授权近4万件，在2017年《财富》世界500强中首次进入百强，排名第83位。认识把握行业共性，是企业文化建设的重要环节。

7. 地域文化因素

不同地域有着不同的地理、历史、政治、经济和人文环境，就必然产生文化差异。例如，法国不同地方的人都保留着自己的特点，包括语言、生活习惯和思维方式；美国的纽约和旧金山，具有东西部的不同文化特点。又如，文化差异在城市和郊区之间也会有所体现。米其林（Michelin）公司把总部设在乡下而非巴黎，是因为公司领导要摒弃“浮于表面和趋于时尚”的巴黎，更喜欢以谦逊、简朴和实用著称的郊区——爱瓦房地区。

地域文化差异是企业在设厂和管理时需要考虑的因素。日本企业在当年进军美国时，尼桑等公司纷纷入驻田纳西州，一是认为当地具有强烈的工作道德、和睦相处的氛围等这些至关重要的环境；二是因为田纳西与东京同在一个纬度，气候相似，可以看到樱花。

中国地域广阔，各地有着很大的文化差异，在企业文化建设中应充分考虑地域文化因素。

五、企业文化的主要学派

世界上许多学者致力于企业文化及组织文化研究，可谓百花齐放、百家争鸣。根据30多年来的观察分析，作者将这方面的学术研究划分为4大学派。

1. 比较研究学派

比较研究学派通过对不同国家的组织文化做比较研究，得出一些带普遍性的结论。代表人物有理查德·帕斯卡尔（Richard T. Pascale）、威廉·大内（William Ouchi）和G. 霍夫斯泰德（Geert Hofstede）。

（1）理查德·帕斯卡尔，曾任美国劳工部长的特别助理，在斯坦福大学商学院任教达20年，对日本企业管理深有研究，与安东尼·阿索斯合著的《日本企业管理艺术》于1981年出版。该书比较美国和日本的管理方法，提出了"7S模型"。7S代表首字母为S的7种因素：Structure（结构）、Strategy（战略）、Systems（制度）、Skills（技能）、Style（作风）、Staff（人员）和Superordinategoal（最高目标）。其中结构、战略、制度是硬性因素，技能、作风、人员、最高目标是软性因素。7S构成一个以最高目标为核心的网络（如图2-2所示），忽视任何一环或各个网络之间的协调都必然影响管理成效。成功的企业都根据实际形成了自己的企业文化，并使7S协调一致。

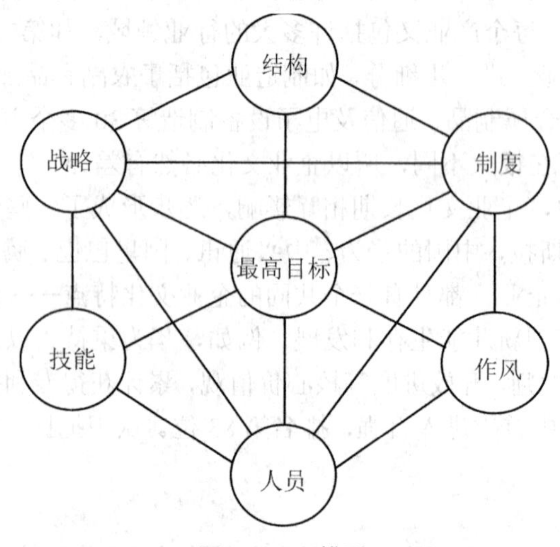

图2-2　7S模型

（2）威廉·大内，美国加利福尼亚州立大学洛杉矶分校的管理学教授，主要研究人与企业、人与工作的关系，最早提出企业文化概念。他用近10年时间对日、美各12家典型企业进行研究，发现两国企业在组织模式的每个重要方面都是对立的，日本企业的经营管理方式效率更高，因此提出美国企业应向日本企业学习，形成自己的管理方式。在1981年出版的代表作《Z 理论——美国企业界怎样迎接日本的挑战》中，他把典型的美国、日本传统管理方式分别称为 A 型和 J 型组织，并在二者基础上提出了一种理想的管理模式——Z 型组织。该书一出版立即引起广泛重视，其组织文化的思想对企业管理产生了重要影响。

（3）G. 霍夫斯泰德，曾主管 IBM 欧洲分公司的人事调查工作，荷兰马城大学名誉教授并在欧洲多所大学任教，研究文化差异及其如何影响管理策略的权威。他对 50 多个国家的文化做过调查、分析和比较，提出了文化差异的五个维度——集体主义和个人主义、权力距离、不确定性规避、男性主义和女性主义、长期取向和短期取向，以及相应的管理策略。他指出，企业文化是一种软的、以完整主义理论为依据的观念，但其结果是坚实的。他认为："在全球经济一体化中，世界各公司的策略都着重发展如何能够满足最大市场、最多顾客的产品及其服务。而对不同文化及价值观的研究，是此类策略成功的关键"；"一个组织的心理资产，可以用来预测这个组织的金融资产在五年内将会发生什么变化。"

2. 经验学派

经验学派致力于大量案例研究，特别是成功企业的经验，从中概括出有普遍借鉴意义的结论。代表人物有特伦斯·迪尔（Terrence E. Deal）和汤姆·彼得斯（Tom Peters）。

（1）特伦斯·迪尔，美国哈佛大学及南加利福尼亚大学教授，撰有多部企业文化与教育政策方面的著作。他和麦肯锡公司咨询顾问艾伦·肯尼迪合著的《公司文化——公司生活中的礼仪与仪式》于 1982 年出版，是企业文化研究的奠基之作。书中基于数百家企业的资料，分析了美国企业文化的核心——价值观及公司的要素，揭示了许多著名企业的成功秘诀。在 80 家被调查的公司中有 25 家有明确表述的信念，其中 2/3 不以利润而是崇高的信念作为最高目标，正是这些崇高的目标，给企业带来巨大的发展和出色的业绩。作者由此得出结论：强有力的文化是企业取得成功的"金科玉律"，企业文化就是力量。

该书还提出了企业文化的一个理论框架，包括五个构成要素：①共同价值观，它是企业文化的核心；②企业的英雄人物，提供了一个有形的、他人可以效仿的榜样；③仪式和典礼，把人们更深地联系起来，并灌输了一种神圣的精神，令人们记住共同的价值观和目标；④企业内的故事，它们承载着价值观，经过一遍遍讲述，把人们与那些真正重要的东西联系起来；⑤文化网络，由牧师、小道消息传播者、说书人、课报人员和耳边私语者构成，通过不懈的非正式努力，维系着组织的完整，让组织在正轨上运行。

（2）汤姆·彼得斯，斯坦福大学企业管理学院教授。1982 年出版的《追求卓越——美国管理最佳公司的经验》，就是他和曾在麦肯锡公司工作的罗伯特·沃特曼合著的。他们访问了全美最优秀的 62 家大公司，以获利能力与成长速度为标准筛选出 43 家模范公司，在调查研究后归纳出它们成功的 8 个因素：行动神速、顾客至上、支持创新、尊重员工、重视价值观、不离本行、精兵简政、宽严并举。这些公司把硬管理和软管理、规章制度与开放创新、眼前利益与长远利益、公司利益与员工的事业心相结合，取得了理想的效果。

当时美国商界面临日本企业的巨大挑战，该书的出版成为美国商业的拯救者和美国商业史上的转折点。彼得斯曾回顾说："该书首次描述了那些行之有效的东西。它的风格是刻意形成的。我承认，这本书的逻辑就是美国式管理已被严重地扭曲。这是对美国式管理和麦肯锡式思维方式猛烈的、面对面的攻击。"该书被译成 20 余种文字风靡全球，仅在美国就销售了 600 万册，全球发行量高达 900 万册，成为有史以来最畅销的管理类书籍，"追求卓越"成为很多公司的座右铭和企业家的口头禅。

3. 经验理论结合学派

经验理论结合学派与经验学派的区别是：在大量研究案例的基础上，深入进行理论研究，得出一些更深刻的结论。突出的代表人物是爱德加·沙因（Edgar H. Schein）。

沙因是美国麻省理工学院斯隆商学院教授，著作有《组织文化和领导》《组织心理》《咨询过程》等，被称为"企业文化理论之父"。他率先提出组织文化的概念并进行了系统阐述，认为企业文化是在企业成员相互作用的过程中形成的，为大多数成员所认同的，并用来教育新成员的一套价值体系。他还提出了关于组织文化的发展、功能和变化及构建组织文化的基本理论。

沙因把组织文化分成三个层次。①人工制品。人工制品指那些外显的文化产品，能够看得见、听得到、摸得着（如制服），但却不易被理解。②信仰与价值。它们藏于人工制品之下，是组织的战略、目标和哲学。③基本隐性假设与价值。基本隐性假设与价值包括自然和人的关系、现实和真实的本质、人性的本质、人类活动的本质、人际关系的本质五方面。这些假设、价值、信仰、规范等，大部分在人脑中处于一种无意识的层次，很难被观察到。然而正是由于它们的存在，人们才得以理解每一个具体组织事件为什么会以特定的形式发生。

根据上述理论，沙因对小群体中文化的出现、组织的创始者如何创造文化、领导者如何根植和传达文化等进行了论述，探讨了组织的成长阶段和文化变革机制。

4. 多元结构学派

多元结构学派致力于研究组织文化的亚文化，包括组织内不同层级、不同部门、不同群体的文化，以及它们与组织中主流文化的关系，对组织文化持一种多元结构的看法。

这一学派没有非常著名的代表人物。美国斯坦福大学教授乔安妮·马丁，算是比较典型的多元结构学派的学者。马丁在代表作《组织文化》中，把组织文化的研究分为三类。①融合观：把文化看成是"和谐、同质的绿洲"，强调文化的同质性和内聚作用，而且有明晰、统一的表述，这就是主流文化。②差异观：更关注组织文化中的歧异性和矛盾冲突，组织中各部门、各层级、各群体的亚文化之间的差异成为受关注的焦点。③碎片观：关注组织文化的模糊性、多样性与流动性，认为这是组织功能的必然组成部分。他不认同组织文化的任何共识，认为模糊性才是描述组织内多元文化的适宜方法。马丁主张把三种方法合并用来研究组织文化，以得出更接近实际的结论。

多元结构学派在欧洲有更多的拥护者，这与欧洲的人权观念和人道主义传统有关。随着互联网时代来临，人们价值观的多元化趋势日渐加剧，该学派的影响必将进一步扩大。

六、企业文化的类型

根据不同的分类原则和标准，可以对企业文化大致加以分类。不同类型的文化，往往并无优劣之分，只有是否适应某个企业及其发展阶段的问题。

1. 迪尔和肯尼迪的分类

迪尔和肯尼迪在《公司文化》一书中把企业文化分为四种类型，这也是比较早的分类。

（1）强悍型文化。这是所有企业文化中极度紧张的一种。这种企业恪守的信条是要么一举成功，要么一无所获。因此，员工们敢于冒险，都想成就大事业。具有这类文化的企业往往处于投资风险较大的行业。

（2）工作娱乐并重型文化。这种企业文化奉行“拼命地干、痛快地玩”的信念。职工很少承担风险，所有一切均可迅速获得反馈。

（3）赌注型文化。这种企业文化适用于风险高、反馈慢的环境，企业所做决策承担的风险很大，但却要在几年后才能看到结果。其信念是注重未来、崇尚试验，相信好的构想一定要给予机会去尝试、发展。

（4）按部就班型文化。这类企业文化常存在于风险低、资金回收慢的组织中，由于职工很难衡量他们所作所为的价值，因此人们关心的只是“怎样做”，人人都在追求技术上的完美、工作上的有条不紊，极易产生官僚主义。

2. 艾博斯的分类

艾博斯（Ebers）把企业文化类型分为合法型文化、有效型文化、传统型文化和实用主义型文化（表 2-1）。

表 2-1　艾博斯的企业文化分类表

特征	合法型文化	有效型文化	传统型文化	实用型文化
组织内容	环境的规范和价值观	对绩效的需求	成员的价值观、信仰和传统	成员的（自我）利益
效度基础	信念	适当的绩效	亲和性	心理和法律的契约
焦点	外部支持、合法性	产出、专业知识、计划、控制	信用传统、长期的承诺	成就；奖励和贡献的公平分配
个人服从的基础	识别、一致产生的信念的压力	社会的和管理的指令	内部化	结果的计算
行动的协调	名义调整	共同的目的	表演的和联络的行为	内部锁定利益和战略行动
特征集合	公共机构环境、绩效难以知道	结构化地相互依赖的集体：被监督、绩效容易知道	有稳定成员关系、长期历史和密集交流的集体	通常是为了共同的利益或目的而将个人集结起来的小的混合团体

3. 康妮和芭芭拉的分类

康妮和芭芭拉借鉴男女性别差异把企业文化分为鲨鱼型、戛裨鱼型和海豚型，并从领导方式等很多方面做了对比。例如，鲨鱼型的企业文化就像男性，冷酷无情，喜好操纵；戛裨鱼型就像女性那样优柔寡断。他们认为海豚型符合人性，是人心向往的管理哲学，它摒弃了前两者的缺点，吸取其长处——把男性的优势和女性的优势有机地结合起来，用脑和心来领导，以自信、宽容来运作。它完全摆脱了旧式过于性别化的管理方式，创立了无性别之分、刚柔结合、有血有肉的灵活形象。当然，并非所有男性都像鲨鱼，所有女性都像戛裨鱼。

4. 基于方格理论的分类

布莱克和莫顿（Blake & Mouton）发展了领导风格的二维观点，在“关心人”和“关心生产”的基础上提出了管理方格论（managerial grid）。在两个坐标轴上分别划分出 9 个等级，从而产生 81 种不同的领导类型（图 2-3），并主要阐述了 5 种典型的领导风格类型：贫乏型（1.1），权威型（9.1），俱乐部型（1.9），中庸型（5.5），团队型（9.9）。

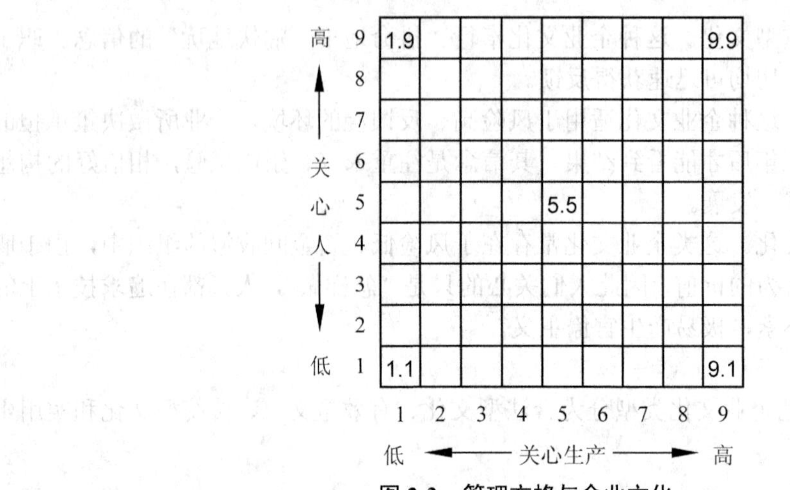

图 2-3 管理方格与企业文化

两位作者经研究，归纳出这 5 种领导风格分别对应的企业文化特征（表 2-2）。

表 2-2 管理方格理论中 5 种典型的企业文化特征

权威型	团队型	俱乐部型	贫乏型	中庸型
工作导向	团队合作导向	关系导向	导向不清	稳定导向
以严为主	宽严相济	以宽为主	不负责任	注重平衡
效率第一	效率、公平并重	公平第一	得过且过	循序渐进
追求效益	和谐基础上追求卓越	放任自流	没有追求	和谐基础上力争上游
很少授权	适当授权、兼顾民主	充分民主	放弃权力	适当授权
性恶论	性善论	性善论	人性假设不清	性善论

5. 梅泽正和上野征洋的分类

这种分类以行动基本方向与对待环境的态度为横纵坐标，把企业文化分为自我革新型、重视分析型、重视同感型和重视管理型四种类型（图 2-4）。

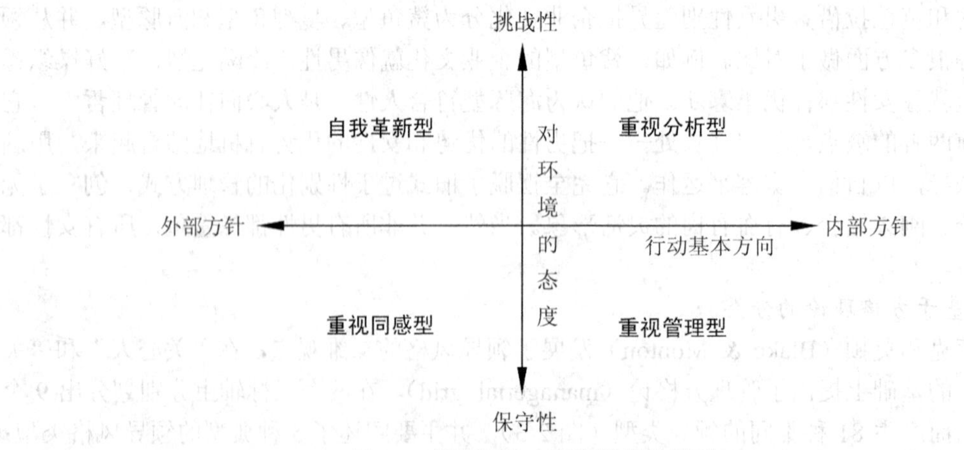

图 2-4 梅泽正和上野征洋的分类图

（1）自我革新型：适应市场变化，重视竞争与挑战，不断自我变革。

（2）重视分析型：重视企业发展的各种因素，生产效率、管理效率被立为大政方针。

（3）重视同感型：重视市场地位的稳定和客户满意度，回避风险、重视安稳。

（4）重视管理型：注重企业内部规范，以及与竞争对手之间的关系协调，重视风险回避和安稳地位。

6. 卡迈隆和奎因的分类

美国学者卡迈隆和奎因提出了竞争性文化价值模型，采用“组织弹性—稳定性”“外部导向—内部导向”两个维度来测量企业文化。由此可分为四个象限：等级型文化、市场型文化、宗族型文化和创新型文化。这一分类比较实用，后面还将详述。

第二节　优秀企业的文化制胜之道

在市场竞争中，越来越多的企业从优秀企业的经验和自身的实践中认识到：形成竞争优势的不仅是价格、质量、资金，而且也是服务、技术、人才——归根到底是企业文化。

一、“青蛙”变“王子”的启示

20 世纪 70 年代，美国通用汽车公司设在加利福尼亚州弗里蒙特的汽车装配厂因连年亏损而关闭。但当它与日本丰田公司合营组成新联合汽车制造有限公司仅 18 个月后，企业面貌就发生了难以想象的变化：5 000 名员工中，原有的约 5 000 件不满事件很快只剩 2 件，原来高达 20%的旷工率也大大下降，劳动生产效率大约提高了一倍。对此，美国人感叹“仿佛一只青蛙一下子变成了王子”。

如此巨大的变化是怎样发生的？丰田派来的日方管理人员施了什么魔法？关键是管理模式进行了转换！通用汽车该厂原来的负责人采用标准的泰勒式科学管理，行政命令、严格监督、惩罚和解雇的手法以及高高在上的领导作风，导致劳资矛盾十分尖锐——劳方与资方就像两个有着世仇的家族，长期进行斗争。而日本管理人员反其道而行之，尊重工会和工人，让工人们分组管理，各负其责，并处处建立管理者与工人平等的气氛：经理与工人共用停车场、餐厅，穿同样的工作服，大家互称“同事”。这种尊重员工、平等共事、分权管理的价值观，激发出美国工人的敬业精神、对管理者的信赖和对企业的忠诚。日本管理人员在培养美国工人的忠诚时并不需要花什么钱，而他们的方法远比原来美国人的对抗性方法有效。正像新公司的人事总经理威廉·蔡尔所说：“日本人的哲学是把人作为一个重要因素，而典型的美国哲学则相反，它把工人仅仅看成是机器的延伸。”这透彻地指出了以人为中心的文化管理模式与忽视人的科学管理模式的本质区别。

无独有偶，“丑小鸭”也能变为“白天鹅”。美国得克萨斯州一家电视机厂经营不善，管理不当，濒临倒闭，老板于是请日本人来管理。日本人接管后一连使出三招。第一招，新任总经理把员工召集起来，不是指责，而是请他们喝咖啡，赠送每人一台收音机，并心平气和地说：“你们看，这么脏乱的环境怎么能搞好生产呢？”于是大家一齐动手，清扫并粉刷了厂房，工厂面貌一新。第二招，新经理主动拜访工会负责人，希望“多多关照”，此举使工人很快消除了戒备心理，在感情上与管理人员靠近了。第三招，工厂需要增加劳动力，他们不是去雇用新人，而是把以前被解雇的工人全部招回。这样一来，工人们的“感激”“报恩”之心油然而生，干劲十足，生产率直线上升。7年后，这家由日本人管理的美国工厂，产品数量和质量都达到历史最高水平，美国《时代周刊》曾大加赞扬。其实，日本企业家只是把日本企业文化移植到美国工厂而已。

两个案例发生的时间、地点、行业不同，但管理观念、管理思想、管理模式的转变却是共同的。事实证明，优良的企业文化蕴含着化腐朽为神奇的巨大力量，是企业在市场竞争中获得优势、夺取成功的制胜之道。

二、从“站着开会”想到的

日本企业家土光敏夫和松下幸之助都被誉为“经营之神”，“神”在何处？土光敏夫任东芝公司总经理时，提倡“走廊交谈”、开短会和站着开会，以改变员工的散漫作风，提高工作效率。他认为：会议不是用来作报告的，会前把材料分发下来就行了，会议是进行讨论的；只要在讨论时抓住重点，就无须花很长的时间。负责干部因开会而长时间离开工作岗位，是不被允许的。在他的倡导和要求下，东芝各级干部和员工的面貌焕然一新。同样，松下公司也提倡开短会和站着开会。松下幸之助指出：我认为不要一说开会，就非得在会议室召开，我们必须有这样一种思想准备，即站着开会，这样可以当即做出决定。

要知道，土光敏夫接手前，东芝连年亏损，很不景气。千头万绪，从何抓起？他不顾年迈，第一件事就是遍访各地的30多家下属企业。每到一处，土光敏夫不是先听厂长、经理汇报，而是找一些老工人去酒馆喝酒聊天，工人们都称赞他为“提着酒瓶的大老板”。通过深入基层，他获得了宝贵的第一手资料，弄清了企业亏损的种种原因，得到了许多有价值的建议，更重要的是冲破了企业长期形成的官僚主义。各级经理纷纷效仿，大大提高了办事效率，改善了上下级关系。不久，东芝便爬出低谷，扭亏为盈。土光敏夫的做法是从更新企业文化入手，把过去脱离实际、脱离群众、效率低下的官僚主义文化改变为深入群众、深入实际、高效工作的崭新文化。

类似做法在欧美也很流行，被称为“走动管理”，即经理人员不是靠会议报表了解情况，而是直接到基层调查，掌握第一手材料，面对面解决实际问题。卡尔升担任美国联合航空公司总裁的第一年就跑了20万英里，到世界各地的分公司进行指导，普遍接触员工，听取意见建议，及时奖励员工中的期望行为，惩罚非期望行为，使公司风气发生了显著变化。他在任7年，公司由亏损4 600万美元变为盈利29亿美元，创造了历史盈利的最高纪录。

坐在办公室喝茶聊天，在文山会海中舒舒服服，脱离实际、效率低下，这种官僚主义风气一旦形成，就成为惯性和惰性，彻底改变谈何容易？为冲破官僚主义的心理定式，许多著名公司各施绝招。麦当劳公司曾下令“把所有经理的椅背锯掉”，不执行就撤职开除，结果全公司经理人员用60%的时间深入一线。为把经理人员解脱出来，GE公司曾发动“削减工作量运动”，列出不必要的会议、报告、指示、文件的清单。日本本田公司还创造了“开放式办公室”，深入现场解决问题。

“站着开会”还是“坐着开会”，本不是什么大事，但反映了企业领导者的工作作风，反映了整个企业的风气。“站着开会”影响和改变的是企业风气，能够带动全体员工树立积极的精神面貌、提高各环节的工作效率，这对有一定历史的企业来说尤其重要。在更新企业文化时，“站着开会”“走动管理”等做法很值得借鉴。

三、韦尔奇“奇”在哪里

1981年，韦尔奇出任GE第八任董事长兼首席执行官。而此时，GE股票在此前10年间贬值了50%。韦尔奇首先根据“三环”计划——将公司业务集中于核心、技术和服务三方面的战略，进行了一系列“外科手术”式变革，卖掉难以保持行业领先的200多个企业，买进包括美国广播公司等70个企业，将GE从一家日益老化的工业制造企业转变成经营多样化的全球性生产巨头。此后，他还发起了几次旨在推进生产力、提高存货循环速度、改进质量和提高顾客满意度的行动，包括：全球化变革（20世纪80年代中期），从头改变等级制度的听证会（1989年），员工驱动质量的6Σ行动（1995年），E化举措（1999年）等。由于韦尔奇的杰出领导，GE长期保持着平均两位数的增长率，公司股票平均每年的总计复利回报率为23%，1995—2000年股票的投资回报率达34%。GE连续多年被美国《财富》杂志、《金融时报》分别评为“全美最受推崇的公司”和“全球最受尊敬的公司”。韦尔奇则被誉为20世纪最杰出的企业家和最成功的CEO，成为各国企业管理者效法的对象。

与其他很多企业不同，韦尔奇在GE所采用的管理方式和他的领导艺术是——把塑造以群体价值观为核心的企业文化作为带动公司发展的关键。《杰克·韦尔奇领导艺术词典》指出：“对韦尔奇而言，没有任何（事物）比通用电气的价值观重要。在多年时间里，这位通用电气的首席执行官谈论价值观比谈论绩效还多。”1985年，韦尔奇为GE确立了5条价值观，并印成便于携带的价值观卡发给全员。尽管GE价值观的表述多次变化，但诚信一直是首要内容。为了使GE价值观深入人心，他花了大量时间培训员工特别是各级管理人员，连接待中国企业家访问团时也加以介绍。由于在全员中牢固树立了共同价值观，并形成了相互学习的文化，韦尔奇领导时的GE始终士气高昂、充满活力。

人们盛赞GE成功的时候，很少会提到韦尔奇的前任雷吉·琼斯。殊不知，如果没有琼斯长达7年的培养，就不会有韦尔奇。和琼斯一样，韦尔奇把自己的经营理念贯彻到整个公司并使之变为现实的法宝就是育人，尤其是育干。韦尔奇曾说，自己一生最伟大的成就莫过于培养人才。坐落在纽约以北克劳顿村的GE管理发展培训中心（又译“领导开发研究所”），举世闻名又颇为神秘。数以千计的员工，包括刚入职的大学毕业生，每年都要到克劳顿村学习GE的经营之道，从中成长出大批经营管理英才，仅世界500强CEO就超过160位——难怪中国企业家把这里比喻为GE“党校”。无论多忙，韦尔奇都坚持到这里给学员上课，20年累计讲过250多次。公司每年向培训中心拨款约10亿美元，每年培训6万人，多数教员为公司高级经理。其实，整个GE就像一所学校，引导各地员工按照韦尔奇确立的价值观和公司目标，各按步伐，共同前进。通过育才型领导，GE形成了与知识化、信息化社会相适应的团队组织和参与式、学习式的新型文化。尽管韦尔奇已在2001年卸任，但他创建的人才辈出的育才机制成为留给GE的最大财富。

美国《财富》杂志评价道：“韦尔奇那一套无与伦比的管理手段和培养领导人才的热情是他取得成功的唯一秘密。”与重视“硬”要素的科学管理模式不同，韦尔奇用在GE的管理实践，诠释了一种崭新的企业管理和领导艺术——重视企业价值观等“软”因素的文化管理模式。像韦尔奇那样，或步其后尘，越来越多的企业开始推进管理模式变革。重视企业文化建设、实行文化管理，已经成为企业界和管理学界的共识。

四、乔布斯与“苹果神话”

在当代企业界，最扣人心弦、跌宕起伏的故事，莫过于史蒂夫·乔布斯（Steve Jobs）和苹果公司的传奇。

1976年4月，21岁的乔布斯和两位朋友成立了苹果电脑公司。1977年4月推出第二代电脑（Apple Ⅱ），到20世纪80年代已售出数百万台。1980年苹果公司上市，所吸引的资金比1956年福特公司上市以来任何首次公开发行股票的公司都多；苹果5年时间进入世界企业500强，是当时的最快纪录。但正是此时，苹果花大量资金开发的Lisa数据库和新电脑Apple IIe，因价格昂贵，遭遇IBM等的强有力竞争而节节败退。董事会将失败归咎于乔布斯，1985年4月撤销了他的经营大权，乔布斯9月愤而辞去苹果的董事长并创建Next电脑公司。

1996年年底，濒临绝境的苹果公司收购Next公司，乔布斯重回苹果任行政总裁。他大刀阔斧改革，并抛弃旧怨与微软合作。1998年，iMac带着苹果全体员工的希望和乔布斯的振兴之梦呈现在世人面前。这是一款充满未来理念的全新电脑，重新点燃了苹果爱好者们的希望。仅一年时间，苹果就从乔布斯回归时亏损10亿美元变为盈利3亿美元。1999年乔布斯又推出第二代iMac，有5种水果颜色的款式，受到用户热烈欢迎。7月，苹果推出笔记本电脑iBook，也大受追捧，2000年夺得“美国消费类便携电脑”市场第一名和《时代》“年度最佳设计奖”。

然而，这仅是乔布斯缔造苹果神话的开始。面对在通用电脑竞争中不可逆转的颓势，乔布斯和苹果公司把目光盯住了数字音乐和通信产品。2000年初，苹果推出iPod数码音乐播放器大获成功，一举超过索尼的Walkman系列跃居市场占有率第一，iPod系列7年内全球销售上亿台。2001年起，苹果相继在美国、日本、欧洲开设零售店。2007年，苹果推出iPhone，这是一款结合了iPod和手机功能的产品，也是一个上网工具和流动电脑。苹果很快成为世界第三大流动电话制造商。2010年1月，苹果又推出了独特新颖的iPad，同样迅速风靡全球。当年，苹果的市值一举超越微软，成为全球最具价值的科技公司。2011年8月，苹果超过埃克森美孚，成为全球市值最高的上市公司。

如果没有全世界的“苹果迷”，就不会有苹果的光芒；同样，没有乔布斯，苹果也必将黯然失色。企业家之所以伟大，在于他给企业带来了什么——乔布斯带给苹果鼓励创新的企业文化和消费者为导向的商业模式。他平易近人的处世风格，绝妙的创意脑筋，伟大的目标，处变不惊的领导风范，铸就了苹果公司文化的核心内容。员工对他的崇敬简直就像宗教般狂热，有的甚至说“我为乔布斯工作！”

苹果文化的核心是鼓励创新、勇于冒险的价值观。整个苹果公司就像乔布斯本人一样，一直我行我素，特立独行，敢冒风险，甚至反潮流。苹果把鼓励创新的文化体现在公司制度和日常管理，确保了创新具有可复制性、扩展性和持续性。从iMac、iBook到iPod、iPhone、iPad，苹果不断推出技术先进、外观新颖、引导潮流的新产品，征服了全球市场。

实行以人为中心管理，吸引和用好最优秀的人才，是苹果文化的基石。乔布斯相信，人才在精不在多，由顶尖人才所组成的一个小团队能够运转巨大的轮盘。为此，他花费大量精力和时间，寻找那些耳闻过的最优秀人才以及各职位最适合的人选；同时，努力激发员工的工作激情，倡导个人化文化，以员工个人化塑造公司文化和创新能力。

围绕消费者进行创新，是苹果文化的突出特点。从前期纯产品、纯技术导向的创新，到转为基于消费者导向的创新信念，苹果成功地将技术转化为普通用户所渴望的更具魅力的新产品，并通过各种市场营销手段刺激客户购买，也引导竞争对手亦步亦趋。乔布斯曾骄傲地说："在苹果公司，我们遇到任何事情都会问：它对用户来讲是不是很方便？它对用户来讲是不是很棒？每个人都在大谈特谈'噢，用户至上'，但其他人都没有像我们这样真正做到这一点。"

商业模式创新，是苹果文化的集中体现。苹果公司的过人之处，不仅在于它为新技术提供时尚的设计，更重要的是把新技术和卓越的商业模式结合起来。例如，苹果利用 iTunes、iPod 的组合，开创了一个将硬件、软件和服务融为一体的全新商业模式，改变了音乐播放器和唱片两个行业。商业模式创新，为客户提供了前所未有的便利，也为公司赢得了不断增长的利润率。

2011 年 10 月 5 日，56 岁的乔布斯病逝。苹果董事会在公告中说："史蒂夫的才华、激情和精力是无尽创新的来源，丰富和改善了我们的生活。世界因他无限美好。"乔布斯打造的"苹果神话"说明，以创新为核心价值观的优秀文化是企业竞争优势的根本所在，而优秀的企业家精神是优秀企业文化的核心和灵魂。

五、同仁堂的金字招牌

中医药是中华民族几千年与疾病作斗争的经验总结，是中华文化宝库中的一朵奇葩。一提起中药，很多人会不约而同地想到"同仁堂"三个字。从 1669 年创办的同仁堂药室到如今的北京同仁堂集团，经历了中国近现代的社会巨变，它的所有制、规模、组织形式都发生了根本变化，但历数代而不衰，信誉卓著。这块金字招牌何以 300 多年依然闪闪发光？

同仁堂开业之初就重视质量，并以严格的管理作保证。创始人乐显扬的三子乐凤鸣继承父业，于 1702 年开设了同仁堂药店，并五易寒暑、苦钻医术，刻意精求丸散膏丹及各类配方，分门汇集成书。乐凤鸣在序言中提出"遵肘后、辨地产，炮制虽繁，必不敢省人工；品味虽贵，必不敢减物力"，建立起严格的选方、用药、配比及工艺规范，代代相传，开创了同仁堂的声誉。

300 多年来，同仁堂为了保证药品质量，首先严把选料关。在旧社会，同仁堂为供奉御药，也为取信顾客，建立了严格选料用药的制作传统，保持了良好药效。中华人民共和国成立后，他们除严格遵照国家质量标准外，还对特殊药材采用特殊办法。例如，制作乌鸡白凤丸的纯种乌鸡在无污染的郊区饲养，一旦发现乌鸡的羽毛骨肉稍有变种蜕化即予淘汰。这种精心喂养的纯种乌鸡质地纯正、气味醇鲜。

中成药是同仁堂的主要产品，如果不依工艺规程，不但妨碍药效，甚至使良药变毒品，危及人的健康和生命。同仁堂的中成药，从购进原料到包装出厂共有上百道工序，对每道工序都有严格的工艺要求，投料的数量必须精确，珍贵细料药物的投料误差控制在微克以下。长期以来，同仁堂总是根据每种药品的医疗要求，制定工艺规程，逐步总结，日臻完善，条理清楚地记录存档，形成了一套科学精湛的中成药生产工艺规范。

同仁堂的经营特色是"品种全、质量好、服务优、管理严"，"想顾客之所想，急顾客之所急"是赢得患者的重要因素。为患者提供服药的开水、代客煎药等，同仁堂都是京城药铺中最早的。冬去春来，尽管煎药操作工换了很多茬儿，尽管曾经每煎一服药要赔5分钱，但从未间断，现在同仁堂每年平均要代客煎药2万副。1954年，同仁堂设立了咨询服务台，几十年来接待上千万人次。

历经沧桑巨变，同仁堂金字招牌长盛不衰，关键在于把中华传统文化熔铸于生产经营之中，化为员工的言行，形成了具有中药行业特色的企业文化。1992年，江泽民为同仁堂集团题词：发扬同仁堂质量第一的优良传统，为人民保健事业服务。的确，质量与服务是同仁堂的两大支柱和同仁堂文化的核心。作为一家现代化医药集团，同仁堂早已今非昔比，"同修仁德，济世养生"的经营宗旨必将让这块金字招牌继续闪烁着文化的光芒。

市场经济中，质量第一、服务至上，同仁堂的发展史深刻地揭示了企业竞争的这个客观规律。同仁堂300多年的历程，就是优良传统与企业文化树立和巩固的过程。广大企业应该从中受到启迪，狠抓产品质量和服务质量，以此增强企业生命力，树立起一面不倒的"金字招牌"。

六、海尔之道，创新之道

1998年的一天，海尔集团CEO张瑞敏应邀前往哈佛大学商学院，指导工商管理硕士研究生（MBA）讨论"海尔文化激活休克鱼"案例。这是哈佛商学院第一次用中国企业作案例，也是第一次邀请中国企业家上讲台。

海尔集团创办于1984年，30多年来从一家濒临倒闭的集体小厂发展为2016年营业额2 000多亿元的全球化集团公司，在全球有10大研发中心、21个工业园、14万多个销售网点，用户遍布100多个国家和地区。权威调查机构欧睿国际的调查显示：2009年以来，海尔大型家用电器品牌零售量连续7年居全球第一。

"激活休克鱼"讲的是海尔1995年兼并国有企业青岛红星电器厂后3个月扭亏为盈，并迅速成长为中国大陆洗衣机销量最大的企业。海尔是怎样创造出奇迹的？张瑞敏把这一切归结为海尔人的奇迹。而企业长期主动培育的海尔文化，正是激励海尔人创造奇迹的强大动力。他曾指出"海尔的核心竞争力就是海尔文化"，并认为企业管理中无形的东西往往更重要。"当领导的到下面看重的是有形东西太多，而无形东西太少。一般总是问产量多少、利润多少，没有看到文化观念、氛围更重要。一个企业没有文化，就是没有灵魂"。

人是决定一切的因素。海尔实施以人为中心的管理，把人作为企业的首要财富和第一资源，认为"人人都是自己的CEO"。如果每个人的潜能发挥出来，每个人都是一个太平洋，都是一座喜马拉雅山。坚持"人人是人才，赛马不相马"的人才观，建立"人单合一双赢模式"，促使"人材"成为"人才"再到"人财"。大力倡导海尔精神，从"无私奉献，追求卓越""敬业报国，追求卓越"到"创造资源，美誉全球"，激励全体员工奋发向上。海尔人坚持"永远以用户为是，以自己为非"的是非观，强调不但要满足用户需求，还要创造用户需求；坚持不断否定自我，挑战自我，重塑自我，从而"不因世界改变而改变，顺应时代发展而发展"。

作为社会经济单元，企业当然要获利，但赚钱绝非唯一目的，更非终极目标。海尔就有一个比利润要高远得多的理想。张瑞敏在《海尔是海》文中写道："海尔应像海……一旦汇入海的大家庭中，每一分子便紧紧地凝聚在一起，不分彼此地形成一个团结的整体，随着海的号令执着而又坚定不移地冲向同一个目标，即使粉身碎骨也在所不辞。因此，才有了大海摧枯拉朽的神奇。"今天的海尔，致力于成为互联网企业和面向全社会孵化创客的平台。他们提出，海尔是所有利益相关者的海尔，只有员工、用户和股东持续共赢，才有可能实现永续经营。

创新，是民族进步的灵魂，是企业发展的不竭动力。在张瑞敏的领导下，海尔大力推进管理创新，从“日事日毕，日清日高”（OEC）模式、品牌导向、订单主义到市场链、战略事业单元（SBU）、人单合一，系列变革打造了持续创新的企业运营模式；坚持“先谋势，后谋利”的战略观，先后实施了名牌战略、多元化战略、国际化战略、全球化品牌战略、网络化战略，努力实现企业无边界、管理无领导、供应链无尺度。海尔把创新作为企业文化不变的基因，凝练出“创业创新的两创精神”作为发展观，坚持“海尔之道”即创新之道——打造产生一流人才的机制和平台，持续为客户创造价值，进而形成人单合一的双赢文化。

海尔的实践再次证明：优秀文化是企业发展的力量之源，抓企业文化建设是企业家不可推卸的根本职责。

第三节　企业文化与核心竞争力

美国学者普拉哈拉德和哈默 1990 年在《哈佛商业评论》上撰文提出“核心竞争力”的概念，引起了企业界和管理学界的重视。很多企业都千方百计地培育、保持和增强自身的核心竞争力，以获取独特的持久的竞争优势。

一、企业竞争力的“三力理论”

国内外理论研究和企业实践表明，企业竞争力实际上是由政治力、经济力、文化力等多方面组成的（图 2-5）。

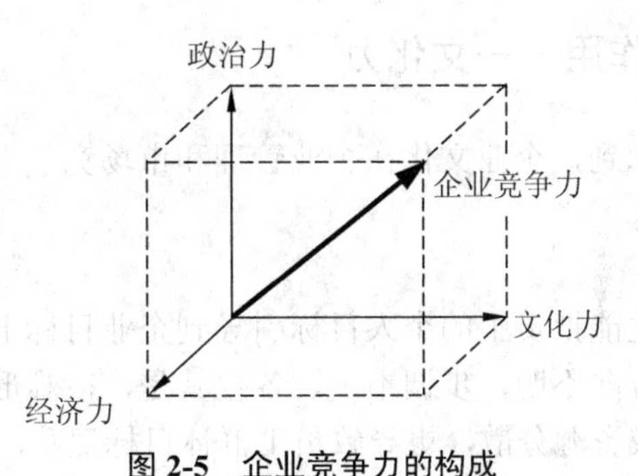

图 2-5　企业竞争力的构成

1. *政治力*

政治力指政治因素给企业带来的竞争优势，包括以下几个方面。①国家的国际地位和政治影响。国家落后，在世界上没有地位和话语权，就没有影响力和号召力，该国企业在国际市场上也很难有良好的发展空间和竞争环境。②政府政策和经济发展战略。③政治制度。如何发挥中国特色社会主义制度的优势，是中国企业管理的重大课题。④政党作用。在政党政治中，执政党、参政党、在野党都会以自己的方式影响社会和企业。中国共产党是中国一切事业的领导力量，如何发挥企业党组织和党员的作用，是增强中国企业政治优势的关键。

关注政治力，是很多企业获得成功的重要原因；反之，忽视或漠视政治因素的影响，往往会使企业发展受挫。成熟的企业和成熟的企业家往往重视政治环境，积极开展上层公关影响政府决策，用好用足各种有利政策，以增强企业的政治力。当然，企业必须守住底线、合法经营，绝不能搞钱权交易，破坏正常的政商关系。

2. 经济力

过去，经济力最受企业重视，由人力、财力、物力等构成。①人力，即人力资源，特别是人才的数量和质量。②财力，即资金状况、资金来源、资金运作和流动情况。③物力，即固定资产（包括厂房、设备等）等物力资源状况和发挥作用情况。④技术创新能力和管理水平，这是生产力的重要组成部分。

随着新科技革命突飞猛进，知识资本和智力资本的重要性越发凸显。物力、财力、智力、知识四大资源并重，是人们对经济力构成的一种新认识。

3. 文化力

对文化力的认识和重视，始于世界企业文化热。“文化力”概念最先由日本学者名和太郎于 20 世纪 80 年代在所著《经济与文化》中提出。有人认为，文化力可以理解为把企业的文化建设转化为企业发展的动力。也有人提出，文化力分解为元素力、潜移力、吸引力等 20 多种。还有人构建测量量表，来深入探究组织文化如何影响组织的有效性。

本书认为，文化力是一种精神的、心理的力量，是人的主观能动性的体现。从国家、民族的宏观范畴来看，文化力是由意识形态、理想信念、精神状态、伦理道德等构成的看不见、摸不着的软实力。它对应于硬实力，即经济、科技、军事等看得见、摸得着的物质力量。对企业的微观范畴而言，文化力指企业文化在改善企业管理、激发员工潜能、增强企业竞争优势等方面的作用。随着生产力发展和企业管理实践发展，文化力变得越来越重要。

二、企业文化的作用——文化力

人们逐渐深入地认识到，企业文化在企业管理和市场竞争中具有多方面的重要作用。它们构成企业的文化力。

1. 导向作用

导向作用指企业文化能把员工的个人目标引导到企业目标上来。企业从上到下如果没有一致的目标或愿景，方向不明，步调不一，各行其是，很难形成竞争力。例如，有的企业盲目多元化，不仅造成资源分散，更导致员工群体目标混乱，竞争力下降。

企业文化与强制性的管理手段不同，它通过将员工的事业心和成功欲凝聚到具体的奋斗目标和愿景中，形成群体的精神支柱和精神动力，使他们明确为什么而奋斗，从而自觉地为实现企业目标而努力工作。亨利·福特 1907 年提出“让汽车大众化”的宏伟目标，大大鼓舞了全公司的人心，通过努力，福特汽车公司从 30 多家汽车制造商中脱颖而出，一跃成为全美最大的汽车公司。

2. 规范作用

规范作用又称约束作用，指企业文化对员工的思想和行为具有规范、制约的作用。企业中有两种规范约束力量，一个是企业物质条件和制度体系的刚性制约，另一个是企业目标、价值观、道德、风气等的软性约束。后者在员工的内心形成一种心理定式，构造出一种响应机制，只要外部诱导信号发生，即可以引起积极响应，并迅速转化为行动。

在企业管理中，没有制度的硬约束不行，但只依靠制度也不行，因为即使再健全的制度也很难规范所有员工的所有行为。如果同时重视发挥企业文化的软约束作用，可以减轻硬约束对员工心理的冲撞，缓解自治心理与被治现实的冲突，削弱心理抵抗力，从而产生更强大、深刻和持久的约束效果。

3. 激励作用

激励作用指企业文化能够在员工内心产生一种情绪高昂、奋发向上的效应。

每个人都是自然人，都有物质力量；同时都是社会人，又具有精神力量。在未获取激励时，人发挥的只是物质力量；当得到激励后，人的精神力量就得到开发。企业文化的作用，就是能够满足人的精神需要，使人增强自尊心、自信心和成就感，从而发挥出精神力量。原二汽厂长陈清泰论及企业文化时指出：精神的力量是无形的，它一旦武装了生产力中最具创造性的要素——人，就会转化为强大的物质力量，创造出更高的劳动生产率。时任诺基亚董事会主席兼CEO约玛·奥利拉也认为，承认物质奖励很重要，但更重要的是要使人们有成就感，这是物质刺激永远无法实现的。

显然，薪酬对于员工来说是物质发动机，而企业文化则是精神发动机。建设优良的企业文化，让每名员工的贡献都受到尊重、赞赏和激励，可以激发他们爱岗敬业、拼搏奋斗、勇于献身的精神，大大增强主人翁责任感和积极性、主动性、创造性。

4. 凝聚作用

凝聚作用指企业核心价值观（核心理念、信念等）被员工认同以后形成的向心力和内聚力。这种凝聚作用使员工把个人的思想感情和理想追求与企业发展紧紧联系起来，产生“同呼吸、共命运”的强烈归宿感，形成凝心聚力、上下同欲的局面。韦尔奇和宝洁（P&G）原董事长兼CEO约翰·佩珀都谈到，各自公司的价值观是最吸引自己的地方。这生动地诠释了优秀企业文化对于吸引和留住优秀人才的巨大作用。

良好的企业文化犹如心灵的黏合剂，把员工与企业牢牢聚合在一起，形成很强的团队精神和整体感；而在不良的企业文化氛围中，员工与企业冷漠疏远，甚至同床异梦，整个员工队伍像一盘散沙，毫无力量。

5. 陶冶作用

优秀企业通过先进的理念和良好的文化氛围，可以教育人、培养人，润物无声地陶冶员工的情操，提升员工的素质和品位，这就是企业文化的陶冶作用。

松下幸之助“造物之前先造人”的理念及其实践，不仅造就了松下公司的百年基业，而且对日本乃至全球的企业管理都产生了积极影响。IBM不但有“长板凳计划”，而且有一个“新人—专业人员—领导者—新时代的开创者”的人才培养梯队模式。这样的企业文化充分体现了教育培养人的功能，把企业发展牢固建立在员工队伍素质不断提高的基础上。

6. 创新作用

企业文化可以激发员工的创新意识和创新精神，促进观念、制度、技术、产品、方法等各方面创新。

1999年美国《财富》杂志就研究发现，创新是高绩效企业的文化核心之一。日本丰田、日立、东洋纺织等企业均把创新、开拓作为企业精神，为20世纪60—70年代日本经济崛起立下汗马功劳；而美国IBM、GE、微软、戴尔、谷歌、苹果、脸书、特斯拉等公司，同样依靠创新文化，保持了业界领导地位，并对美国引领全球科技发展起着重要作用。

企业文化是创新的“双刃剑”。保守僵化的文化，反而会成为创新的阻力。不断进行组织文化变革，把创新观念深植于员工心中，是推动企业改革创新的一大法宝。

7. 辐射作用

企业文化不仅在组织内部起作用，而且通过各种渠道对社会产生影响。企业文化向外界辐射的渠道很多，主要有商务活动、大众传媒和其他公共关系活动。例如，迪士尼公司让员工树立“我们做的就是让大家快乐”的理念，并通过微笑传递给游客。不少大企业与所在社区、城市融为一体，像鞍钢、大庆油田、二汽，它们的企业文化都对当地社会文化产生了很大的影响。优秀文化的辐射结果，就是塑造企业的良好形象，打造企业的卓越品牌。

企业文化向社会辐射，应促进社会先进文化的发展。为此，企业首先要把握社会进步的历史潮流和先进文化的前进方向，加强自身文化建设，提高文化层次和品位。

三、企业文化是核心竞争力的主要来源

很多企业家和管理学家认为，21世纪，文化力日益成为企业的核心竞争力，企业文化已经成为竞争优势的主要来源。这样的判断不无道理。

1. 从企业文化的功能来看

对内，企业文化具有强大的凝聚、激励和创新功能，不但可以内聚人心，增强企业的向心力，而且能提升员工的理想追求和道德情操，激发他们潜在的积极性和创造力，在企业目标方向上形成强大合力，推动企业各项工作。经济力中的财力、物力由人运作，而经营理念是运作财力、物力的灵魂。实践证明，建设优秀的企业文化，增强文化的一致性，提升企业经营管理理念的层次，是提高人力、财力、物力的最佳途径。

对外，优秀的企业文化是塑造良好企业形象的关键。而良好的企业形象，既是开展政府公关、影响政策和赢得政府部门支持，有效发挥政治力的利器，又是吸引人才和资金等资源的法宝，从而不断增强经济力。显然，文化力不但自身有巨大力量，而且对增强政治力、经济力起着直接的重要作用。

2. 从管理的发展趋势来看

从考察企业管理发展的三个主要阶段可见，用企业文化来治理企业的文化管理模式已经是管理现代化的大势所趋，很多管理学家和企业家都先后提出类似的看法。例如：21世纪的管理是文化管理，企业文化建设是文化管理的火车头，企业文化建设是企业管理的头等大事，企业核心价值观成为企业的生命线，管理企业价值观是企业家的首要任务。毫无疑问，一个文化制胜的时代已经到来，文化力将变得更加突出。

1993年，本书作者之一张德在《清华大学学报（哲学社会科学版）》发表论文《从科学管理到文化管理——世界企业管理的软化趋势》，在我国最早提出经验管理、科学管理、文化管理“三阶段”理论。论文论述了从经验管理向科学管理的第一次飞跃，和从科学管理向文化管理的第二次飞跃，及其深刻的社会原因。在此基础上，另一位作者吴剑平进一步做了深入研究，两人首次构建了文化管理的理论体系，并与经验管理、科学管理进行了比较（表2-3）。

表 2-3 企业管理的三阶段

企业管理理论		经验管理	科学管理	文化管理
年代		约 1769—1910	1911—1980	1981—
根本特征		人治	法治	文治
理论假说	管理中心	物	物（任务）	人
	人性假设	经济人	经济人	观念人
管理的主要矛盾		老板压缩成本——员工争取生存	老板提高效率——员工提高待遇	企业的发展——员工的全面发展
管理职能的特点	计划	定性为主的计划	定量为主的计划	战略高度的计划
	组织	直线制	职能式	学习型
	控制	外部控制	外部控制	自我控制
	领导	师傅型	指挥型	育才型
	激励	外激为主	外激为主	内激为主
管理重点		行为	行为	思想
管理性质		非理性	纯理性	非理性＋理性

3. 从优秀企业的实践来看

国内外优秀企业，几乎都有优良的企业文化。《基业长青》一书作者研究了一些历史长达 50 年甚至上百年、业绩良好的企业，发现强有力的组织文化是它们成功的关键要素。

在 2001 年《财富》对世界 500 强的评选总结指出：公司出类拔萃的关键在于文化，业绩好的公司的文化和一般公司的文化大不一样（表 2-4）。负责 500 强评选的海氏集团副总经理梅尔文·斯塔克也认为："最受赞赏的公司的意见的一致超过我们研究的几乎所有公司。不仅在文化目标上一致，而且对公司如何争取那些目标的看法也是一致的。"

表 2-4 业绩好的公司与一般公司的文化差异

公司分类	在业绩好的公司	在一般的公司
最优先考虑的因素	协作精神 以顾客为中心 公平对待雇员 主动性和创新精神	尽可能减小风险 尊重各级管理者的指挥 支持老板 做出预算

根据核心竞争力有关理论，文化力完全具备价值优越性、稀缺性、难模仿性、持久性、整体性等核心竞争力的主要特征。正如张瑞敏所说："海尔的核心竞争力，就是海尔文化。海尔的什么东西别人都可以复制，唯独海尔文化是别人无法复制的。"

四、文化资本与企业的持久竞争力

随着对企业核心竞争力的深入研究，也有人认为具有强大的文化资本是优秀企业持续增长的重要原因。韦尔奇就曾说："文化是通用电气最无法替代的一个资本。"

文化资本的概念，最早是由法国社会学家皮埃尔·布尔迪厄提出的，主要指个人的教育积累对个人发展的作用，他认为文化资本"是以教育资格的形式被制度化的"，表现为具体的、客观的和体制的三种状态。继社会学范畴之后，国内外很多学者又从经济学范畴对文化资本进行了研究。例如，戴维·思罗斯从经济学的角度认为，文化资本是以财富形式具体表现出来的文化价值的积累，它是和物质资本、自然资本、人力资本并列的第四种资本。

从企业层面来谈文化资本，显然不是社会学和经济学范畴，而是管理学范畴的概念。虽然有很多人谈论企业的文化资本，但是至今仍没有一个比较公认的明确定义。我们认为文化资本不仅仅是指企业家个人的文化资本，也不是人力和文化的简单结合，而是企业作为一个整体所显示出的隐性能力。因此，本书更倾向于这样的定义：企业的文化资本是持续地投资于企业所特有的价值观念和行为规范而形成的一种能够给企业带来潜在收益的资本形式。

张德、潘文君编著的《企业文化》一书把文化资本分为4个维度（图2-6）。分析和研究这些维度，可以更好地了解企业文化为什么能给企业带来持续的竞争优势。

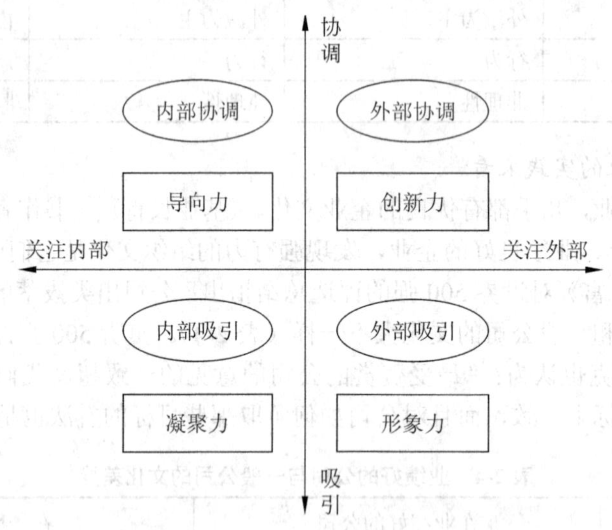

图2-6　文化资本的4个维度

1. 导向力维度

导向力维度也称为一致性维度，指企业所有成员能够在认识和行动上保持一致，共同致力于企业目标的实现。它有两点含义：①企业各级管理者对企业的最高目标、核心价值观、经营理念、管理理念等在认识和理解上的一致性，这可以使他们在工作中形成指向企业目标的合力；②企业决策层、管理层、执行层和操作层在企业文化的认识和理解上保持高度一致，实现上下一心，这样才能把各项工作落到实处。

注重文化资本积累的企业，往往拥有强大的文化导向力资本。正如《追求卓越》一书中所说："企业文化的支配性和一致性是优秀企业的本质特征。"GE提供了一个将CEO的思想变成所有员工的共识、培育企业文化一致性资本的范例。时任中粮集团总裁宁高宁为之感慨：GE上至CEO，下至刚进企业半年的普通员工，都说同样的话！

2. 凝聚力维度

凝聚力包括向心力和黏结力。优秀的企业文化使全体员工以企业为中心，凝聚在企业领导班子周围，形成强大的向心力；还能在志同道合的层次上凝聚员工，在内部形成和谐的人际关系和很强的黏合力。

企业文化的凝聚力资本，是企业竞争力的内部依托。

3. 创新力维度

创新力指企业文化的创新作用。

主动培育文化资本的企业，往往鼓励个人、团队和组织学习，因此容易接受新思想、新知识、新事物，从而保持整体的创新活力，在突如其来的环境变化面前能比竞争对手更快地采取正确的决策和行动。优秀的企业文化可以造就学习型组织和创新型氛围，使企业进入“学习—创新—变革—发展—再学习”的良性循环。创新力资本可以转化为制度创新和技术创新的具体成果，这也是文化资本向物力资本转化的重要渠道。乔布斯和苹果公司的成功，就是对创新力的生动诠释。

4. 形象力维度

形象力包括企业家形象、产品形象、服务形象、符号形象、员工形象等。吸引和留住顾客，首先需要高质量的产品和服务。但是随着市场竞争日趋激烈，企业竞争已从质量、服务等直接的内容转移到其他领域，特别是建设独特的企业文化，用独特的价值观、理念来争取和吸引顾客正蔚然成风。企业将自身个性化的文化融入品牌，往往有很强的辐射能力，增加企业的知名度和美誉度，提升企业形象，增强品牌忠诚度，从而获取超过对手的竞争优势。IBM、GE、微软、苹果、联想、海尔、三星等企业的成功，就是对形象力资本的有力证明。

严格地讲，文化在很大程度上具有资本的属性，同时又有超越资本的其他属性。可以肯定，文化资本至少给认识企业文化提供了一个新视角。从资本角度来分析，让人们看到企业文化建设的投入具有很强的增值作用，持续的文化投资将不断增加企业的文化资本。在信息时代，市场竞争的主战场属于思想和信念，而非产品和服务，增加和积累文化资本将是企业获得持久竞争优势的关键。

五、用先进文化推动先进生产力发展

文化是民族的血脉，是人民的精神家园。人类历史表明，社会生产力与社会文化密不可分，相互作用、相互影响。考察明朝中叶以前的中国和现代美国都可以看到，先进生产力为文化发展提供了物质保证，先进文化又为生产力发展提供了精神动力。

企业既是经济组织，又是社会组织，不仅承担着解放和发展生产力的使命，而且承担着发展社会文化的责任。中外广大企业的实践证明，企业文化和企业生产力有着密切关系。实行文化管理，把文化建设作为企业管理的中心工作，是引导企业文化向着先进文化方向前进的过程，更是用先进文化促进生产力发展的最佳形式。

文化管理以人为中心，强调价值观、理想信念等观念因素的作用，通过形成共同价值观来持久地增强企业的向心力、凝聚力；文化管理突出“文治”特点，将依法治企与以德治企有机结合，既重视物质作用又强调精神力量，是企业物质文明、制度文明、精神文明建设的和谐统一；文化管理坚持尊重人、关心人、满足人，重视精神激励和自我控制，能真正激发广大员工的积极性、主动性、创造性；文化管理实行育才型领导，建设学习型组织，强调人的全面发展，注重提高员工需要层次和整体素质，以此提升企业生产效率和经济效益；文化管理重视企业形象塑造和品牌战略，努力发挥优秀文化的辐射作用。

毋庸置疑，文化管理模式正是把文化与经济紧密结合，充分发挥文化力的主导作用，用先进文化推动生产力发展、把先进文化转化为现实生产力的有效途径。

第四节　文化竞争力的理性思考

为了在企业管理实践中全面把握企业文化的作用，切实增强企业的文化力，下面作进一步的理论探讨。

一、战略思路与市场竞争

在人类历史上，从未像现在这样具有如此发达的生产力，具有如此丰富的物质产品和社会服务。随着市场经济发展和经济全球化步伐，中国企业处在日益激烈的全球竞争环境之中。优胜劣汰，适者生存的自然法则，同样是市场经济中的企业竞争法则。企业靠什么参与竞争、获得优势？国内外优秀企业在实践中意识到，先进的企业战略思路是诸多竞争要素中最重要的。张瑞敏所谓“没有思路就没有出路”，即是此意。

竞争战略的选择和制定，是一种面向市场、生产、技术、销售、服务、人事、公关、自然等各方面的全局性行为，是企业立足过去和现在、谋划未来的活动。它基于对市场环境中企业发展基本规律的认识和掌握，基于对企业与社会、市场、人（员工、顾客）等要素之间内在联系和复杂互动的认识，而这些规律性认识正是企业哲学的基本内容。竞争战略和企业其他行为一样，是企业哲学指导实践的具体反映。海尔、长虹、联想、华为、许继等企业坚持以人为中心的管理，建设形成了优良企业文化，依靠优秀员工队伍在市场竞争中获得优势，首先应归结于有正确而高明的企业哲学作为指导。

企业哲学包括企业观、生存观和发展观，也包括企业的方法论。中国传统的兵法思想、道家典籍，以及古代丰富的韬略原则被企业界广泛应用，更多的企业开始重视经营战略策略的研究、制定和实施，并收获了显著效果。

是否具有系统的企业发展观，是衡量企业领导者是否成熟的标志；而企业发展战略是否高明，则是衡量企业家水平高低的标志。

企业哲学对企业实践的指导虽然不是具体的规范和约束，但作用却是无形的、巨大的。企业哲学是否清晰、是否高明，对企业竞争战略的正确确立具有决定性影响。在我国民族工业的发展史上，高明的企业哲学缔造了一大批优秀企业，肤浅的企业哲学导致了许多平庸的企业，而错误的企业哲学更葬送了大量的企业。透视那些亏损、破产企业，之所以经营不善，根本原因在于不能摆正企业发展的目标与手段、人与其他生产要素、经济效益和社会效益等基本关系。而广大成功的企业，除资金、技术、设备、产品等物的因素外，关键是有正确高明的企业哲学作指导，高度重视人（员工、用户）的因素，较好地处理企业面临的主要矛盾。用正确哲学思想武装的企业，是市场经济中不沉的航母。

要形成正确的企业发展思路和高明的企业哲学，首先取决于企业家的素质。优秀的企业家几乎总是高明企业哲学的缔造者。他们凭借优良的个人素质，特别是正确的世界观、人生观、价值观，加上出众的企业家精神和哲学头脑，能够透过企业运作中纷繁复杂的现象看到本质规律，抓住企业发展的主要矛盾，在关键时刻做出正确决策。高明的企业哲学，还要被广大员工所掌握，才能在指导具体工作的实践中转化为强大的力量，促进企业化不利因素为有利因素，最终获得成功。

二、管理理念与工作效率

在人类可利用的所有资源中，时间是唯一的不可再生、不可重复、不可逆转、不可存储、不可估价的资源。效率是企业的生命。没有高效率，就不可能有高效益和竞争力。高效益意味着单位时间的产量大，资金周转快，设备利用率高，劳动生产率高，同样的劳动创造了更大的价值，企业就能获得超过同行的更大利益。效率低下，则表明单位时间创造的财富少，意味着在市场中处于劣势。

与改革开放前相比，企业发展环境发生了巨大变化。实行按劳分配、多劳多得，中国广大企业的工作效率和经济效益显著提高。同时，也有一些企业特别是国有企业却并未真正赢得高效率、高效益，“效率是生命”只是空洞的口号。原因何在？除了特殊政策和行业垄断，关键是企业管理理念没有跟上时代步伐，大锅饭、铁饭碗并未彻底破除，员工的积极性、创造性未被充分激发，导致了懒散作风和低效率。更有甚者，拿“和谐”作为低效率和平均主义的借口，实在是大错特错！

市场经济是效益经济，更是效率经济，市场竞争比的是速度、加速度，是跟时间赛跑。效率的提高总是归结为时间的节省。“时间就是金钱”，这是市场经济铁的法则。美国企业家汤姆·彼得早就说过，时间竞争，将是20世纪90年代企业大搏斗的主战场。韦尔奇也认为：速度非常重要，我们每天都进步得很快。我相信以后权威会写文章讲今天的通用电气的步伐与明天的通用电气的迅雷之势相比是如何的迟缓。在当今的信息化时代，新理论、新技术、新产品、新商业模式层出不穷，产品更新换代、服务推陈出新的速度大为提高，速度、效率在市场竞争中变得更加重要。无数企业的实践证明，更新企业文化，强化竞争、效率、时间、速度等现代企业理念，是改进企业管理、提高企业效率的关键。

如果说管理理念的现代化是建立完善现代企业制度的先导和灵魂，那么，加强企业制度建设、实行科学管理，则是把管理理念落实到行为的制度保证。企业制度是效率的根本保证。没有强有力的制度基础，追求高效率将化为泡影。30多年来，中国企业普遍加强了制度建设，不断推进制度创新，努力建设中国特色的企业制度体系。无论是邯钢的成本管理，衡电的和谐管理，还是海尔的人单合一模式，如果没有完善的工作制度、责任制度及特殊制度，这些企业都不可能带来超过同行业的效率，形成超越竞争对手的优势。

企业制度的建设与更新，与全体员工思想的解放和管理理念的更新是互动的关系。忽视企业文化建设，没有观念创新作先导，制度建设与更新便会缺乏根本动力。同时，观念创新是制度得以实施的思想保证。企业文化创造的良好心理环境，有助于减少制度的强制性所引起的抵触心理，增强广大员工对制度的理解和执行的自觉。只有在良好的文化氛围中，企业制度才可能转化成高效率，最终产生高效益。

我国现处在加快转变经济发展方式的关键时期。建设统一开放、竞争有序的市场体系，发挥市场对资源配置的决定性作用，促进企业自主经营、公平竞争，是深化经济体制改革的重要内容。企业要转型升级，增强竞争力，一个重要方面就是改变作风、提高效率，这仅靠精简机构和人员是远远不够的。无论国有企业还是私营企业、混合所有制企业，都应该从更新企业文化入手，下大功夫破除形式主义、官僚主义、享乐主义、奢靡之风，大兴深入基层、深入群众、求真务实、效率与公平兼顾的崭新风气。企业管理者把大量时间耗在文山会海、觥筹交错之中，是企业提高生产经营管理效率和经济效益的巨大障碍。清除“四风”，彻底改变拖沓低效、推诿扯皮、脱离实际的不良文化，是我国企业进一步深化改革、增强竞争力的迫切要求。

三、群体价值观与凝聚力

企业凝聚力强弱，是企业生命活力的重要标志。日本企业家从“企”字引申出一个有趣的观点——“止”“人”为“企”。意思是企业是止人的，留住人是企业生存发展的前提。留住人就要提高企业凝聚力。在市场经济中，中国企业家逐步认识到：市场竞争归根到底是人才的竞争。如何提高企业凝聚力，从而增强对人才的竞争力，日益成为企业关注的焦点。

企业凝聚力实际上包括两个方面：一是群体内聚力，即员工之间的黏结力；二是员工个体对群体的向心力，或者是企业对员工的吸引力。企业靠什么吸引人才、留住人才？一些企业在实践中提出“三纽带”“三留人”，即“物质纽带、感情纽带、思想纽带”和“待遇留人、感情留人、事业留人”。许继集团“高薪招人，事业留人，感情留心”也是此意。

其实，凝聚力的基础是满足员工的需要。按照美国心理学家马斯洛的理论，人的基本需要由低到高分为生存、安全、社交、自尊、自我实现五个层次。一个人的五种需要往往并存，只是需要结构因人而异。满足员工的多层次需要，物质待遇必不可少，但真正形成凝聚力，还要发挥感情和思想的作用来留人留心——增强文化纽带，用文化留人（图 2-7）。员工需要的满足有赖于企业，满足物质需要离不开工资、福利的改善，满足精神需要依靠良好的人际关系、公平的竞争机制、远大的企业目标、高尚的企业道德和优秀的企业精神等。这离不开企业文化的培育和建设，否则凝聚力将无法随员工需要层次的提高而长期保持和不断增强。1994 年成立的海底捞是一家以经营川味火锅为主的连锁餐饮企业，把授权给员工作为企业文化的核心，从福利待遇、培训培养、不考核利润指标等各方面真诚对待和充分尊重员工，有效激发了员工的主人翁意识、工作积极性和创造性。海底捞虽然对任职超过一年的店长在离职时还发给 8 万元的“嫁妆”，但上百名店长以上干部中，离职拿“嫁妆”的仅寥寥数人。

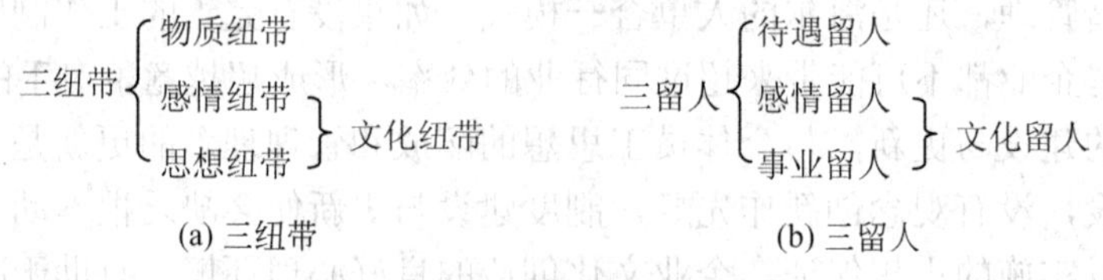

图 2-7　企业凝聚力与企业文化

感情、思想、事业，共同的基础是群体价值观。只有价值观一致，企业凝聚力才会强大而持久。物质刺激的作用是表面的，浅层次的，短暂的。如果仅仅依赖物质力量，吸引和留住人才的唯一办法就是不断提高薪酬水平。这样做有两个后果：一是人力成本增长过快，难免吃掉利润，丧失优势。有些产业已经从我国向其他发展中国家转移，人力成本增高无疑是一个重要原因。二是降低员工的追求层次，使之陷入拜金主义的泥潭，这也会影响企业竞争力。新加坡一度用高薪从世界各国吸引了一批人才，但发生金融危机、薪水减少时，他们却纷纷离去。为什么？只靠金钱引诱，当金钱的优势失去时，也必然失去人才。

企业凝聚人，就像交朋友。君子与君子以同道为朋。强大持久的凝聚力来源于“同道”，即共同的价值观、理想和追求，是共同的事业。企业家是否有强烈的事业心非常重要。陈清泰任二汽厂长时曾说：“金钱只有诱惑力，事业才有凝聚力。”这话讲得精彩！

企业价值观的性质决定了凝聚力的指向，对价值观的认同度决定了凝聚力的强度。由于改变成年人的价值观并非易事，因此很多企业把招聘看得非常重要，认为只有请到了价值观相似、志同道合的人，才可能实现员工和企业双赢。柯林斯等在《从优秀到卓越》一书中认同这样的观点：“人力不是，而只有合适的人，才是最重要财富。”这种认识和做法，正是按价值观选人。

科技是第一生产力，人才是第一资源。改革开放40多年来，2015年我国人均GDP已超过8000美元，但生产力水平与发达国家仍有明显差距。面对全球竞争，如何吸引和留住人才，薪酬显然是一个重要因素，但更重要的是坚持以人为中心，建设优良文化，发挥感情、思想、事业的凝聚作用。韩国企业家郑周永的话发人深省：“没有目标信念的人经不起风浪，由许多人组成的企业更是如此。以谋生为目的结成的团体或企业是没有前途的。”

四、企业伦理与可持续发展

重视信誉、信用，是中华民族的传统美德。孔子云：“足食，足兵，民信之亦。”又说，兵、食皆可去，唯信不可：“自古皆有死，民无信不立。”信是立身之本，被列入儒家的道德规范“仁、义、礼、智、信”中，足见其重要性。这种重视信誉的道德观念，在我国古代经商就表现鲜明，如“诚信为本”“货不二价”“童叟无欺”。同仁堂300多年坚持“炮制虽繁，必不敢省人工；品味虽贵，必不敢减物力”，也是如此。

然而，在改革开放特别是实行市场经济以来，这种良好的商业道德传统却受到了严重冲击。一些企业为了追逐经济利益，以次充好，缺斤少两，甚至制假贩假；一些企业大搞不正之风，钱权交易，损公肥私，牟取不正当利益；一些企业不守合同，拖欠工资、拖欠货款、拖欠贷款……这些做法违背了最基本的商业道德，严重破坏了市场秩序，使市场竞争一度陷入混乱状态。近年陆续出现的假药假酒、陈馅儿月饼、黑砖窑、三聚氰胺奶粉、地沟油、转基因食品等，令人发指。

市场经济并非“骗子”经济，而是诚信经济。这是很多发达国家在实践中得出的基本认识，也是很多企业用血泪换来的深切体会。纵观那些长盛不衰的企业，良好的企业道德可以说是一个最大的共同点。IBM公司有着十分严格的商业道德：不准批评竞争对手的产品，不准劝说顾客改变与其他公司已签好的订单，不准行贿。GE公司的价值观卡上，第一条就是GE员工永远保持坚定的诚信。反之，美国安然公司、韩国大宇集团的假账丑闻，美国华尔街金融巨头的贪婪，导致企业破产和主要经营者身败名裂，一再为市场经济敲响“诚信”的警钟。

企业经营不是“一锤子买卖”，要想拥有持久的竞争力，实现可持续发展，就必须有良好的商业诚信作保证。企业信誉的确立，离不开良好的伦理道德，而只有建设优秀的企业文化，才能使企业伦理道德成为全员的共识和行为指南。华为公司的价值观就有“至诚守信”，意思是诚信是华为最重要的无形资产，华为坚持以诚信赢得客户。河北黄骅信誉楼商厦总经理张洪瑞也明确指出：“人都说无奸不商，我们偏要来个反其道而行之，以信誉作为自己企业的立身之本。”这些事例说明，良好的道德是企业在市场经济“高速路”上的通行证。

“诚信”是社会主义核心价值观的重要内容。建设优良的企业伦理道德，正确处理企业与社会、顾客、员工的关系，也是企业应尽的社会责任。作为企业文化的主要倡导者和示范者，企业家个人的道德水平必然对企业伦理道德有深刻影响。提高企业伦理道德水平，既要求企业经营管理者加强自律，又要加强员工教育，努力提高他们的修养和素质。

五、企业形象与品牌效应

企业的社会价值，在于能够向社会提供一定的产品或服务并满足顾客的某种需要。毫无疑问，产品质量与服务水平是企业参与市场竞争的基本条件。

在短缺经济时代，我国企业的产品和服务是“皇帝女儿不愁嫁”，导致一些企业只讲数量、不求质量，只重产品、不管服务。改革开放以来，企业逐步走入充满竞争的市场，普遍增强了竞争意识、质量意识、服务意识，提高了劳动生产率和资源利用率，社会商品和服务的供应总量大幅增长。这时人们发现，产品质量和服务水平并不是市场竞争的全部因素，企业的知名度、商业信誉、品牌等企业形象因素的作用日益凸显。知名度高、信誉卓著、品牌影响大的企业，总是能够在竞争中形成独特优势，令其他企业望尘莫及。在经过了市场发育初期价格大战的阵痛之后，在国际品牌的挑战面前，中国企业开始认识到品牌竞争的重要性，纷纷实施品牌战略，把树立国际知名品牌作为提升市场竞争力的关键。

与普通产品和服务相比，知名品牌往往与时尚、先进、诚信、品位等相联系，不但能满足顾客的基本需要，而且还能满足其心理的、情感的、精神的需要。品牌的创建和提升，往往取决于是否具有良好的企业形象。企业形象既是产品、服务、观念等多种因素综合作用的结果，又是一个长期建设、不断积累的过程，离不开优良的企业文化作保证——从客户利益出发而恪守诚信，在产品和服务方面追求卓越、永不满足。

品牌的树立，名牌的形成，是企业形象的差别化过程。当今时代，顾客的个性化需求日益凸显，产品和服务的个性特色成为企业竞争力的重要组成部分。企业靠什么形成与竞争对手不同的良好形象？在很大程度上取决于企业是否有独特的文化，先进的企业理念引起人们的思想共鸣，先进的制度赢得人们的尊重，鲜明的符号物质层换来人们的好感和亲近。因此，建设充满个性、积极向上的企业文化，是企业赢得并保持形象优势，创造和提升品牌价值的必然选择。

从“中国制造”到“中国创造”“中国品牌”，不仅要靠科技创新，也要靠文化升华。

企业文化建设

企业文化虽然是一种客观存在，但是它会随内外环境的变化而变迁。经营管理者可以根据企业发展需要，通过把握企业文化发展规律，主动进行建设。这个过程，就是企业走向文化自觉、文化自信、文化自强的过程。

第一节　企业文化建设步骤

企业文化建设，是在分析企业现实文化的基础上，设计制定目标企业文化，并有计划、有组织、有步骤地加以实施，进行企业文化要素的维护、强化、变革和更新，不断增强文化竞争力的过程。

应该看到：①企业文化建设是企业主动的组织行为，使企业文化从一种自然存在变为一种贯穿了企业意志的存在；②企业文化建设是企业发展战略的价值观层面，而不是孤立的企业行为；③企业文化建设是企业核心能力建设的一部分，建设强大、优秀的企业文化就是积累文化资本、增强竞争优势；④企业文化建设是一个长期的过程，不可急功近利、急于求成，而要持之以恒、久久为功。

根据广大企业的实践，企业文化建设通常分为现实文化诊断、目标文化设计和企业文化实施 3 个阶段。

一、现实文化诊断——准确认识现状

文化诊断也叫文化盘点，意思是对企业文化现状进行调查和分析。

进行企业文化建设，关键在于量体裁衣、对症下药，构建符合企业实际和今后发展需要的文化体系并加以落实。为此，应首先对现实文化作全面了解，正确认识和把握企业文化的现实状况。作者主持过多个企业文化建设项目，深感进行深入的调查分析是做好后续工作的前提和保证。

从内容来看，企业文化调研要重点了解企业的经营管理现状、发展前景、员工满意度和忠诚度、员工对企业理念等文化要素的认同度等方面情况。当一家企业处于初创阶段时，

需要了解创业者的企业目标定位和经营管理思路；对于已有一定年头的企业，需要了解企业发展的历史、现状、面临的问题和员工广泛认同的理念。外请企业文化专家来做文化诊断时，企业领导者要自觉打消“家丑不可外扬”的顾虑，更不必讳疾忌医、文过饰非，而要实事求是、坦诚相待，全面展现企业文化存在的问题和不足。

从过程来看，根据企业规模和生产经营特点，调研可以自上而下、分层次分阶段开展，也可以一次性集中进行。对企业文化的全面调研需要广大员工积极参与，因此最好先由企业主要领导组织召开一次动员大会。在调研期间，可以采取一些辅助措施，比如建立员工访谈室、开设员工建议专用邮箱、微信群等，以调动员工的积极性，增强参与意识。在大范围调查以后，要对管理层和业务骨干作重点调研，作深入的交流和沟通。

从方法来看，常用的调研方法有访谈法、问卷法、文献法、实地考查法等。利用企业文化量表进行匿名问卷调查，能较好地反映企业文化现状和员工的认同度。问卷可以借助现成的量表，也可以设计专用量表。在大中型企业，不可能全员都发问卷，宜采用随机抽样的办法。企业内部资料往往能反映企业文化的历史、现状和特色，通过查阅企业档案资料、规章制度、重要文件、内部报刊、人员资料、先进典型、奖惩办法、新闻报道等可以获得大量的有用信息。

在完成信息收集后，关键是要从以下 4 个方面作全面客观深入的分析：①分析企业经营特点，搞清企业在行业中的地位，以及企业战略构想和生产经营情况；②分析企业管理水平和特色，研究企业内部运行机制，重点分析企业管理思路、核心管理链、现有管理理念和管理方面的主要弊端；③分析企业文化的形成过程和建设情况，特别是企业领导层和员工对企业文化的重视程度、价值取向；④逐项分析企业文化各层次内容，特别是企业理念、群体价值观、企业风俗、人际关系、工作态度、行为规范等。

通过以上分析，基本上可以判断企业文化的历史、现状、优势及不足，了解员工的基本素质和价值取向，把握企业战略和企业文化的关系，掌握企业急需解决的问题和未来发展的障碍，从而为设计目标企业文化奠定基础。

二、目标文化设计——科学规划未来

文化设计，就是制定今后希望达到的目标企业文化，即描绘企业文化建设的蓝图。为了科学谋划未来，设计目标文化应把握以下 4 点要求。

第一，要体现先进文化的发展要求。一是要深入贯彻以人为本的科学发展观和创新、协调、绿色、开放、共享的新发展理念，切实体现以人为中心原则，立足广大员工的思想和工作实际，尊重劳动者主体地位，着眼于提升员工的需要层次和综合素质，调动和激发员工群体的主观能动性；二是要坚持面向世界、面向未来，既要从企业文化的历史积淀和现实情况出发，又要有超前意识，体现前瞻性，努力吸收民族优秀文化传统和人类一切先进文明成果，特别是广泛借鉴国内外企业文化的积极因素；三是要与现代企业制度相适应，与企业思想政治工作和精神文明建设有机结合，有利于积累企业的文化资本，切实增强企业的市场竞争力。这样，才能使目标企业文化经得起历史、群众和实践的检验。

第二，要与企业发展战略和经营管理相结合。企业文化建设作为企业发展战略的重要支撑，目标文化设计必须紧紧围绕企业发展战略，充分体现发展战略所确立的指导思想和发展原则，有利于解放和发展企业蕴涵的先进生产力。国资委《关于加强中央企业文化建设的指导意见》提出，必须将企业文化建设纳入企业发展战略，作为企业经营管理的重要组成部分。这对我国广大企业的文化建设特别是设计目标文化，具有普遍的指导意义。

第三，要从整体上构思、策划和设计。企业文化是一个包括理念层、制度行为层和符号物质层的有机整体，目标文化设计通常需要对各层次都进行设计和统筹。企业理念是企业的灵魂，决定企业文化的品位和水平，也是设计的要点和难点。企业理念各要素具有内在逻辑联系，设计时需要保持内部一致性、系统性。例如，企业愿景描述企业的奋斗目标，回答了企业存在的理由；企业哲学是对企业内部条件和外部环境的哲学思考；核心价值观解释了企业的价值判断标准，是企业的一种集体信念；经营理念回答了企业持续经营的指导思想；企业精神体现了全员的精神风貌；企业作风和企业道德是对每一位员工行为的无形约束。各要素相辅相成，构成完整的理念体系。一般而言，只有先设计出企业理念体系，制度行为层、符号物质层的设计才会有正确的方向和充足的依据。

第四，要坚持解放思想、实事求是、与时俱进。企业文化作为微观的意识形态，一旦形成，就会对企业领导和员工群体产生潜移默化的巨大影响，往往形成一种思维定式和思想上的条条框框。久而久之，可能成为他们接受新思想、新观念、新事物的思想障碍。这无疑对思考和设计目标文化造成制约。为此，必须大胆解放思想，勇于更新观念，努力打破原有理念的束缚，真正从企业实际和未来发展出发，锐意改革创新。否则，所设计的目标企业文化很难实现对现实文化的超越，也就失去了对企业和员工的牵引力。

三、企业文化实施——正确变革文化

文化实施，就是把企业的目标文化变成现实的过程。对很多企业而言，文化实施本质上就是企业文化的一次变革，一方面把企业的优良传统发扬光大，另一方面也纠正企业存在的不良倾向和问题。

最早提出组织变革过程有关理论的是勒温（Lewin），他建立的模型提出组织变革三部曲：解冻—变革—再冻结。该模型也反映了企业文化变革的基本规律。一般来讲，企业文化的变革与实施需要有导入阶段、变革阶段、制度化阶段和评估总结阶段。

导入阶段就是勒温模型的解冻期。这个阶段的主要任务是从思想上、组织上做好企业文化变革的充分准备。这时，要建立强有力的领导体制、高效的执行机制、全方位的传播机制，让企业所有成员认识到文化变革的到来。为了更好地完成这一阶段工作，可以建立专门的委员会或领导小组来落实，设立企业文化建设专项基金来加以推进，在人财物力上予以保证。

变革阶段是企业文化实施工作的关键。在这个阶段内，要全面开展企业文化理念层、制度行为层、符号物质层的建设，即进行由上而下的观念更新，建立健全企业的一般制度和特殊制度，形成新的企业风俗，做好符号物质层要素特别是视觉识别要素的设计与应用。这一阶段可谓一个完整的企业形象塑造工程，中心任务是价值观的形成和行为规范的落实，往往至少需要一年时间。

制度化阶段是企业文化变革的巩固阶段。该阶段的主要工作是检讨企业文化建设中的经验和教训，将成熟的做法通过制度加以固化，建立起完整的企业文化体系。在此阶段，企业文化变革将逐渐从突击性工作转变成日常工作，领导小组的工作重点也将从宣传推动转变成组织推动。需要建立完善的制度，主要包括企业文化领导体制、企业文化培训制度、企业文化评价考核制度、企业文化先进单位和个人表彰制度、企业文化传播制度、企业文化建设预算制度等。这个阶段常见的问题是新文化立足未稳、旧习惯卷土重来，尤其对于有过辉煌历史的企业，往往会自觉不自觉地回到旧轨道，管理者要有足够的思想准备。

评估总结阶段是进行企业文化实施成效的阶段性检查。这对今后推进企业文化建设具有十分重要的作用。评估总结要围绕事先制定的目标企业文化，检查文化变革是否达到预期效果，是否有助于企业绩效的改善和提高。同时，还包括对企业文化实施的反思，主要针对内外环境变化，检查目标文化体系是否真正确立，具体包括现场考察、研讨会、座谈会、总结表彰会等工作方式。

至此，可以把企业文化建设的过程作一个系统的梳理（图 3-1）。

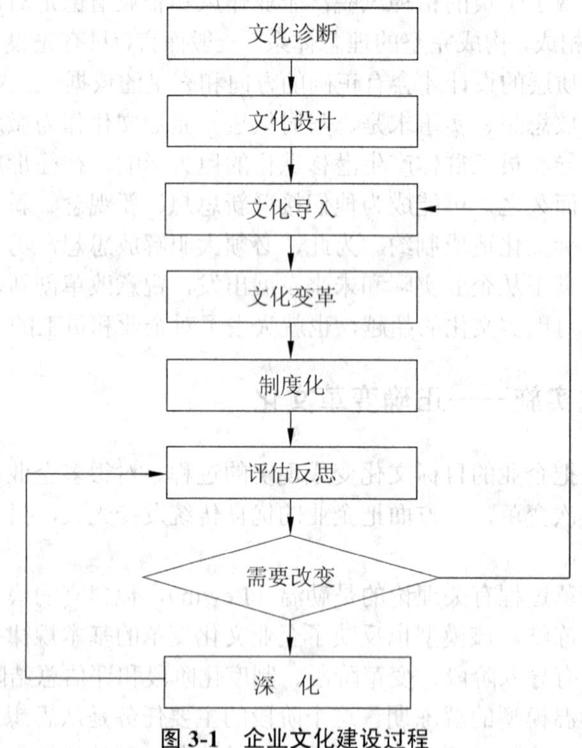

图 3-1　企业文化建设过程

作为企业发展动力的不竭之源，企业文化建设已经成为广大企业经营管理的一项中心工作。伴随着企业发展，员工队伍调整、重组、扩张或新老交替是常态，即使不需要重新设计目标文化体系，也不用对现有文化进行重大变革，必须持续推进企业文化的贯彻实施，从而使企业理念进一步深入人心、形成共识，使企业制度得以自觉遵守、化为行动，使企业形象不断提升、广为传播。这种寓于平时、坚持不懈“苦练内功”，正是企业文化建设长期的基础性工作，应当引起主要领导者的高度重视。

第二节　企业文化测量

企业文化测量就是采用数量研究方法对客观存在的企业文化进行量化的认识、分析和判断。这是开展企业文化诊断的一种有效方法。在管理学界的推动下，越来越多的企业在推进企业文化变革和建设时，都或多或少地引入了企业文化测量的方法和技术。

一、测量的作用和特点

1. 企业文化测量的兴起

人们对企业文化的认识，经历了从模糊感知、定性认知到定量分析的过程。很多企业文化和企业管理的论著，也都是从一些企业的实践或案例中进行抽象，定性地加以描述和研究。从美国的企业文化“四重奏”，到后来的《企业文化与经营业绩》《管理实践》《基业长青》《从优秀到卓越》等名著，都是如此。由于企业文化特别是理念层要素具有意识形态属性，因此，定性认知和判断至今仍是了解与分析企业文化的极为重要且要求很高的一种方法。

随着企业文化实践的发展和理论研究的深入，定量分析的方法普遍引入，广泛进行企业文化测量。

引入定量分析，有两个重要的动因：一是针对一些企业家忽视企业文化的客观存在及其重要作用，管理学家试图通过定量研究，拿出有说服力的数量结果来加以揭示和阐述；二是受到西方社会科学中数量研究方法的影响，一些学者特别是经济学家对于没有运用数学方法、数学工具和数学模型的研究一律不当回事，迫使管理学家采用定量研究来提高企业文化研究的科学性。后来，定量分析被广泛应用，甚至有人认为，对企业文化进行有效测量，是进行一切和企业文化相关的实践与研究的基础。

从企业文化研究的发展过程来看，实际上一直走的是理论研究与应用研究相结合、定性研究与定量研究相结合的道路。20 世纪 80 年代，在对企业文化的概念和结构进行探讨之后，人们很快提出用于企业文化测量、诊断和评估的模型，进而开发出一系列量表，从而对企业文化进行可操作、定量化的深入诊断，并迅速应用于世界各地的企业。

2. 企业文化测量的作用

（1）为企业文化诊断提供工具。鉴于企业文化的主观性、内隐性等特点，有学者认为，对某个企业进行文化诊断的最佳方法是实地考察，采用观察、访谈甚至参与企业活动等方式。不过，这种定性的“质”的诊断方法也存在周期长、调查面窄（尤其对大企业而言）、不便比较分析等不足。20 世纪 90 年代，“量”的诊断方法，即采用企业文化量表作大规模施测的定量诊断方法逐渐兴起。它与定性的诊断方法结合使用，既能保证诊断的全面性和科学性，又能反映特定企业环境下的文化个性，受到普遍认可。

（2）为企业文化变革提供依据。新的企业文化必须既继承发扬原有文化中的积极因素，又能针对企业面临的新形势新任务大胆创新，以有效应对企业传统观念和利益集团的抵抗，增强企业领导者和中高级管理人员贯彻新文化的自觉性和坚定性，引导广大员工接受新的价值观等企业理念。因此，对企业现有文化进行测量，全面调查企业成员的价值观和行为，为变革提供事实依据，是进行企业文化变革不可或缺的环节。

（3）为企业文化实证研究提供科学基础。文化测量的研究一直试图解决一个问题：“企业文化到底是什么？”最近 40 年的研究过程中，围绕这一问题的争论从未停止。例如，当人们讨论企业文化时，往往指的是员工群体所共有的价值观，但在西方心理学传统中，过去习惯用“风气”的概念来描述团体或组织成员所共享的信念，并形成了相应的测量工具。从学术角度来看，企业文化测量的研究，实质上是在为“企业文化”这一属于心理学范畴的概念寻找管理学范畴的解释。

3. 企业文化测量的特点

掌握企业文化测量的主要特点，有助于企业科学实施文化测量、正确运用测量结果。

（1）客观性。测量的目的在于发现并精确地描述出客观存在的真实的企业文化。很多企业有明确的企业文化表述，如 GE 文化理念“更精简、更迅捷、更自信”，反映了当时韦尔奇对现代企业的诠释，但这一理念是否真正融入每个员工的行为取向中，是否客观地存在于企业，则可以通过文化测量得到验证。这样，企业文化测量是从员工认同实践的程度来衡量企业文化特征，而不只是简单地描述某种文化理念的内容。

（2）相对性。任何测量都应具备参照点和单位两个要素。参照点是计算的起点，参照点不统一，所代表的意义就不同，测量的结果也就无法比较。理想的参照点是绝对零点。单位是测量的基本要求，理想的单位应有确定的意义和相等的价值。但测量企业文化时并不具备这样理想的两个要素，测量所得到的只是企业成员对企业文化特征的一个描述性序列。企业文化测量就是分析这种描述性序列的特征，然后把它与其他企业文化的平均水平作比较，这种比较一般以类别或等级来表示。

（3）间接性。企业文化虽然是一种内化的企业特性或特质，但是可以通过生产经营活动中的各种行为表现出来。因此，企业文化测量是通过测量企业成员的行为特点，来间接地了解内在的群体价值观等企业理念。

（4）个异性。企业文化是一种亚文化，具有路径依赖性。每个企业都有自己特定的历史与外部环境，因此，企业文化具有个性差异。测量中对文化个异性的反映深度取决于量表的设计。量表的测量维度分得越细，越能反映出企业与众不同的文化细节和文化特征。

二、测量的有关理论

企业文化的测量特征对测量工具的设计提出了具体要求，即：企业文化到底测什么？如何测？前一个问题要求给出一个可操作的“企业文化”概念，而后者则要求量表给出一个测量的维度框架，即解决从哪几个维度来测量评价企业文化的问题。为此，有很多管理学家进行了深入的探索，提出了有关的理论和模型，为推进企业文化测量奠定了必要的理论基础。

1. 沙因的组织文化理论框架

如果只根据企业文化的 3 个层次，显然是不太容易进行测量的。因此，需要针对企业文化的测量来界定一个操作性的企业文化概念。

美国麻省理工学院（MIT）斯隆商学院教授埃德加·沙因（Edgar H. Schei）1985 年提出:“企业文化应该被视为一个独立而稳定的社会单位的一种特质。如果能够证明人们在解决企业内外部问题的过程中共享许多重要的经验，则可以假设：长久以来，这类共同经验已经使企业成员对周围的世界以及对他们所处的地位有了共同的看法。大量的共同经验将导致一个共同的价值观，而这个共同价值观必须经过足够的时间，才能被视为理所当然而不知不觉。”这个概念的本质就是企业的共同价值观与基本假设，也就是把企业文化的测量界定在企业的理念层。这个观点在企业文化测量时被经常采用。

沙因综合前人对文化比较的研究成果，认为组织文化是组织深层的特质，根植于组织一切活动的底部。他把组织文化的本质分成以下 5 个方面。

（1）自然和人的关系，指组织中人们如何看待组织和环境之间的关系，包括认为是可支配关系还是从属关系，或者是协调关系等。这些不同的假定毫无疑问会影响到组织的战略方向，因此组织对于当初的组织/环境假定适当与否，应具有随着环境的变化进行调整的能力。

（2）现实和真实的本质，包括组织中对于什么是真实的，什么是现实的，判断它们的标准是什么，如何论证真实和现实，以及真实是否可以被发现等一系列假定。同时也包括行动上的特点、时间和空间上的基本概念。他指出在现实层面上包括客观的现实、社会的现实和个人的现实。在判断真实时可以采用道德主义或现实主义的尺度。

（3）人性的本质，包含着哪些行为是属于人性的，哪些行为是属于非人性的，这一关于人的本质假定和个人与组织之间的关系应该是怎样的等假定。

（4）人类活动的本质，包含着哪些人类行为是正确的，人的行为是主动或被动的，人是由自由意志所支配的还是被命运所支配的，什么是工作，什么是娱乐等一系列假定。

（5）人际关系的本质，包含着什么是权威的基础，权力的正确分配方法是什么，人与人之间关系的应有态势（如是竞争的或互助的）等假定。

沙因认为，理解以上本质有助于解决企业的两大问题：内部管理整合和外部环境适应。所谓内部管理整合，是指为保证企业长期生存和发展，员工、组织、制度之间的协调与管理特征。外部环境适应，是指为求得在外部环境中的生存和发展所表现出的对外部环境的适应特征。他指出，企业文化的诊断与变革都要紧紧围绕这两个方面来展开。

2. 卡迈隆和奎因的竞争性文化价值模型

竞争价值模型是从文化的角度考虑影响企业效率的关键问题。例如：企业中哪些因素影响着效率？企业的效率由哪些因素来体现？人们在判断效率高低时心里有没有明确的判定标准？本书第二章提及，卡迈隆、奎因（Cameron & Quinn）提出了竞争性文化价值模型，认为组织弹性—稳定性、外部导向—内部导向这两个维度能有效地衡量出企业文化的差异对企业效率的影响（图 3-2）。

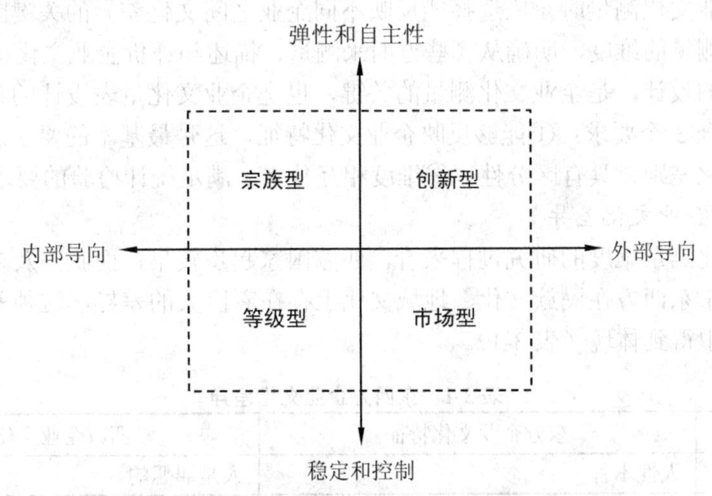

图 3-2 Cameron 和 Quinn 的竞争性文化价值模型

资料来源：Kim S.Cameron & Robert E.Quinn. Diagnosing and Changing Organizational Culture：The Competing Values Framework.

该模型由此派生出 4 种类型的文化，在企业文化测量诊断方面的影响较大。各类文化的特征如下。

（1）等级型文化。等级型文化具有规范的、结构化的工作场所以及程序化的工作方式。企业领导在其中扮演协调者、控制者的角色，重视企业的和谐运作。人们更关心企业长远的稳定，尽量避免未来的不确定性，习惯于遵守企业中的各种制度和规范。例如，福特汽车、麦当劳等企业。

（2）市场型文化，是指企业运作方式和市场一致。这类企业的核心价值观强调竞争力和生产率，更关注外部环境变化，如供应商、顾客、合作人、授权人、政策制定者、商业联合会等。在该文化环境下，人们时刻以警惕的眼光看待外部环境，认为市场中充满敌意，顾客百般挑剔。企业要在市场中生存，只有依靠不断增强自身竞争优势。因此，市场型文化往往有明确的发展目标和主动进攻的战略姿态。GE、飞利浦等企业就是这类文化。

（3）宗族型文化，是指有着共同的目标和价值观，讲究和谐、参与和个性自由，这类企业更像是家庭组织的延伸。其基本观点是外部环境能够通过团队的力量来控制，而顾客则是最好的工作伙伴。日本很多企业都属于这一类型，认为企业存在的重要目的在于提供一个人文的工作环境，而管理的主要内容则是如何激发员工的热情，如何为员工提供民主参与的机会。一般而言，这类企业员工的忠诚度较高。

（4）创新型文化。创新型文化是知识经济时代的产物，它在具有高度不确定性、快节奏的外部环境中应运而生。其基本观点是，创新与尝试引领成功，为了明天的竞争优势，企业要不断地产生新思维、新方法和新产品，而管理的主要内容就是推动创新。在这类企业中，项目团队是主要的工作方式，组织结构时刻随着项目的变化而改变。这种文化主要存在于信息、咨询、航空、影视、新媒体等行业中。

三、测量维度

在进行企业文化测量时，应选择能反映不同企业之间文化差异的关键因素——也就是说要科学设计测量的维度，明确从哪些方面来测量、描述和评价企业文化特征。

测量维度的设计，是企业文化测量的关键，也是企业文化量表设计的精髓所在。维度选择一般应符合 3 个要求：①能够反映企业文化特征，这是最基本的要求；②能够度量出不同企业的文化差别，具有区分性；③维度相互独立，满足统计检验的要求。

1. 东西方企业文化差异

从企业文化测量维度的研究过程来看，西方国家起步较早，而我国及东亚地区的研究时间较短。由于东西方在民族文化、地域文化上存在着巨大的差异，这种差异必然会在各自的企业文化中得到体现（表 3-1）。

表 3-1　东西方企业文化差异

项　目	东方企业文化特征	西方企业文化特征
人性假设	人性本善	人是罪恶的
利益观念	重义轻利，看重声誉和面子	金钱是衡量一切的标准
沟通方式	内在含蓄的	外在直露的
人际交往	被动接近	主动接近
教育培训	集中控制	分散活动

续表

项目	东方企业文化特征	西方企业文化特征
信仰	无神论（多神论）	一神论（上帝）
思维方式	定性/综合性（中庸之道）	定量/强调技术和分析手段
目标	群体协调	个人发展

2. 西方国家企业常用的测量维度

（1）霍夫斯泰德的组织文化测量维度。荷兰学者吉尔特·霍夫斯泰德（Geert Hofstede）是最早进行企业文化测量维度研究的学者。在对北欧多家企业实证研究的基础上，先提出6个维度描述组织文化：过程导向—结果导向、员工导向—工作导向、狭隘的角度—职业的角度、开放系统工程—封闭系统、宽松控制—严格控制、规范标准—实用标准。

后来，他进一步提出组织文化测量可以分为3个层次共10个维度。价值观层有3个维度，即职业安全意识、对工作的关注、对权力的需求。管理行为层有6个维度：过程导向—结果导向，员工导向—工作导向，社区化—专业化，开放系统—封闭系统，控制松散—控制严密，注重实效—注重标准与规范。制度层有1个维度，即发展晋升—解雇机制。

在霍夫斯泰德的测量维度理论基础上发展出来的VSM94量表（value survey module 94）在西方企业界已得到广泛的应用和认同。

（2）丹尼逊的组织文化测量维度。丹尼逊（Denison）的组织文化维度是对竞争性文化价值模型的进一步拓展。他认为，根据组织弹性—稳定性、外部导向—内部导向这两个维度，可以把企业文化内涵进一步划分为人的特性、基本价值观、环境适应性和企业使命4个模块，具体包括12个维度。其中，人的特性模块的3个维度是授权、团队导向、能力开发；基本价值观模块的3个维度是核心价值观、一致性、和谐；环境适应性模块3个维度是应变能力、关注顾客、组织学习；企业使命模块的3个维度是企业愿景、战略导向（意图）、企业目标。

（3）欧瑞利和柴特曼的组织文化测量维度。欧瑞利和柴特曼（O'Reilly & Chatman）提出，组织文化测量维度既要能反映组织文化的特性，又要能反映组织成员对组织文化的偏好程度。他们先设计出54条组织文化和价值观的陈述，再把这些陈述语句从最符合组织文化特点到最不符合组织文化特点进行不同程度的分类，具体分类办法是：

2 —4 — 6 — 9 — 12 — 9 — 6 — 4 — 2 （共54条）

最符合 ←——————————————→ 最不符合

这样通过对组织成员的大规模施测，就能了解人们对组织文化的偏好程度。这种方法称为Q-Sorted研究方法。据此，他们提出衡量组织文化的8个维度：创新、稳定性、相互尊重、结果导向、注重细节、团队导向、进取性和决策性。

（4）卡迈隆和奎因的组织文化测量维度。他们在竞争价值观框架的基础上构建了组织文化评价量表（OCAI量表），提出了判据评价企业文化的6个维度：主导特征、领导风格、员工管理、企业凝聚、战略重点和成功准则。OCAI量表共有24个测量条目，每个判据下有4个陈述句，分别对应4种类型的企业文化。对于特定企业来说，它在某一时点上的企业文化是4种类型文化的混合体，通过OCAI测量后形成一个剖面图，可以直观地用一个四边形表示。

3. 东方国家企业常用的测量维度

中国文化和西方文化存在基本假设与基本信念上的差别，这直接影响着中国企业文化的特质。

西方学者在解释东亚经济发展的特性时，大多是以儒家伦理为基础，认为儒家思想中包含了一套引导人们努力工作的价值观系统，形成一种良好的工作伦理，进而提升生产力，促进整个社会经济的快速发展。卡恩（Kahn）在《世界发展：一九七九及以后》一书中提出“后儒家学说”，认为儒家文化有 4 种特质：家庭中的社会化方式促成个体的沉着节制、努力学习，并重视工作、家庭与责任；具有团体协作的倾向；阶层意识，认为等级的存在理所当然；人际关系具有互补性。

目前，具有东方文化特征的企业文化测量维度都是儒家思想与现代企业管理思想的结晶，常用的维度有以下 14 个。

（1）领导风格，指企业中上级指挥、监督、协调、管理下属的方式。在儒家文化中，领导代表着权威，命令、控制与协调是领导的主要特征，其内涵与西方的领导理论有着很大的差异。是领导者还是管理者？这一基本假设将对企业文化产生重要影响。

（2）能力绩效导向。能力导向就是能者得其职，但有能力并不意味着就会转化为工作业绩。业绩导向，就是分配制度、激励机制要和工作业绩考核挂钩。只有建立一个能力和工作绩效并重的激励制度，才可能形成强大的工作动力，推动组织目标的实现。

（3）和谐导向。家和万事兴，和谐的人际关系是成功的关键。但现实中人与人之间的沟通往往会有障碍，而一旦逾越这条鸿沟，人们的工作效率和企业竞争力就会大大提高。

（4）求真务实，即坚持实事求是，从实际出发、理论联系实际，探索和尊重企业发展的内在规律，追求实效。在工程师、科技人员主导的企业中，往往是这种价值观，坚持科学方法，重视数据与量化分析，注重系统实证的方式，不做虚功，不慕虚名，较少形式主义。

（5）凝聚力。凝聚力越强，企业成员之间的关系越融洽，企业的整体目标和成员的个体目标越容易实现。

（6）诚信导向。诚信应该是人的一项重要品质，也是多数成功企业的价值观。在这种价值观影响下，员工相互尊重、信守诺言，企业会诚实纳税、合法经营、信守合同。

（7）顾客导向。顾客导向强调顾客的兴趣和观点，企业的环境分析、市场研究、经营决策、战略战术、生产制造、销售和服务都以顾客作为出发点，从而建立围绕顾客的业务体系。

（8）创新导向。这种价值观在高科技企业中较为常见，员工有强烈的自我超越意识和求胜心，工作积极主动，自我要求严格，以期望达到一流的业绩标准。而企业坚持优胜劣汰，不断改善精益求精，从而使得产品技术服务不断创新，始终保持领先。

（9）学习导向。学习能力的强弱决定了企业在经营活动中所增值的知识的大小。学习型文化对于保持企业活力和可持续发展来讲是必不可少的。

（10）使命与战略。企业使命奠定了企业文化的基调，而企业战略目标的制定则必须充分考虑企业文化的支持性。

（11）团队精神。一个好的企业，首先应是一个团队，要有鲜明的团队精神。如果没有人们在企业运行过程中的相互协作，没有团队精神，企业就不可能高效益发展，从而也就不会有企业中每个人的自我价值的实现。

（12）危机意识。市场竞争复杂多变，如果没有危机意识、忧患意识，员工不思进取、人人得过且过，这样的企业是没有前途的。诺基亚的奥利拉认为："把经理们从舒适的位子上赶走，是激发他们工作积极性的有效方式。"

（13）社会责任。作为社会组织，企业不但有经济责任，还负有社会责任，不仅要追求经济效益，还要注重社会效益。为了利润最大化而放弃自己的社会责任或损害社会利益的行为，只能导致企业失去公众的信任和支持。

（14）文化认同，指企业价值观、行为规范、标识等文化要素被员工认同的程度。员工一旦认同了企业文化，就将自觉通过自身行为来维系这种文化，从而使管理由一种强制性的制度约束变成非强制性的文化导向。可以说，企业文化的核心就在于"认同"。

四、量表设计

在确定企业文化测量维度之后，就可以编制测量量表了。量表是一种简单快捷地获取信息的方法。测量人员把标准化量表发给员工，员工通过填写问卷来描述其工作环境中的价值观、基本假设、行为方式、组织承诺等方面的信息。国际上很多量表都是以企业价值观与基本假设作为测量对象的，如 DOCS 量表；也有测量企业员工行为特征的，如 FCA 量表；还有测量内容价值观和企业管理特征的，如 VSM94 量表。

一般来讲，企业文化量表包括两种形式的问题。一种是采用标准化里克量表形式，针对各个维度设计价值观及管理行为特点方面的条目，让测试对象按企业实际情况的符合程度进行打分评价；另一种是提一些简单的开放性问题让员工回答，如"请描述你所在团队的最提倡/反对的行为"之类。这两种不同的提问方式所获取的信息重点不太一样，有各自的优缺点。在实际中，有效量表都是由这两类问题有机组合而成的。

在设计量表的测量题目时，需要注意以下 4 点。

（1）编制题目时既要参考管理专家现有的资料，又要听取企业相关工作者的建议，以便编写出最能反映企业文化本质特征的题目。

（2）每个维度的测量题目在 6～8 个，数量太少难以反映该维度的特征，而数量太多则容易发生内涵重叠的情况，难以通过统计检验。

（3）题目的表达务求准确、直白，避免使用容易引起思考混乱和理解歧义的词语与句型，也应该尽量避免使用生僻的专业词汇。当调查对象的文化水平不高时，应该力求使用最简单的表达方式。

（4）开放式问题不宜太多，要选取最具代表性的问题。

下面举一个企业文化量表的例子（表 3-2）。

表 3-2　蓝天电子设备公司企业文化量表

一、基本情况（请在您认为合适的选项前面画"√"）

1．性别：A.男 B.女

2．年龄：A.20～25 岁　B.25～30 岁　C. 30～35 岁　D. 35～45 岁　E. 45 岁以上

3．文化程度：A.高中以下　B.高中和中专　C.大专　D.本科　E.研究生

4．工作类别：A.营销人员　B.研发人员　C.管理人员　D.财务人员　E.后勤人员　F.生产人员

5．在公司的时间：A. 1～2 年　B. 3～5 年　C. 6～10 年　D. 10～15 年　E. 15 年以上

6．专业技术职称：A. 高级　B. 中级　C. 初级　D. 其他

二、请回答下列各项问题。每个问题都反映出你所在的组织的某种状况的真实程度。

序号	问题	极不同意	不同意	有点同意	同意	非常同意
1	公司鼓励员工创新发明，并给予适当的支持与奖励	1	2	3	4	5
2	在公司里，团队合作的意识强，人们相互之间能够理解支持	1	2	3	4	5
3	在公司里，人们对自己的工作都高度负责	1	2	3	4	5
4	在公司里，个人或团队有权根据需要修改他们的目标	1	2	3	4	5
5	在公司里，不同部门之间的交流充分，彼此协作	1	2	3	4	5
6	在公司里，员工素质的开发被视为企业竞争力的重要内容	1	2	3	4	5
7	在公司里，员工一视同仁，相互平等，相互尊重	1	2	3	4	5
8	在公司里，收入差距能够很好地反映出业绩水平的高低	1	2	3	4	5
9	在公司里，鼓励员工把顾客的观点融入工作决策中	1	2	3	4	5
10	在公司里，人们重视权威，遵从权威人物的领导	1	2	3	4	5
11	在公司里，人们重视人情关系，甚至不惜破坏制度	1	2	3	4	5
12	在公司里，人们重视对历史传统的维护	1	2	3	4	5
13	在公司里，具有冒险精神的员工能够得到上司的赏识	1	2	3	4	5
14	在公司里，强调客观标准，习惯用数据和事实说话	1	2	3	4	5
15	在公司里，赏罚公正公平，很少有幕后操作现象	1	2	3	4	5
16	在公司里，制度规范建设完善，人们习惯按照制度办事	1	2	3	4	5
17	在公司里，以市场需求为导向的观念深入人心	1	2	3	4	5
18	在公司里，人们认为长远的成功比短期行为更重要	1	2	3	4	5
19	在公司里，人们相信“行胜于言”，反对浮夸和表面文章	1	2	3	4	5
20	在公司里，上级能充分考虑下属的观点和建议	1	2	3	4	5
21	在公司里，人们重视和谐的人际关系建设，抵制小帮派	1	2	3	4	5
22	在公司里，人们认为顾客满意是产品和服务的最终评价标准	1	2	3	4	5
23	在公司里，与个人品德相比，工作能力是人们最看重的因素	1	2	3	4	5
24	在公司里，无视企业共同价值观的行为将会受到指责	1	2	3	4	5
25	在公司里，发生工作冲突时人们会去寻找双赢的解决方案	1	2	3	4	5
26	在公司里，鼓励员工从自身及他人的经验教训中学习	1	2	3	4	5
27	在公司里，企业精神和宗旨深入人心，并变成员工的行动	1	2	3	4	5
28	在公司里，人们清楚企业未来的发展前景，充满信心	1	2	3	4	5
29	在公司里，领导者能够率先示范，积极倡导企业精神和宗旨	1	2	3	4	5
30	在追求利润的同时，公司重视自己的社会责任和企业形象	1	2	3	4	5
31	在公司里，人们把学习作为日常工作的一项重要内容	1	2	3	4	5
32	在公司里，鼓励员工从全局和整体的角度考虑问题	1	2	3	4	5

三、请简要回答下面三个问题。

1．您认为在公司里，人们最提倡的观念和行为有哪些？

2．您认为在公司里，人们最反感的观念和行为有哪些？

3．您认为公司在管理中存在哪些弊病？请谈谈您的改进建议。

量表设计是一项科学性、艺术性都很高的工作，要坚持目标明确、区分度高、便于统计等原则。在了解员工的深层次思想状况时，切忌直来直去和进行诱导，否则很难得到真实信息。例如，要调查员工价值取向，可以提问“如果再次选择职业，您主要考虑以下哪些因素”，要求从工资待遇、住房、个人发展等许多选项中最多选择三个。为了保证问卷调查的可信度和有效性，通常要先作小范围测试，根据测试情况对量表进行修正。

第三节 企业文化建设的组织保证

企业文化建设和企业任何工作一样，都需要有强有力的组织保证，才能使目标文化从蓝图变成现实。

一、构建“一把手挂帅”的领导体制

约翰·加德纳（John W. Gardner）在《论领导》一书中强调，领导者要注重无形的远景、价值观、动机，能直觉地感知领导—下属互动中的非理性、无意识的因素。换句话说，企业主要领导者要抓企业文化建设。

1. 最高领导者是企业文化建设的第一责任人

大凡成功的企业都有优秀的企业文化，而企业家是这种优秀文化最主要的缔造者。他缔造、倡导、管理企业文化，其价值观决定了企业文化的基调，其观念创新带动了企业文化更新，其自身素质不断完善促进了优秀企业文化的发展巩固，一个人扮演多个角色(图 3-3)。

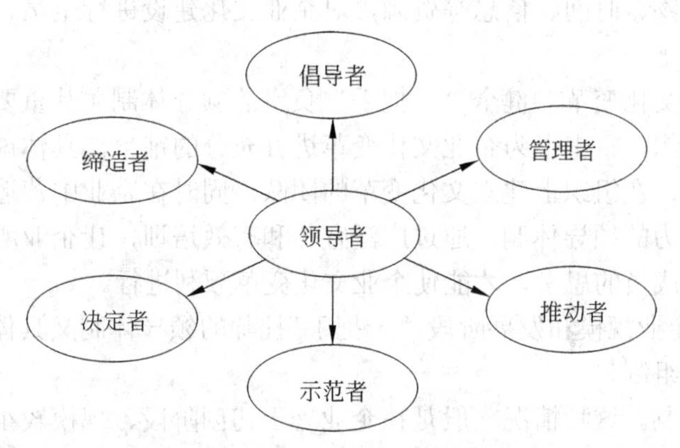

图 3-3 领导者在企业文化建设中角色

企业的创办者或早期领导人往往是企业文化的缔造者。1952 年，38 岁的小沃森接任 IBM 公司总裁后，认为公司最伟大的财富就是人，主张公司内相互关心。有一段时间，白领员工调动比较频繁，大家戏称 IBM 代表着“我被调走了”（I've been moved）。小沃森听说后，意识到这样会影响员工的家庭生活，于是决定，如果不能大幅度增加员工薪水，就不要异地调用。这件事充分反映了 IBM 尊重员工的价值观。1984 年，40 岁的柳传志在中科院计算所受命创办了仅 11 人的公司（联想集团前身）。他从发展战略上提出“大船结构”以反对当时“小船大家漂”的做法，在管理实践中凝练出以“建班子，定战略，带队伍”

的“管理三要素”，并倡导奉献精神，这些成为联想文化的基石。大量此类案例说明，企业家的价值观决定着企业文化的基调和方向。

在许多历史较长的公司，后来都有一些领导者为发展和变革企业文化发挥了极为重要的作用。1956 年，GE 时任总裁克迪纳创办了克劳顿村的管理发展培训中心，用来传播当时 GE 的核心策略和分权理念。1980 年，45 岁的韦尔奇接任后，在 GE 掀起了一场文化革命，确立公司价值观，迅速推动了文化变革。1992 年，41 岁的奥利拉担任诺基亚 CEO 以后，提出“科技以人为本”的公司理念，采取芬兰式的温和管理，强调员工团结，树立危机意识，引导企业摆脱困境，走向辉煌。可见，拥有重视和善于驾驭企业文化的“一把手”，既是企业长盛不衰的重要保证，又是企业走出低谷、实现飞跃的关键所在。

国内外大量实践表明，主要领导者是企业文化建设的第一责任人。《公司文化》一书的作者迪尔和肯尼迪指出：“是不是每个公司都能有强烈的文化？我们想是能够的，但要做到这一点，最高层管理者首先必须识别公司已经有了什么类型的文化，哪怕是很微弱的。总经理的最终成功在很大程度上取决于是否能够精确地辨认公司文化并琢磨它、塑造它，以适应市场不断转移的需要。”埃德加•沙因甚至说：“领导者所要做的唯一重要的事情就是创造和管理文化，领导者最重要的才能就是影响文化的能力。”不重视企业文化建设，一定不是称职的领导者。在中国推动企业文化建设，必须“一把手”挂帅——董事长、总经理（总裁）、党委书记亲自抓。

2. 健全企业文化建设的领导体制

领导体制是指企业（组织）进行决策、指挥、监督等领导活动的具体制度或体系。由于企业文化建设是一项全局性、战略性、长期性的工作，也是一项颇具复杂性、艰巨性、挑战性的任务，因此，很多企业都建立了“一把手”挂帅的领导体制——计划、指挥、组织和协调人、财、物、时间、信息等资源，对企业文化建设进行全员、全方位、全过程的领导和管理。

对于推动企业文化变革，健全“一把手”负责的领导体制尤其重要。领导体制的作用主要是从思想、组织、氛围上为企业文化变革进行充分的铺垫，具体说就是在思想上吹响文化变革的冲锋号，在组织上建立文化变革的团队，同时在企业中营造一个适合文化变革的氛围。建立强有力的领导体制，通过广泛宣传和有效培训，让企业所有成员认识到变革的来临，引发组织成员的思考，才能使企业文化变革顺利进行。

在我国，根据企业规模和发展阶段，“一把手”挂帅的领导体制又具体分为首长负责制、委员会制和领导小组制。

（1）首长负责制。这种情况一般是在企业处于初创阶段、规模较小时，企业文化的诊断、设计、变革、落实等工作都由主要创办者个人亲自决策，直接推动。作者遇到过很多企业家，他们在创业过程中由于深感企业文化的重要，而亲自推动企业文化建设。这种体制符合小企业的实际，企业文化建设的权力集中，责任明确，效率很高，推动力也很强，其不足则是主要领导者的时间精力难以保证。

（2）委员会制。这是一种集体负责、分工合作的领导体制，是大中型企业常见的企业文化领导模式。企业文化建设委员会（或企业文化指导委员会、企业文化建设推进委员会）负责文化建设的重要决策和统一领导。委员会一般由企业主要领导（董事长、总经理、党委书记）牵头，副职领导和有关部门、下级单位负责人为成员。例如，中铁一局集团公司的企业文化建设委员会，主任由党委书记担任，副主任由总经理、副总经理、党委副书记、纪委书记、工会主席、总会计师等担任。委员会制的优点在于齐抓共管、集思广益，决策问题考虑比较周详，便于协调各方利益，委员分工合作、各尽其职，可以减轻主要领导者的负担，也避免个人专制和滥用权力。其缺点是行动不快，效率稍低，权力分散，责任不易明确。

（3）领导小组制。这种体制介于首长负责制和委员会制之间，兼有二者优点，又较好地克服了二者的不足，被广泛采用。领导小组的职责与委员会一样，但决策更集中、分工更明确。企业文化领导小组组长通常由企业主要领导（董事长、总经理、党委书记）担任，副组长和小组成员为副职领导和有关部门负责人。在大型企业（集团），企业文化建设的领导工作通常分级负责，即企业的委员会或领导小组负责宏观决策和领导，下属各级企业再设领导小组或委员会负责本级的文化建设实施工作。

二、设立企业文化专职部门

企业文化建设是一个长期渐进、动态完善的过程，需要处理计划、组织、控制、协调、激励等方面的大量具体事务。无论首长负责制，还是委员会制、领导小组制，当企业发展到一定规模以后，企业“一把手”和领导集体在文化建设中都应该主要抓好决策和协调，而不可能也不应该直接承担事无巨细的全部工作。因此，把企业文化建设的日常工作职责交给专设职能部门，就成为企业管理的必然选择。

1. 设立企业文化专职部门的重要性和必要性

在一开始时，很多企业是把企业文化建设工作职责交给办公室（总裁办公室、总经理办公室或党委办公室），或人力资源部（人事处），或党委宣传部，或企划部，或者工会。这些部门作为执行机构各有优势，又各有不足或局限（表 3-3）。

表 3-3 相关职能部门在企业文化建设中的优劣势比较

部门	优势	劣势
办公室	熟悉主要领导者的思路和想法，综合协调能力强，有利于调动企业各种资源来促进文化建设	领导交办的日常事务较多，工作计划性差，企业文化建设工作缺乏充足的时间保证
宣传部	熟悉思想政治工作和新闻宣传工作，掌握宣传阵地，有利于内树企业理念、外树企业形象	工作的意识形态色彩较重，政治导向性较强，对具体业务缺乏了解，有时容易引起部分职工的疏离感
人力资源部	熟悉人事和劳资方面的政策制度，了解员工情况，有利于贯彻企业文化以人为中心的原则	人力资源开发与管理工作量大、面广、要求高，在人力和时间分配上容易与企业文化工作发生冲突
企划部	熟悉企业发展规划以及项目、品牌策划等工作，有利于把企业文化建设纳入企业战略发展之中	偏重生产经营的硬任务，关注经济效益等硬指标，容易忽视企业文化建设等软任务
工会	熟悉员工群体和各类典型，善于组织业余文化活动，有利于用喜闻乐见的形式推动企业文化建设	与企业中心工作距离远，对核心业务部门影响弱，容易把企业文化建设局限在文体活动的浅层次

实际上，企业文化建设做得较好的很多单位，都设立了专门的职能部门，如企业文化部（处、中心）。这样做的必要性在于：①有利于确立企业文化建设在企业管理工作中的重要地位，促使内部各级组织和广大员工深刻认识到企业文化建设的重要性；②有利于明确

编制和预算，保证人财物力投入，使企业文化建设做到有计划、有组织、有考核、有奖惩，真正落到实处；③有利于体现因事设岗的现代组织管理原则，符合名正言顺的传统观念，避免兼管部门的局限及其他职责的冲击。例如，葛洲坝集团公司、首钢、长钢、大连万达集团、金川集团公司等都先后设立了企业文化部，被实践证明是正确的选择。

也有很多企业，如海尔集团，将企业文化中心（部、处）与企业党委宣传部采取“一套人马、两块牌子”的做法——在党委体系中是宣传部，负责思想政治宣传工作；在行政体系中则是企业文化部，负责协调与实施企业文化建设。这样既保证了党委对企业文化工作在意识形态方面的领导，又避免了职能交叉、机构重复。由于企业文化建设不仅要触动员工思想意识的转变，更要引发企业经营理念、管理模式、管理制度和行为规范等变革，所以人员配备除了宣传人才外，还应增加熟悉生产经营和业务流程的人才。

2. 明确企业文化专职部门的主要职责

（1）贯彻执行企业高层（包括企业文化建设委员会或领导小组）关于企业文化建设的决策和部署。

（2）研究起草企业文化建设规划，制订实施年度建设计划。

（3）负责或协调推进企业文化建设的重点工作。

（4）组织企业文化实施情况的考核、评价、奖惩工作。

（5）开展企业文化建设的对外联系与合作。

（6）指导下属企业和机构的企业文化建设。

（7）承担企业高层交给的与企业文化建设有关的其他工作。

从自身实际出发，不同企业对企业文化部的职责规定并不完全相同。例如，金川集团公司的企业文化部主要负责6个方面工作：①制定企业文化建设规划；②进一步总结提炼公司成立以来形成的优秀精神文化，使公司的理念文化系统更加丰富和完善；③对公司理念文化的丰富内涵进行诠释；④进一步提炼、总结公司员工共同遵循的行为准则；⑤健全和完善公司标识体系；⑥保证企业文化边建设、边落地生根。

在大庆油田总医院集团，企业文化部的职责主要是集团文化建设、对外宣传、思想政治工作、精神文明建设、统战工作、集团网络工作7个方面。其中，集团文化建设的具体任务包括：①编制集团文化建设整体规划并组织实施，负责研究设计集团理念识别系统、行为识别系统、视觉识别系统，并指导实施；②负责指导集团所属各成员医院深入进行以大庆精神为核心的企业文化教育，不断提高职工队伍的政治素质；③负责指导集团所属各成员单位文化建设工作，不断提高业务水平，增强集团整体竞争实力；④负责组织协调集团的文化协会围绕集团文化建设开展工作。

明确职责以后，就可以按照因事设岗的原则确定企业文化部的人员编制和岗位设置。在中小型企业，企业文化部一般应有2～5人；在大型企业，应有6～12人；在特大型企业（集团），人数可以超过20人。

3. 选好配强企业文化部的负责人

事在人为。推动企业文化建设，选聘称职的企业文化部门负责人至关重要。

海尔集团企业文化建设之所以做得比较好，首先归功于张瑞敏等企业高层的高度重视和亲自推动，同时也离不开集团文化中心主任兼党委宣传部部长苏芳雯等的辛勤付出。苏芳雯曾任新闻记者，1989年应聘到海尔集团刚创办的《海尔人》编辑部任编辑，逐步成为海尔文化建设的主要骨干。在塑造海尔形象方面，她创造性地采用“讲故事”的办法，通过“海尔文化激活休克鱼”“海尔售后人员背着洗衣机送上门”等一系列生动故事把海尔文化传播出去，其中很多故事成为案例进入国内外高校 MBA 教材和课堂。她主编的《海尔人》报成为海尔集团重要的宣传舆论阵地，在引导员工价值观、推动海尔理念深入人心等方面发挥了积极作用。她还编撰了《海尔的哲理》《海尔品牌的力量》等书介绍海尔的企业文化，引起了企业界与学术界的重视。

选聘企业文化部门负责人，首先应明确岗位职责和任职资格，并按岗聘人，在企业内外公开选聘。

选聘负责人时，下列任职条件是比较重要的：①具有强烈的事业心和责任感，思路开阔，思维活跃，善于开拓创新；②接受过企业文化方面的系统教育或具有工商管理教育背景，掌握企业文化建设的理论与实务；③从事过企业管理工作，熟悉生产经营规律，能把企业文化建设与经营管理有机结合起来；④情商较高，心理素质好，亲和力强，善于沟通；⑤比较熟悉新闻、广告、公关业务；⑥文字和口头表达能力较强。

三、齐抓共管、分工负责、全员参与

在我国，随着现代企业制度的建立完善，很多企业有了完整的公司治理结构，加上近年中央加强了企业党组织建设，于是企业内形成董事会、以总经理（总裁）为首的管理团队、党委三套班子。抓好企业文化建设，仅靠哪一套班子显然都不够，而必须齐抓共管——成立几套班子，领导和工会、职代会负责人参加的企业文化建设委员会或领导小组，有主抓、有协助，齐抓共管，分工负责。

在国有企业的党与政之间，企业文化应由谁来抓？虽然成立了委员会或领导小组，但是在组织领导上的倾向性，不同企业差别很大。有些企业，行政领导、业务经理重视不够，把企业文化建设仅仅看作是党委的事，看成是宣传思想工作，这是一种误解和曲解。诚然，优秀的企业文化是倡导核心价值观、陶冶员工思想情操的大熔炉，因而是新形势下企业思想政治工作的有力工具，但是它的意义远不止于此。企业文化首先是一种先进的经营思想、管理模式，应该贯穿企业经营管理的各个环节。因此，企业文化建设应该实行党政齐抓共管，最好是董事长、总经理（CEO、总裁）亲自挂帅，把它当作企业经营管理的“牛鼻子”。

企业文化涉及企业管理的方方面面，没有其他职能部门、直线部门的配合和参与，建设工作就难以推进、难以深入、难以落实。因此，在委员会或领导小组的指挥下，由企业文化部门牵头，人力资源、工会、行政、生产、营销、研发、财务、后勤等部门（组织）密切配合、分工合作，才能有效推进。其中，工会具有维护职工权益、促进民主管理的职责，是不可或缺的重要力量，应将其纳入企业文化建设体制中。工会组织要在企业的统一领导下，紧密配合，大力协同，发挥自身优势，培养员工的主人翁责任感，增强企业的凝聚力和向心力。同时，各分公司、事业部、车间等各直线部门的主要负责人，都应承担起本单位企业文化建设的领导责任，确保层层担当、层层尽职、层层落实。

作为企业工作的主体，员工的认同、参与、配合和支持，是企业文化建设真正落实的关键。然而，员工们由于受到惯性思维、传统情结和既得利益的影响，往往不会主动接纳新文化。因此在实施阶段，需要在企业的统一领导和专职部门的协调下，会同有关部门对全员进行系统培训和宣讲，让员工真正理解、接纳新文化，发自内心地认同、拥护新文化。只要广大员工积极参与，企业文化建设就一定能取得实效，转化为推动企业发展的强大动力。

第四节 企业文化建设的辩证关系

改革开放特别是进入21世纪以来，企业文化获得企业界、学术界和政府部门的高度重视，但是不少企业在文化建设上遇到了难以深入的问题。因此，企业管理者应对企业文化建设进行辩证思考，并正确认识和把握下列这些辩证关系。

一、多与少

在我国企业文化建设的热潮中，也仍然存在明显的不平衡，具体表现为重视程度的“四多四少”。

（1）优秀企业重视的多，落后企业重视的少。优秀企业因为抓文化建设而受益，进而更加重视，形成良性循环，如二汽、联想、海尔、华为、同仁堂。落后企业陷入困境的原因虽然很多，但管理水平低、凝聚力差、企业文化薄弱，几乎是一个通病。可以说，企业文化的落后，既是企业落后的表现，也是企业落后的原因。土光敏夫在东芝、韦尔奇在GE的成功都说明，狠抓企业文化建设，改造落后文化，塑造崭新的群体价值观，是企业走出困境的必要途径。

（2）国有企业重视的多，民营企业重视的少。在一些重点国有企业的带动下，广大国有企业积极开展企业文化建设。特别是近年来，国有大型企业按照国资委的要求加强了企业文化建设，成立了领导机构，落实了责任部门，制定了建设规划，对企业理念、制度、标识等进行了充实更新，开展了多种形式的企业文化普及教育活动，收到了一定成效。相较而言，民营企业则参差不齐，有的甚至还未起步。

（3）大中型企业重视的多，小微企业重视的少。许多大中型企业都经历了一定的发展过程，在实践中认识到企业文化的重要性并将其列入议事日程，初尝了企业文化建设的好处。但在数量众多的小微企业特别是一些初创企业，可能忙于产品研发、市场开发，根本无暇顾及企业文化，甚至根本没有自己的企业理念。

（4）知识密集型企业重视的多，劳动密集型企业重视的少。信息、通信、金融、文创、高端制造等行业，高知人才多，观念更新、技术进步快，企业文化建设的内在需求强烈，往往比较重视。而在建筑、加工、零售、生活服务等劳动密集型和资源依赖型企业，员工文化程度低、流动性强，管理水平不高，对企业文化认识不足。

上述现象具有一定的必然性，影响因素很多，但根本在于企业和企业负责人的素质。要推动一些小微企业、民营企业、落后企业、劳动密集型企业实现管理上台阶，使它们的企业文化建设从自在状态进入自觉状态，首先就要通过培训、选聘、考核、激励等环节，提高企业管理者及全员的素质。除此之外，绝无捷径。

二、共性与个性

此外，普遍存在的一个问题是企业文化缺乏个性。

企业文化的个性，首先体现在其观念层，特别是核心价值观和企业精神。而许多企业在概括核心价值观和企业精神时，往往全面有余而个性不足，经常是在团结、拼搏、求实、开拓、创新、严谨、勤奋、奋进等几个词语间排列组合。请看以下 4 个不同企业的企业精神：①团结、求实、奉献、开拓；②团结、振奋、开拓、奉献；③团结、务实、开拓、奋进；④团结、奉献、开拓、奋进。你能想到它们是分属于四家不同行业、不同地区的企业吗？这种没有个性的企业精神，对员工缺乏吸引力和凝聚力，难以给员工以亲切感和认同感。

过去长期的计划体制和官本位思想，束缚了企业家对独立个性的追求，造成了企业文化个性的模糊和缺乏。然而，企业文化若没有个性，就没有吸引力、生命力。为治疗企业文化千企一面的弊病，企业家应从官本位、一刀切的错误、陈旧观念中解放出来，变“求同”思维为“求异”思维，不求全但求新，大胆追求企业个性，使企业文化独具特色。

沃尔玛百货的企业理念“三大信仰”是“尊重个人、服务顾客、追求卓越”，与 IBM 三大价值观“尊重员工、用户至上、追求卓越”几乎一样，这实际上反映了美国优秀企业的文化共性。但是，沃尔玛公司对“服务顾客”的重视和阐述又与 IBM 很不相同。沃尔玛创始人沃尔顿曾说：“我们都是为顾客工作，你也许会觉得是在为上司工作，但事实上他也和你一样。在我们的组织之外有一个大老板，那就是顾客。”为贯彻这一理念，沃尔玛的很多店内曾悬挂这样的标语：“1. 顾客永远是对的，2. 顾客如有错误，请参看第一条。”对此，我国有些企业还加以借鉴甚至照搬。

在企业理念的概括上，并非越抽象越好。这是因为越抽象越容易失去个性。当然，如果抓住特点进行恰当的抽象，也有可能很好地反映企业文化的个性。概括和抽象的方法千变万化，只要企业家执着地打造企业的个性特色，就能如愿以偿。

三、上墙与入心

流于表面化、形式化，是我国企业文化建设的另一普遍问题。例如，某企业墙上醒目地写着企业精神，但当询问普通员工“企业精神是什么”时，他可能摇摇头说“不知道”。至于企业愿景、企业哲学、发展战略等，则更难为广大员工所了解和掌握，更谈不上指导实践、付诸行动。产生上述现象的原因很复杂，从企业领导者的角度来看，主要有两种情况。

第一种情况。抓企业文化是企业负责人出于从众心理，觉得先进企业在抓，自己不做不好；或政府部门有要求，便应付差事、做做样子。这样的领导者并未真正理解企业文化的真谛，满足于写入文件、见诸报告，停留在口号上墙，并没有下苦功夫使之深入人心。这些企业“一把手”首先要转变观念，从心底里产生改变管理理念的内在需求——坚决从经验管理转变到科学管理、文化管理的轨道，坚决把管理从过去那种“以生产为中心”或“以利润为中心”转变到“以人为中心”。

第二种情况。另一些企业负责人并不满足于口号上墙，很想把自己倡导的企业文化尽快转变成全员认可的群体意识，内化为自觉行动，但是苦于找不到有效办法。其实，要想使企业家的追求变成全体员工的共同追求，使企业家的价值观念变成全体员工的共同价值观，使企业家提倡的行为准则变成全体员工的自觉行动，一句话，使企业文化由上墙到入心，关键在于遵循人的认识规律，领导示范、制度强化、营造氛围，一步一个脚印，使全员在感染熏陶、潜移默化中形成共识。

四、继承与创新

对创办一段时间的企业而言，如何处理继承与创新的关系，往往成为企业文化建设的拦路虎。

企业文化建设是一个文化积淀的过程，不能割断历史，而要尊重历史。在对待企业传统的问题上，要坚持一分为二，弘扬积极因素、先进因素，摒弃消极因素、落后因素。企业优良传统，无疑是未来文化的起点和基础。

但是，企业文化建设更要改革创新。在科技进步一日千里、经济全球化深入发展、国际形势深刻变化的当今时代，随着企业内外环境的变化，企业领导者应该站在战略高度，树立国际视野，展望长远未来，提出前瞻性的新价值观和发展思路，引导企业在经营管理、队伍建设、技术研发、产品、服务、商业模式等方面开拓全新局面。这样，企业文化就能常做常新，与时俱进，充满活力。

为此，企业领导者要正确认识继承与创新、守成与改革等关系，把“破”与“立”辩证统一起来，在弘扬传统的同时不断开拓创新。海尔、同仁堂、茅台、华为等为中国企业做出了榜样，美国的 IBM、GE、HP 等也值得学习和借鉴。

五、自主与借鉴

企业文化是共性和个性的统一。正因为有共性，企业之间可以相互借鉴；正因为有个性，企业之间又不能相互照搬。

企业文化建设必须以我为主。常言道，“人挪活，树挪死”。树木一旦离开了自己的土壤，就很难存活。企业文化亦然。在我们向国内外优秀企业特别是世界著名公司学习时，切不可不加取舍、盲目照搬。而应该像“嫁接”一样，把他人经验之“枝”，嫁接到本企业之“干”上。

海尔集团就是这样做的。他们把日本松下和美国 GE 公司的成功经验一一借鉴过来，但是决不照搬，而是保留了中国文化的底蕴，也保留了海尔自身的传统。因此，海尔文化是中国的，就像海尔的主楼那样具有中国特色和中国气派。同时，海尔文化又是世界的，具有全球化、信息化、知识化等特点，为世界上很多企业所赞赏。

植根于中华文明的深厚土壤，中国企业应该有这种文化自信。

六、现实与超越

企业文化的发展变化，是一个从过去到现在，再从现在到未来的连续过程。进行企业文化设计，就是为企业文化设置一个建设目标，描绘一幅发展蓝图，让全体员工明确努力方向。

因此，设计目标文化模式时首先要从实际出发，立足当前，贴近现实。越是贴近广大员工的思想和工作实际，越是结合企业的经营管理实际，越能引起员工的心理共鸣，越容易深入人心、化为行动。但是，过于考虑现实，很可能导致战略远见不够、前瞻思考不足，结果迁就了员工中大量存在的惯性思维、行为习惯甚至是陈规陋习。这样的文化必然缺乏牵引力，无法把员工引领到一个更高的境界。

反之，超前思维是为了适应未来环境对企业的要求。但若超前过多，则难免脱离现实。越是具有前瞻性的思想观念，越是科学先进的制度体系，越不容易马上被员工理解和掌握，越需要持续、反复、深入地加以引导和强化。这就有一个“度”的问题，目标文化体系既不能脱离实现，又要保持前瞻性和先进性。

企业文化设计

企业文化设计旨在构建企业文化的目标模式，作为今后建设的方向和标准。如马克思所说："蜜蜂建筑蜂房的本领使人间的许多建筑师感到惭愧。但是最蹩脚的建筑师比最灵巧的蜜蜂高明的地方，是他在用蜂蜡建筑蜂房前，已经在自己的头脑中把它建成了。"所不同的是，目标企业文化这个"蜂房"不仅要在企业家的头脑里，还要进入广大员工的头脑中，成为大家共同的奋斗目标。

第一节　设计原则与方法

企业文化设计总的要求，一是顺应先进文化的发展方向，二是与企业发展战略和经营管理相结合，三是整体构思、策划和设计，四是坚持解放思想、实事求是、与时俱进。从优秀企业的实践来看，上述总体要求反映在企业文化设计的指导原则、关键环节和主要方法上。

一、指导原则

1. 历史性原则

企业文化具有稳定性和连续性。对多数企业来说，设计工作是在现实文化的基础上进行建设和更新的，因此不能割裂历史，而要与企业文化传统相结合。在企业创建和发展过程中形成的各种传统，会在员工思想上形成一定共识，内化为一定的行为习惯，其中的积极因素对企业发展具有重要作用。

坚持历史性原则，就是从企业历史中寻找优秀传统，并在新形势下继承发扬，形成企业特有的文化底蕴。IBM 走过百余年历程，主要业务已从计算机发展为咨询和收购企业重整服务，但是，公司核心价值观"成就客户、创新为要、诚信负责"仍建立在创始人老沃森提出的三大信条基础上。

2. 社会性原则

企业与社会是鱼水关系，企业文化是社会文化的微观组成部分。坚持社会性原则，要求目标企业文化与社会文化相适应、相协调。

一方面，企业目标文化要符合社会主流价值观，体现社会先进文化的发展方向。在全世界，以人为本、诚实守信、遵纪守法、社会责任、改革创新、追求卓越、团队精神、生态环保等观念都是受推崇的，理应成为企业文化的组成部分。在我国，企业文化要以社会主义核心价值观为指导，与社会主义先进文化的前进方向一致。

另一方面，企业目标文化要围绕企业的社会责任，坚持市场导向。企业存在的社会价值，在于能为社会提供产品和服务，满足人们的物质和精神生活需要。松下幸之助提出"自来水哲学"，要生产像自来水一样物美价廉的产品，就充分体现了对社会责任的认识。

3. 个异性原则

企业文化设计，最忌讳千篇一律、千企一面。为此，要坚持个异性原则，既借鉴吸收其他企业文化的成功经验，又要从实际出发有所突破和创新。

突出个异性，要体现企业的行业、地域、历史、人员等特点，同时语言表述要防止平淡而缺乏个性，让本企业的文化具有独特魅力，既与众不同又倍感亲切。例如，中国工商银行从简称"工行"二字引申出企业价值观"工于至诚，行以致远"，涵盖了诚信、人本、稳健、创新、卓越五方面的基本价值取向，是对工行多年来企业精神、文化理念、经营方式和价值追求的凝练表述。

4. 一致性原则

文化的统一是企业灵魂的统一，是企业成为一个整体的根本。企业文化既是一个系统的理念体系，又是一个完整的管理体系。因此，设计企业文化应坚持一致性。

这种一致性，首先体现在企业文化与企业战略一致。企业文化各要素应是一致的管理理念和措施，共同为企业经营管理和战略发展服务；同时，企业文化各层次要一致。理念层最主要的是最高目标和核心价值观，而制度行为层是使之得到贯彻落实的有力保证，符号物质层则是形象化反映和物质基础。与企业理念相悖的制度，与核心价值观脱离的符号形式，无助于企业目标的实现，甚至会有阻碍作用。

5. 前瞻性原则

企业文化并非一成不变，应随时代进步而发展。因此，企业文化设计既要尊重历史、立足现实，更要面向未来，使目标文化模式具有持久的生命力。

这种前瞻性，基于对企业发展趋势的深入洞察和对企业文化建设规律的准确把握。企业竞争日益复杂激烈，企业必须站得高、看得远，而不是仅仅盯住眼前。这就要求企业文化要服务于企业的持续发展，促使企业从研发、生产、销售、服务到管理等赢得全面的优势。同时，企业也要应对深层次文化竞争的挑战，想方设法破除旧的、跟不上时代的文化，提出先进的、具有时代性的文化建设方向，使企业文化自身充满活力，为企业制度创新、技术创新、产品创新、商业模式创新等提供精神力量。

6. 可行性原则

企业设计目标文化，关键在于实施、在于落实，因此必须注重实用性和可操作性。首先，要针对企业经营管理中的突出问题，特别是企业理念、制度、形象等的不足。这样，所设计出的目标文化才能引导员工的努力方向，改善经营效率，服务企业战略。

同时，目标企业文化在坚持系统性的情况下，应力求简明实用。企业理念表述不能一味追求文字精彩、奇巧，而要通俗易懂，以便员工理解；也不要过于繁多，让人记不住，更难以落实到行动。不可操作的目标文化只是镜中月、水中花，毫无用处。

二、关键环节

企业文化虽然是一个复杂系统，但只要抓住关键环节，设计中的难题就能迎刃而解。

1. 对民族传统文化的扬弃

企业文化是一种亚文化，生长在宏观文化的土壤里。各个国家和民族的传统文化是宏观文化的重要组成部分。设计企业文化，要深刻认识传统文化的性质和特点。中国文化具有悠久的历史和丰富的内涵。正确地对传统文化进行剖析和评价，对于建设中国特色的优秀企业文化不仅有益，而且十分必要。从我国企业文化建设的实践来看，下列传统观念在今天仍具有积极意义，也体现了社会主义核心价值观的基本要求。

（1）入世精神，即积极地关心社会现实的人生态度。以儒道法为主的中国传统文化是积极入世的，强调经世致用、教民化俗、治国安邦。儒家的“内圣外王”“修身、齐家、治国、平天下”；道家的“以柔克刚”“以弱胜强”，以“无为”而“无不为”；法家奖励耕战，富国强兵，厉行法治，强调积极治理社会、大胆追求功利。长期以来，入世精神激励着中华民族在艰苦环境中创造了灿烂文明，锤炼出自尊自强的民族精神。从“铁人精神”“二汽精神”，到中国航天集团的“载人航天”精神、鄂尔多斯集团“不相信神仙上帝，只信奉事在人为”的企业信念，都贯穿着一条主线——不怨天，不尤人，艰苦奋斗，开拓进取。入世精神构成了我国企业文化自强不息、拼搏向上的基调。

（2）伦理中心。中国古代社会在意识形态上是一个以伦理为中心的社会。为封建等级制服务的伦理道德严重压制个性，泯灭了人们的平等意识，对现代企业有消极影响。然而，这种伦理传统又有合理的方面，即重视维系人际关系的伦理纽带。它要求人们把自己看作家庭和社会的一员，把个人、家庭和国家的命运紧紧相连，使爱国主义和民族凝聚力有了坚实基础。鞍钢的核心价值观“钢铁强国，造福社会，实现企业可持续发展”，娃哈哈集团经营哲学“凝聚小家，发展大家，报效国家”，都是伦理道德传统在我国企业的直接表现，也是企业文化的积极因素。

（3）先义后利。孔子曰“君子喻于义，小人喻于利”，孟子主张“见利思义，义而后取”。儒家提倡在物质利益面前克己、寡欲，排斥追求利益的动机，对市场经济的发展有一定消极作用；但反对不义之财，主张先义后利，却有积极意义。这些年，坑蒙拐骗、制假贩假、偷税漏税、贪污受贿等见利忘义之举，固然因为法制不健全，更因为缺乏正确的义利观。为此，优秀企业家把“义”的内涵更新为社会主义道德规范，引导员工树立比金钱更高尚的追求。重庆力帆集团以创新、出口、信誉好作为“三件宝”，坚持“宁可他人负力帆，不可力帆负他人”的经营信条，很值得称道。

（4）中庸之道。中庸是我国民族文化中独具特色的一个重要观念。儒家把中庸看作最高的道德。孔子说：“中庸之为德也，其至矣乎！”朱熹指出：“中者不偏不倚，无过不及之名，庸，平常也。”有现代学者研究提出，中庸是对矛盾两极均为“非”的事物的三分法，即当矛盾发展有过、中、不及三种可能时，应取“中”。中庸之道反对过与不及，不走极端，重视和谐，符合辩证法；同时，它忽视对立面的斗争，主张维持现状，否定变革，又是反辩证法的。在企业管理中，有的矛盾对立双方有“是”有“非”，对此应是非鲜明、坚持真理；有的均为“非”或“不完全是”，如学习外国经验与弘扬中国传统、物质激励与精神激励、集权与分权等，就不能简单地肯定或否定一方，而要把双方协调起来。“中道”不仅对企业的高层决策提供了可供选择的方法论，而且对提高企业凝聚力、协调内部矛盾、建立和谐外部关系开拓了空间。

（5）重视名节。中国人自古重视名节，重视精神需要的满足。文天祥的“人生自古谁无死，留取丹心照汗青”就是生动写照。这种精神，平时表现为重荣誉、尚气节、讲廉耻、高度自尊；在危难关头，就表现为“富贵不能淫，贫贱不能移，威武不能屈”的崇高气节。今天，我们只要去掉其封建糟粕，把重视名节中自尊、自爱、自强的思想建立在社会主义意识形态基础上，就会形成有利的文化因素。例如，许多企业信奉“金杯银杯不如老百姓的口碑”，这种重视商誉、珍视品牌和形象的理念十分宝贵。当然，重视名节走向反面就是慕虚荣、图虚名、讲排场的形式主义，应坚决反对。

（6）勤俭传统。勤劳节俭是中华民族的传统美德，主张“克勤于邦，克俭于家”（《尚书》），提出“历览前贤国与家，成由勤俭败由奢”（李商隐《咏史》）。这种克勤克俭的传统，在社会主义建设时期得到充分弘扬，发展为艰苦创业的精神。勤劳节俭、艰苦奋斗，在鞍钢、大庆、一汽、二汽等大型企业的理念中，一直占有重要地位。现在，我国GDP已跃居世界第二，物质贫乏局面基本消除。于是，有的企业领导人忘记了创业的艰辛，追求生活享受，奢侈之风蔓延。为此，企业文化迫切需要恢复和倡导勤劳节俭、艰苦奋斗的传统。

（7）廉洁意识。中国人自古以来就把官吏分为清官与贪官，颂扬廉洁公正的清官，贬斥腐败昏庸的贪官。这种廉洁意识融入传统文化之中，就是“公生明，廉生威”“公则民不敢慢，廉则吏不敢欺”。清除以官治民的消极思想，不难发现廉洁公正意识的历史价值。玉柴集团“责任、民主、团结、忠诚、廉洁”的干部品德，京煤集团“干净做事，正气做人”的廉洁理念，利群集团“品质高尚，廉洁奉公”的利群人形象，都反映了廉洁意识。2016年京东重拳出击、实力反腐，推出实名公布反腐案例、设立反腐奖励专项基金、公布京东集团举报人保护和奖励制度、上线反腐网站“廉洁京东”等系列反腐举措，以打造健康有序的商业环境。

（8）家庭观念。中国“黄色文明”发端于农耕社会，社会的基本细胞是家庭，这与“蓝色文明”源于西方工业社会不同，其社会细胞是个人。因此，与西方个人主义传统相反，我国意识形态的传统是家庭观念，并推广到社会关系的各个领域。在企业，员工的主人翁意识往往借助家庭观念，以“爱厂如家”等形式表现出来。例如，燕京啤酒集团倡导的“为企业分忧的主人翁精神”，千金药业公司“诚信负责，行善爱人”的核心价值观，国电集团“诚信尽责、忠诚敬业”的职业道德观，万向集团“想主人事，干主人活，尽主人责，享主人乐”的企业作风。

（9）任人唯贤。在我国，“知人善任”历来被认为是治国安邦的必备才能。诸葛亮指出：“治国之要，务在举贤。”我国历史上一直存在“任人唯亲”和“任人唯贤”两种用人路线。尽管历代统治者难免“任人唯亲”，但总体上看，大凡有成就的英明君主及其谋士总是倡导“任人唯贤”。《韩非子》提出“宰相必起于州郡，猛将必拔于卒伍”，主张任用有实践经验和成绩突出的人才。在改革开放推动下，企业在干部选拔任用上普遍实行公开选聘和竞聘上岗。海尔集团提出“赛马不相马”，就是任人唯贤的具体化。

（10）辩证思维。中华民族朴素的辩证思维方法，在《老子》《易经》《孙子兵法》等典籍都有集中反映。辩证思维首先体现为整体观，这与西方从个体到整体思考是大不相同的。

比如，中国人写地址的顺序是国家、城市、街道，而大多数西方人则相反；中医强调整体把握、辨证施治，而西医以人体解剖为基础，强调对症治疗。在企业文化中，辩证思维使华人企业习惯于从国家高度、企业全局来思考和决策。辩证思维还体现为转化观，如物极必反、以逸待劳、不战而胜、避实击虚。这些充满对立转化思想的中国文化遗产，是企业竞争的制胜法宝，受到中外优秀企业家的普遍重视。

2. 对企业现实文化的升华

在继承企业传统的基础上对企业文化进行升华，首先要对现有文化有清醒的认识。过去评价企业文化，多从具体内容出发，将其分为先进和落后、优秀和不良。其实，企业文化是一套理念和制度体系，没有一般意义上的好与坏，不应该单纯从内容上评价先进还是落后。只有把企业文化与实际情况相结合，才能判断它对企业发展是否有促进作用。

客观评判企业文化可以从三个方面着手，即企业文化本身是否健全，企业文化对绩效是否有促进作用，企业文化对社会进步是否有积极影响。企业主观评判自身文化，则集中在体系的完整性、结构层次的清晰性、内容的一致性、文字表达的艺术性等方面。进行评价判断，可以通过内外部调查、企业美誉度调查等手段来进行。

对企业文化现状的分析要全面、深刻、准确，既要有战略高度，又要深入透彻，挖掘问题的根源。思考过程一般包括：分析企业的经营环境和特点，分析管理水平和特点，分析企业文化的建设情况和特点，逐项分析企业文化要素并得出总体结论。在此过程中，企业家可以借助“外脑”以避免当局者迷，并善于运用群众智慧。在得出分析结果后，要根据现有水平和未来需要，做好对现实企业文化的提炼和升华，提升企业的文化水准和品位。例如，一些处于垄断地位的企业，优越感强，危机感差，保守思想严重，创新活力不足。在这种情况下，就应更新企业理念和制度，强化以市场为导向、以改革创新为动力，推进供给侧改革，创新发展模式。

3. 对企业未来文化的把握

对未来文化的把握，主要是指目标企业文化要与企业战略相一致，与社会发展相适应。企业发展目标定位、战略选择都应对组织文化产生重大影响。比如，生产导向的经营理念，无法适应激烈的市场竞争；纯技术路线，也很难在市场上立足。因此，需要结合企业的战略目标和对未来竞争态势的判断，设计和建设企业文化。

企业文化的理念层集中表明企业对未来的判断和战略选择。从这个意义上讲，理念层设计是企业文化的体系的灵魂。面向未来，登高望远，是企业文化理念层设计的关键，也是企业文化生命力的重要保证。例如，企业愿景表明全体员工的共同追求和长远的奋斗目标，既是一切活动的目标，也是凝聚人心的根本，这是因为“志同”才能“道合”。在企业愿景表达方面，立意要高，谋虑要远，仅仅表达出企业在经济方面的奋斗目标是不够的，还要有对企业社会价值的认识和未来企业的定位。比如，“成为受人尊敬的世界一流企业”（方太集团）、“信行天下，信惠百姓”（中信信托公司）、“温暖全世界”（鄂尔多斯集团）等。

再如，企业核心价值观是企业长期坚持的价值标准和基本信念，不会轻易改变。松下七精神、丰田纲领都坚持了几十年，IBM 三大信条在沿用 70 多年后才在 1994 年做了修改完善。设计核心价值观，建立在对企业本质和企业战略的深刻认识基础上，方能洞察历史、引领未来。

三、主要方法

企业文化的层次结构虽然相对固定，具体内容却千差万别，反映出不同企业的鲜明个性，这正是企业文化的魅力所在。在设计时可以采用以下方法，以把握各层次各要素的内在逻辑关系，有所侧重和取舍，避免交叉重复。

1. *个性化语言的反复提炼*

企业文化反映不同企业之间的本质区别，因此最忌讳照抄照搬。海尔首创的“斜坡球体论”，联想提出的“茅台酒作二锅头卖”的经营理念，都很有创意。企业文化的反复提炼，关键是突出企业的基本矛盾，用个性化的语言表达企业理念。

有些公司在表述企业文化时，不是“团结”“开拓”“进取”，就是“认真”“务实”“创新”，完全看不出特色。而有些企业则不同，如平安保险提出“以心感人，人心归”的理念，大唐集团的“同心文化”，都具有显著的企业个性，给人留下深刻印象。

如何提炼个性化语言呢？

一是挖掘和运用企业历史传统，并赋予新的时代内涵。九芝堂公司挖掘 300 多年前的药铺传统，秉持“药者当付全力，医者当问良心”的祖训，恪守“九州同济，芝兰同芳”的企业理念和“九分情，一分利”的经营宗旨，显然是独一无二的。

二是对于相同或相近的企业文化内容，采用与其他企业不同的表述。例如，很多企业都倡导细致、实干、高标准、严要求等作风，大多表述为“细、实、严、高”之类，但鄂尔多斯集团则提出“往细了想，往实了做，往严了要求”，就与众不同。

三是对文字表述提出不同方案，充分讨论，反复修改。例如，某塑料企业的愿景一开始有五个不同候选方案，基本上都有“中国最大”“全国一流”“国际知名”“世界一流”等描述，几经讨论最终定为“国内一流基地，世界知名品牌”，既准确又不重复。

2. *价值观念的准确概括*

以企业文化建设为管理中心工作的文化管理模式，不是依赖严格的制度去约束员工，而是注重用价值观潜移默化地教育和引导员工。为此，国外学者把文化管理又叫作基于价值观的管理。由于核心价值观是企业最重要的价值观念，在企业价值观念体系中居于支配地位，因此确立核心价值观就企业文化设计的重中之重。

那么，如何确立核心价值观，并以之为主导形成企业价值观体系呢？一般可以通过关键事件访谈或问卷作初步调查，再根据企业发展要求进行选择。企业价值观可以是一两条，也可以是一系列观点。企业可根据重要性，选择出最具自身特色的价值观念作为核心价值观。

例如，某企业曾经提倡过许多观念，包括学习、实干、安全第一、精益求精、服从大局、追求完美等。由于企业领导者都是基层提拔上来的，十分务实，同时企业内部有崇尚先进的传统，经常搞一些评比活动，大家相互学习、争创一流的风气很盛。为进一步引导员工向更高目标迈进，企业领导班子决定把学习、务实、进取作为核心价值观。但是由于这样表述过于普通、平淡，很难引起员工关注，企业最终选用《礼记·大学》中“强学力行，止于至善”作为核心价值观，意思一样，但耳目一新。

3. *群众智慧的思想升华*

人的正确思想是从哪里来的？是从天上掉下来的吗？不是，只能从实践中来。企业文化是企业发展实践的产物，是广大员工劳动的结晶。广大员工是物质财富的创造者，也是企业文化的创造者。因此，设计企业文化固然离不开企业主要领导者和咨询专家的深入思考与系统研究，但是从根本上说只能是来自员工群体的创造性劳动。

把广大员工的好想法、好做法加以总结、提炼和升华，是企业文化设计的一个重要方法。哈尔滨轴承集团是具有50多年历史的国有大企业。公司从2003年开始加强企业文化建设，发动全员参与，征集到企业理念700余条、司歌30多首。经反复研讨和修改，最后确定了企业理念和司歌《哈轴人之歌》。公司还通过广泛征求意见，制定了员工基本行为规范、员工岗位行为规范。同样，我国汽车业的民营企业吉利集团2006年也开展了吉利精神大讨论。由于企业文化要素都来自广大员工，具有牢固的群众基础。

4. 行为规范的典型总结

企业文化不仅是广大员工的思想观念，更是员工群体的行动指南。共同行为习惯将使内部沟通和协调变得容易，对于增强企业凝聚力、提高运行效率有很大帮助。于是，很多企业把制定和实施“员工行为规范”作为企业文化设计的基本内容。

制定什么样的行为规范，应考虑企业管理的实际需要。比如，出于鼓励奉献精神而提出的无私奉献、爱国爱厂；出于塑造合作精神而提出的和谐相处、坦言相告、真诚公正；出于维护企业形象而提出的“我是企业，企业是我”；出于产品质量要求提出的精益求精、追求完美；出于鼓励创新而提出的博采众长、不断学习、自我超越。这些内容既有对优秀员工行为的总结，又有对其他企业成功经验的借鉴，可以概括为典型总结。

典型总结要立足现在、放眼未来，从三方面入手：一是总结企业内部的优秀传统，二是总结成功企业的典型行为，三是总结传统文化的精髓。同仁堂从典型事例中总结出生产员工的行为规范——严守“三真”信条，即下真料、行真功、讲真情，充分体现了“修合无人见，存心有天知”的古训。平安保险公司从儒家思想中选择“仁、义、礼、智、信、廉”六字作为员工行为规范，用“仁”倡导和睦相处，用“义”宣传忠于职守，用“礼”规范举止言行，用“智”引导革故鼎新，用“廉”提倡克己奉公。运用典型总结的方法，可以帮助企业找到符合实际的行为规范。

第二节　企业理念要素设计

企业理念层是企业文化的核心和灵魂。设计企业理念，是设计企业文化时最需要下功夫之处。

一、企业目标与愿景

企业目标是在一定时期以内，企业生产经营管理预期要达到的成果。当企业目标被员工群体所接受和认同时，就成为企业的共同愿景。

没有目标的企业是没有希望的企业。正如韩国著名企业家郑周永所说：“以谋生为目的结成的团体或企业是没有前途的。”设置科学合理的企业目标，并使之成为共同愿景，是企业发展和文化建设的首要任务。

1. 构建企业目标体系

提到企业目标，有人会说就是赚钱。这种单一目标的观点建立在“经济人”假设的基础上，其理论前提是企业是纯粹的经济组织，显然是不对的。企业既是经济组织又是社会组织，既要坚持利润原则又不能唯利是图，必须承担起应尽的社会责任和义务。从欧美和日韩企业的一件件政治丑闻、财务丑闻，到美国次贷危机引发的国际金融危机，把利润最大化作为企业唯一目标的弊端暴露无遗。

其实，很多管理学家和企业家早就认识到，企业除了经济活动和经济动机外，同时还存在着社会活动和社会动机。决策学派代表人物西蒙提出了经济效益和社会责任双目标体系。其后，经验学派管理大师德鲁克提出，一个成功企业应该在市场、技术进步和发展、提高生产力、物质和金融资源、利润、人力资源、员工积极性、社会责任 8 个方面建立多目标体系。

今天，世界上一切先进的现代企业，都摒弃了经济利益最大化的唯一目标，建立起将企业的经济动机与社会责任相结合的多目标模式，实现了从单一目标向多目标体系的转变（图 4-1）。惠普公司（HP）很多年前就提出了 7 个目标：利润、客户、感兴趣的领域、增长、人（育人）、管理、好公民（社会责任）。

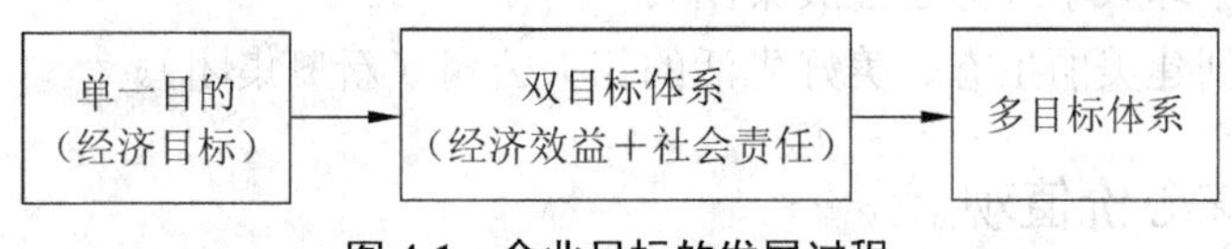

图 4-1 企业目标的发展过程

2. 设置企业的最高目标（愿景）

企业具体的、阶段性的各种目标，无论多么完善，都很难包含不同员工的个人目标。在此情况下，如果有一个高远的企业最高目标，就可以弥补具体目标的缺陷，成为团结和凝聚员工的重要力量。

在企业的目标体系中，最高目标（或愿景）是企业发展的远大理想，就像灯塔一样指引着企业长远发展。在中国企业中，把它概括为企业最高目标，在西方企业的文化中，经常把它表述为企业愿景。两者有些微差别：前者强调高层决策，后者强调员工认同，有时也叫共同愿景（shared vision）。例如，中文在线集团的目标是“中文数字出版领跑者”，而企业愿景则概况为 5A（anyone，anytime，anywhere，anyway，anything），即让任何人在任何时间、任何地点通过任何方式、看到任何想要阅读的内容。

成功的企业，总是把对国家和社会的贡献作为自身的最高目标。日本松下电器公司的创办人松下幸之助认为，如果公司没有把促进社会繁荣当作目标，而只是为了利润而经营，那就没有意义了，并把“工业报国”作为社训。在旧中国，许多民族资本企业把产业报国、实业报国作为最高目标。例如，天津东亚毛纺公司提出“以生产辅助社会之进步”，上海银行“三大行训”是“服务社会，辅助工商实业，抵制国际经济侵略”，永利碱厂的口号是“实业救国，科学救国”。

如何设置企业最高目标？从理论上讲，最高目标定得越高越好；从实践来看，如果设置得太高，又会使员工觉得难以实现，反而失去引导、激励作用，这样的目标就形同虚设。

下述列举一些企业的最高目标或愿景。

建精品基地，创世界品牌（鞍钢集团）。

建设具有国际竞争力的自主一汽、实力一汽、和谐一汽（一汽集团）。

打造世界装备制造业的动力航母；中国最好，世界一流（哈电集团）。

丰富人们的沟通和生活（华为技术有限公司）。

树精功品牌、立百年企业（精功集团）。

中国最具创想文化和影响力的企业（华侨城集团）。

行业主导，用户首选的第一竞争力的美好住居生活解决方案服务商（海尔集团）。

大众信赖和喜爱的全球化企业（华润集团）。

打造世界知名品牌，成就大型跨国企业集团（玉柴集团）。

高科技的联想、服务好的联想、国际化的联想（联想集团）。

具有行业影响力的卓越企业（中纺集团）。

为社会创造最大价值的企业（京东集团）。

让每个人都能享受科技的乐趣（小米科技有限责任公司）。

全球化的公司，世界级的三角（三角集团）。

百年企业，世界品牌（格兰仕集团）。

百年苏宁，全球共享（苏宁控股集团）。

受人尊敬的创建美丽生态、美好生活的伟大公司（新奥集团）。

二、企业核心价值观

价值观是人们判断事物先后秩序重要性的标准。人的最大特点是有思想、有感情，人的行为无不受观念和感情的影响，而正是价值观决定人们追求什么、放弃什么，做什么、不做什么。孟子说“舍鱼而取熊掌”“舍生而取义”，正是价值观使然。通过影响和改变价值观，就可以改变人们的行为。

1. 企业价值观的构成和作用

企业多数员工的共同价值观或群体价值观，称为企业价值观。企业价值观可以是广大员工自发形成、相互影响的结果，也可以是企业主动提倡、积极培育的结果。在共同价值观的支配下，员工群体会自觉地心往一处想、劲往一处使。

由于企业的多目标性，企业价值观往往包括不同层次、不同方面的内容，而其中起主导作用的价值观念，被称为企业的主导价值观。在主导价值观中，还有一些深层次的、起决定性作用的价值观念，这就是核心价值观。有些企业的基本信念、核心理念、企业方针等实际上就是核心价值观，如玉柴集团的核心理念“绿色发展，和谐共赢”，华侨城集团的品牌个性“人本、创造、坚定、卓越”。

影响企业价值观的主要因素有：①员工的个人价值观，这决定他们如何对待工作、集体、企业、顾客、国家和社会；②企业家价值观，有时企业价值观就是企业家价值观的群体化；③社会价值观，特别是国家和民族的价值观。以中国为代表的亚洲许多国家崇尚集体主义价值观，而美国等西方国家则奉行个人主义价值观。东西方文化的不同也反映在企业价值观表述中，中日韩企业提倡集体、敬业、报国、理想、贡献等，美国企业强调个人、顾客、创新、卓越、竞争等，而诚信、团队等则是东西方优秀企业共有的。

2. 企业核心价值观的设计原则与步骤

对于新建企业或没有价值观表述的企业，在设计企业核心价值观时，应注意与企业最高目标相协调，与社会主导价值观相适应，充分反映企业家价值观，并与员工群体的个人价值观相结合。

企业核心价值观和价值观体系的设计步骤如下。

（1）在分析社会主导价值观的基础上，根据企业的最高目标，初步提出核心价值观表述并在企业决策层以及管理层和员工代表中反复讨论。

（2）确定企业的核心价值观以后，进一步酝酿提出企业的主导价值观和整个价值观体系。

（3）把企业价值观（体系）与企业文化各个层次的其他要素进行协调，并作文字提炼，形成全面准确的企业价值观表述。

（4）在员工中广泛宣讲和征求意见，反复修改，直到为绝大多数员工理解并认同。

下面是一些企业的核心价值观或价值观。

创造感动（新世纪集团）。

安全第一（南方航空公司）。

诚信、协同（宝钢集团）。

简单可依赖（百度公司）。

先做人，后做事（三一集团）。

信于心，创于行（山东太阳纸业公司）。

天地人和万事利（万事利集团）。

同心而动，聚力生辉（哈电集团）。

绿色发展，和谐共赢（玉柴集团）。

敬业担当，同创共享（长虹集团）。

正心正道，善为善成（中国中车公司）。

阳光、正向、规范、创新（新希望集团）。

诚信，创新，发展，奉献（利群集团）。

社会、企业、员工和谐统一（东方电气集团）。

客户为先、诚信、团队、创新、激情（京东集团）。

承担责任、创造价值、超越自我、共享成长（中纺集团）。

钢铁强国，造福社会，实现企业可持续发展（鞍钢集团）。

敬业爱岗，能上能下，崇尚科学，精益求精（娃哈哈集团）。

客户导向，品质成就未来；以人为本，合作创造价值（柳工集团）。

特别有远见，特别擅学习，特别能战斗，特别可信赖（特变电工公司）。

满足用户需求、提高创新能力、集成全球资源、崇尚人本管理（上汽集团）。

互相尊重，忠于中兴事业；精诚服务，凝聚顾客身上；拼搏创新，集成中兴名牌；科学管理，提高企业效益（中兴通讯公司）。

追求卓越，永争第一（大众集团）。

信任、分享、进步（欧尚集团）。

勇担责任，追求卓越，矢志创新（西门子公司）。

职业化，强调正直、责任感、以身作则和负责精神；尊重集团所有员工；持续关注安全及环境保护；为东道国的发展做出贡献（道达尔公司）。

三、企业哲学

企业哲学是从企业实践中抽象出来的、关于企业一切活动本质和基本规律的表述，是企业经营管理经验和理论的高度总结与概括，是企业家对企业经营管理的哲学思考，因此又常被称为企业经营哲学。

1. 企业哲学的作用和意义

企业哲学作为对经营管理基本规律的高度总结和概括，作为企业家对经营管理的哲学思考，必然对企业各方面工作起到很大的指导作用，产生重要的影响。

企业哲学并不对企业每项工作作出具体规定。它对企业行为的指导作用，不是具体形式的规章制度，不是企业领导人书面或口头的要求，也不是强制性措施，而是作为工作的最高原则和基本规律被广大干部员工认识和掌握以后，化为他们自己的思想武器和行动指南，成为他们思考问题、采取措施、开展工作时自觉遵循的原则和规律。对企业规律的正确认识和揭示形成科学的企业哲学，给企业带来好的影响；反之，错误的认识导致企业哲学的谬误，给企业带来不良的后果。可以看到，有没有明确统一、本质深刻的企业哲学，企业哲学是不是被广大员工正确理解和掌握，企业的经营管理状况是大不相同的。日本索尼公司在盛田昭夫带领下选择了领先战略和先发制人哲学，大量投资于新产品开发，通过引导消费来保持竞争优势；而松下公司靠大量生产的自来水哲学和仿制为主的后发制人策略，长期保持了优质低价的竞争优势。

没有哲学头脑，很难成为优秀的企业家。对企业经营管理的客观规律进行深入的探索、思考和总结，概括、提炼、升华为企业哲学，是企业文化理念层设计的重要任务，也是企业家需要下功夫去思考和琢磨的大事情。

2. 企业哲学的内容

企业哲学到底要回答什么基本问题？企业运行的基本的、深层次的、带普遍性的规律和原则有哪些？换言之，要把哪些内容作为企业哲学？本书认为，企业哲学要回答“什么是企业”“为什么办企业”“如何办企业”等基本问题。对这些问题的回答就是企业哲学的内容。例如，三角集团的经营管理哲学是“企业是人，企业经营人，经营他人，更要经营自己”。

下面再举一些例子。

视今天为落后（二汽）。

伟大，在于创造（格兰仕集团）。

人为本，争第一，零起点（玉柴集团）。

天人合一（天士力集团的哲学理念）。

诚则立，变则通，康则荣，简则明，和则兴（特变电工公司）。

业成于和，业强于新，业胜于搏（北京京煤集团）。

财散则人聚，财聚则人散；取之而有道，用之而同乐（万向集团）。

凝聚小家，发展大家，报效国家（娃哈哈集团）。

止于至善（西安杨森公司）。

中国古代哲学思想、马克思主义哲学、西方现代哲学思想是企业哲学的重要来源，但这些哲学思想必须首先被企业家和员工掌握以后，才能应用到企业。因此，同企业理念层其他要素一样，企业哲学根本上源于企业领导和广大员工的工作、生活实践。

企业家本人的哲学思维，由于被自觉和不自觉地用来指导企业经营管理活动，因而容易在企业范围内形成共识而被确定为企业哲学。海尔集团董事局主席张瑞敏对人与企业的关系有深入的哲学思考，曾撰文指出“现代化首先是人的现代化，现代化的主体是人，现代化的目的也是为了人，因此人的意识和价值就有着特殊的地位，谁拥有了德才兼备的现代化人才，谁就可以在竞争中获胜”。这对形成海尔“把人当作主体，把人当作目的，一切以人为中心”的哲学思想起了决定性作用。环渤海金岸集团总裁李庆云在接受《天津日报》采访时说过，企业创新发展的传家宝在于否定自我的企业哲学——不断否定自我、不断完善自我、不断寻找差距、不断寻找新目标。

四、企业宗旨、使命与经营理念

科学合理地设计企业宗旨、使命以及经营理念，是企业理念层要素设计的一项重要内容。

1. 企业宗旨和使命的重要性

企业作为从事生产、流通、服务活动的社会经济组织，对内、对外都承担着责任和义务。企业宗旨（或称经营宗旨）是就这种责任义务而向社会作出的公开承诺，这反映了企业对待社会义务的基本态度，从而反映了企业存在的社会价值。

近年来，我国有些企业受国外企业影响，又提出了“企业使命”（“使命”译自英文mission）。其实，中文“使命”是责任、任务之意，而英文mission则是目标、宗旨、任务的意思。因此，企业使命与企业宗旨并无本质的区别，内涵都是企业对顾客、员工、股东、公众等承担的责任和义务。

企业宗旨（使命）要阐明的是企业的社会定位，即企业与社会的关系问题。美国管理学家德鲁克曾提出：管理就是界定企业的使命，并激励和组织人力资源去实现这个使命。可见，明确的使命和宗旨，对于企业是十分重要的。对内，它是为履行企业的社会职责而对全体员工发出的总动员，是引导和规范企业及员工行为的强大思想武器；对外，它是企业向社会发出的宣言，是引导消费者和社会公众的旗帜。

企业宗旨（使命）不是孤立的企业理念，而是在企业哲学指导下为实现最高目标而制定的企业方针和企业政策，是最高目标和企业哲学在企业社会义务方面的具体反映。企业宗旨在本质上不同于企业哲学，企业宗旨是企业领导和员工认识并尊重客观规律的结果，是企业主观态度的反映，而企业哲学是对客观规律的反映。因此可以认为，企业宗旨既是企业价值观的反映和最高目标的体现，又是运用企业哲学来指导企业行为的结果，既是企业对履行自身社会责任的决心和信心，又是企业一段时期或在某方面工作的方针。

2. 确定企业宗旨和使命

企业宗旨、使命的内容一般包括企业社会定位、增值活动、产品或产业、客户或市场、企业社会贡献等。例如，中华人民共和国成立前的民生公司宗旨“安全，迅速，舒适，清洁”体现对社会服务的承诺，现在北京铁路局的宗旨“人民铁路为人民”亦是如此。又如，迪士尼公司致力于“为所有人创造欢乐和幸福”，索尼公司使命是“体验发展技术造福大众的快乐”，美国麦克森公司的企业理念是“传播健康，创造财富”。“上下一致，至诚服务，产业报国”作为“丰田纲领”的第一条，也是丰田汽车公司的宗旨和使命。

下面，列举一些现在或曾经的企业宗旨、经营宗旨和企业使命表述，为设计提供参考。从中也可以看出，称为企业宗旨或企业使命在本质上是一致的。

（1）企业宗旨举例。

员工满意，顾客满意，股东满意（长虹集团）。

共创价值，共享成功（东方电气集团）。

让消费者满意，使合作者发展（雅戈尔集团）。

为世界提供动力，为人类带来光明（哈电集团）。

客户称心、股东放心、员工安心（特变电工公司）。

努力，让顾客感动（格兰仕集团）。

鄂尔多斯，温暖全世界（鄂尔多斯集团）。

想在您前面，做到您心里（利群集团）。

聚一流人才，创一流业绩（银亿集团）。

修元正本，造福苍生（修正药业集团）。

社会为本，福惠千金（千金药业公司）。

为顾客创造价值，为股东创造利益，为员工创造前途，为社会创造繁荣（万向集团）。

科技成就生活之美（博世集团的承诺）。

帮顾客节省每一分钱（沃尔玛公司）。

（2）企业使命举例。

创享改变生活（宝钢集团）。

衣食天下，造福民生（中纺集团）。

承载民族工业希望，彰显中国动力风采（哈电集团）。

连接世界，造福人类（中国中车公司）。

让合作者与公众的信赖更具价值（玉柴集团）。

品质改变世界（三一集团）。

用科技让复杂的世界更简单（百度公司）。

通过独特的创想文化，致力提升中国人的生活品质（华侨城集团）。

致力于为合作伙伴构筑安全、开放、共享的平台，为用户带来更酷、更绿色、更开放的ICT产品和服务（中兴通讯公司）。

建设美丽生态，提升品质生活，推动智慧生产（新奥集团）。

承载万家信任，书写幸福太阳（山东太阳纸业公司）。

用互联网的先进技术提升人类的生活品质（腾讯公司）。

数字传承文明（中文在线集团）。

全球最以客户为中心的公司（亚马逊公司）。

为人类社会做出贡献（三星电子公司）。

3. 设计企业的经营理念

经营理念，也称经营思想、经营原则或经营观，是企业宗旨或使命在经营领域的具体化，是企业在面对市场竞争时所确立的基本策略、整合资源的基本思路以及经营方针、经营政策等。在明确了企业宗旨或使命之后，就可以进一步设计和确定企业的经营理念了。

经营理念通常由若干指导原则构成。例如，沃尔玛公司有 10 条经营法则：控制成本；利润分享计划；激励你的同事；可以向任何人学习；感激同事对公司的贡献；允许失败；聆听公司内每一个人的意见；超越顾客的期望，他们就会一再光临；控制成本低于竞争对手；逆流而上，走不同的路，放弃传统观念。京煤集团“面向市场、做专做精、相关多元、系统优化、注重回报、后劲充足”的商业模式，就是其经营理念。

下面列举部分企业的经营理念。

全球承运、诚信全球（中远集团）。

市场导航，品牌领航，诚信远航（哈电集团）。

以情做人、以诚做事、以信经商（燕京啤酒集团）。

一切以用户价值为依归（腾讯公司）。

装点人生，服务社会（雅戈尔集团）。

全球化志向，对人的尊重，感动客户，技术革新（现代汽车公司）。

一切为了客户，一切源于创新（三一集团）。

大集团战略，小核算体系；资本式经营，国际化运作（万向集团）。

输出能力，链接资源，共筑平台，合作共赢（苏宁控股集团）。

卓越品质，国际玉柴（玉柴集团）。

做实、做强、做大、做好、做长（5M 原则）（华润集团）。

经营人心、经营智慧、经营文明（新世纪集团）。

为耕者谋利、为食者造福（新希望集团）。

交好朋友，做好生意（神火集团）。

个个精打细算，个个当家理财；不花该省的钱，不省该花的钱（大同煤矿集团）。

客户至上，以人为本，追求卓越（上海八号桥集团）。

以人才和技术为基础（三星信条）。

以创意的挑战精神为基础，创造丰富多彩的汽车生活，尽力协调股东、客户、职员以及跟汽车产业有利害关系者（现代汽车公司）。

当然，如果企业宗旨或使命表述得较为具体，也可以直接用来指导企业的生产经营活动，则不一定要另外再提出经营理念。

五、企业管理理念和模式

企业文化是管理文化。最能体现企业文化的管理属性的，就是企业的管理理念和管理模式。采用什么样的管理理念，选择什么样的管理模式，是企业理念层要素设计的重要内容。

1. 选择和明确企业管理理念

要确定企业管理理念，离不开对下述两个问题的回答。

第一，管理的目的是什么，什么是企业管理的中心？在过去很长时期，企业管理者几乎都把管理的重点放在资金、机器设备、原材料等各种有形的物质资源上，同时认为企业存在的唯一目的是赚钱——相应地形成以利润为中心的管理思想以及管理模式。20 世纪初，泰勒提出“以任务为中心”的科学管理思想。后来，又陆续出现以市场、产品、技术、顾客、服务等为中心的各种管理思想及模式。70年代末兴起的企业文化，是以人为中心的管理理念。随着生产力发展，企业界和管理学界日益深刻地认识到，人是生产力中最活跃、最积极的因素，企业管理必须以人为中心。

第二，如果以人为中心进行管理，那么所依据的人性假设是什么？人性，即人的本质。任何学派的企业管理理论都建立在一定的人性假设基础上（表4-1）。人性假设不同，也使不同的管理思想和理论有了根本的区别。很多学者都试图揭示人的本质，纷纷提出了各种人性假设。这些人性假设揭示了人性的一个侧面，是在一定条件下对人性的客观反映，但又有各自的局限和缺陷。应该看到，人的本质是一个复杂的现象，对人性的认识和揭示将是一个不断深化的过程。

表4-1　人性假设与管理理论的对应关系

人性假设	提出者及提出年代	对应的管理理论
经济人	Adam Smith，1776	科学管理理论
社会人	Elton Mayo，1933	人际关系论
自我实现人	Abraham Maslow，1943	Y理论
有责任心的人	Peter F. Drucker，1954	目标管理理论
复杂人	Edgar H. Schei，1965	超Y理论
文化人	T. E. Deal & A. A. Kennedy，1982	企业文化理论
理性人	1980s	博弈经济学
观念人	张德，1996	文化管理理论

企业对上述两个问题公开或隐含的回答，可以大致表明其管理理念。建立在科学管理、行为科学和企业文化理论基础上的文化管理思想和理念，坚持以人为本，把人作为企业管理和一切工作的中心，强调对内要以员工为中心，尊重、关心、满足和发展员工，千方百计调动他们的积极性、主动性和创造性；对外以顾客为中心，关心顾客，时时处处为顾客着想，努力满足顾客需要。今天，文化管理的思想和理念已经为越来越多企业家所认同，并成为企业管理现代化的必然选择。

亚马逊公司的领导力准则“顾客至尚，主人翁精神，创新简化，决策正确，好奇求知，选贤育能，最高标准，远见卓识，崇尚行动，勤俭节约，赢得信任，刨根问底，敢于谏言、服从大局，达成业绩”，就较好地体现了文化管理理念。

当前我国大部分优秀企业已摆脱了经验管理，基本实现了科学管理，并开始向文化管理迈进，因此，企业理念呈现出科学管理与文化管理的理念并存、交融的状况。例如，鞍钢作为劳动、技术和资金密集型的特大型企业，强调树立现代管理思想，注重人的因素，把激发、调动和保护员工的劳动热情与创造潜力作为企业管理的出发点和落脚点；同时，又从现代化大生产的特点和规律出发，强调依法治厂、从严管理。为此，鞍钢的管理理念就表述为“以人为本、追求卓越、严格标准、严格执行”。

下面再列举一些企业的管理理念（或原则），可见各有侧重。

科学、严格、规范（哈电集团）。

人人头上一方天，个个争当一把手（万向集团）。

诚信合规（东方电气集团）。

关心员工成长（腾讯公司）。

以人为本（南方航空公司）。

法治治标，德治治本（江苏黑松林黏合剂厂有限公司）。

人是第一资本（格兰仕集团）。

和谐共赢，造福人类（广州万宝集团）。

出汽车、出人才、出经验，促进人·车·社会和谐发展（一汽集团）。

目标导向的个人成就驱动，体系支持的小团队作战（苏宁控股集团）。

服务胜人一筹、员工与众不同（沃尔玛公司）。

2. 设计和确定企业管理模式

管理学界一直重视对企业管理模式的研究，不同学派或者不同学者在对大量企业管理特征进行综合研究的基础上，提出了许多关于企业管理模式的分类和概括。早期最有影响的是美国行为科学家布莱克和莫顿1964年提出的管理方格理论，指出了五种典型的领导方式和管理模式。从企业管理理论的发展历史来看，可以分为经验管理、科学管理和文化管理三种模式（第二章表2-3）。

在管理实践中，广大企业形成了千差万别、各具特色的管理模式。海尔集团OEC管理模式，小天鹅集团“末日管理”模式，华润集团的“6S”管理模式，江苏黑松林黏合剂厂的“心力管理”模式，方太集团“中学明道、西学优术、中西合璧、以道御术”的现代儒家管理模式，都具有鲜明的企业个性。

不同的企业之所以形成或选择不同的管理模式，主要是在管理的许多方面都存在差别。这些影响管理模式的因素有：企业价值观和管理理念，工作形式和劳动结构，员工的群体结构和差异性，企业的组织形式和一体化程度，控制职能的比重和方式，分配方式和报酬标准，冲突的宽容度，风险承受度，系统开放度，等等。北京北开电气股份有限公司（原北京开关厂）坚持“零缺陷”“零起点”“零突破”管理模式，就是“99＋‘1’＝0”的管理思想使然。

以工作价值观为导向，从企业实际出发，符合管理现代化的发展趋势，是设计企业管理模式的基本原则。按照工作价值观的主要内容（表4-2），企业需要在每个方面都作出选择，可能是某一极端类型，也可以介乎二者之间。选择结果就成为管理模式的基本内容。在此基础上，通过与企业理念层其他要素相协调，并建立相应的制度体系，就形成了企业具体的管理模式。当然，这种设计出的理想模式需要接受管理实践的检验，并在实践中不断改革、发展和完善。

表4-2 工作价值观的主要内容

项目	工作价值观的两组极端类型	
管理导向	工作导向	关系导向
管理目的	效率第一	关系第一
领导作风	专制	民主
控制特点	严	宽
激励特点	物质激励为主	精神激励为主
权力倾向	崇尚职位权力	崇尚个人权力

华润集团在长期多元化发展过程中，从自身特点出发，探索形成以战略规划体系、业绩评价体系、内部审计体系、经理人考评体系、管理报告体系和商业计划体系6个体系

（system）构成的6S管理体系（图4-2）。6S作为华润的核心管理体系，使集团多元化企业管理模式更科学有序，整体管理架构变得更加扁平，管理层可以及时、准确地获取管理信息，有力地促进了总部战略管理能力的提升和战略导向型组织的形成。

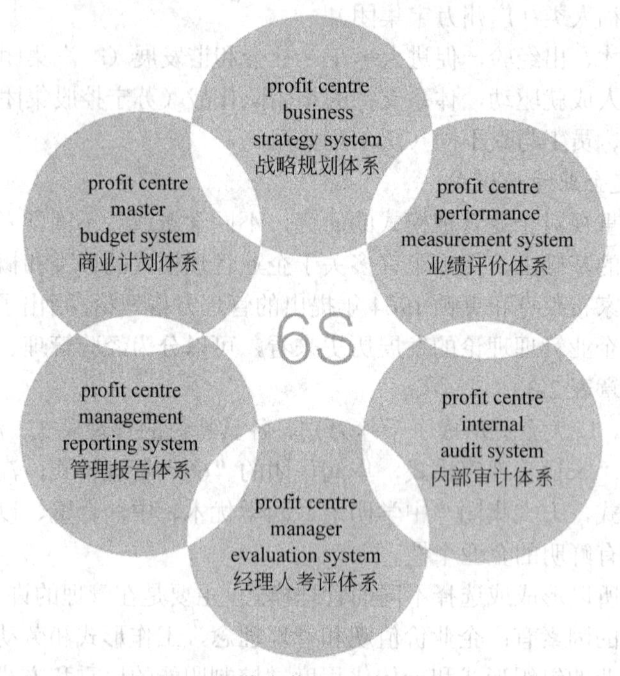

图4-2 华润集团6S管理体系

资料来源：华润集团网站，http://www.crc.com.hk/index.htm

六、企业精神

正如重庆力帆公司董事长尹明善所说：企业如人，不能没有精神。企业若生存和发展，企业员工群体也应该有一种共同的精神风貌。作为企业文化发展到一定阶段的必然产物，企业精神固然可以由员工群体自发形成，但更应该是企业主动提倡、培育和弘扬的结果。例如，北京燕京啤酒集团在员工中倡导"燕京精神"：尽心尽力的奉献精神，艰苦奋斗的创业精神，敢打硬仗的拼搏精神，顾全大局的协作精神，为厂分忧的主人翁精神。

1. 提炼企业精神的方法

设计企业精神，首先要尊重广大员工在实践中迸发出的积极的精神状态，要恪守企业核心价值观和最高目标，要体现时代精神和现代化大生产对员工精神面貌的总体要求。这样形成的企业精神，方能既源于生活又高于生活，成为鼓舞全体员工为实现企业目标而奋斗的强大精神动力。可以说，企业精神不是设计出来的，而是提炼出来的。

提炼企业精神，主要有以下4种方法。

（1）员工调查法。这种方法一般在更新企业文化时采用，优点是群众基础好、容易深入人心，缺点是需要投入一定的人财物力和时间，观点可能较分散。

（2）典型分析法，即通过对企业英雄模范的思想和行为进行分析与研究，加以概括提炼。

（3）领导决定法，由企业领导者或领导层来直接提出和推广。

（4）专家咨询法，即请企业文化专家帮助设计和提炼。

2. 我国企业精神的共性特征

以爱国主义为核心的民族精神和以改革创新为核心的时代精神，是我国企业精神的共性要求。同时，我国加快转变经济发展方式，要求广大企业深化改革，转型升级，实现科学发展。为此，我国广大企业的企业精神往往有以下共性内容：实事求是，团结协作，开拓创新，追求卓越，勇于竞争，牺牲奉献，艰苦奋斗，爱厂如家，爱岗敬业，超越自我，等等。从下面列举的部分企业精神，也可以看到这些共同点。

讲真话，干实事（万向集团）。

敢想、敢做、敢突破（上海老凤祥公司）。

坚韧、铁军、心胸（中文在线集团）。

创新无限，动力不竭（哈电集团）。

开拓创新，务实高效（彩虹集团）。

用心去做，永不满足（利群集团）。

精业奉献、功在千秋（精功集团）。

创新求进，永争第一（五粮液集团）。

勤学敬业，志在必得（万达集团）。

执着拼搏，永不言败（苏宁控股集团）。

集智、放胆、拓荒、创新（鄂尔多斯集团）。

崇信尚新，守正出奇（山东太阳纸业公司）。

奉献、进取、宽仁、合作（雅戈尔集团）。

敬人、敬业、创新、高效（海信集团）。

自强开放、务实创新、诚信敬业（首钢集团）。

高境界，大胸怀，有文化，重修养（玉柴团队精神）。

敢于担当、敢于碰硬、敢于创新（北京演艺集团）。

自强不息，产业报国（三一集团）。

博采众长、务实超越（广州万宝集团）。

七、企业伦理与道德

企业伦理与道德，是企业在生产经营管理等活动中调节与内部外部各种关系的准则的总和。在我国习惯于讲企业道德，西方企业这些年爱讲企业伦理。伦理道德是对行为的软约束，与企业制度对行为的硬约束相配合，不但可以弥补硬约束难以面面俱到的局限，而且能够使企业广大员工的行为自觉地指向企业目标的实现，成为企业不可或缺的道德力量。

1. 设计企业的伦理道德

企业的伦理道德是社会伦理道德在企业中的具体反映。由于企业要调节的关系复杂多样，因此企业伦理道德也具有多方面多层次的特点，是一组伦理道德观念体系。例如，三星电子要求内部组织和员工遵守下述道德规范：意诚心实，身正言直，避免弄虚作假、举止失廉；自律为先，责任在身，防止道德败坏症；尊重人格，平等待人，纠正独裁主义作风；关爱他人，报效国家，不与缺乏人性者为伍；共享共荣，合作协同，反对利己主义思想；不畏风险，开拓进取，克服萎缩和退化的倾向；由信生誉，唯誉得用，切忌谎言、狡辩与固执。

中国企业设计伦理道德，要坚持以下原则。

（1）体现中华民族的伦理道德传统。中国自古讲究商德，奉行贾而儒行的儒商精神。后来，一些企业受到启发提出童叟无欺、公平交易、诚信为本、竭诚服务等商业道德理念。

（2）符合社会公德及家庭美德。企业员工是社会人，企业伦理道德只有符合当前的社会公德及家庭美德的基本要求，才不会导致伦理悖论和道德冲突。在2001年我国颁布的《公民道德建设实施纲要》基础上，2012年党的十八大正式提出社会主义核心价值观，其中“爱国、敬业、诚信、友善”就是对公民个人层面的基本道德规范，需要广大企业加以贯彻。

（3）突出行业和职业道德特点。例如，煤炭企业的企业道德“务实担当，简洁高效”至诚至信，共生共赢（京煤集团）与商业企业道德“爱岗敬业、无私奉献，文明经商、诚实守信，童叟无欺、礼貌待客，货真价实、公平交易”（北京市城乡贸易中心）既有社会公德共性，又有行业个性。

企业伦理道德内容丰富，不同企业表述不同。中国联通《员工职业道德守则》提出了诚实守信、利益冲突、利益相关方关系处理、信息披露及保密、保护公司资产、举报及处罚6项原则，并要求所有员工都要签署恪守职业道德的声明书。紫光公司的行为准则“爱、学、诚、廉、公、勤”就是职业道德。步长制药集团的“天条”为“反企业文化、冲击、兼职、泄密、弄虚作假、不为市场服务、不廉政”，也是员工不可触碰的道德和行为底线。

下面再列举一些企业道德或伦理表述。

忠诚、奉献、尽责（哈电集团）。

诚信尽责、忠诚敬业（国电集团）。

外树诚信形象，内育职业忠诚（万向集团）。

敬业诚信，博爱奉献（大同煤矿集团）。

诚信为首，精品为纲（首钢集团）。

热爱集团事业，为集团事业做贡献；安全生产，爱岗敬业；尊重客户，文明服务；遵章守纪、廉洁奉公；顾全大局、团结协作；勤俭节约，艰苦创业（鄂尔多斯集团）。

勤奋诚实、正直善良、富而不骄、满而不溢、谦而不卑、刚柔相济（雅戈尔集团）。

公正信实，心存感激（三一集团）。

诚实、正直（海信集团）。

稳健经营、务实诚信（一汽集团）。

敬业，精业，勤业，乐业，团结，服从（千金药业公司）。

2. 中国企业的伦理道德体系

在中国，企业的伦理道德体系大致涉及下述10个方面，可供企业在制定伦理道德规范时参考借鉴。

（1）忠诚。这是企业首要的道德规范，指忠于国家、忠于企业、忠于职守，要求企业以国家和社会为重、恪尽社会责任，员工以企业和集体为重、做到爱岗敬业。不忠于国家的人很难忠于企业，不忠于企业的人很难忠于职守。齐鲁制药有限公司长期倡导“有国有厂才有我们幸福的家”的齐鲁精神，就是在员工中倡导爱国敬业的家国情怀。

（2）诚信。守信，是中国古人倡导的“仁义礼智信”五德之一。在全球化、开放式的经营环境中，诚实守信是企业十分重要的道德标准。天正集团以“无信不立，以诚为本”为道德原则，三角集团核心价值观、神火集团管理理念的第一条都是“诚信”。

（3）无私。指事事出以公心，在个人利益与集体、国家利益发生矛盾时，自觉以个人利益服从集体、国家的利益。无私是做人做事的基本道德规范，孙中山“天下为公”的理想受到广泛推崇。许多企业理念中，为公、献身、奉献，都是对无私道德的倡导。

（4）勤劳。劳动是人类生存发展的基础，勤劳是人类共同推崇的基本道德。正如习近平所说，美好生活靠劳动创造。勤劳不仅指体力投入，也包括脑力和感情的投入。过去计划体制下，“铁饭碗”“大锅饭”造成干多干少一个样，使许多人习惯于混日子；改革开放以来，有些企业发展快、效益好，同样导致部分管理人员和员工小富即安、不思进取，值得警惕。

（5）节俭。节约、节俭、简朴是中华民族的美德。现在，我国还未达到中等发达国家水平，我们的企业决不能丢弃艰苦奋斗、勤俭节约的道德标准。

（6）团结。“和”是中华文化的宝贵传统。团结就是注重人际关系的和谐，集体同心同德。倡导以和为贵、团结为重，建设和谐企业，这是一切优秀企业走向成功的共同法宝。例如，万事利集团企业文化“万事以人为本，事利以和为重，利以社会为责”，就巧妙嵌入了“和”的哲学。

（7）自强。自强不息是中华民族的伟大精神之一。自强也是企业和全体员工对待困难与挑战困难的积极态度，是顽强拼搏、开拓进取精神在道德上的投影。

（8）廉洁。这是企业干部员工的共同职业道德，是忠于职守的应有之义。廉洁的实质是在本质工作中划清公私界限，决不假公济私、以权谋私、徇私舞弊。

（9）礼貌。礼貌是人际关系的行为准则和道德规范。现代企业无论是内部的人际交往，还是对外的公共关系都日益频繁。中华民族自古乃礼仪之邦，中国企业也应该成为礼仪之厂、礼仪之店，为社会主义精神文明建设作出积极贡献。

（10）遵纪。厂规厂纪反映了社会化大生产的客观要求，是企业对员工外加的强制性行为规范。遵守纪律是企业道德的重要组成部分。要使遵纪成为整个企业的道德规范，关键是坚持依法治企，健全规章制度，强化制度执行力。

八、企业风气

企业风气通过员工的言行反映出来。企业风气的核心成分是它在企业经营管理工作中的体现，即企业作风。因此，设计良好的企业作风，是形成健康的企业风气、塑造良好企业形象的需要。

1. 企业作风设计“三部曲”

（1）对企业风气现状作全面深入的考察。通常采用问卷、座谈等方法进行信息收集，也可以运用试验、观察等方法进行个案了解。深圳华为公司有一次端午节早餐每人发两个粽子，暗访发现仅其中一个员工餐厅就出现20起多拿事件，反映出企业风气存在的问题。

（2）对企业现实风气进行认真区分，区别哪些是良好风气、哪些是不良风气，并找出原因，研究应提倡什么样的良好风气来克制不良风气。

（3）考察社会风气和其他企业的作风，挖掘出本企业应该具有却尚未形成的良好风尚和作风，并结合前面两步，制定出本企业的企业作风表述。

2. 企业作风的共性特征

从下面列举的部分企业作风可以看到，求真务实之风、严谨细致之风、快速行动之风、开拓创新之风等，是企业共有的优良作风。

高、严、细、实（兰州石化炼油厂）。

精于细节，善于硬仗（新世纪集团）。

正直热情、快速准确、用心做事、知行合一、令行禁止（天正集团）。

疾慢如仇，追求卓越（三一集团）。

说了算，定了干，围绕发展求巨变（雪驰集团）。

严格要求，雷厉风行（海信集团）。

拉得出，打得响，过得硬（娃哈哈集团）。

慎思敏行，求真务实（哈电集团）。

由我来办、马上就办、办就办好（中国中车公司）。

求真务实、真抓实干、雷厉风行（首钢集团）。

我要干，光明正大，谦虚谨慎，不骄不躁，务实进取，简单有效，雷厉风行，坚忍不拔，对工作有火一般的热诚（格兰仕集团）。

除了上述几方面，有的企业理念还表述为 “企业口号”“企业信条”“企业思想”“企业风格”“企业之道”“企业传统”“办厂方针”“厂训”等。例如，雀巢公司口号“好食品，好生活”（Good Food, Good Life），百度公司口号“百度一下，你就知道”，中国网通的企业理念“竞合赢得市场，融合创造力量，诚信铸就品牌，服务编织未来”，天士力集团企业理念“追求天人合一，提高生命质量”，苏州路之遥科技公司的企业座右铭“路漫漫其修远兮，吾将上下而求索”，等等。

设计企业理念要素不宜太多，要根据实际取舍，否则容易逻辑混乱，员工难以记住。

第三节　企业制度行为体系设计

在企业制度行为层要素中，重点介绍如何设计分配制度、激励制度、教育培训制度、责任制度、特殊制度、企业风俗和员工行为规范。这些方面与员工行为有密切关系，对企业管理有显著影响。

一、分配制度

分配是满足员工的生存、安全等物质需要的主渠道。合理的分配制度，是社会公平的重要体现，也是调动员工积极性的前提和企业激励机制的物质基础。

党的十七大、十八大报告都阐明了社会主义初级阶段分配制度的基本特点：完善按劳分配为主体、多种分配方式并存的分配制度。十九大报告指出：“坚持在经济增长的同时实现居民收入同步增长，在劳动生产率提高的同时实现劳动报酬同步提高。”企业分配制度要以此为指导，坚持按劳分配为主体、多种分配方式并举，坚持货币收入与实际收入相符，坚持收入增长与劳动生产率增长相协调，使广大群众共享改革发展的成果。

1. 企业分配制度的内容设计

（1）确定分配政策和体制。企业分配政策包括分配依据、各生产要素参与分配的方式和比例、分配的主要原则等。例如，员工按劳分配的部分，就应根据不同的工作种类和性质，说明是采用计件工资制，还是计时工资制。又如，国外很多企业确定薪酬主要有四项依据：业绩（performance），工作（job），技能（skill）和胜任力（competency）。

（2）设计企业分配体系。这是分配制度设计的核心内容。在多数企业中，薪酬体系是分配体系的主要部分，它由工资和福利两部分组成。其中，工资又分为基本工资、激励工资和成就工资，福利分为基本福利和特殊福利（图 4-3）。

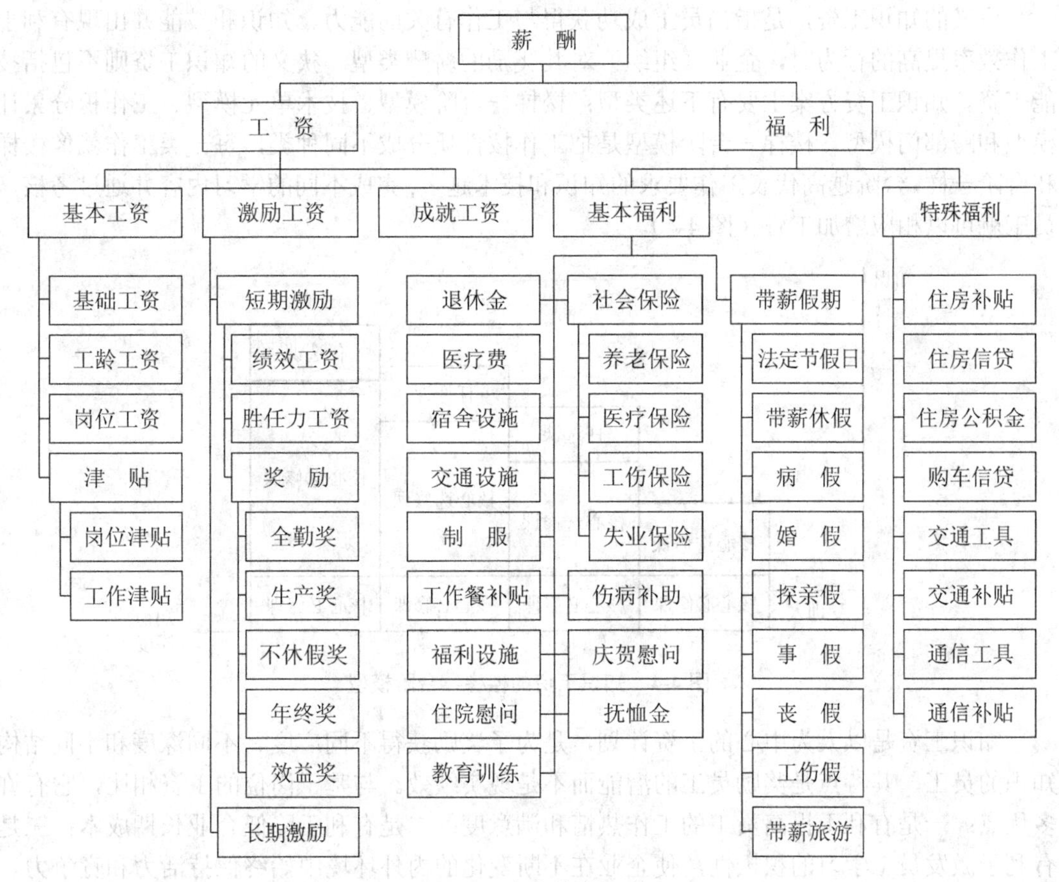

图 4-3　企业薪酬体系

（3）规定分配的标准。例如，薪酬水平就属于分配标准需要确定的范围。确定薪酬水平主要考虑四个因素：一是与结构设计相关的，如固定工资或浮动工资；二是企业财务能力；三是要有市场竞争性；四是关注其政策导向，如鼓励个人或团队。

（4）规定分配的权限、程序和分配时间。例如，有的公司规定，增加福利需要经过董事会批准，调整奖金需要总经理批准；有的企业规定，每月 10 日发放工资，25 日发放岗位津贴和奖金。同时，还要说明分配和薪酬涉及的管理部门以及各部门的权限。在很多企业，薪酬水平由人力资源部门决定，薪酬发放由财务部门负责。

雪驰集团的“秒管理工作法”分配制度创新：将产品生产划分为若干工序，每道工序按员工平均劳动熟练程度，以秒为单位测算每道工件的耗时，每秒的价格随物价指数变动相应调整，以保证单秒价格反映工人的劳动价值，让每个人都知道自己的工作效益，指标完成情况决定工资收入和奖罚，多劳多得，上不封顶，下不保底。国电集团创造性构建“721”薪酬绩效分配机制，用70%工资总额体现内部分配的公平与导向作用；用20%工资总额挂钩企业绩效考核结果，促进企业提高绩效水平；用10%工资总额设立专项奖励，全面推动公司重点工作开展。

2. 企业分配制度的新趋势

随着新科技革命的蓬勃发展，一些先进企业的分配制度也出现了许多新变化。其中，知识工资（pay for knowledge）就是20世纪80年代兴起的薪酬概念。

广义的知识工资，是指当员工成功获得与工作有关的能力、知识和技能并出现有利于工作效率提高的行为时，企业（组织）对其奖励的薪酬类型。狭义的知识工资则不包括技能工资。知识工资方案主要有下述类型：楼梯—台阶模型、技术单元模型、工作积分累计模型和跨部门模型。楼梯—台阶模型是把工作按性质分成不同种类，每一类工作就像楼梯和台阶一样，台阶越高代表工作要求的知识和技术越多；完成不同的学习内容并通过考核，员工就可以相应增加工资（图4-4）。

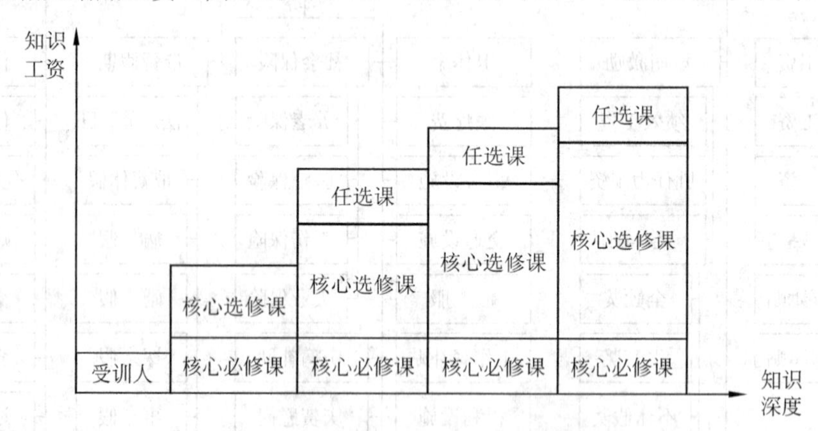

图4-4 知识工资的楼梯—台阶模型

知识工资是以人为中心的工资计划，是为了奖励获得不同广度、不同深度和不同结构知识的员工，其特点是奖励员工的潜能而不是现实绩效。与基于岗位的工资相比，它有许多优点：一是有利于提高员工的工作热情和满意度；二是有利于降低企业长期成本；三是有利于激发员工学习的积极性，使企业在不断变化的内外环境中始终保持活力和竞争力。知识工资也有缺点，员工可能因追求短期效益最大化忽视对已有知识的保持和再利用，同时会增加劳动成本、培训成本和管理成本。知识工资方案尽管存在不足，但仍被迅速推广。据美国薪酬协会统计，知识工资方案是美国发展最快的人事革新项目之一。1990年以来，《财富》世界500强企业中，GE等半数以上的公司都在部分员工中实行了知识工资制度。

借鉴知识工资的思路，有助于探索适合我国国情和企业实际的工资方案。宝钢集团在科技人员中推出了技术创新里程累计制（简称“铁马制”），将他们的专利、技术秘密、计算机软件著作权等知识产权成果，通过系统评估赋予量化分值，进行累计和排序，为评价科技人员的劳动和贡献提供了依据，引起很大反响。

二、激励制度

激励是调动员工积极性、提高员工素质的重要手段，也是塑造良好企业形象、建设优良企业文化的有效措施。美国哈佛大学教授威廉·詹姆斯研究发现：在缺乏激励的环境中，人员的潜力只发挥20%～30%，仅保住饭碗而已；而在良好的激励环境中，同样的人却可以发挥出潜力的80%～90%。设计和建立合理的激励制度，是企业发展的必然选择。

合理完善的企业激励制度，应具备以下特征：一是企业目标与员工个人目标结合，二是物质激励和精神激励结合，三是外激与内激结合，四是正激与负激结合，五是民主公正、按需激励。只有满足主导需要，激励效果才比较明显。有些企业不了解员工需要，只知道发奖金，结果发得越多，员工的出勤率和热情反而下降。

1. 激励体系与激励机制设计

激励体系是指能够对员工产生激励作用的制度、措施、方法等构成的系统。设计激励体系有助于确定激励制度的定位，从而成为设计激励制度的前提。完整的激励体系由领导、制度和观念三个子系统组成（图4-5）。

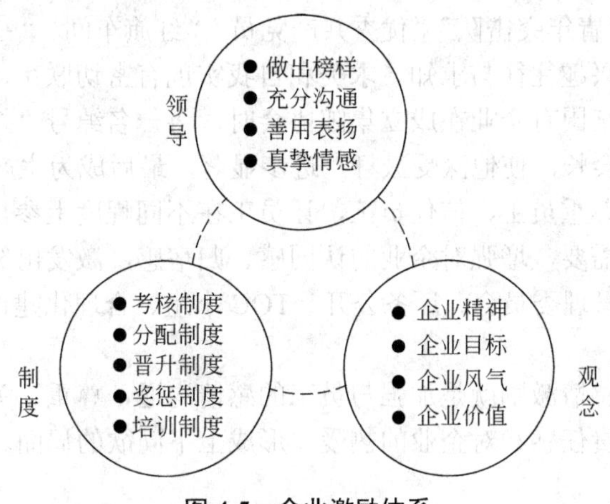

图4-5　企业激励体系

激励机制指企业激励系统的组织体系以及激励作用的方式和过程，是发挥激励体系作用的组织系统和行为系统。例如，鄂尔多斯集团建立了金字塔式的激励机制，并通过深化企业改革，从过去的"旧金字塔"发展为"新金字塔"（图4-6）。

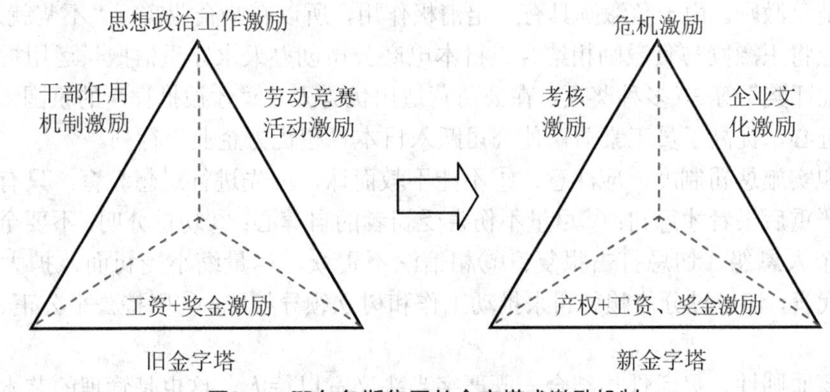

图4-6　鄂尔多斯集团的金字塔式激励机制

2. 精神激励模式设计

物质激励是调动员工劳动积极性的基本手段，而精神激励则是调动员工积极性的关键因素。如果完全忽视精神激励，还会使物质激励大打折扣。精神激励模式主要有以下8种。

（1）目标激励。企业目标是企业凝聚力的内核，目标激励就是让员工看到自身工作的巨大社会意义和光明前途，从而激发出强烈的事业心和使命感。目标激励的关键是要把企业目标与员工个人目标结合起来，从而使员工真正感受到"企兴我富，企兴我荣"。

（2）工作激励。即工作本身的吸引力（工作的意义、乐趣、挑战性、丰富性、成就感等）对员工产生的内在激励。日本著名企业家稻山嘉宽说过："工作的报酬就是工作本身！"国内外很多企业引入"工作设计"，使工作内容丰富化、扩大化，提高了员工的劳动积极性。

（3）形象激励，指充分利用视觉形象的作用，激发员工的荣誉感、光荣感、成就感、自豪感。例如，传统的先进人物"照片上墙"和如今上到企业网站、闭路电视、内刊等，即使受表彰的员工深受鼓舞，又使其他员工受到激励，内心萌生"你行我也行"的上进心。

（4）荣誉激励。荣誉可以满足群体或个人的自尊需要，激发员工积极进取。中国自古就重视名节、珍视荣誉，在荣誉激励方面积累了许多经验，如评选"十佳员工""技术状元"，授予"先进生产者""青年突击队""优秀共产党员""红旗车间""三八红旗手"等称号。

（5）兴趣激励。兴趣往往与求知、求美和自我实现有密切联系，对人的创新精神、工作态度有很大影响。某国有企业在成立集邮协会时，将一名绰号"打架大王"却酷爱集邮的后进员工请来当副会长，使他深受鼓舞，进步显著，最后成为生产能手。

（6）参与激励。尊重员工、信任员工，让员工在不同程度上参与企业决策，能满足员工的自尊和自我实现需要，增强对企业的认同感、归宿感，激发出努力工作的热情。我国企业的职代会、企业管理委员会、厂务公开、TQC小组、合理化建议等制度，都是行之有效的参与方式。

（7）感情激励。感情激励就是加强与员工的感情沟通，尊重、关心、爱护员工，从而激发出他们的主人翁责任感和对企业的热爱，形成上下同欲的局面。感情激励的关键在于"真诚"二字。

（8）榜样激励。模仿和学习，实质上是完善自我的需要。榜样激励通过满足员工的模仿和学习需要，引导其行为向企业目标方向发展。树立榜样切忌"高大全"，实事求是才最具有号召力和感染力。"喊破嗓子，不如做出样子"，企业领导者应以身作则、带头示范。

3. 惩罚制度设计

惩罚是负激励。由于负激励具有一定消极作用，所以有些企业实行"不奖就是罚"，但更多的企业将正激励与负激励相结合。日本电产公司创办人永守重信擅长运用批评手段，设立"挨批评奖"等30多种奖项，在公司营造出优秀人才"才被批评"的氛围，激发被批评者的上进心，提高了员工素质，使公司跃入日本"超优秀企业"行列。

设计和实施惩罚制度，应注意：①不能不教而诛，应先进行思想教育，只有对屡教不改或造成严重后果者才惩罚；②尽量不伤害受罚者的自尊心；③功过分明，不要全盘否定；④不掺杂个人恩怨，切忌打击报复；⑤相信法不责众，尽量缩小受罚面，扩大教育面；⑥不以罚代管，切忌过分依赖惩罚来推动工作和树立领导权威；⑦坚持公平公正、依"法"惩罚。

惩罚要原则性、灵活性相结合，既严字当头又宽以待人，这也是管理的艺术。石家庄造纸厂曾规定“凡迟到者均罚款10元钱”。有一天下大雪，许多员工因公共汽车严重晚点而迟到。厂长马胜利认为，这时对多数人罚款将难以起到教育目的，反而会使员工觉得企业不关心大家，于是宣布当天迟到不罚款，下午提前2小时下班，以方便员工接孩子和买菜。这看似执“法”不严，却丝毫没有损害制度的严肃性，反而增强了员工遵守制度的自觉性。

三、教育培训制度

培育高素质的员工队伍，是企业长盛不衰的法宝。国内外许多优秀企业之所以能够成功，关键在于实行“育才型领导”，形成了卓有成效的员工教育培训制度和模式。

1. 教育培训制度的目标模式

不同企业的教育培训制度虽不尽相同，但有效的教育培训一般具有下述特点。

（1）培训目标系统化。培训必须着眼企业未来发展，既体现针对性，又注意全面提高员工素质。山东电力集团实施“人才工程”，针对不同岗位设计了“三条路”，让管理人员当干部、科技人员当专家、普通工人当高技能操作能手，很值得借鉴。

（2）培训工作经常化。现代社会是学习型社会，需要持续学习、终身学习。因此，员工教育培训应该成为企业的长期战略措施，并依靠制度来规范和保证。国外企业有的规定，各级经理人员每年培训时间累计不少于1个月，普通员工不少于两周。

（3）培训内容丰富化。培训不能头痛医头、脚痛医脚，仅局限在岗位技能或管理培训。培训内容应涉及科技、文化、管理、法律以及岗位技能等多方面，以激发学习兴趣和积极性，提高员工全面素质。

（4）培训过程阶段化。教育培训要有计划，分层次、分阶段循序渐进，不能操之过急、急于求成。英特尔公司1975年开办了英特尔大学来培训各级人员，并逐步形成了公司管理系统基石的课程，包括计划性管理、建设性对立、绩效评估、高效率会议、参与式决策、情景管理等。很多国外优秀企业也都建立了这种分阶段持续进行的教育培训体系。

（5）培训形式多样化。有些企业，员工抱怨培训没意思，主要问题是培训形式太枯燥。为此，应把专家讲授、小组讨论、案例分析、模拟管理或操作、自学等形式结合起来，广泛利用互联网、新媒体等现代化手段，使教育培训变得生动活泼。

2. 教育培训的内容设计

经理人员（包括最高领导者）虽然只占员工的少数，但由于在企业中处于重要地位，其素质对于企业盛衰有极大影响，因而经常开展培训十分重要。朱镕基任总理时曾强调：“管理科学是提高企业效益的根本途径，管理人才是实现现代化管理的重要保证，实施管理培训工程是当务之急。”著名科学家王选生前也提出，北大方正应学习英特尔，大力加强员工、尤其是中高层人员的培训。经理人员的培训内容主要包括：修养（思想、品德、文化、艺术、作风等修养），知识（专业知识和经济学、管理学、心理学、社会学、法律等知识），能力（决策、组织、创新、表达、分析、沟通、学习、公关等能力），技巧（领导艺术、谈判技巧、沟通技巧、会议技巧等）。

普通员工培训一般包括企业基本知识、业务技能、工作规范、职业道德等。具体到不同企业、在员工成长的不同阶段，培训内容和形式都有所区别。美国麦当劳公司的汉堡包大学创始于1961年，课程后来分两周的基础课程和11天的高级课程，讲授如何经营管理麦当劳餐厅。深圳中华自行车公司的新员工培训包括：生活礼仪、精神风貌训练；企业管理公共课程培训；上岗前技术操作；生活规范培训。北京西单购物中心员工培训由职业道德、礼仪服务、民主管理、业务知识等7门课程组成。

针对不同对象，美国GE公司教育培训分6个等级，各级内容既区别又衔接（表4-3）。

表4-3　GE公司的教育培训体系和内容

等级	培训对象与规模	培训内容
第一级	在GE公司工作了6个月～3年、有培养前途的20来岁的年轻职员。培训的时间一般在1周以内，每年要举办16期、人数超过800人	除最基本的“领导基础”课程外，学习内容还包括答辩技巧、不同国籍学员组成的小组教学活动、财务分析方法等
第二级	有较高潜在能力，在公司内部评价中达到A级的30岁左右职员，旨在培养未来的经理人员	“新经理成长”课程：经营决策方法、成功案例分析、评价下属的方法、财务知识等
第三级	每年举办7次、每次3周，每期学员60～70人；均为在GE工作8～10年、持有公司股份购股权资格的现任经理人员	经营战略制定方法、如何管理国际性集团、为解决GE公司面临的问题提供思路等
第四级	世界各地GE公司下属企业负责人，必须至少在GE工作8年以上。每年举办3期、每次3周，人数40人	“全球经营管理”课程
第五级	中高级管理人员	“在实践中学习”课程：企业领导方法、竞争环境、组织变革、企业伦理、财务分析、战略合作方式
第六级	在GE有10年以上工龄的高级经营管理者。该课程每年举办一次，历时3周，每班40人	“经营者发展”课程以及1名跨国企业领导者必须掌握的政治、经济、社会的发展趋势等

我国不少企业的教育培训存在“五重视、五忽视”的倾向：重视对中下层的培训，忽视高层的教育提高；重视知识技能培训，轻视思想品德教育；重视企业的培训需要，忽视员工的参训需要；重视短期需求的培训，忽视人力资源系统开发；重视教育培训过程的管理，忽视对培训效果的检验。北京西单购物中心倡导“愿把一颗热心、耐心、诚心、爱心献给您”，不但开展一次性全员培训，而且每年3月把培训员工“四心精神”与学雷锋紧密结合。华为公司把企业文化作为新员工培训的重要内容，使他们熟悉“狼道”，尽快融入公司的“狼性文化”。这些做法，对于走出教育培训的误区具有借鉴意义。

四、责任制度

在中国企业中，大庆油田是较早建立岗位责任制的大型企业。后来，大河钢厂发展了大庆经验，创建了内部经济责任制，进而发展到纵横连锁的企业内部经济责任制网格体系，较好地解决了企业和员工的关系。目前，各种形式的责任制度已成为我国企业加强内部管理的重要制度。是否具备完善合理的责任制度，是衡量企业管理水平高低的一个重要标志。

1. 责任制度“三要素”

企业责任制度的基本做法是：按照责权利相结合的原则，将企业的目标体系以及保证企业目标得以实现的各项任务、措施、指标，层层分解，落实到单位和个人。无论哪种形式，责任制度都离不开“包”“保”“核”3个环节。

包，就是采取纵向层层包干的办法，把各项经济指标和工作要求，逐级落实到每个单位、每个部门、岗位、员工身上。邯钢1996年钢产量只占全行业的2%，但利润却高达全行业的17%，关键就在一个“包”字：1990年开始模拟市场核算机制，运用“成本倒推法”，将10万个指标分给28 000名员工，超出成本将被取消占收入一半的奖金。公司时任总经理刘汉章指出，邯钢把每一个效益指标分解到员工头上，让员工都清楚自己该干什么，自己能干什么，自己想干什么。

保，就是横向实行互相保证，把企业内部单位之间、岗位之间的具体协作要求，一件件落实到人。一些企业虽然实行了目标任务的层层分解，但造成部门和员工只关心自身的责任要求是否做到，而在处理需要多部门、多岗位协作的事情时，往往出现配合失调现象。因此，“保”在责任制度中起着重要的纽带作用，绝非可有可无。河北某电机厂一台电机的生产由几十道工序组成、十几个车间负责，为防止工序脱节，引入日本企业的“看板管理”，使内部的生产责任制度成为一个和谐的责任体系。

核，就是对企业内部每个单位、每个岗位的每项“包”“保”责任都严格考核，并与经济利益和奖惩挂钩。“核”是责任制度的动力机制，保证“包”和“保”落到实处。甘肃连城铝厂健全责任制度，从上到下抓指标任务落实，每月对各单位和员工考核，对贡献突出的重奖，对完不成任务的处罚，由于“核”的环节落实，一举扭亏为盈。

2. 责任制度的设计原则

（1）责任分解要科学合理、公正公平。目标、任务、指标在分解到每个单位、部门、岗位时，要上下协商、公正公平、科学合理。如果单位之间责任大小迥异、员工之间任务多寡悬殊，则必然造成不平衡，后果是激励了部分人，伤害了另一部分人。

（2）注意发挥员工的主观能动性。责任制度过于严格，容易造成基层和员工消极被动。为此，企业推行责任制要重视员工民主参与，确定具体的责任指标应充分征求员工意见，以减轻被“管、卡、压”的感觉，增强员工执行责任制度的主动性和积极性。

（3）正确处理责、权、利关系。在责任制度中，“责”是核心和目的，“权”是尽责的条件，“利”是尽责的报偿。在执行责任制度时，经常出现员工以“利”为中心，利大大干，利小小干，无利不干。这种价值观不但与责任制度的目的不符，而且把员工的需要导向低层次。

五、特殊制度

特殊制度是企业文化走向成熟的标志，是企业文化个性特色的体现。与工作制度、责任制度相比，特殊制度更能体现企业文化的理念层要素，塑造鲜明充实的企业形象。例如，海尔集团的“三干制”“中层干部受控制”“OEC制度”，中兴通讯的“员工帮助计划”（EAP）、“中兴好运动”活动，三胞集团的“每周三省制度”。不同的企业在实践中形成了不同的特殊制度。

1. 员工民主评议干部制度

这是国内一些国有企业拥有的一项特殊制度。具体做法是定期由员工对干部、下级对上级进行评议，评议的结果作为衡量干部业绩、进行奖惩以及升降任免的重要依据。

民主评议内容主要包括工作态度、工作能力、工作作风、工作成效等方面，或“德能勤绩廉”，并根据不同岗位加以细化。评议一般采取访谈、座谈、问卷调查等形式，其中匿名问卷较能客观反映员工的真实看法。对评议结果应认真分析，有些干部因坚持原则、敢讲真话、敢于要求，而不能得到很好的评议结果。

民主评议往往能全面反映干部的真实能力和表现，是群众路线在企业管理工作中的集中体现。

2. 干部“五必访”制度

“五必访”“四必访”或“六必访”，是指企业各级管理人员在节假日和员工生日、结婚、生子、生病、退休、死亡时访问员工家庭。吉林化纤集团时任董事长、总经理傅万才三次前往医院探望得了尿毒症的普通职工刘桂芝，让刘本人和其他职工都深受感动。

“五必访”制度体现了以人为本的管理思想，是感情激励的重要形式，对增强企业凝聚力有着巨大作用。

3. 员工与干部对话制度

干部与员工之间通过对话，相互加强理解、沟通感情、反映问题、交换意见、增进信任，是企业各级管理人员与员工平等相待的体现，也是直接了解基层、改善管理的有效措施。对话的具体形式包括企业领导定期与员工座谈、设立厂长（经理）接待日、热线电话等。麦当劳公司的“走动管理”，本田公司的“开放式办公室”，都值得借鉴。

六、企业风俗

企业风俗是企业长期相沿、约定俗成的典礼、仪式、习惯、节日、特色活动等。由于企业风俗随企业的不同而有所不同，甚至有很大差异，因而成为区别不同企业的显著标志之一，在企业制度行为层占有重要地位。企业应主动地设计和培育优良风俗。

1. 优良企业风俗的特征

（1）体现企业文化的理念层内涵。江苏一家以制造文化用品为主的乡镇企业，把培养高文化品位作为企业目标，倡导和鼓励员工开展读书、书法绘画、诗歌欣赏等活动，逐渐形成了每年的“中秋文化之夜”，员工及家属、子女踊跃参加。这一企业风俗就很好地反映了企业理念。

（2）与企业文化制度层要素和谐一致。企业风俗是联系企业理念和员工行为习惯的桥梁，它和企业制度一样，对员工起着一定的约束、规范、引导等作用，因此应与制度体系互为补充、互相强化、形成合力。

（3）与企业文化物质层相适应。无论企业典礼、仪式还是特色活动，都必须建立在一定的物质基础之上。而企业文化符号物质层无疑是企业风俗最基本的物质基础，对风俗的形成和发展有一定影响。

2. 设计和培育崭新风俗的原则

（1）循序渐进原则。企业通过各种渠道可以对企业风俗的形成产生外加的巨大牵引和推动，但这种作用必须是在尊重企业风俗形成规律的前提下发挥的。倘若拔苗助长，则欲速不达。

（2）导向性原则。企业风俗的形成是一个过程，需要时间积累，并在此过程中不断受到来自企业内外各种积极的和消极的因素影响。为此，企业应该在风俗形成过程中加强关心引导，使之沿着企业预期方向发展。

（3）间接原则。企业风俗的形成，主要靠人们的习惯偏好等维持，因此企业管理者和管理部门在培育企业风俗的过程中要注意发挥非正式组织的作用，宜因势利导而非直接干预。

（4）适度原则。企业风俗固然对改变员工的观念、行为、习惯和塑造企业形象有积极作用，但并不意味着企业风俗可以代替企业的规范管理和制度建设。如果企业风俗太多太滥，反而会分散员工注意力。因此，培育企业风俗既要做“加法”，也要做“减法”。

针对外来文化冲击，红豆集团把企业品牌和牛郎织女鹊桥相会的“七夕节”相联系，打造中国味的情人节。2001 年 6 月，由江苏省作家协会和红豆集团在无锡共同筹办首届红豆·七夕节笔会。著名诗人贺敬之指出：红豆打造中国人自己的情人节“红豆·七夕节”，这件事很有希望，我赞成！因为它不仅是牛郎织女的相思，还包括了亲情、友情等。

十多年来，红豆集团通过诗歌朗诵会、七夕节民俗论坛、寻找当代王维、感动中国的爱情故事征集、晚会等多种活动和主流媒体的广泛传播，给原属于农耕文明的“七夕节”注入了现代、时尚的因素，成为企业新风俗。

3. 对现有企业风俗的改造

企业风俗具有可塑性。主动改造现有的企业风俗，是企业文化建设与更新的积极措施。改造时要一分为二，既保持和强化优良风俗及其积极因素，又消除不良风俗及其消极因素。具体方法如下。

（1）立竿见影法，指运用企业正式组织力量对企业风俗进行改造提升，使之在短期内向企业预期目标转化。这种方法多用于内在观念积极，但外在形式欠佳的风俗。

（2）潜移默化法，指在企业的倡导和舆论影响下，通过非正式组织渠道对企业风俗进行渗透式的作用，经过较长时间逐步达到预期目标。此法一般用于外在形式完善、内在观念意识不够积极，但尚不致对企业发展产生明显不良作用的风俗。

（3）脱胎换骨法，指运用企业的正式组织和非正式组织的共同力量，对企业风俗从外在形式到内在观念都进行彻底的改变或使之消除。这是对待陈规陋习的唯一办法。

七、员工行为规范

员工行为规范，就是企业有意识地提出的员工在共同工作中的行为标准。行为规范的强制性虽然不如制度，但带有明显的导向性和约束性，从而促使员工的言行举止和工作习惯向企业期望的方向转化。现在，员工行为规范已经成为企业文化制度行为层的一项重要内容。

1. 员工行为规范的内容

根据企业运行规律和很多企业的经验，员工行为规范一般涉及仪表仪容、工作纪律、工作程序、待人接物、环卫与安全、素质与修养 6 个方面的规定和要求。

（1）仪表仪容。这是对员工个人和群体在工作中的形象要求，可再具体分发型、化妆、服饰等方面。做这方面的规定，主要是出于生产安全、产品和服务质量、企业形象等需要，从而树立具有特色的企业形象、增强企业凝聚力。新员工在企业的成长变化是一个从形似（符合外在要求）到神似（具备内在品质）的过程，因此，仪容仪表的规定往往被列为员工行为规范的第一部分。

（2）工作纪律。纪律是胜利的保证，严格合理的工作纪律是企业在市场竞争中不断取胜、发展壮大的根本保证。工作纪律包括作息制度、请销假制度、保密制度、特殊纪律等内容，目的是保证每个岗位的正常运转。在这部分中，企业通常还会对岗位工作状态提出要求，除“工作认真”“以良好精神状态投入工作”等肯定的提法之外，一般用“不准”“严禁”的否定形式来做具体规定，如“不准聊天”“不准看与工作无关的书报杂志”“不准用计算机玩游戏”“不准打私人电话”。

（3）工作程序。这是对员工与他人协调工作的程序性的行为规定，包括与上级、同事和下属的协同与配合的具体要求，如接受上级命令、执行上级命令、报告工作、独立工作、召集和参加会议、和同事配合工作等。工作程序是把一个个独立的岗位进行关系整合，使企业成为和谐团结的统一体，保证企业内部高效有序地运转。

（4）待人接物。由于现代企业越来越多地受外部环境的影响，企业对外交往活动的频率、形式和内容都因此有较大增加，对员工待人接物方面的规范性要求不仅是塑造企业形象的需要，而且也是培养高素质员工的必要途径之一。待人接物规范涉及的内容比较复杂，主要包括礼貌用语、基本礼节、电话礼仪、接待客人、登门拜访等方面。

（5）环境与安全。企业在环境保护方面对员工提出一定要求，不仅保护员工劳动安全，而且有利于维护企业的良好工作环境。保护环境规范主要有办公室、车间、商店、企业公共场所方面的清洁卫生及保护水源、大气、绿化等要求。不同企业的安全规范有很大差别，如交通、运输、旅游等行业一般提出安全行车要求，化工企业则对有害化学物品的管理和操作程序有严格规定，电力行业则对电工操作、电气安全有相应规范。

（6）素质与修养。提高员工的能力和素质，是企业的重要目标之一。企业在进行员工教育培训时，应激发员工内在的学习积极性。因此，许多优秀企业在员工提高素质与修养方面做了相应规定，并纳入行为规范之中。这方面要求一般相对“虚”一些，可根据企业发展目标和员工实际作出合理规定。

2. 员工行为规范的制定原则

员工行为规范的制定，一般是先拟出初稿，在广泛征求意见后加以修改并颁布试行，在试行基础上再定稿。要成功地设计员工行为规范，应遵循下列原则。

（1）一致性原则，指行为规范要充分反映企业理念，与企业已有的各项规章制度保持一致。同时，行为规范自身的各项要求应该和谐一致，不自相矛盾。

（2）针对性原则。行为规范的内容及要求，要从企业实际特别是员工的行为实际出发，具有现实的针对性。应避免无的放矢。

（3）合理性原则。行为规范的每一条款都必须符合国家法律、社会公德，即既要合情也要合理。对员工行为规范的内容要认真审度，尽量避免那些看起来很重要但不合常理的要求。

（4）普遍性原则。上至董事长、总裁、总经理、CEO，下至普通员工，无一例外都是企业成员。因此，行为规范的对象包括了企业最高领导者、各级管理人员、普通员工等全体工作人员，其适用范围应具有普遍性。

（5）可操作性原则。行为规范要便于全体员工遵守和对照执行，其规定应力求详细具体。如果只是空洞的、泛泛的提倡或原则，员工无法遵照执行，管理部门也无法对照检查，这样的行为规范难免沦为一纸空文。

（6）简洁性原则。不应面面俱到，而要选择最主要、最有针对性的内容，做到特点鲜明、文字简练，便于员工学习、理解和执行。如果一味求全，连篇累牍，反而难以奏效。

第四节 企业符号物质层设计

视觉是人们接收外界信息的主渠道，因此企业文化中最容易感知的符号物质层被称为视觉识别系统。当然，它的内容并不仅仅局限于目力所及，也包括听觉、嗅觉、触觉等其他感官所接收的信息。这些内容尽管处于表层，但却是企业文化建设不可忽视的内容。

一、企业基本标识

企业标识主要指企业名称、标志、标准字、标准色 4 个基本要素以及各种辅助要素。

1. 企业名称设计

企业名称是企业重要的无形资产，是一家企业区别于其他企业的根本标识。设计和确定企业名称，是注册新企业的必要步骤，也是老企业二次创业、树立崭新形象的客观需要。在全球化竞争的时代，企业名称包括工商注册名称、汉语简称、英文名称及缩写、互联网域名等，设计时要注意把握下列特点。

（1）个性，即不与其他企业重名，并尽量避免相似。无论“李鬼”还是“山寨”，故意模仿知名企业和知名品牌，实质都是侵权行为。在当今的信息化时代，企业应在互联网上注册域名，否则一旦被恶意抢注，将带来巨大损失。美国麦当劳公司曾被抢注域名，后来花 800 万美元才得以买回。前些年，我国著名企业被海外抢注的国际商业域名多达上万个。

（2）名实相符。根据我国《企业名称登记管理规定》《企业名称登记理实施办法》，企业名称不仅要较好地传达企业实态和经营范围，而且应与企业目标、企业宗旨等企业文化要素相协调，切不可好大自夸、哗众取宠。二汽在改制成立东风汽车公司时，新名称意为“东方吹来的风”和“春风”，既寓意汽车疾驰如风，又表示改革春风中的新体制、新面貌。

（3）民族性。中国企业置身于中华民族文化沃土，企业名称应充分体现民族特点。同方股份是清华大学创办和控股的科技企业，其名“同方”出自《诗经》，意为“有志者同方”。外企进入中国市场，采用符合中国文化的中文名称，效果远胜于音译，如奔驰、通用、宝洁、宝马、波音。我国企业确定外文名称时，也要充分考虑文化因素。2004 年联想公司英文名改为 Lenovo，其中 Le 来自原名 Legend，表示秉承传统；而 novo 取自拉丁词“新”，表示联想的核心是创新精神。

（4）简易。索尼公司原名东京通信工业株式会社，美国人很难把音调念准。盛田昭夫受“福特”等简洁名称的启发，于 1958 年将公司更名为 Sony（索尼）。据调查，4～6 个字的名字最容易记忆。

（5）文雅。文如其名。虽说雅俗共赏，但是如果企业名称过于低俗，如有媒体报道有的企业名称带有“赚他一个亿”“你瞅啥”“洪荒之力”“怕老婆”“啪啪啪”等文字，恐怕也很难令人“欣赏”或喜欢。对此，国家工商总局表示，对不适宜的企业名称，任何单位和个人可以要求登记主管机关予以纠正。

2. 企业标志设计

企业标志（logo）是企业的文字名称、图案或文字图案相结合的一种平面设计。它是企业整体形象的浓缩和集中表现，是企业目标、企业哲学、企业精神等的凝聚和载体。企业标志的重要功能是传达企业信息，使人们能够从中联想到该企业及其产品、服务、品牌等有关信息。因此，企业标志一旦经设计确定，应相对固定。

设计企业标志是一项重要工作，企业决策层应掌握有关知识，以便提出设计思路、明确设计要求、评价设计方案、做出正确选择。总体来看，企业标志主要有下述 3 种基本形式。

（1）表音形式。由企业名称的关键文字或字母组合而成。IBM 公司标志就是由全称国际商用机器公司 international（国际的）、business（商业）和 machine（机器）3 个单词的首字母组成（图 4-7）。美国德赖登出版社（The Dryden Press）标志也是由单词首字母 D 和 P 组成（图 4-8）。我国企业可采用汉语拼音字母或缩写作为标志，如春兰集团、李宁公司等。

图 4-7　IBM 标志

图 4-8　The Dryden Press 标志

（2）表形形式。表形形式即由比较简明的几何图形或象形图案构成。图形本身就有一定的含义，而且经过平面设计处理，形象感很强。例如，同方股份、东风汽车的标志（图 4-9、图 4-10）。

图 4-9　同方标志

图 4-10　东风汽车标志

（3）音形形式。音形形式即把上述两类结合起来，兼有前述它们的优点，又在一定程度上避免了它们各自的缺点。例如，摩托罗拉（Motorola）公司、中国银行的标志（图 4-11、图 4-12）。

图 4-11　摩托罗拉标志

图 4-12　中国银行标志

成功的标志首先要符合个性、民族性、简易等原则。例如，中国中车公司的标志就是由红色的汉字“中”和“車”组合而成，很好地体现了中国文化元素（图 4-13）。同时，标志还要尽可能符合以下特点。①艺术性。企业标志靠人用眼睛去感受，因此首先要有艺术的美感。②持久性，即具有长期使用的价值，不应单纯追逐时髦或流行，而要有超越时代的品质。③适应性。企业标志往往不是孤立出现的，其形式和内涵既要与环境协调，又要相对突出。

发动员工和公众参与，广纳各方智慧，是设计企业标志的常见做法。北京环卫集团2007年在职工中开展集团标识征集评选活动，然后请广告公司在优秀作品的基础上进行设计，使专业设计和职工意愿充分结合，所形成的标志以北京首写字母B为基本图形，双环交错，方圆结合，暗合太极图形，具有“环卫首都、稳固发展，面向未来、和谐共融，稳固发展、实力体现，传统文化、现代传承”等丰富内涵（图4-14）。

图4-13　中国中车标志

图4-14　北京环卫标志

3. 企业标准字设计

标准字是指将企业名称或品牌名称经过特殊设计后确定下来的规范化的平面（乃至立体）表达形式。标准字与企业名称、标志一样，能表达丰富的内涵，一旦确定不宜随便变动。标准字设计，一般应把握以下4个特点。

（1）易辨性。如果标准字设计出来，人们不认识或不容易看清楚，那就是一个失败的设计。为此，一是要选用公众普遍认识的字体，切忌过于奇形怪状；二是要避免与其他企业雷同；三是字体的结构清楚、线条明晰，放大或缩小均容易辨识。

（2）艺术性。只有比例适当、结构合理、线条美观，才有美感，让人看着觉得比较舒服。

（3）协调性。标准字要与它常常出现在其上的产品、包装等相适应，与企业产品或服务的特点相一致，也要与经常伴随出现的企业标志、商标等相协调。中国联通的标准字与其标志配合得就比较和谐，极富中国民族特色（图4-15）。

图4-15　中国联通的标志与标准字

（4）传达性。标准字是承载企业理念的载体，因此要尽可能多地传达企业理念，而不能孤立看待，单纯追求某种形式上的东西。

4. 企业标准色设计

企业标准色是指经过设计后被选定的代表企业形象的特定色彩。标准色一般是一种或多种颜色的组合，常与企业标志、标准字等相配合，被广泛应用于企业广告、包装、建筑、服饰及其他公共关系用品中。在设计标准色时，要努力做到以下几点。

（1）充分反映企业理念。由于色彩引起的视觉效果最为敏感，容易给人留下印象，因此充分反映企业理念的标准色对于传达企业文化、展示企业形象具有突出作用。海尔集团采用蓝色作为标准色，容易使人联想到大海，进而把阔步世界的企业奋斗目标联系起来。

（2）具有显著的个性特点。可见光的范围有限，而成千上万的企业都要有自己的标准色，因而重复率或相似率极高。为此，必须考虑如何体现企业的个性特点，既反映企业理念内涵、产品和服务特色，又尽量避免与同行及竞争对手重复或混淆。

（3）符合社会公众心理。这主要是考虑色彩的感觉、心理效应、民族特性以及公众的习惯偏好等因素。首先要避免用禁忌色，使公众普遍能够接受；其次是尽量选择公众喜爱的色彩。富士胶卷采用绿色作为标准色，寓意生机盎然的大自然，给人以积极的心理感受。

在名称、标志、标准字、标准色四个基本要素之外，有的企业还采用辅助图案、辅助字、辅助色等视觉识别辅助要素，配合基本要素使用，以突出和丰富企业的视觉形象。

5. 商标设计

商标是指企业为了把自己的产品与其他生产经营者的商品区别开来而在商品外表或包装上使用的一种标记。商标是商品的标志，它不但是商品之间彼此区分的记号，而且是企业文化的载体和企业形象展示的窗口。商标经注册后便受到法律保护，成为企业非常重要的无形资产。

商标从形式上可以分为文字商标、图形商标、记号商标、组合商标四类。文字商标由各种文字或数字组成，其数量超过商标总数的 80%。图形商标由各种图形图案构成，不受语言限制，比较形象直观。记号商标由某种记号构成，一般是用某种抽象的点、线、面及其色彩来表现。组合商标是上述几种商标的混合，即由文字（含数字）、图形或记号组成。文字商标常与企业标志放在一起使用，如天士力商标（图 4-16）。

图 4-16　天士力商标

一家企业只有一个企业标志，但可以有多种商标。因为商标是针对某一类商品的，可以给每种商品注册不同的商标。当然，也可以所有产品采用相同商标，或者都用企业标志作商标，以便用较少的宣传费用达到扩大商品影响的目的。商标设计首先要有独创性，布局合理、突出特色，同时要遵守《中华人民共和国商标法》等法律的禁用条款。

二、企业文化用品

企业文化用品，指企业旗帜、歌曲、服装以及对外公务活动中反映企业文化的办公用品。企业旗帜、歌曲、服装等是企业文化和企业形象的集中反映，也是企业文化符号物质层中最能引起人们感官注意、给人留下深刻印象的部分。而企业名片、信签、信封、画册、纪念品等常见的文化用品，则是企业文化向外辐射的渠道。

1. 企业旗帜设计

企业旗帜，通常指一家企业专用的旗帜，又俗称厂旗、司旗，是企业的象征。日本松下每天朝会升公司旗帜，表示新的工作日开始。随着冉冉升起的旗帜，员工对公司的希望和对美好未来的追求也同时在心中升起。

企业旗帜有多种用途。①一般用于企业参加对外活动或内部集会、活动时，作为引导、展示、宣传。②作为企业的象征，在企业广场、大门、展厅、办公室等场所悬挂。企业旗帜与国旗同时悬挂时，必须将国旗置于中间较高处。③作为企业标志印在员工的工作衣帽上。

企业旗帜设计属于平面设计，关键是要突出企业文化的个性。从形状来看，多数企业旗帜为长方形，也有的为三角形、五边形等，切忌奇形怪状而失庄重。从规格来看，旗帜通常由多种规格构成一个系列。中国石油集团旗帜（图4-15）规格分为1号（2.88米×1.92米）、2号（2.4米×1.6米）、3号（1.9米×1.2米）、4号（1.2米×0.96米）、5号（0.96米×0.64米）。从布局来看，企业旗帜往往是将企业标志和标准字以适当比例放在适当位置。从色彩来看，企业旗帜底色一般采用企业的标准色或辅助色。

厂旗、司旗一般都会印制标志、标准字等企业标识，如中国石油集团旗帜的旗帜（图4-17）。

图4-17 中国石油集团旗帜

2. 企业歌曲设计

企业歌曲，俗称厂歌、司歌，指企业专有专用的歌曲。企业歌曲是企业文化个性的又一鲜明体现。它通常是合唱歌曲，通过集体歌唱，增强员工的自豪感、归宿感，从而增强企业的凝聚力、向心力，激发员工的上进心、责任感，鼓舞他们积极进取、开拓创新。

创作企业歌曲，通常是先确定歌词，再请人谱曲，也可以先作曲，再填词。一首成功的企业歌曲，通常有如下3个特点。

（1）反映企业理念。例如，葛洲坝集团的《葛洲坝人之歌》唱道："我是长江一滴水，浪里一颗砂，我是基坑那块石，坝上那道闸。垒起水上长城，捧出平湖高峡，造福万代子孙，母亲再无牵挂。穿越千山万水，奉献苦乐年华，播种光明，普照华夏。"

（2）易学易唱易记。这是企业歌曲的生命力所在。只有反复传唱，才能真正被广大员工所掌握和喜爱。例如，三角集团的《三角之歌》。

"时代的呼唤，三角的使命，
时代的重任，三角的光荣，
这里有通向世界的金桥，
啊 三角 三角 闪闪发光的三角。
像那雄鹰翱翔吧，像骏马奔驰吧，
让我们共同 共同铸造，闪闪发光的三角！"

（3）昂扬向上。企业歌曲应体现和渲染积极向上的情绪，切忌软绵绵的无病呻吟。因此，歌词简洁、节奏感强、旋律明快的进行曲最为常见。

3. 企业服装设计

企业服装，是企业因工作需要而为员工配发的服装。过去，企业服装仅指工作服，属于劳保和福利范畴。例如，机械工人的蓝色卡克式工作服（"蓝领"由此而来），制药工人穿的白大褂。后来，企业服装还增加了许多功能，特别是企业文化和企业形象的功能。这就使企业服装被纳入企业文化设计内容，成为企业文化部门的工作。

从企业文化角度来看，企业服装设计需要注意以下几点。

（1）以满足工作需要为第一原则。企业服装首先是在工作中穿着，因此必须根据工作需要来设计，既要满足安全需要和劳保要求，又要符合人体工程学原理。

（2）以反映企业文化作为重要目的。企业标志、标准字、标准色等要素容易印制在企业服装上，以反映企业文化。

（3）以美观大方作为基本要求。作为企业的"形象名片"，企业服装要美观大方，有层次，有品位。

4. 企业名片设计

名片是现代社交的必备用品。初次见面时交换名片，表示双方彼此间的尊重；反之，如果不递给对方名片，有时会被认为是傲慢和没有礼貌。企业名片设计不仅是员工的个人行为，而且反映着企业品位和层次，因此应纳入企业文化设计内容。

持有者的姓名、身份和联系方式，是名片不可缺少的三要素。作为企业名片，持有者的身份指在企业的职务。切忌编造职务，有的企业一律给普通业务员印上“业务经理”虚衔，反而让人觉得不可信。最好不要在企业名片上印刷与企业不相干的其他身份，有些名片印一长串头衔，反而给人留下虚荣、浅薄的印象。日本是名片最讲究的国家，不少人都有多种不同身份的名片。在我国，受教育程度已成为个人身份的重要标志，很多人把所获学位印到名片上，如“博士”“硕士”“MBA”。要注意，博士后不是学位，而只是一段研究经历，名片上可注明“博士”，而不能写“博士后”。名片还应写明地址、邮政编码、电话号码、电子邮箱（e-mail）等通信方式，以便于他人联系。

企业名片应统一版式，从董事长、总裁到一般员工都采用同样的布局和风格，突出企业标志、标准字及标准色，形成统一的企业形象。

5. 企业画册设计

企业画册是企业文化的基本载体之一，在企业对外交往和公共关系活动中具有重要作用，也常被称为企业宣传册。企业画册一般包括以下内容：主要负责人致辞，企业概况及历史沿革，企业文化（理念层）表述，发展战略，机构和组织情况，业务领域，主要产品和服务项目等。

在进行企业画册的美术设计时，尽量突出最希望读者了解的内容，而不必面面俱到。能用照片和图表反映的内容，最好不要使用文字；必须使用文字时，也应简明。无论文字还是图表，均应力求准确。优秀的美术设计，能充分体现企业的文化品位，往往是美工与内容设计人员反复沟通的结果。

6. 企业纪念品和日常用品设计

企业纪念品是具有一定使用价值和纪念意义的公共关系用品。企业纪念品应力求美观大方，纪念性与实用性结合，有助于传达企业理念、塑造企业形象。根据中央八项规定精神及有关制度、纪律，企业纪念品切忌贵重；如不是特别必要，取消纪念品也是很好的选择。

企业日常用品有工作证、信笺信封、文件夹、档案（文件）袋、记事本、及时贴、标签、灯箱、指示牌、路牌等。设计制作与反映企业文化的办公和工作用品，有利于促进员工在日常工作中不断增强对企业的认同感。

有些企业根据工作需要，还会定做专用的安全帽（如建筑企业）、包装纸（如零售企业）、工具箱等用品。此外，交通、运输、邮电等行业，需要用交通工具代表企业形象。对上述这些用品和工具进行适当的设计，突出企业标识，也是十分必要的。

三、产品造型与包装

人们购买一种商品，是因为它有某种使用价值，简言之“有用”。随着生产力发展，人的需要不断增加，产品有用性的内涵正逐渐发生变化。除最基本的功能外，产品还往往需要具备许多其他的功能。只有这些功能综合起来，才能体现产品的全部使用价值。

产品按照功能可分为实质产品、形式产品和产品附加（或附加产品）3 个层次。实质产品指产品的最基本功能，是顾客购买的主要动机。形式产品指产品在市场上的存在形式，如外观、包装、商标等，是顾客购买的主要依据。产品附加指售前售后服务以及赠品等，是顾客购买该产品的利益的总和。同样性能、价格的产品，造型、包装美观的，销售状况总是要更好一些，因为顾客除得到产品的基本功能外，还“额外”获得了美的享受。当产品的造型和包装成为生产经营的要素时，也就成为企业文化的载体和企业的无形资产。例如，可口可乐的裙形瓶包装就是 1923 年花 600 万美元购得的一项专利。

1. 产品造型设计

产品造型是工业美术的主要内容之一，也是构成产品审美功能的重要组成部分。研究表明，产品造型不但能引导消费，而且能刺激和创造消费。在激烈的市场竞争中，要使产品增值和提高竞争力，需要高度重视产品造型设计。

（1）符合功能要求。产品造型要从产品结构和质量功能出发，符合结构和功能的要求。目前，我国很多产品造型设计人才不懂技术，技术人员又缺乏工业美术知识，结果造成产品造型设计与质量、功能设计分离，限制了造型在产品竞争中作用的发挥。

（2）注重视觉效果。产品留给顾客的第一印象是它的外观（以及包装和商标）。成功的设计，就像“万绿丛中一点红”，具有很强的视觉冲击力，使商品从琳琅满目的货架上脱颖而出。

（3）符合审美要求。要给产品进行市场定位，并深入了解潜在用户的审美需要，才能构思出符合审美情趣的产品造型。例如，各种卡通动物形状的橡皮，就很受小朋友们喜爱。

（4）反映时代潮流。近年国际上流行造型简单、色彩朴素的时装，就顺应了人们回归自然、保护环境的心理。日本产品的小、巧、轻、薄，也与全球节能减排、倡导低碳发展相适应。

（5）突出个性差异。随着物质产品日益丰富，加上顾客的个体差异，人们的个性化需要不断增加。因此，体现差异、满足个性需要的造型设计就越来越重要。例如，有的高级时装一种款式只生产一件或数件，就是为了满足顾客与众不同的需要。

2. 产品包装设计

通常，产品包装既指用包装物包裹产品的活动过程，又指包装物本身。例如，美国市场营销专家科特勒的定义：“包装是指设计并生产容器或包装物的一系列活动。这种容器或包裹物被称为包装。”本书所指的主要是后者，即包装物。

产品包装分为 3 个层次：一是基本包装，即产品的直接容器，如装饮料的瓶子、包糖果的糖纸；二是次级包装，指基本包装的保护层，如套在茅台酒瓶外面的纸盒、装一袋糖果的塑料袋；三是运输包装，指为便于存储、运输、携带的外加包装，如装一件酒的箱子。过去，我国有的产品包装太差，出口价格始终上不去。

包装有 5 个要素：标识（商标、企业或产品名称及标准字等），形状（包装的几何形状），色彩，图案，材料。包装是反映企业文化和企业形象的重要途径，为此，有人把产品包装（packaging）与价格（price）、产品（product）、地点（place）、促销（promotion）并称为市场营销的“5P”要素。成功的包装，有利于顾客识别产品、进行自我服务，树立产品和企业形象，也为品牌创新提供了机会。

设计产品包装应力求：①保护产品，即保护产品的外观和内在品质（物理、化学性质和功能）不被破坏；②方便使用，即要利于产品的携带、搬运、存放和正确使用；③个性鲜明，新颖独特，能给消费者留下深刻印象；④总体协调，即充分考虑包装各要素的配合，以实现整体最优；⑤绿色环保，切忌过度包装、造成浪费、污染环境。

四、企业物质环境

良好的物质环境，不但能给员工以美的享受，使他们心情舒畅地投入工作，而且能充分反映企业的品位和实力，塑造和提升企业形象。

1. 企业自然环境与建筑设计

企业的自然环境与建筑布局总是紧密联系的。人虽然不能违背自然规律，但却可以选择、利用自然环境，通过认识自然规律来改造和优化自然环境。企业建筑布局既是对自然环境的适应和利用，又影响和改造着自然环境，是大自然与人类社会活动的一个结合点。

构建与人的生理和心理需要一致的工作环境，实现人与自然和谐，是企业环境和建筑设计的总体要求。具体来说，应力求达到以下从低到高 5 个子目标：①安全目标，即企业选址、规划和建筑布局、构造符合安全要求；②经济目标，即充分挖掘和利用现有自然资源，做到经济实用；③美化目标，即从建筑美学和环境美学的角度进行系统的研究、规划和实施，符合人的审美需求；④生态目标，即节能环保；⑤文化目标，即企业环境和建筑要有文化氛围，反映企业价值观和文化品位，实现符号物质层与理念层有机结合。

2. 厂房布局与环境设计

厂房是指工业企业的生产车间及其辅助用房。生产力的主体是人，只有从文化的角度来进行厂房设计，才能促使人的内在主体与外在客体在心理上达到和谐统一，促使管理学与美学的有机结合，充分调动员工的劳动热情、激发其创造潜能。

在设计厂房时，无论空间布局还是色彩、照明、声学、空气等方面，都既要符合技术和工艺特点，又要考虑员工的生理要求和心理特征。因为在企业生产的人—机（器）系统中，人始终处在核心的地位，应以人为出发点，尽量符合员工的生理和心理需求，通过改变劳动者与生产资料的相对位置以改善工作条件，以便减轻劳动强度、保障劳动安全、提高劳动效率。在那些先进企业的厂房里，机器设备布置得错落有序，零件、半成品堆放得整整齐齐，干净的地面上各种分区线、提示线十分醒目，员工在此工作会有一个较为舒畅的心情。

3. 办公室环境设计

对于企业管理人员、行政人员、技术人员而言，办公室是主要的工作场所。办公室环境如何、布置得怎样，对工作人员从生理到心理上都有一定影响，并会直接影响企业决策、管理效果和工作效率。

办公室设计主要包括办公用房的规划、装修、色彩灯光音响设计、办公用品及装饰品的配备和摆设等，要力求经济实用、美观大方、独具品味，以体现企业文化，彰显企业的特色和形象。各类办公室在设计上都应从实际需要出发，厉行节约，切忌高档豪华气派，不要装修得像宾馆。办公室设备配置也要符合工作所需，有些设备尽量不同部门共用。

在 Google 公司，一位印度籍工程师提出希望和 CEO 施密特共用他的办公室，没想马上得到同意，于是第二天这位工程师就把东西搬到施密特的办公室。直到公司搬进新楼，这位工程师和其他两名印度籍工程师拥有了更宽大的办公室，施密特才在一个角落独自有了一间很小的办公室。Google 办公楼里随处散落着健身器材、按摩椅、台球桌、帐篷等物品，色彩明亮鲜活，每名新员工还可以随意布置办公室，形成轻松自在的工作环境。

4. 商场商店环境设计

对各类商场、超市、专营店等商业企业来说，需要为顾客提供良好的购物环境和条件，使顾客不但能买到满意的商品，而且可以享受到购物的乐趣。

商场商店设计要以顾客为中心，具体包括五方面要求。①安全。要符合消防规定，装修采用无毒、阻燃的材料，预留安全通道，以便在发生火灾、地震等灾害时尽快疏散顾客。同时，要保持良好的通风。2003 年我国爆发“非典”，一个重要原因就是有的医院和公共场所通风不畅。②方便。就是方便顾客。例如，商业大楼里除了自动扶梯，一般还要安装直梯、轮椅专用通道，以体现对残疾人的关心。③舒适。例如，设置一定的休息区，以便顾客在长时间购物的中途得到短暂休息。④美观。包括从墙面、橱窗、POP 广告、柜台布置、装饰品、室内绿化等角度综合考虑视觉效果，给顾客以美的享受。⑤创新。由于电商发展很快，实体店的体验功能变得日益重要，要用全新的思维和方法来推进设计创新。

五、企业文化体育活动与设施

企业文化体育活动，是指企业在工余时间组织员工开展的群众性文化体育活动。实践证明，这不仅是丰富员工业余生活的一种手段，而且也是企业文化建设的重要途径，有利于企业精神、企业作风等传承弘扬，增强对企业的认同感和归宿感。

企业的文化体育活动，按照不同的分类依据，通常可分为强制性和非强制性、经常性和偶发性、定期和不定期、娱乐性和竞赛性、参与性和观赏性等许多类别。娱乐性活动重在参与，寓教于乐；竞赛性活动则往往以集体为单位，突出团队精神和集体荣誉感。

在有一定规模的企业，可以规划、建设文化活动场所和设施，为员工文化活动提供有利条件，如阅览室、茶座（咖啡角、聊天室）、游戏室、展览室、演讲厅、影院、剧场、文化馆、俱乐部。有条件的企业，还可以组建艺术团等职工业余文化组织。中兴通讯公司专门建有历史博物馆，真实展示企业创业与成长的历史，还原中国企业“走出去”的传奇故事，再现中兴通讯从来料加工小厂到世界知名通信企业的发展历程，成为企业文化教育和传播的重要场所。

文化活动设施设计，要努力做到：①有利于提高员工素质，促进企业文化建设；②从企业实际出发，量力而行；③尽量多功能，提高使用率；④美观、创新和个性化。一些大型的文化设施，如企业影剧院、文化馆、俱乐部等，应邀请有经验的设计单位参加投标，并择优确定设计方案。这些场馆必须坚持安全第一，设计建造时要满足消防要求，特别是预留安全通道，避免意外事故。

六、企业文化传播网络

企业文化传播网络存在两种形式：一种是正式网络，如企业创办的刊物、报纸、网站、闭路电视、广播、宣传栏等；另一种是非正式网络，如内部非正式团体的交流、小道消息。全面的企业文化传播网络设计，既包括前者的建立和维护，又涉及对后者的调控和引导。

1. 企业报刊设计

企业报刊又称厂报厂刊，是企业自行创办的内部报纸或期刊。企业报刊一般不是公开出版物，发行范围主要是企业内部，因此又称内刊。企业报刊既是企业文化内部传播的载体，又兼具向外辐射的功能。

IBM 公司有十多种出版物，其中影响最大的是创始人老沃森创办并坚持至今的月刊 *Think*（《思考》）。该月刊内容广泛，包括公司新闻、发展评价、工作总结、前景展望、优秀员工介绍等。刊物由公司总部出版，免费递送给员工以及公司相关利益者，成为沟通公司与员工关系、进行员工教育的主渠道，在树立公司形象、促进企业发展中发挥了重要作用。随着企业文化热的兴起，我国很多企业纷纷创办报刊，如《海尔人》《华为人》《联想》《万科》《SOHO 小报》《沟通》等都有一定的社会影响。

文以载道。企业报刊的类型、形式、出版周期、印刷质量等固然重要，但内容更加重要。内容是企业报刊的质量，特色是企业报刊的生命。我国的企业报刊在内容上应坚持：①符合党和国家的路线方针政策，遵守法律法规，体现先进文化前进方向；②充分反映企业理念，服从和服务于经营管理，体现企业的个性和特色；③坚持群众办报办刊，力求引导员工与满足员工相统一。为此，报刊编辑要选拔素质好、能力强、肯钻研的骨干，同时也应吸收广大员工参与。

办好企业报刊，不仅需要一定的资金投入，而且要受到员工喜爱和社会好评，并非易事。在信息化时代，依托纸介质的企业报刊和很多社会报刊一样，面临严峻挑战。走数字化道路，是企业报刊发展的必由之路。

2. 企业网站设计

自从互联网广泛运用以来，许多企业纷纷创建自己的网站。企业网站具有信息传播速度快、信息容量大、不受时空限制、交互式、节省纸张等显著优点。建立企业网站，使企业文化的传播方式发生了质的变化。特别是随着移动互联技术的普及，它日益成为企业文化传播的主渠道。

设计企业网站，包括内容设计和技术设计。技术层面的设计和制作，可委托网络公司（或企业内部的网络技术人员）完成，并不困难。相比之下，网站内容设计则更为关键和困难，往往需要企业主要领导者亲自参与和拍板。

企业网站设计要注意两点。一是网络安全。利用互联网窃取商业秘密的手段日益多样化，对企业网站安全构成巨大威胁。为降低病毒、木马和黑客可能造成的损失，建议涉及企业商业机密的计算机不要联入互联网，而且各种资料也要随时备份。二是网络维护。网络的特点是信息传递快，而有些企业网站不重视维护，数据和资料陈旧，大大降低了网站价值。因此在设计和建设网站时，就要设计维护的体制机制，确保更新维护。

3. 企业微博、微信的开设

微博（Weibo）是微型博客（MicroBlog）的简称，即一句话博客。它是一种广播式社交网络平台。在国际上，推特网（Twitter）最早推出微博。在中国，微博 2010 年以来迎来大发展，仅新浪微博 2012 年注册用户数就突破 5 亿。

企业微博是指企业在微博中开设的“官方”账号。由于具有信息发布及时、互动性强等特点，企业微博不仅拓展了网络营销的新渠道，而且成为传播企业文化的新途径。2009 年欧莱雅在新浪开通官方微博，将一年一度的“欧莱雅媒体风尚大奖赛”全程直播，吸引了大批用户。目前，用友软件、中国移动、中国电信等许多中国企业已开通和运营官方微博。

2011年，腾讯推出微信（Wechat）这一社交信息平台，2016年8月用户数就突破8亿。随着微信支付的开发应用，用户只要通过微信平台，就可以享受到商品查询、选购、体验、互动、订购与支付的线上线下一体化服务。由于快速发展，微信引起了许多企业的关注，纷纷开设公众号，使之成为企业文化传播新的重要载体。

开设企业微博、微信，都要指定相关部门和专人维护，坚持严格依法依规管理，保证企业信息和文化理念随时更新、有效传播。

中兴通讯公司致力于打造全媒体宣传平台，《中兴通讯》报、易秀、MOA移动办公平台、中兴e员微信公众号、文化墙、电子屏等传统媒体和新媒体交互，线上线下同步，基本形成了覆盖全面、及时有效的企业文化传播体系。

4. 员工手册设计

员工手册是由企业印制的、员工人手必备的日常工作资料，内容一般包括企业概况、企业文化、员工行为规范、与员工有关的其他制度和规定。

设计员工手册时，首先要反映企业文化。一名员工是否真正融入企业，关键看他是否接受了企业文化，因此，必须把企业文化作为员工手册最重要的内容之一，让每名员工从中了解和理解企业文化，特别是企业理念，并能够自觉用来指导行动。从这种意义上讲，员工手册就是一本企业文化手册。同时，内容应充实详细，使之成为员工在企业工作生活中的指南。此外，还要方便查阅，及时补充和更新。

5. 非正式传播网络的设计和建设

企业文化传播网络中的非正式渠道又简称非正式文化网络。非正式网络是正式渠道的补充，也是企业文化传播体系的组成部分。

一般而言，企业文化传播的正式渠道难以实现全覆盖，这为非正式网络提供了生存空间和外在环境。因为在每个企业，都存在“讲故事者、教士、传小道消息者、密探、幕后提词人以及小集团”，他们传播、修饰和强化其价值观的主观意愿与员工们希望更多了解企业中的人和事的好奇心理与主观需要结合在一起。

非正式的文化传播网络尽管不是企业有意识地设计和建设的结果，但却有其自身的特点和规律——现实的企业文化法则。非正式网络具有传播速度快、影响面大的特点，又存在失真率高、甚至误导等问题。它发挥什么作用、多大作用，取决于企业文化的优劣，特别是企业作风的好坏。鉴于对企业文化传播的特殊作用，积极建设非正式网络是十分必要的。

对于非正式的文化传播网络，要标本兼治、重在引导。非正式网络的存在，依赖于企业内部的非正式组织和广大员工，取决于他们是否具有正确的共同价值观、远大的理想、积极的精神风貌、良好的作风。因此，企业文化与非正式网络是本与标的关系。只有建设优良的企业文化，才能从根本上完善非正式文化传播网络。

企业文化实施

企业文化建设重在落实。企业文化实施就是把目标文化变为现实文化的过程，是企业文化建设三阶段中最为关键的阶段。没有实施，诊断、设计就失去了意义。

近年来，我国越来越多企业先后设计或重新设计了目标文化模式，为建设优良文化打下了必要基础。但遗憾的是，一些企业的文化建设并未取得预期成效，核心价值观等理念并未被员工普遍所认同，目标文化的美好蓝图没有变成现实的文化竞争力。究其原因，主要是这些企业不了解文化实施的规律和方法。

第一节　企业文化实施的五要素

从很多企业的实践来看，推动企业文化实施必须抓住一些关键环节，如计划、培训、支持、考核、激励等。

一、制订实施计划

计划是现代企业管理的一项重要职能。企业文化实施和经营管理其他工作一样，需要有组织有计划地加以推进。

中国工商银行2006年股改上市后，将培育优秀文化列入重要议事日程，专门成立了“企业文化建设推进委员会”，对工行文化进行了全面评估和研究，形成了建设规划。2010年6月，工行正式发布了新时期企业文化体系，对使命、愿景、价值观、基本理念和行为准则等进行了阐释，全面建设富有自身特色、体现时代精神的工行文化，引导员工将价值理念内化于心、付诸于行，以新理念引领新发展。

中铁一局集团领导班子十分重视企业文化建设。2010年，集团在制定“十二五”发展规划的同时，启动了企业文化建设五年规划的编制工作，主要涉及集团的核心价值观和理念体系、目标任务、保证措施等，为进一步增强企业文化建设的计划性提供了保证。

制订实施计划，使企业文化建设按照预先确立的行动方案执行，能够克服盲目性、避免走弯路。

1. 明确实施流程

制订企业文化建设计划，首先要确定实施流程和步骤。一般而言，企业文化实施过程应包括对现有文化的分析与诊断、文化设计、文化导入、实施变革、制度化、评估与反思、进一步深入等关键环节（图 5-1）。企业可以根据实际增减相关步骤，形成实施流程图，并以此作为基本依据拟订切实可行的实施计划。

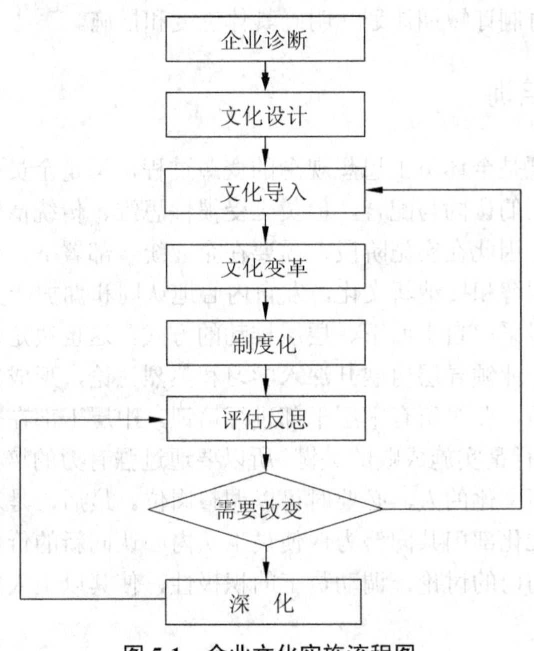

图 5-1 企业文化实施流程图

2. 明确实施原则

制订企业文化实施计划，不仅要说明具体步骤和工作安排，而且要明确实施原则。

（1）系统性原则。企业文化的组织实施是一个系统工程。这有两层含义：一是企业文化与企业战略、组织结构、人力资源等诸多方面共同构成企业管理体系；二是企业文化自身也是一个由多层次、多要素所组成的完整系统。为此，实施工作要系统思考和统筹协调，使企业文化融入整个经营管理工作中，否则很难顺利推进。在文化实施受阻时，系统性原则会引导企业作全面分析，找到原因和对策。

（2）辩证性原则。企业文化建设是一项艺术性很强的工作，通过辩证分析并采取相应措施，可以帮助企业化不利因素变为有利因素，化阻力为动力。企业领导者更要树立辩证思维，学会辩证思考，客观冷静地面对文化变革和新文化的确立，从容应对实施中各种意想不到的情况。这也包含实施过程中的灵活变通，要通过实践来校正目标文化，以符合企业实际。

（3）团队领导原则。彼得·圣吉在《变革之舞》中提出，领导是指塑造未来的能力，特别是持续不断进行必要变革的能力。他还指出，我们应该更关注领导者群体而非单个英雄式的领导人。企业很多重大变革，最初总是一两个主要领导者主导，但要取得成功就必须建立一个领导联盟，并使之不断壮大。企业文化实施更是如此，在制订建设计划时，应研究如何使领导团队同心协力，有效推动文化的实施。

（4）全员性原则。员工在企业文化建设中，既是被改变的客体，也是变革的主体。领导团队要激发员工的主动性，变“要我改”为“我要改”。这是企业文化建设的核心任务，是指导每一步实施的重要原则。如果没有全体员工积极参与，企业文化实施将寸步难行。

（5）长短兼顾原则。企业文化建设是一个长期性工作，其周期要长于企业的一般性改革。例如，GE、芝加哥第一银行的文化变革周期长达十余年，施乐、尼桑等公司也在四年以上。因此，企业文化建设通常要制订一个长期计划，规划主要阶段及工作策略和目标。在长期计划指导下，再制订短期计划，明确具体进度和措施。

二、加强全员培训

企业文化实施，既是全体员工思想观念的变革过程，又是全员行为习惯的改变过程。企业文化需要广大员工的认同与配合，但员工受惯性思维、传统情结和既得利益的影响，不会主动接纳新文化。因此在实施阶段，需要在企业统一部署下，对全体干部职工进行系统培训，让他们真正理解和接纳新文化，发自内心地认同和拥护新文化。

企业文化建设一般采取自上而下、层层推动的方式，这也决定培训应按从上到下的顺序进行。首先，要在企业领导层内展开深入学习和热烈讨论，形成集体意志，为新文化实施打下坚实基础。然后，要对所有中层干部进行培训。中层干部在企业中起着承上启下的作用，他们的认同与执行是实施成败的关键，所以要通过强有力的培训来取得他们的支持。对于经过培训仍拒绝新文化的人，必要时可以调整岗位。最后，是对全体员工的培训，通过中层管理者和企业文化部门共同努力，使员工从内心认同新的价值观。培训时要向全员宣讲新文化，组织部门内的讨论，调动员工的积极性，使其以主人翁的姿态参与到新文化的实施中来。

在培训前要编制培训手册，包括企业文化理念要素、员工行为规范、企业重要制度等，作为培训和自学的教材。培训方式可以多种多样，比如主要领导报告、教师授课、中层宣讲、员工自学、小组讨论以及到优秀企业参观访问等。培训目标是使广大员工心领神会，内化为个人的理念，外化为企业预期的行为。2010年，中国工商银行发布新的企业文化体系以后，首先从培训入手，通过面授、案例研讨、角色模拟、经验交流等方式，使全员深入解读新文化的内涵和精髓，推动了价值理念落地生根。

三、建立支持系统

作为一场思想观念的深刻变革，推动企业文化实施要善于“造势”与“乘势”，即通过有形、无形的手段建立起强有力的支持系统，促使新的价值观和理念深入人心。

1. 完善企业文化传播系统

企业文化建设的组织支持，除了领导体制外，还需要利用各种传播媒介，建立和完善文化传播网络，通过这一网络把企业价值观等理念传达到全体员工，辐射到整个企业。

传播网络既要保证自上而下的信息畅通，又要促使自下而上和横向的信息畅通。在实施之前以及实施早期，应侧重宣传文化变革，包括新的企业理念、文化变革的意义和步骤等，以便增强员工的危机感、紧迫感，激发内生的变革动力。企业不但要综合利用网站、内部报刊、宣传栏、广告牌等传播渠道，而且可以编辑企业文化手册、员工手册、电视宣传片等专门材料，举办企业文化展、企业成就展和评选企业英模等专项活动，旗帜鲜明地宣传新的文化体系和变革的重要性，围绕文化实施形成浩大的声势。

2. 构建人力资源支持系统

企业文化建设的核心是人。企业长期形成的人事政策和措施，包括领导风格、组织形式和管理模式、员工甄选标准、晋升制度、绩效评估标准等，都维护着原有文化的运作。这些因素都导致文化变革比较困难。

其中，员工甄选和晋升制度对文化变革的影响尤为显著。员工与企业结合，往往基于价值观的相互认同。当员工习惯了企业现有环境时，就会反对任何破坏这种环境的力量。企业在选拔管理者时，会选择那些能够认同和继承现有文化的人。这就意味着，内部晋升机制增强了企业的稳定性，同时也强化了现有文化，增加了文化变革难度。因此，要想变革文化，也要从组织层面和人员层面入手。

对人事政策的调整和配置新人，建立人力资源支持系统，是企业文化实施的又一关键。具体措施包括：①根据需要配置变革型人才，特别是在企业文化部门配置相应人员，使之成为文化变革或创建的中坚力量；②调整考核指标，增加是否认同企业价值观、是否拥护企业文化变革、是否在行动上带头落实等内容；③理顺选拔机制，对管理岗位建立公平竞争、择优录用的制度，既满足职工自我实现的愿望，又创造奋发向上、促进文化建设的环境。

3. 建立物质保障系统

企业文化建设涉及面广、周期长，需要领导层和员工长期努力。为此，有必要设立企业文化建设专项基金或将其纳入预算，做到专款专用，保证顺利实施。预算由企业根据实际情况制定，主要项目包括宣传费用、文化建设活动费用、培训费用、日常运行费用等。此外，要提供相应的工作场所和条件，使企业文化实施得到充足的物质保证。

4. 营造软环境支持系统

在企业中进行文化变革，必须营造一种适于变革的气氛。如果一个企业长期以来畏惧变化，害怕新鲜事物，那么文化实施的阻力就很大。因此，首先要在企业中达成一个共识，就是要鼓励变革，不但允许犯错误，而且要允许有足够的时间来改正。

如何营造这种变革氛围呢？可以从以下几个环节入手。

（1）营造率先示范氛围。企业主要领导的率先示范，是支持文化实施的最重要软环境。各级管理者的模范带头，则有利于形成文化变革势在必行的氛围。

（2）营造创新氛围。完善现有的创新激励制度，有意识地激发员工的创新热情，增强文化变革的内在动力。

（3）营造民主氛围。完善合理化建议制度，鼓励员工对文化变革的具体问题提出意见和建议。领导层要虚心听取员工的意见，广纳良言，善纳诤言。对员工提出的问题要及时处理，及时反馈，从而营造公开、坦诚的民主氛围。这对提高企业文化的认同度十分有益。

（4）营造学习氛围。大兴学习之风，推动学习型组织建设，鼓励员工主动学习，以开拓视野、改变观念、增强技能、提升素质。方太公司通过建立孔子堂、读书会以及每年编辑“方太的书”等形式推进学习型组织建设，就是积极的探索。

四、强化考核评估

企业文化实施，如果只靠宣传和提倡，往往无法彻底改变人们的思想认识和行为习惯，新的企业文化也难以真正确立起来。与企业其他工作一样，企业文化建设只有纳入考核评估，并与激励、分配、晋升等相联系，才能得到有力推动，促使人们从不自觉走向自觉。

1. 强化考核的必要性

考核评估是推动企业文化实施的硬性手段，可以起到约束行为、规范理念等作用。

（1）让员工尽快改变行为。转变观念往往需要一段时间，也难以从外部考察，但行为的改变却可以进行观察和考核。尤其是对各级管理者的考核，要考察企业文化建设的力度和效果，及时发现和解决问题，从而起到督促和推动作用。

（2）明确奖惩对象。通过考核，可以发现企业文化建设的先进典型，奖励符合企业文化要求的先进员工和先进集体，这对推动实施企业文化具有很大的促进作用。

（3）表明企业变革的决心。建立考核制度本身，就是向员工表明企业进行文化建设的坚定决心。考核越严，表明企业越重视。

（4）塑造长期行为。企业文化建设具有长期性，如果没有形成持之以恒的考核制度，很难使新理念、新文化得到认同，内化于心，外化于行。

2. 推进考核制度化

随着企业文化实施进程，它将由突击性工作转变成日常工作，企业文化部门的任务也将从宣传引导、推动转变转向组织与监控。这时，企业文化建设就进入了制度化阶段。这些制度主要包括考核制度、表彰制度、传播制度、预算制度等，其中最基础的就是考核制度。

20世纪90年代，哈佛大学的卡普兰和诺顿提出了一种管理工具——综合平衡记分卡，由财务管理、顾客满意、内部管理、革新与学习四个方面构成（图5-2）。其中提到对员工的管理是企业的长期投资，它与企业经营状况一样重要，是强制考核的内容。企业文化建设正属于此，是对管理层的考核中不可缺少的内容。

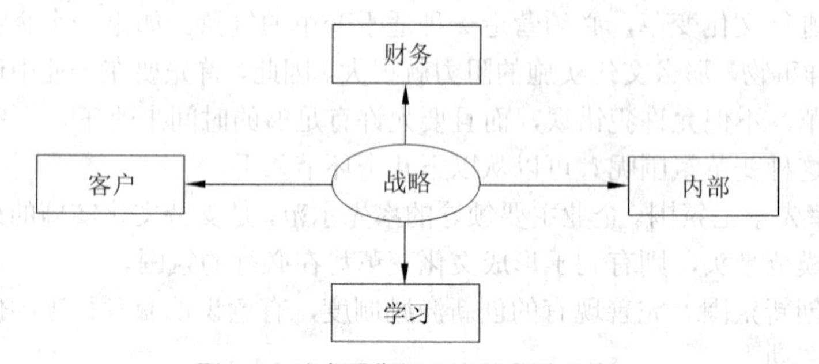

图5-2　综合平衡记分卡的考核内容

企业文化实施的考核制度化，要注意以下几点。

（1）目标具体，即把考核内容进行目标细化，比如把企业文化培训落实到培训次数、培训效果等描述出来，便于执行和考核。

（2）明确时限。考核要有时间限制，在规定时间完成规定任务，以保证实施的整体进度。这样可以防止有些部门由于工作繁忙、认识不到位等原因而放松企业文化建设。

（3）联系实际。考核要从各部门、各单位实际出发，并注意平衡。对于机构复杂、人员集中的单位，要视情况安排进度和考核标准，不搞一刀切。

（4）长抓不懈。企业文化建设是对员工的塑造，是企业长远发展的基础，因此，考核工作可由企业文化部门来长期牵头执行。

国内外很多企业还把各级各部门和员工贯彻企业文化的情况纳入综合考核体系，给予一定权重（如 5%～10%），通过日常考评来提醒、督促员工践行企业文化。

五、完善激励机制

激励是调动广大员工积极性，推进企业文化实施的有力措施。

应该看到，企业文化通过制度固化下来之后，实施工作还远未结束，因为真正意义上的固化，在于全体员工内在精神和心智模式的固化。而这是一个长期的过程，中间难免会有反复，需要绵绵用力、久久为功。这就要求制定奖惩制度，形成激励机制，促使员工对企业文化的遵循从被动变为主动，从不自觉走向自觉。

1. 企业文化激励机制的主要原则

（1）奖惩分明、以奖为主。河北某企业为了建立以质量为导向的企业文化，要求员工不要在车间吸烟，但是效果并不明显。后来，企业将“无烟车间”建设纳入员工绩效考核奖励体系，规定实现“无烟车间”后，对车间全员的计件单价向上浮动一定比例。结果，所有车间很快都变成了“无烟车间”。

（2）适时奖励、注重宣传。要针对企业文化实施的不同阶段，及时进行奖励。奖惩时间要统一安排，在不同阶段形成重点和亮点并保持连贯性，不能过热或过凉；同时，要统筹各项奖励活动，保持比较稳定的强化频率，不能太松或太紧。在一定阶段，可以组织大规模的表彰和学习活动，大范围宣传先进事迹，扩大激励的影响面，从而扩大企业文化建设的战果。

（3）创新理念、有效激励。日本电产公司在建立之初，创办人永守重信就从企业文化建设入手，采用批评来刺激员工，而且对公开受到严厉批评的员工进行提拔，让大家知道是因为有前途才会受批评，激发了员工的自尊心和上进心。由于导向明确，永受重信巧用负激励，很快打造出一流的员工队伍，公司也因快速成长而被评为日本超优秀企业。

民营企业唐山道诚管业公司创办 20 余年来，由 36 人的小作坊成长为拥有 1 200 多名员工的企业。为倡导“双赢、感恩”的核心价值观，弘扬“付出、负责”的企业精神，培育以儒家思想为基础的“以儒治企”文化，公司开展了“孝行天下”优秀员工事迹评选活动，使广大员工深受感动，纷纷表示要争做优秀员工。

在制定奖惩制度时，需要领导者通盘考虑，保持激励的合理节奏，提高激励的实际效果。

2. 提高激励有效性的方法和措施

（1）与企业文化考核制度结合，完善奖惩制度。这是指将企业文化考核指标纳入全员考核体系，与员工的薪酬和激励挂钩。奖惩制度是考核结果的运用，可以与考核制度一起设计和执行。要控制好比例，以免造成员工的不安心理，给企业文化建设带来负面影响。

（2）设立年度奖项，表彰先进。在企业现有奖励体系中，加入企业文化的奖励，对先进个人和先进集体在企业年度大会上进行表彰。评奖要控制一定比例，尤其一开始要保证评比效果，名额不要过多，随着企业文化实施的深入，再逐步增强奖项和名额。

（3）设立专项基金，保持奖励的持续性。企业可以设立专项基金，用于支持企业文化建设，特别是奖励先进单位和个人。激励要注重考核过程，而非只看结果。

（4）设立特殊荣誉称号，鼓励先进集体和个人。设立一些有意义的荣誉称号是奖励的好形式。这不仅可以给予员工奖励，还可以带来某种心理满足。比如，微软公司设立的“盖茨总裁奖”，就带给获奖者一种特殊的荣誉感。

第二节　难点：企业价值观的群体化

企业文化建设，关键在于促使全体员工认同企业的核心价值观和主要理念，并自觉以此指导个体行为和经营管理实践。广大员工接受和认同核心价值观的过程，就是价值观的群体化过程。这既是企业文化实施的要点，也是实施的难点。

一、价值观群体化的重要性

人是观念人，人的行为受其观念的巨大影响；人的个体行为受其价值观的左右，而人的群体行为则取决于群体多数成员的共同价值观。因此，实行文化管理关键是培育广大员工的群体价值观。这个培育过程，实际上就是管理者发现和挖掘有利于企业发展的价值观念并使之被广大员工接受和内化的过程。

企业价值观的群体化，形成群体价值观，促使广大员工达成目标和行动的一致。具体表现在以下三方面。

第一，价值观在很大程度上决定人的理想和目标，群体价值观能够使员工把个人目标和组织目标结合起来，从而激发出内在积极性。

第二，群体价值观构成一种文化氛围，对人产生内在的规范性约束。群体价值观构成企业内部的心理氛围和文化氛围，影响员工主观能动性的发挥。

第三，群体价值观是企业凝聚力的基石，是培养向心力和认同感的关键。群体价值观在形成组织凝聚力中的作用，可以从需要的基本要素来分析（图5-3）。其中，需要的价值取向取决于需要主体的价值观能动地作用于需要客体和需要手段。经济学家厉以宁指出：我认为建立企业文化的本质就应该是培育认同感。有了认同感，所有员工与企业就可以共患难。只有形成了群体价值观，全体员工才能对企业产生一致的认同感，进而形成牢固的凝聚力。为此，GE、诺基亚等都把是否接受公司的价值观作为录用员工的标准。

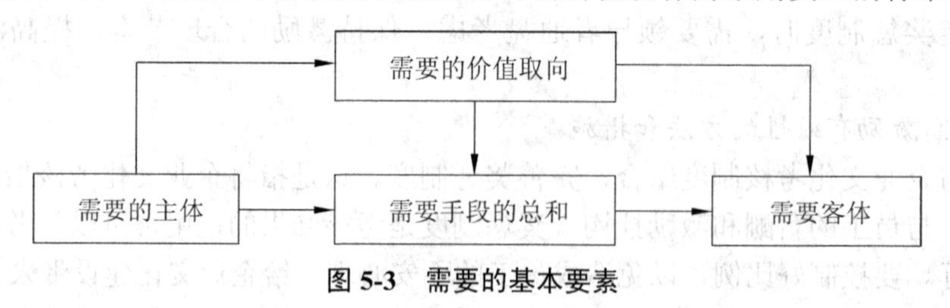

图5-3　需要的基本要素

在知识经济蓬勃发展的今天，脑力劳动在人类劳动中的比重不断增加，知识创新在企业竞争中的作用日益凸显。这时，企业管理的重点不再是外在的行为，而是价值观念等内在要素。只有通过塑造群体价值观，把员工的个人发展与组织发展结合在一起，把实现组织目标转化为组织成员的自觉行为，才能够焕发出巨大的创造力。

二、价值观群体化的思路

很多企业在描绘好企业文化蓝图之后，在实施中几乎都会同样面临两个难点：一是如何使企业家的观念群体化，让广大员工了解、认同和践行；二是如何使抽象的理念具象化，包括人格化和行为化。

企业核心价值观往往是企业家对于企业发展运行基本规律的认识，是他们进行企业经营管理的基本信念和指导原则。广大员工由于个体的人生价值观不同、与企业的利益关系不同、岗位职责不同、对企业的了解程度和信息占有情况不同等原因，难以深入了解和把握企业核心价值观的准确内涵和基本要求，也就很难自觉自愿、不折不扣地用以指导自己的言行。如果无法解决核心价值观和基本信念在企业家与员工群体之间的不一致，不能实现价值观的群体化与内化，新的企业文化就无法真正建立起来。因此，很多优秀企业都把培育和塑造员工群体的共同价值观作为企业管理的关键，并概括为“基于价值观的管理”。

企业价值观要成为员工群体的价值观，首先在确立企业核心价值观（体系）时就要与员工的个人价值观相结合，使之尽可能多地包含个体价值观；而在企业核心价值观确立以后，实现群体化则主要有两种思路。

1. 根据核心价值观来选聘员工

一个人的价值观在 10 岁左右开始萌生，到成人时基本成熟。当他加入一家企业，如果个体价值观与其他企业成员之间差别不大，会较快地接受该企业文化，否则就容易产生文化冲突。由于人的价值观一旦形成就很难改变，为此，从一开始就寻求价值观一致的员工特别是骨干员工，是非常必要的。《从优秀到卓越》一书把这比喻为“让合适的人上车”，即找到符合公司核心价值观的人，并把他们放在相应的岗位。

价值观的差异，本质上就是文化差异，意味着追求目标的差异。当一名员工的价值观与企业的核心价值观存在很大不同时，员工与公司会在很多地方出现矛盾和冲突，他很难在这样的环境中长期工作，最后不是公司辞退了他，就是他主动离职。这种情形可以用下述理论模型来解释（图 5-4），当员工个体价值观与企业的核心价值观有较大差异时，二者之间会产生巨大的文化排斥力。

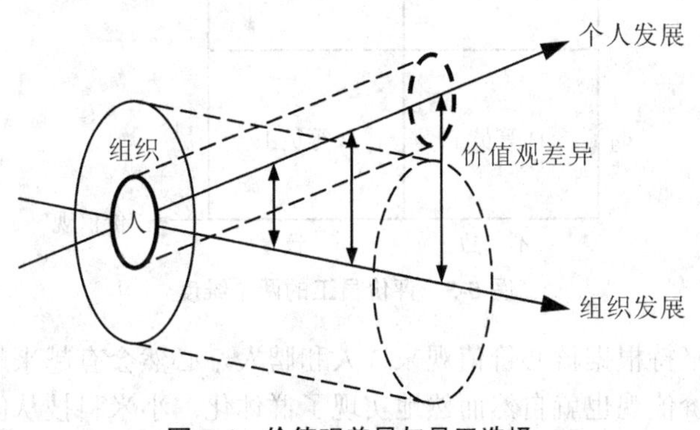

图 5-4　价值观差异与员工选择

柯林斯和波勒斯在研究了大量“高瞻远瞩公司”——长盛不衰的优秀企业后，在所著《基业长青》中指出：只有极度符合高瞻远瞩公司核心理念和要求标准的人，才会发现那里是他们最佳的工作地点……高瞻远瞩公司对本身的主张、对本身希望达成的成就极为明确，根本不容纳不愿或不符合它们确切标准的人。以核心价值观为准绳，严格选人，宁缺毋滥，是优秀企业的一个重要经验。电器城坚持以“挑选合适人才”的原则，其CEO艾伦·沃兹尔在是否在选人问题上妥协时，曾毫不犹豫地回答说：“不必妥协……直到我们找到真正合适的雇员。”韦尔奇回忆当年之所以留在GE工作，是因为喜欢公司的价值观和文化氛围。

从理论上来说，一开始就招募到与公司核心价值观一致的人并非易事。这要求企业在选择员工时尽可能对候选人作更深入而不是肤浅的考察，甚至为了寻求价值观的一致性而忽视其他诸如学历、资历这样的外在要求。

日本电产公司在20世纪70年代初创之时，前来应聘求职的只有三四流大学的毕业生，总经理永守重信想出了许多特殊的方法来考察求职者。有一年，所有应聘者在午餐时间被请到一起，公司发给每人一盒快餐，永守重信也和大家吃的一样：又干又硬的米饭，菜只有炒豆腐干，实在难以下咽。结果，凡是在10分钟之内吃完快餐的求职者都被录取了。为此，永守重信在所著《奇迹般的人才育成法》中解释说，难以下咽的饭都能很快吃下去的人，工作中一定有高效率，而且不怕吃苦，初创的公司最需要这样的人。后来，他还采用了大声说话、扫厕所等办法考察新员工。事实证明，正是这样一批被大公司看不上的所谓三四流的毕业生，在日本电产公司成了一流的人才，也是他们使公司很快进入了日本“超优秀企业”的行列。

《从优秀到卓越》一书也指出，优秀企业在挑选人才时，看重的是品质好坏，特别是一些天生的诸如性格、职业道德、完成任务的决心等价值观念，而不是高学历背景、实际技能的掌握、特殊的知识和工作经验。有的企业家把员工按价值观是否一致和工作能力强弱分为4类（图5-5），认为最理想的是找到A等员工，最需要淘汰的是D等员工，而B、C相较，宁可要B等员工。因为能力可以通过学习和实践来提高，但核心价值观的改变却非常困难。

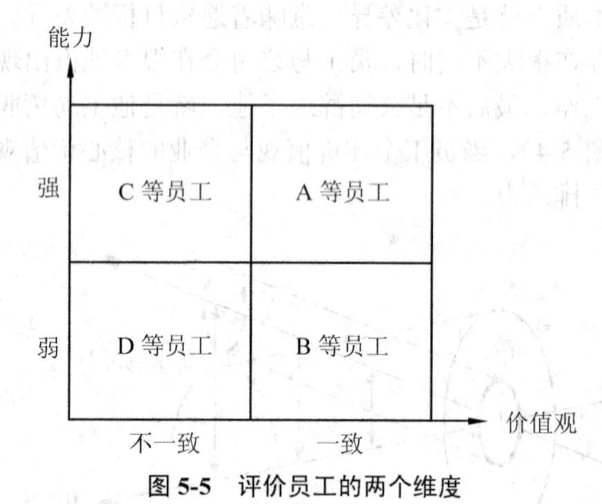

图5-5 评价员工的两个维度

企业只要长期坚持根据核心价值观来选人和聘人，必然会有越来越多的员工具有共同的价值观念，企业价值观也就自然而然地实现了群体化。小米科技从创业之初就花了大量时间来寻找最专业、最合适的人，公司高管认为“最合适，则是他要有创业心态，对所做的事情要极度喜欢”。

2. 进行价值观的教育和整合

价值观并非一成不变。因此，企业要想使核心价值观成为群体价值观，不但要对新员工从一开始就阐明企业核心价值观及其要求，而且要不断地对全员进行价值观教育，反复强化他们对核心价值观的心理认同。这个过程，就是价值观的整合。

日本企业家比较善于培育群体价值观，他们在企业培育起的团队精神、敬业精神、和为贵观念，以及在管理人员间构造的“桃园结义”精神，为形成企业的命运共同体提供了强有力的群体价值观基础。韦尔奇在担任 GE 董事长兼 CEO 期间，每年多次到克劳顿村的 GE 管理培训学院为各级管理骨干讲授价值观，累计 250 多次。惠普（HP）原董事长、总裁路易斯·普莱特在谈及经验时说：“我花了大量的时间宣传价值观念，而不是制定公司发展战略，谈论价值观与单纯管理的效果是完全不同的。”

员工群体的共同目标或愿景，是群体价值观直接作用的结果，它反过来又对核心价值观的确立和群体化起着巨大作用。因此，价值观的整合，关键是整合组织目标与个人目标。20 世纪 90 年代，临危受命的路易斯·格斯特纳（Louis Gerstner）面对 IBM 的困境时发现，一个重要的原因是上下级之间缺乏基本信任，缺乏合作精神，一些主管武断专横，公司治理结构很不正常。他指出，只有把各人的目标自愿地统一到群体目标中，企业才能摆脱困境乃至战无不胜，攻无不克。

整合企业与个人目标，主要措施是丰富企业目标的内涵，以尽可能包含更多的个人目标，使员工为实现企业目标的努力，最终导致个人需要的满足和个人目标的实现。很多实行文化管理的优秀企业，都有一个志向高远的目标，成为体现核心价值观、激励员工的巨大力量。1907 年，亨利·福特提出了“我们要让汽车大众化”这个宏大的目标，激励公司奋勇向前，很快从 30 多家竞争对手中脱颖而出，成为美国最大的汽车制造商。1945 年，萨姆·沃尔顿在开办第一家廉价商店时就有宏伟的 5 年计划，要成为阿肯色州最好、获利能力最强的杂货店，此后每 10 年他都为公司制定一个宏伟的奋斗目标。20 世纪 50 年代，“日本制造”是“廉价、低劣、品质差”的代名词，1952 年井深大在东京通讯工业公司这家小企业提出了制造一种袖珍收音机的目标，1958 年盛田昭夫放弃公司刚刚创出的名气，毅然更名为索尼（Sony），引导公司成为家喻户晓的世界电器业巨人。

在目标和观念整合的基础上，还需要通过企业制度的建设和坚持，特别是靠行为规范的培训和践行，使企业价值观融入员工的日常工作，实现“落地”和内化。日韩企业往往都有具体可行的行为规范并严格执行，这对促进员工在实践中了解、认同和自觉贯彻核心价值观起到了很大作用，其做法也为很多中国企业所借鉴。平安保险公司强调服从的文化，实行半军事化管理，详细制定了行为规范，包括规定了下级见到上级时的站位和姿势，要求 15° 鞠躬，同时对员工严格地进行培训和考核。

由于员工个人价值观的改造需要长时间努力，所以管理者一方面要善于协调不同成员的价值观差异，尽可能“求同存异”；另一方面则要善于用企业价值观来统帅各个员工的价值观，引导他们识大体，顾大局，为实现企业目标而共同奋斗。

三、价值观群体化的实现途径

实践表明，人际影响、宣传推广、制度强化是企业价值观实现群体化的有效渠道，其中每种渠道又有两三种不同的主要途径（图 5-6）。

1. 领导倡导

企业主要领导者不仅要负责为企业确立核心价值观，而且要想方设法、不遗余力地加以宣传、倡导和践行。由于特殊的地位和个人的影响力，主要领导者对推动价值观群体化

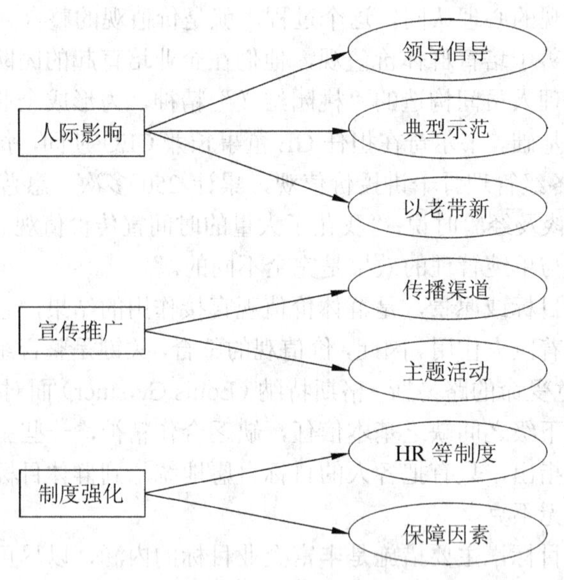

图 5-6　企业价值观群体化的主要渠道

所发挥的作用远远超过其他渠道。美国美林集团原董事长兼 CEO 丹·塔利（Dan Tully）等企业家就认为，CEO 应在以往成功的基础上努力进取，并在这一过程中保持和发扬公司已有的核心价值观。赫尔曼·米勒公司原总裁、CEO 迈克·沃克马（Mike Volkema）谈道，优秀的领导者必须拥有一套不妥协的核心价值观，这些价值观使他们在最困难的时候能够作出正确的决策。

在我国，优秀企业家同样是企业价值观的缔造者和倡导者。在 2011 年初的公司年会上，鄂尔多斯集团董事局主席王林祥在总结过去 30 年，展望未来时，一如既往地对“讲忠诚、讲责任、讲追求”的理念（核心价值观）进行了强调：“要大力弘扬三讲理念，树立正确的人生观、价值观，在名与利、得与失、进与退、多与少诸个方面作出正确的选择。”随着核心价值观和企业文化日益深入人心，鄂尔多斯集团一定能在创世界级产品、世界级品牌的基础上，向着“办百年强企”的第三个目标稳步迈进。

2. 典型示范

人的行为改变主要来自模仿，因此，榜样的力量是无穷的。企业文化建设更是如此，先进人物的行为具有很强的示范作用和对理念的诠释功能，可以成为员工看得见、学得来的榜样，使广大员工从他们身上直接感受企业价值观和企业理念，从而产生认同心理和模仿心理。

中国平安保险公司的使命是“对客户负责：服务至上，诚信保障；对员工负责：生涯规划，安居乐业；对股东负责：稳定回报，资产增值；对社会负责：回馈社会，建设国家”。由此把儒家思想的“仁、义、礼、智、信、廉”作为企业经营的基本价值取向。那么，如何锻造平安精英文化、使企业价值观被广大员工认同呢？平安要求各级管理者首先成为精英，因此设立了“平安勋章”“合理化建议奖”进行鼓励。公司每年都组织一次寿险高峰会，表彰文化精英，让业绩最佳的营销人员担任会议的“会长”，主持这场自我教育、自我激励活动。平安公司还成立了平安产险“明星俱乐部”，鼓励产险业务员争当明星。

企业不仅可以定期评选表彰模范践行核心价值观的先进集体和个人，而且可以选择群众基础好的企业文化代表人物有意识地培养和塑造，不断总结其先进事迹和优秀品质，在时机成熟后加以推广。这些优秀人物会对企业文化实施和价值观群体化起到有力的促进作用。当然，在评选、宣传先进典型时切忌名不符实或“高大全”，否则适得其反。

3. 以老带新

新员工总是容易受到老员工的影响。他们不仅学习老员工待人做事的方式方法，而且通过老员工的言谈举止去了解企业和感受企业文化。为此，一些企业抓住新员工入职的契机，通过以老带新的方式来教育和引导，使新员工全面认识和准确理解企业核心价值观等企业理念，收到了较好效果。

具体而言，企业经常采用新员工向老员工拜师、指派有经验的老员工担任新员工的职业教练或导师、开展新老员工“一加一”结对活动等形式。近年来，中铁五局建筑公司机械分公司针对人才队伍“老化”现象，创新思路，发挥以老带新作用，督促顶岗实习生和指导师傅签订师徒协议，建立起“以师帮学、以师带徒”“以老带新、以新促老”的学习新机制，以协议形式明确了双方的责任和权利。公司领导在师徒协议签订仪式上表示，希望师傅在工作中承担起责任，通过总结岗位技术和技能，毫无保留地传授给徒弟，特别是要把企业文化的内涵和企业精神传导教授给徒弟；希望徒弟学习师傅认真做事、甘于奉献的精神，以及有效的工作方法，尽快掌握工作技能，快速成长。

在以老带新过程中，也难免出现“老”对“新”的负面影响，我国有些民营企业甚至发生师徒一起跳槽的现象。对此，企业不能一味指责员工，不但要在“老”的选择上下功夫，挑选那些真正信奉企业价值观、模范践行企业文化的老员工，而且更要在企业文化建设上下功夫，真正营造一种事业留人、感情留人、待遇留人的良好环境。

4. 传播渠道

作为宣传推广的载体，企业文化传播渠道是价值观群体化的基本途径。在本书第四章，已经对企业文化传播网络及各种渠道有过介绍。从促进价值观群体化的角度，传播渠道建设应从内容和方式上注意：①正本清源，即企业主要领导者直接演讲、撰文阐述对核心价值观等理念的内涵及要求，避免曲解和歪解；②自我教育，即发动员工来讲述对企业价值观的理解与实践体会，这样容易引起其他员工心理共鸣；③小题大做，即透过从普通员工的小故事来阐述企业价值观的大道理；④细水长流，即长期坚持对企业价值观的宣传，避免“一阵风”；⑤防微杜渐，即注意不符合企业价值观的认识和行为倾向，及时加以纠正。

5. 主题活动

集中开展企业文化建设的主题活动，举办主题鲜明突出、内容丰富深入、形式多样生动、全员广泛参与的系列活动，是进行企业价值观宣传教育、实现入脑入心的有效手段。中国工商银行在全行开展“建设一流企业文化，培育服务价值理念”主题教育活动，通过“文化感言”征文、“工行情·文化行”图文征集、提升服务价值“金点子”评选等活动，使员工进一步树立了“服务创造价值”的先进理念；同时，各地分行还组织开展了企业文化巡回宣讲、企业文化知识竞赛等活动，充分利用网站、内刊、文化长廊等多种渠道、多种方式传播企业文化，营造了生动活泼的氛围，使员工逐步加深了对企业文化内涵的感悟，进一步理解了“工于至诚，行以致远”的工行价值观。

企业在开展主题活动时，一要围绕核心价值观和主要理念，加强顶层设计；二要从实际出发，贴近员工、贴近企业、贴近实际，注重实效，寓教于乐；三要重质不重量，在精不在多，把握好活动强度和节奏，避免影响正常的生产经营工作。

6. HR等制度

在企业制度中，招聘制度、岗位责任制度、分配制度、奖惩（激励）制度、员工行为规范等与人力资源（human resource，HR）管理有关的规章制度，对员工价值观的影响最为直接和深刻，对于价值观群体化的作用最为显著。制度是否符合和反映企业核心价值观，是HR等制度设计的关键。

例如，美国诺世全（Nordstrom）百货公司每名员工都有一张5×8英寸卡片大小的员工手册，印着“我们的第一要务是提供杰出的顾客服务”和诺世全的“第一条规定：运用你良好的判断力应付所有状况。除此以外别无其他规定”。寥寥数语，充分体现了公司恒久不变的核心价值观“服务顾客重于一切”。同时，诺世全由员工自行设定每小时的销售目标，如超过就可以得到净销售额10%的佣金，如未达到则只能获得基本的小时工资。而且，如果每小时的销售额目标定得较高，员工就可以选择较好是时段上班，获得更好的晋升机会。

7. 保障因素

企业标识、环境、工作生活设施、公共关系用品等，构成企业核心价值观的物质保障和支持系统。

存在决定意识。包括价值观在内，人的观念、意识、情感等均是所处的物质环境决定的。如果企业物质环境能充分体现核心价值观，那么员工自然而然会受到潜移默化的影响，在内心产生对核心价值观的认同。青岛的海尔总部大楼是一个典型的中式风格建筑，大屋顶，大红灯，表明它是充满活力的民族企业，很好地体现了海尔“敬业报国，追求卓越”的理念。在麦当劳的每家连锁快餐店，简捷醒目的标志，简明的色彩和空间设计，简洁紧凑的家具和餐具，节奏轻快的音乐，都折射着它为顾客提供快捷的就餐服务的宗旨，体现着“质量、服务、清洁、实惠”的企业理念。

人是环境的产物，在人与环境的交互作用中，既有人们对环境的认识和改造，也有环境对人的感染和教化。面对海尔大楼中一尘不染的走廊、卫生间，窗明几净、干干净净的车间，员工们会谨慎地约束自己的行为，注意工作质量和细节。

第三节　热点：企业文化“落地”之法

文化的表述往往都很抽象，企业文化理念同样如此。如何使这些抽象的理念具象化、人格化，如何变无形为有形并具有可操作性，让成百上千的人正确理解、广为认同、变成行动？这是企业文化实施中，让企业领导者感到最为困难的地方。很多企业虽然设计好了一套目标文化，却难以在企业落地生根、开花结果，无法转化为强大的文化力。为此，本节将结合理论研究和中外优秀企业的实践，介绍使企业文化“落地”的思路和方法。

一、软管理“硬化”

软与硬，是企业管理的一对矛盾，也是企业文化建设必须处理好的辩证关系。满足于喊口号，流于表面，是当前我国企业文化建设中一个普遍的问题。企业文化包括三个相互依存、缺一不可的层次，如果只重视理念层建设，而缺乏制度行为层、符号物质层的支持和保障，理念层就将成为空中楼阁。因此，将软管理"硬化"，是企业文化落地的第一个思路。

1. 制度要"硬"

群体价值观、规章制度都是企业文化的组成部分，群体价值观是"软"的部分，而制度和行为规范则是"硬"的部分。

制度和纪律是强制性的、硬的，但它们靠企业精神、共同价值观等得到自觉的执行和遵守；企业精神、企业道德、企业风气是非强制性的、软的，但其形成的群体压力和心理环境对员工的推动力又是难以抗拒的、硬的。这种软环境的建立和维持，一点儿也离不开通过执行制度、进行奖惩等来强化。

制度的"硬"，首先是在企业文化建设的时候，既要重视企业理念的创新和构建，又要注重制度的改革和健全。尤其是制度体系要与企业理念一致，这样可以通过制度实施来推动理念认同。

以一系列"硬"制度来规范员工行为是有效手段之一，但它并不是一种惩罚工具，而是起到一种提示作用，是用纸面化、条文式的制度来宣传、倡导员工的某种行为。软环境保证硬管理，硬环境强化软管理，这就是文化管理的辩证法。

2. 机制要"硬"

健全而富于特色的制度行为层是企业文化的突出特点，各种制度构成了一个严密的管理机制，集中体现企业理念并和谐地统一起来，可以成为企业成功的有力保障。

零售业巨人沃尔玛就是一家把企业文化落到实处的公司。创始人山姆·沃尔顿提出"员工是合伙人"的企业口号。他说："这些高技术的设备离开了我们合适的管理人员，和为整个系统尽心尽力的员工，都是毫无价值的。"鼓励杰出员工，让他们成为企业真正的"合伙人"，是沃尔玛成为世界顶级公司的法宝。因为沃尔顿并没有把这一观点作为宣传用语，而是把它落到了实处。他把"员工是合伙人"这一概念具体化为三大机制，即利润分享机制、雇员购股机制和损耗奖励机制。

1971 年，山姆开始建立利润分享机制，他使每名在沃尔玛工作 1 年以上，以及每年至少工作 1 000 小时的员工都有资格分享公司利润。通过一个与利润增长相关的公式，把员工工资的一定比例纳入此计划，员工离开公司时，还可以取走这部分钱。接着他又开始建立员工购股机制，即让员工通过工资扣除的方式，以低于市值 15%的价格购买股票。凭借这个计划，沃尔玛 80%的员工拥有了公司的股票，剩下 20%基本上是不够资格的。最后一个机制是损耗降低的奖励机制。这项制度针对损耗及偷窃这一超市的大敌，通过与员工共享公司因减少损耗而获得的盈利，对有效控制损耗的分店进行奖励，使沃尔玛的损耗率降至零售业平均水平的一半。

由此可见，如果把"员工是合伙人"的理念挂在嘴上，它只不过是一句动听的口号，毫无实际意义，只有把它落实在管理机制中，才会令它大发神威，证实文化管理的巨大魅力。对于一个企业来讲，光有漂亮的理念表述是不够的，还需要用具体的机制和制度来保证。

3. 推动要"硬"

抓而不紧等于不抓。企业文化实施是冲破旧文化、建立新文化的过程，必然会遇到很大阻力，因此需要有力的推动。

首先，要形成坚强有力的领导。鸟无头不飞。领导者的决心关系到企业文化建设的成败，领导团队是企业文化实施最有力的保证。有些领导者自己决心很大，但没有使领导团队达成共识，没有形成有影响力的少数，结果使企业文化实施阻力重重。建立一个相对稳定、高度共识的领导团队，用钢铁般的意志不为习惯势力所阻挠，及时解决建设中出现的种种问题，百折不挠地推动企业文化实施。当然，对一些认识上的阻力，需要领导者有耐心、有恒心，本着滴水穿石的精神常抓不懈，才能收到良好效果。

其次，要建立执行力强的专职部门。有了企业文化建设职能部门，实施工作才能真正“硬”起来。有些企业成立了企业文化部（处），有些则由党委宣传部、总裁办公室、人力资源部主抓，但关键是领导要充分授权，配备足够力量，使之切实行使职权、负起责任、发挥作用。

最后，考核要硬。为了有效推动，应将企业文化建设列入考核和奖励体系：对于文化建设工作出色的部门和个人，其绩效评价较高，薪酬也高，并且还会获得各种荣誉和奖赏；那些轻视和工作不力的部门和个人，其绩效评价较低，薪酬也较低，并且还会遭到批评和惩罚。这就能使企业文化建设“硬”起来，做到事半功倍。

二、“虚功”实做

虚与实，是企业文化建设的另一对矛盾。作为企业的意识形态，企业文化特别是理念层看不见、摸不着，如何植根到广大员工的心中？办法就是“虚功”实做，包括制度落实、工作落实、投入落实等。

1. *制度落实*

有的企业在建立规章制度上投入很大，各种制度也可谓很健全，但是却没有在制度的遵守和执行上面下功夫，结果导致规章制度形同虚设。在中国企业，这种“有法不依”“执法不严”的现象并不在少数。推进企业文化实施，不仅要依据企业理念建立制度，而且要严格执行制度，这样才能发挥制度的保障作用。

1996 年成立的宁波方太厨具公司（方太集团），一开始就推行人性化管理，重视企业文化建设，确立了“让家的感觉更好”的方太使命，倡导“真诚、敬业、学习、创新”的企业精神。在企业文化建设中，方太公司不但重视教育引导员工、积极培育企业精神，通过导入 CI 等措施树立企业形象，而且制定了企业“宪法”，编制了企业文化手册、质量手册、员工手册、服务手册等制度规范，使各项工作有章可循，逐步实现人治向法治的转变。特别是企业“宪法”从制度上保证了每名员工的责任和权利，把公司利益和员工利益捆绑在一起。

按照企业“宪法”，方太坚持拒绝短期行为和员工只向上级负责的行为，着眼企业长远可持续健康发展，逐步把依靠个人能力来经营企业的英雄行为转变为依靠正确原则和价值观来经营企业的组织行为。公司还根据实际，提出了融合制度管理与现场管理于一体的“问题管理”制度，形成提出问题、研究问题、解决问题的机制。这不但使管理层次扁平化，而且使得现场管理更有针对性，成为独具特色的一种管理模式。

同时，公司领导将企业名称阐述为“方为品质，太乃境界”，认为“方”是做人的品质，要方方正正、踏踏实实；“太”是做事的境界，要追求卓越、做到最好。先方后太，就是先做人后做事。为此，方太注重提高员工素质，首家开设了企业“孔子堂”来推行儒家思想教育，向员工讲授《三字经》《弟子规》等，引导员工践行企业社会责任；积极建设学习型组织，从2003年开始每月一次管理层聚在一起分享读书心得，每年请专家进行大规模的全员培训。在制度的推动下，方太“人品，企品，产品三品合一”的核心价值观深入人心，转化为员工努力工作、奋发向上的动力。

只要制度建设是依据企业核心价值观进行的，那么制度就能以实载虚、以实务虚，保证企业理念能够落地生根，促进企业文化实施。

2. 工作落实

韩非子曾说：“天下之难事必作于易，天下之大事必作于细。”企业文化建设尤其如此，它是由许多具体工作组成的，每个环节都要做细做实。

万向集团曾有这样的故事：总经理让负责人把员工的生日蛋糕亲手送给员工，但这位负责人感觉太麻烦，就给员工一张票，让自己去领。老总得知后，开除了这位负责人，因为他没有理解和落实老总的企业理念。可见，领导者对贯彻企业理念是何等重视！企业文化正是从一点一滴体现出来的，如果具体工作不落实，只喊几句口号，根本行不通。

“慎易以避难，敬细以远大。”企业文化的落实要从细处、小处着手，集腋成裘、积少成多。英特尔是世界上第一家突破万亿美元大关的企业，在公司内有一项“清洁大使”制度，请一些资深管理者任“清洁大使”，在办公楼内检查卫生，如果发现哪里不合格，就要给予公布，直到合格为止。看似琐碎的工作都如此重视，英特尔行事严谨的工作作风可见一斑。

三星集团创始人李秉哲坚持“君子之仕也，行其义也”的信念，要求员工要有质量第一、事事第一、利润第一的“三个第一”精神，懂得利润的前提是质量和信誉。为落实三星企业精神，他制定了“三星人生活守则”，包括10项要求：每天清晨六时起床；养成节俭朴素的生活习惯；节省物资；苦干实干，决不懈惰；自动自发，完成分内工作；公私分明；要养成至少积蓄10%的薪水的习惯；爱本公司产品；不用外国货；出差回国不带礼物送人。这真是想到了细微之处。

其实，企业文化建设就是由极细小的事情构成的，而每一个细节背后都隐约可见企业的核心理念。

3. 投入落实

企业文化建设是一项长期而艰巨的任务，需要自上而下的人员配合，需要人财物等各方面投入作为保证。

如果人员不到位，组织不落实，推行企业文化建设就会有心无力。组织落实主要包括三个层面：一是领导者要扛大旗，发挥主导作用和示范作用；二是领导团队要努力推，形成有效的体制机制；三是常设机构（职能部门）要长期抓，把各项任务落到实处。

有的企业存在认识误区，认为企业文化建设不需要多少财力物力投入，只要讲讲就行；也有的企业家从减少支出、降低成本的角度，根本不愿意投入。这种只算经济账的想法是很片面的。

其实，企业文化建设与企业其他工作一样，也需要物质保证。例如，请专家进行企业文化咨询和策划，开展企业文化建设活动，推进学习型组织建设，改善企业环境，塑造企业形象，对文化建设先进单位和个人予以必要的物质奖励，这都需要资金和场地、设施等投入。同时，企业文化建设的投入，实际上就是增加企业的文化资本，这是企业所有投资中回报率最高的。种瓜得瓜，种豆得豆。只有进行持续的必要投入，才能结出优秀企业文化的硕果。将企业文化建设所需经费纳入预算，不失为保证投入的有效措施。

三、企业文化人格化

理念的表述往往比较抽象，很难准确理解和把握。如何使抽象的理念具象化，成为企业文化落地的重要一环。其解决办法之一，就是把看似难以把握的理念通过人格化的途径展示出来，就能化无形为有形，变抽象为具体，使员工能够感知、体验和践行。

企业核心价值观和企业道德等最终要体现在企业领导者和员工的行为当中，因此，必然要涌现出许许多多符合企业文化要求的典型人物和事迹。在企业文化实施时，凭借这些突出人物的事例，比空洞的说教更加形象，更易被人接受。因此，从员工中选择和培养企业文化的代表人物，是企业文化实施的有效手段。但要注意这些先进人物的选择一定要有群众基础，有感染力、号召力。

北京同仁堂300多年生生不息，是中国企业的常青树。这与同仁堂长期保持优良的传统文化和核心价值观是分不开的。同仁堂十分重视先进员工典型事迹的宣传，把大量代表企业文化发展方向的人和事编写成书，在员工中广为流传。“人参王”贾贵琛就是一个代表，他14岁学徒，在中药行业干了60多年。贾老掌握一手中药鉴别的绝活儿，恪尽职守，默默奉献，被称为同仁堂的“参天大树”。他的行为和精神，鼓舞着所有同仁堂人。在同仁堂内流传着许多关于贾老的故事，员工耳熟能详。他经常为病人义诊，上到中央领导，下到布衣百姓，分文不取。每年要看千人以上，许多病人为感谢贾老，送来礼金、礼品，都被拒绝了。有一些经营药材的商人，推销的贵重药材中不乏伪劣产品，就经常给贾老塞红包，而均被严词拒绝，被供应商称为同仁堂的“门神”。他以实际行动践行着同仁堂“修合无人见，存心有天知”的道德观。

很多企业以这类优秀员工作为榜样，使企业文化人格化。大庆油田把王铁人作为旗帜，大力弘扬“铁人精神”；太原钢厂以李双良为榜样，大力弘扬“双良精神”；北京百货大楼以张秉贵为榜样，大力推广他的“一把抓，一口清”的服务模式。这些企业的做法说明，通过典型人物的宣传，使抽象的企业价值观变成具象的现实，看得见摸得着，便于学习和践行。

四、领导者示范

企业文化从某种意义上讲是企业家经营管理理念的集中体现。为了使企业更具竞争力，企业家必须引导员工的行为和心智模式。领导的示范作用是企业文化建设的关键。示范是一门艺术，又是一门必修课。没有领导者的示范，企业文化就像一棵无根的草。

1. 巧妙引导

韦尔奇不仅善于通过“数一数二论”来合并改组，而且还在“软件”上成功地改变了GE员工的心智模式。他指出：如果你想让车再快10公里，只需要加一加马力；而若想使车速增加一倍，你就必须要换铁轨了。资产重组可以一时提高公司的生产力，但若没有文化的改变，就无法维持高生产力的发展。

在 GE 的三大理念中，自信格外受到韦尔奇的重视，并把“永远自信”列为美国能够领先世界的三大法宝之一。他分析道：迅捷源于精简，精简的基础是自信。如何让员工执行这一看似简单的理念呢？韦尔奇通过对员工的放权和尊重他们，用他的话讲就是“掐着他们的脖子，你是无法将自信注入他们心中的。你必须要松手放开他们，给他们赢得胜利的机会，让他们从自己所扮演的角色中获得自信”。

一个好的表达，会使领导者的理念更好地被员工所接受。韦尔奇讲三大理念之一的“速度”时，用了两个形象的比喻——“光速”和“子弹列车”，这也是他很爱用的词。他坚信，只有速度足够快的企业才能生存。当这两个词被员工广泛传播之时，韦尔奇的观点便被大家所接受了，那就是“世界正变得越来越不可预测，而唯一可以肯定的就是，我们必须加快来适应环境”。于是，大家行动起来了，使信息流传递得更快，产品设计得更易打入市场，组织的调整则更便于快速决策。这些成果与他对理念的巧妙解释不无关系。

2. 以身作则

常言道上行下效。文化变革需要领导者用示范来加以引导，尤其在新文化确立之初，更需要领导者以身作则、率先垂范。

英特尔公司确立了 6 项准则：客户服务、员工满意、遵守纪律、质量至上、尝试风险和结果导向。为了贯彻这些准则，公司首先培训高层管理者，就是看到了高层管理者具有很强的示范作用。

英特尔原总裁巴雷特说，如果有什么关键因素指导我们推进企业发展，那么这个关键因素就是企业文化。20 世纪 80 年代，全球兴起“走动式管理”，就是强调领导者的身先士卒、深入基层，故又称“看得到的管理”。巴雷特每年都要巡视英特尔在美国国内所有的工厂，并成为工作惯例。人们给了他“环球飞行管理者”的称呼。他也把家安在了最大的制造基地，而不是在硅谷的总部。

在芯片制造上，日本企业给英特尔带来了很大竞争压力。为了实现公司质量至上的信念，巴雷特不停地向购买芯片的大客户询问，听他们在日本供应商处的见闻，还亲自到英特尔的日本合作伙伴处作调查。他研究每一条有关竞争者如何设计、管理业务的各种信息，从公开的和学术的不同渠道的信息来激发灵感，同广大员工一起从头到尾改进了英特尔的制造流程，保证了技术制造上的领先。这就是领导示范的作用。

相反，美国一些投资银行虽然高调宣扬社会责任，但是管理人员却只顾个人利益，在企业账务缠身的情况下仍然千方百计索取高额的薪酬和奖金，结果在美国次贷危机爆发后引发了严重的国际金融危机，像雷曼兄弟这样曾经的美国第四大投资银行等著名企业不得不破产，把经营不善的责任推向了投资者和社会。

种瓜得瓜，种豆得豆。领导者严于律己、一心为公，带出的是优秀企业文化和能打硬仗的员工队伍；领导者宽以待己、自私自利，形成的必然是不良文化和一盘散沙。

3. 行动巨人

领导者不能只做言词巨人，还要做行动巨人。企业文化建设尤其需要“行胜于言”。没有行为要求的企业理念，只是头头是道的空话。

仍以韦尔奇为例，他坚信简单意味着头脑清晰和意志坚定，其内涵分别是思维集中、流程明晰。如何贯彻呢？针对前者，韦尔奇要求所有经理人员必须书面回答他设定的策略性问题，问题涉及自身的过去、现在和未来，以及对手的过去、现在和未来。这样就使管理者明白什么是真正需要花时间考虑的问题，而书面表达出来就需要把在思考上条理清晰。针对后者，他要求为各项工作勾画出流程图，从而清楚地提示每一个细微步骤的次序与关系。一旦流程图画出，就会发现哪些环节可以删除、合并和扩展，使作业速度与效率有所提高。韦尔奇就是这样用行动来引导和培训部下，保证了GE文化层层落实。

对于企业，务实是生存之本，空谈是失败之因。空洞深奥的理念，只会给员工带来困惑不解。只有通过实际行动，才能使正确的理念得以体现、产生价值。为此，领导者需要就一些行动做出示范，带头做到言行合一，员工才能心服口服、见诸行动。

五、反复强化

研究发现，当行为的结果有利于个体时，这种行为就可能重复出现，行为的频率就会增加。这种现象在心理学中被称为“强化”。

企业文化落地，不仅需要员工在心理和思想上认同，而且更要在行动中体现。改变过去的行为习惯，形成符合企业文化要求的新的行为习惯，绝非一朝一夕之功。为此，可以利用强化理论，进行反复强化，让员工从中自觉体会企业理念及具体要求，直至符合企业文化的行为习惯牢固建立起来。

1. 情境强化

摩托罗拉公司坚持“精诚为本与公正”的理念，注重用企业责任感教育员工，要求员工必须为顾客提供最佳的服务。公司的伦理顾问爱罗斯常年用一个案例来教育和提高摩托罗拉经理层人员：案例发生在1992年，EIAI公司的货机在阿姆斯特丹遭遇空难，造成这场灾难的原因主要是引擎螺栓的设计问题，波音公司的主要责任是设计上的错误和质量控制上的疏漏。实际上，波音很早就已发现这个问题，但未引起足够重视。爱罗斯就是用这个沉痛的教训告诫摩托罗拉的经理们：必须认真对待产品反馈信息，不断改善产品设计。摩托罗拉之所以引用这类事故案例，不是制造恐惧感，而是用情境来强化员工的道德观念和责任感。每位员工由此知道，人的行为虽然不可能至善至美，但追求技术和产品质量的不断完善是每位员工神圣的职责。

中国也有海尔公司当众砸冰箱的著名故事。那时，海尔叫作“利博海尔”，正处于卖方市场，难免“萝卜多了不洗泥”，产品质量问题较多，张瑞敏决心狠抓质量。厂方检查出76台不合格冰箱，怎么办？领导班子中，有人主张“修一修卖出去”，张瑞敏主张“全部砸成废铁”。于是，一个别开生面的现场会开始了：76台冰箱被分成几堆，每一堆前站着质量责任单位的车间主任，他们的任务是把眼前的一堆冰箱砸成废铁。工人们看着自己的车间主任挥汗如雨地砸冰箱的情景，深受震撼，有人甚至激动得哭起来。此情此景，刻骨铭心。此后，工人们生产时十分重视质量，眼前总会浮现出车间主任砸冰箱的情景。

众所周知，质量最重要，但质量意识最难形成。质量第一、质量是生命，成为许多老总的口头禅，但在工人那里就是耳旁风。张瑞敏砸冰箱之举，就是利用情境的视觉冲击力，达到了触及心灵的目的。

企业理念是抽象的，不易把握，更不易入脑入心。怎么克服这一企业文化建设的“瓶颈”呢？“情境强化”是一把金钥匙。如果情境设计得巧妙，就可以发挥其视觉冲击力大、印象深刻等特点，增强心灵震撼力，收到振聋发聩之效，有效地把企业理念渗透到员工的内心深处。

2. 活动强化

GE 公司有一条经营理念“做行业的第一或第二”，即只保留在市场上出类拔萃的业务，不符合的则出售或关闭，同时购进服务性企业和高科技企业。为使这一理念深入人心，达成共识，公司用“自由辩论”来大范围沟通。韦尔奇认为，真正的沟通不是演讲、文件和报告，而是一种态度，一种文化环境，是面对面交流，是双向互动。他指出，只要花时间面对面沟通，大家总能取得共识。在 GE 培训中心，员工和总裁可以当面辩论，也可以发泄不满和提出建议，先后有 20 多万人参与了这项活动。

开展针对性活动，让员工在参与中增强认识、达成共识，就是企业文化建设的“活动强化”。统一认识最好的办法就是在参与中同化，最让人感到合情合理的事，员工最容易接受。人们对任何新事物的接受总有一个过程，对于企业文化理念的接受也是如此。让员工参与企业文化建设，对转变员工理念很有好处。需要注意的是，这种参与往往不是在决策的时候，更多的是在执行当中。也就是说，领导者在作出变革决策之后，为了推动变革而组织的参与活动。

人非草木，孰能无情。松下公司提出“人人是总裁”的管理理念，人人都站在总裁的角度考虑问题，自然会形成全局观点，这就是企业文化建设的基石。东芝公司有一项“社长室开放”制度，即每天早晨上班前半小时，公司高管或普通员工都可以到社长室，面见社长，交换意见，提出建议。把管理者位置放低，鼓励员工参与是优秀企业文化的表现。

越是大范围的员工参与，宣传鼓动效果就越明显；同时，员工的行为由于可以相互模仿和影响，改变就会越加迅速。“活动强化”之道，就是借用“从众心理”的原理来推广企业文化。

3. 风俗强化

在松下公司，每天早晨全体员工集合在一起，升起公司旗帜，齐声高唱《松下之歌》。员工在仪式中领悟松下之道，思考人生的意义，把公司文化深深印在自己心中。久而久之，“朝会”就从仪式变为企业的风俗。

这种做法不但在松下公司，而且很多日韩企业都有，也为不少中国企业所效仿，成为企业文化建设的有效方式——“风俗强化”。主要做法是联系员工实际，借助某种习惯性的做法、仪式和情景，用看得见、摸得着的方式使员工随时想起企业理念，用以指导自身行为。

“四海之内，心手相连，选择平安是你我的心愿……”身居祖国四面八方的 10 多万名中国平安保险公司员工，每天清晨于同一时间，高唱公司之歌《平安颂》。在不经意之间，温馨的旋律化为滴滴甘露，滋润着每位员工的心田，就连平安的客户也有一种温暖亲切的感觉。此外，平安保险还精心策划了一系列活动，如周年庆典、中秋晚会、平安夜、平安运动会等，塑造一种简朴务实、气氛热烈的工作生活环境，让员工真正感受到家庭一般的温暖，使“依存于平安，奉献于平安，发展于平安”的理念入脑入心。

学不如好，好不如乐。企业文化的最终目标，是要让员工沉浸在企业大家庭的温暖之中，沉醉于创造性工作的快乐之中。企业领导者可以运用企业风俗，营造一种融洽快乐的工作氛围，感染和陶怡员工的心灵，使企业理念不知不觉中深入人心。

4. 奖惩强化

前面讲到，完善激励机制是企业文化建设的五个主要环节之一。正确运用奖励和惩罚的手段，能够使符合企业理念的行为得到保持、反复出现和不断加强，使违反企业文化的行为减少甚至消除。因此，"奖惩强化"也是几种强化手段中比较硬的一种。

在奖惩强化的时候，要正确选择强化的方式。行为科学将强化方式主要分为正强化、负强化、自然消退和惩罚四种。很多企业领导者往往只会使用正强化一种方式，结果奖金越发越多、效果却越来越差。聪明的领导者则善用负强化。例如，对生产一线的新员工进行安全教育，在讲解的同时，配以违反安全规定造成不良后果（如人身伤亡）的各种案例和图片、视频，可以促使新员工在今后严格遵守安全操作规程。又如，银行组织新员工到监狱参观，了解经济、金融领域的犯罪案例，从中受到警示教育，自觉引以为戒。

自然消退是指对员工的某种言行不予回应，以表示轻视或一定程度的否定，从而使该员工的这种言行减少。比如，企业领导者对于有些员工出于个人目的进行的夸大其词的赞扬和奉承，就可以装作没听见，不予回应。这样既不让下属难堪，又表明了不希望再听到这种话的意思，就是利用了自然消退的方式。

惩罚的目的是杀一儆百。惠普公司生产电脑，其业务员人均一年完成100万元的订单，其中有一个人完成700万元，但公司非但未予嘉奖，反而开除了该员工。因为这700万元订单来路不正当，用了行贿等手段，虽然业绩比别人多了7倍，但是破坏了惠普文化、惠普形象、惠普传统。此事让惠普员工认识到，企业价值观是硬的而非软的标准，如果违背了，造成的损失远多于那几百万。

六、观念、故事、规范三部曲

企业文化建设的艺术之一是用真实的故事来说明问题，这是文化理念具象化的另一条渠道。"观念—故事—规范"三部曲，就是海尔创造出的有效做法，也可以称为"海尔模式"。所谓观念，就是领导者清晰阐明的企业理念；所谓故事，就是最能体现这一理念的典型事例；所谓规范，就是由观念外化成为各种行为规范。

海尔当初提出"对用户真诚到永远"的服务理念，引起员工普遍关注。但是，如何理解、如何实践这句话？大家觉得比较抽象，很难把握。于是，公司收集了许多故事，用以形象地阐释这一理念。有一年临近春节，北京一位用户的海尔彩电坏了，很着急。海尔北京分公司经理亲自上门维修，在双方约定的晚上8点到达，但这个用户不在，门上了锁，灯却亮着。怎么办？等！一直等到第二天早晨6点用户回来时，才进门维修。经理和助手整整在门外冻了一夜，邻居们请他们进屋休息，也被婉拒。这件事深深地感动了那位用户和邻居们，也充分体现出"对用户忠诚到永远"的最佳服务精神。诸如此类的故事，把抽象的服务理念具体化、形象化，变成可感受的、易把握的东西。

有了故事，知道努力方向，但还缺少具体的标准和行动的规范。于是，海尔又制定了一系列的服务规范，如"五个一""五不准"等，使海尔服务人员清晰地了解服务文化的标准和底线，久而久之，普遍达到较高的服务水平，从整体上做到了"对用户真诚到永远"，后来进一步升华为"以用户为是，以自己为非"的是非观。

无疑，"观念—故事—规范"三部曲是促使文化落地的成功经验，值得借鉴。

七、项目管理模式

中兴通讯是我国最大的通信设备上市公司，富有竞争力的文化无疑是公司持续快速发展的重要法宝。在企业发展的第二阶段，公司总裁侯为贵就提出了四条指导原则（核心价值观）："互相尊重，忠于中兴事业；精诚服务，凝聚顾客身上；拼搏创新，集成中兴名牌；科学管理，提高企业效益。"这些原则现已成为中兴文化的核心。与很多企业不同，据中兴的内部调查，员工对企业文化的认同程度超过97%。

中兴通讯是如何使企业文化落地的呢？他们的做法可以概括为项目管理模式——围绕企业急需解决的热点、难点问题，造势而为或乘势而为，集中兵力，从理念到办法，在领导班子进行研讨，最后变成解决问题的方案，直至实践见到成效。在这个过程中，形成企业文化新的具体内容。"中兴模式"的主要特点如下。

把企业文化建设分解为针对性强、目标任务清晰、措施具体的若干"工程"，一个阶段重点实施一项工程，集中解决一方面问题。例如，"企业形象工程"主要是抓住企业搬到现代化新厂房、新办公楼的时机，对员工的着装、仪表、行为规范作出统一规定；"凝聚力工程"主要针对2000年左右人才流失严重的现象，要求各事业部的领导人调查本单位人员流失的情况，分析原因，找出解决问题的办法，在领导班子研讨、汇总的基础上，制定企业提高凝聚力的47条措施，切实加以推动；2002年中兴通讯决定实施"国际化工程"。公司领导班子深入研讨国际化如何搞，并调整人事中心主任人选，把一位海外工作的中层干部调任总部，专门负责国际化的实施，迅速派遣大量员工去海外工作，基本上是先上岗后学习，迅速完成国际化经营布局，随后逐步形成了国际化的理念和制度。

这种项目管理模式的最大优点，是把企业文化建设与企业经营管理紧密结合，理念与具体问题同时解决，收效显著。

项目管理模式的关键环节是领导班子每月学习日制度。中兴通讯领导班子每月开两天会（周六和周日），一天讨论计划与市场，另一天是学习日。学习题目是上月布置的，或是读一本书，或是调查管理中新出现的问题和挑战（如企业形象、凝聚力、国际化问题等），每位领导都用笔记本电脑打出幻灯，系统汇报自己的学习成果，而30多名三级经理（中心主任、事业部副总）旁听，并负责给每位领导的学习报告打分。事实证明，这种学习制度是行之有效的，既解决了领导层理念统一问题以及理念更新问题，又解决了经营管理的具体决策问题。

企业文化建设是个长期不懈、动态完善的过程，贯穿于企业生命周期的全过程。在企业发展的不同阶段，企业文化实施的方式方法也有所不同。但是，如何推动企业文化落地始终都是关键。企业在借鉴他人经验的同时，一定要从本企业实际出发，创造性地开展工作，通过扎实的努力浇灌出企业文化的硕果。

第四节　企业文化实施的心理机制

作为微观的文化氛围，企业文化构成了企业内部的心理环境，影响和制约着广大员工的理想、追求、道德、感情和行为，发挥着凝聚、规范、激励和导向作用。一些企业之所以企业文化实施流于表面化、形式化，往往是由于企业领导者不了解文化建设的心理机制。本节将介绍主要的六种心理机制。

一、运用心理定式

人的心理活动具有定势规律——前面一个比较强烈的心理活动，对于随后进行的心理活动的反应内容及反应趋势均有影响。

企业文化建设的重要手段是干部和员工的培训。在对新员工、新干部的培训上，心理定式的作用十分突出。怎样做一名新员工、新干部，应该具备什么样的思想、感情和作风，在他们头脑中还是一片空白。通过培训，不仅可以提高其业务能力，更主要的是可以把企业的经营哲学、战略目标、价值观念、行为准则、道德规范以及优良传统，系统而详细地介绍给他们，并通过讨论、总结、实习加深理解，形成先入为主的心理定式，入脑入心。这样，从他们成为新员工、新干部的第一天起，就开始形成与企业文化相协调的心理定式，对其今后的行为加以指导和制约。

在对老企业的转型改造过程中，相应地要更新和改造原有的企业文化，首先要打破传统的心理定式，建立新的心理定式。随着企业从单纯生产型向生产经营型转变，从计划型向市场导向型转变，从单一目标向多目标转变，企业的经营哲学、战略目标、价值观念和行为规范也必须相应加以改变。事实证明，观念的转变绝非易事。企业的主要领导者应率先转变观念，然后通过参观、学习、培训等多种方式，组织各级干部和全体职工理解与掌握新的企业文化，形成新的心理定式。

许多企业的实践都表明，这种学习和培训是完全必要与富有成效的。海尔之所以能成功“激活休克鱼”，关键就是派去海尔文化中心人员，对兼并的企业干部职工宣讲海尔文化，使他们一开始就了解和认识海尔文化的巨大作用，形成强烈的心理定式。

二、重视心理强化

强化，是使某种心理品质变得更加牢固的手段。所谓强化是指通过对一种行为的肯定或否定（奖励或惩罚），从而使行为得到重复或制止的过程。

这种心理机制运用到企业文化建设上，就是及时表扬或奖励与企业文化相一致的思想和行为，及时批评或惩罚与企业文化相悖的思想和行为，使物质奖励或惩罚尽量成为企业价值观的载体，使企业价值体系变成可见的、可感的现实因素。许多企业制定的厂规厂纪、人力资源政策与制度，以及开展的诸如立功、五好评比、双文明标兵等活动，都发挥了良好的心理强化作用。

根据需要层次理论，人都同时存在多种层次、强弱不等的不同需要。企业所采取的强化措施，不但能满足员工的某种需要，而且能够产生特定的心理暗示，使他们有意识地使自己的行为导向组织所期望的方向。例如，授予热情服务顾客、销售业绩出色的员工“明星员工”称号并进行表彰，可以大大满足受表彰者的自尊需要和自我实现需要，在心理上激发出强烈的荣誉感和自豪感，在心中暗示自己今后一定要在服务上做得更尽心、争取更多的销售业绩、获得更大的奖励和荣誉；对于不按操作规程作业的员工予以批评，往往会使他们在以后的工作中经常想起车间主任严肃的表情和严厉的话语，暗示自己一定要遵守操作规程，不再犯同样的错误。银行让新入职员工参观监狱，看到金融犯罪的严重后果，同样也会对新员工产生心理暗示，让他们时时提醒自己遵纪守法。

在推进企业文化实施过程中，领导者要善于运用心理强化机制，巧妙发挥心理暗示的作用。有时候，领导者对员工符合企业文化的良好表现及时点点头或露出微笑表示肯定，都会产生很大的心理暗示，起到心理强化的作用。

三、利用从众心理

从众，是在群体影响下放弃个人意见而与大家保持行为一致的心理行为。从众的前提是实际存在或想象存在的群体压力，它不同于行政压力，不具有直接的强制性或威胁性。一般来讲，重视社会评价、社会舆论的人，情绪敏感、顾虑重重的人，文化水平较低的人，性格随和的人，以及独立性差的人，从众心理较强。

在企业文化实施中，企业领导者应该动员一切舆论工具，大力宣传自身的企业文化，并率先示范，动员骨干紧紧跟随，造成“从众”的大势。一旦这种行动一致局面初步形成，对个别后进员工就构成一种群体压力，促使他们改变初衷，与大多数人一致起来，进而实现企业文化建设所需要的舆论与行动的良性循环。

许多企业通过内刊、网站、宣传栏等传播媒体和宣传手段，表扬好人好事，讲解厂纪厂规，宣传企业核心价值观，等等，形成有利于企业文化建设的积极舆论和群体压力，促成员工从众心理，收到了较好的效果。对于企业中局部存在的不正之风和不良舆论，则应该采取措施坚决制止，防止消极从众行为的发生。

四、培养认同心理

认同，是指个体将自己和另一对象视为等同，引为同类，从而产生彼此密不可分的整体性的感觉。初步的认同处于认知层次上，较深入的认同进入情绪认同的层次，完全的认同则含有行动的成分。个体对他人、群体、组织的认同，使个体与这些对象融为一体，休戚与共。

为了建设优良的企业文化，企业主要领导者取得全体职工的认同，是一项首要的任务。这就要求企业主要领导者高屋建瓴，深谋远虑，办事公正，作风正派，以身作则，真诚坦率，待人热情，关心职工，善于沟通，具有民主精神。只要这样做，全体员工自然会视其为良师益友，靠得住、信得过的“自家人”。员工对企业主要领导者的认同感一旦产生，就会心甘情愿地把他所倡导的价值观念和行为规范，当作自己的价值观念和行为规范，从而形成企业领导者所期望的企业文化。

除此而外，还应着重培养员工对企业的认同感。为此，企业领导者应充分尊重员工的主人翁地位；真诚地倾听群众呼声，吸收员工参与企业决策和其他管理活动，同时，应尽量使企业目标与个人目标协调一致，使企业利益与员工的个人利益密切挂钩，并使他们正确地、深刻地认识到这种利益上的一致性。久而久之，全体员工就会对企业产生强烈的认同，这是企业文化的真正基础。当然，另一个重要的措施是把企业的名牌产品、企业的良好社会形象、社会各界对企业产品和服务质量的良好评价，及时地反馈给全体员工，激发大家的集体荣誉感和自豪感。对企业充满光荣感和自豪感的员工，必定对企业满怀着热爱之情，总是站在企业发展的角度思考和行事，自觉地维护企业的好传统、好作风，使优良的企业文化不断发展和完善，这是主人翁责任感的升华。

蒙牛集团办过“家庭特训营”项目，花四个月时间，针对所有中高管人员的家庭特别是配偶进行培训。一周五天，每天三个小时，把中国传统文化、蒙牛文化中的精华以更加生动的方式普及开来。有些课程会要求高管人员协同配偶、子女一起参加，从文化理念的角度引导他们重新反思工作、生活和做人的方式与价值。特训营结束时，这些特殊的学员编排了很多文艺节目来阐释企业文化，人人都掌握了蒙牛企业文化的讲解能力。很多高管都说：过去我们是在公司给下属讲企业文化，现在我们是回家听夫人给我们讲企业文化，牛总把企业文化落地到我们家里来了。

五、激发模仿心理

模仿，指个人受到社会刺激后而引起的一种按照别人行为的相似方式行动的倾向，它是社会生活中的一种常见的人际互动现象。

不言而喻，模仿是形成良好企业文化的一个重要的心理机制，榜样是模仿的前提和根据。企业中的模范人物、英雄人物，是企业文化的人格化代表。广大员工对他们由钦佩、爱戴到模仿，也就是对企业文化的认同和实践过程。

企业的主要领导者，首先应成为员工心中的偶像和自愿模仿的对象。身教胜于言教。作为企业文化的倡导者，其一言一行都起着暗示和榜样作用。耳听为虚，眼见为实。实际事件的意义对于个体观点的改变是极其重要的。美国三角洲航空公司的高级经理人员在圣诞节期间下去帮助行李搬运员干活儿，已成为公司的传统，并每年至少与全体职工聚会一次，直接交换意见，以实践“增进公司的大家庭感情”的经营哲学。日本三菱电机公司的总经理为了倡导“技术和销售两个车轮奔驰”的新经营理念，改变过去重技术轻销售的状况，亲自到公司零销店站柜台，宣传自家商品，听取顾客意见。这些领导者，不仅提出了整套的经营哲学，而且他们本人就是实践这些哲学的楷模。

企业领导者通过大力表彰优秀员工、先进工作者、技术革新能手、模范人物等，使他们的先进事迹及其体现的企业文化深入人心，就可以在企业职工中激发起模仿心理，这也是企业文化建设的有效途径。北京城乡贸易中心股份有限公司多年来坚持把培养、树立、推广先进典型作为教育员工、弘扬企业精神的重要途径。公司每年有组织、有计划地进行评选表彰，在员工中大张旗鼓地开展了向公司涌现出的北京市优秀共产党员、北京市劳动模范先进个人和全国“五一”劳动奖章获得者等先进集体的学习活动，使广大员工从先进典型事迹中受到鼓舞，吸取力量，积极向上。同时，积极引导员工在实践中锤炼企业精神，通过开展劳动竞赛、争创服务品牌、创建青年文明号、岗位技术练兵等活动，引导他们工作上恪尽职守，业务上精益求精，服务上争创一流。

六、化解挫折心理

在企业的生产经营活动中，上下级之间、同事之间难免发生一些矛盾和冲突，干部和普通员工总会在工作和生活中遇到各种困难和挫折。这时，他们就会产生挫折心理。这种消极的心理状态，不利于提高个人积极性，不利于职工的团结，不利于工作中的协同努力，不利于优良企业文化的形成。

如何化解员工的挫折心理，也是企业文化实施中应予以注意的问题。松下电器公司下属各个企业，都设有被称为“出气室”的精神健康室。当一个牢骚满腹的人走进“出气室”后，首先看到的是一排哈哈镜，逗人哈哈大笑一番后；接着在第二个房间出现的是几个象征老板、总经理、副总经理的塑像端坐在那里，旁边放着数根木棍。如果来者对企业的某方面有意见，怨气仍然未消，可操起木棍，把相应的企业负责人“痛打”一顿；最后是恳谈室，室内职员以极其热情的态度询问来者有什么不满、问题、意见和建议，并负责任地反映给有关领导，并事后给相关员工以反馈。

企业虽不必照抄松下的做法，但可以借鉴其重视员工心理保健的管理思想。中国的企业领导者可以通过座谈、个别谈心、家庭访问、职代会等环节，征求员工的批评和建议；通过深入细致的思想工作，解决矛盾，化解挫折心理，为企业文化建设创造和谐舒畅的心理环境。也有些企业引入了“员工心理援助计划”（EAP），也收到了不错的效果。

只要根据企业实际综合运用上述各种心理机制，我国企业文化建设就可以日益深入地开展起来，发挥出应有的巨大作用。

企业文化变革

古希腊哲学家赫拉利克特指出，唯一亘古不变的事物就是变化。企业文化作为企业的灵魂，尽管相对稳定，但又必然会随着企业发展而变化。企业文化的改变，有时可以被感知，有时又难以察觉；有的是企业主动变革和塑造的结果，有的又是被动的选择。高明的企业家，往往能及时敏锐地捕捉到企业内外环境的变化，未雨绸缪地进行文化变革与重塑，以推动企业的改革发展。

第一节　企业兴衰与文化变革

纵览现代企业的发展史可以看到，世界上那些存续时间长达数十年甚至上百年的企业，往往经历了多次重大社会变革，在这种变化的环境中不但改变了业务范围、经营方式、管理模式，而且它们的企业文化也往往经历过多次较为明显的改变。正是企业文化的变革，推动和促进了生产经营的改革，也使企业得以适应不断变化的环境。相反，不少昙花一现的企业，或者虽然曾经辉煌但最终又被市场淘汰的公司，其失败的一个共同的重要原因，就是企业文化没有及时进行变革。

一、福特汽车的兴衰

汽车是当今社会最为普及的交通工具。说到汽车，就不能不提到福特汽车公司。

1903 年，亨利·福特在美国底特律白手起家创办了汽车公司，开始实践自己让汽车大众化的理想。1908 年，福特公司生产出世界上第一辆属于普通百姓的汽车——T 形车，由此引发了世界汽车工业的革命。1913 年，福特公司开发出世界上第一条流水线，这一创举使 T 型车产量一共达到了 1 500 万辆，创造了一个至今仍未被打破的世界记录，亨利·福特为此被尊为“为世界装上轮子”的人。

亨利·福特不仅开启了福特汽车的传奇，也奠定了福特文化的基石。直到今天，公司仍然坚守着他提出的理念：“消费者是我们工作的中心所在。我们在工作中必须时刻想着我们的消费者，提供比竞争对手更好的产品和服务。”1999 年，《财富》杂志将老福特评为

“20世纪商业巨人”，以表彰他和福特公司对工业发展的杰出贡献。有管理学家认为，他成功的秘诀只有一个：尽力了解人们内心的需求，用最好的材料，由最好的员工，为大众制造人人都买得起的好车。

尽管福特公司早期发展迅速，十几年时间就成为世界上最大、盈利最多的制造企业，并在美国汽车市场获得了近似垄断的地位，但是到1927年，公司却摇摇欲坠，失去市场领先优势，接下来的20年几乎每年都亏损。1944年，亨利26岁的孙子福特二世在毫无经验的情况下接管了公司，两年后又将自己的爷爷从管理最高宝座上赶了下去，引进了一套全新的管理班子，拯救了公司。

这次管理革命，实际上是企业文化的一次重大变革。通过变革，福特公司抛弃了落伍陈旧的“以生产为导向的企业文化”。德鲁克曾这样评价：“老福特之所以失败是由于他坚信一个企业无须管理人员和管理，他认为，他需要的只是所有者兼企业家，以及他的一些助手。福特与他同时代的绝大多数国内外企业家不同之处在于，他所做的每一件事，都毫不妥协地坚持其信念，他实现其信念的方式是，他的任何一个助手，如果敢于像一个管理人员那样行事、做决定或者没有福特的命令而采取行动，那么无论这个人多么能干，他都要把这个人开除。”由此可以看出福特公司原有文化的根深蒂固，以及当时导致衰落、出现危机的原因：其文化的核心价值观无法适应市场竞争加剧的外部环境。

随后，福特汽车在全球各地逐步建立起了庞大的生产网络，但由于市场高速膨胀，形成了各分公司各自为政的局面。20世纪70年代日本经济崛起，在日本汽车公司低价高质的强硬竞争面前，福特公司节节败退，市场占有率逐年下降。

面对危机，福特公司重整旗鼓，展开全面改造，采用裁员来降低成本，陆续开发多项产品质量改革项目。经过八九十年代的改革阵痛，福特公司重新振作起来，再次以注重品质、价格合理、注重经营市场确立了自己的地位。同时，在企业观念、文化上进行深层次改革，明确内部必须真诚合作，整体面向顾客，建立以顾客为导向的企业文化。

1998年，为了确保这一目标的实现，董事会决定任命澳大利亚生长、曾任欧洲区总经理的雅克·纳瑟担任CEO。董事会赋予他的使命是：打破各分公司、各事业单位、各功能部门各自为政的局面，使福特成为一家真正注重顾客需求、团结统一的全球性公司。纳瑟是如何实现这一目标的呢？

福特汽车新型企业文化的四要素是全球化理念、注重顾客需求、保持持续增长、向领先者学习。在纳瑟领导下，实施了一系列改革培训计划，从高层管理人员开始逐步推行新型企业文化，主要由巅峰课程、中层管理人员互动训练、实习伙伴课程、公开商业对话四个部分组成。例如，公开商业对话的时间一般是每周五傍晚，纳瑟会发一封电子邮件给全球的福特员工，阐述自己的经营理念和思路，倡导员工针对邮件内容或企业经营提出任何观点和建议。纳瑟认为，福特要建立以顾客为导向的企业文化，必须让每位员工了解企业历史和经营过程，让他们懂得经营之道，共同参与福特的事业。因此，他在邮件中会谈及全球的发展趋势、克莱斯勒与奔驰的合并事宜、福特的亚洲市场发展形势等。纳瑟的电子邮件广受员工好评，有效拉近了与员工的距离，获得了许多宝贵的意见和建议。

企业文化变革和新型文化的建立，为福特公司面对激烈的汽车市场竞争赢得了优胜的地位，凝聚了全球福特员工，深得客户的信赖。2009年7月，由于主要竞争对手通用汽车公司破产重组，福特公司重新成为全美最大汽车制造商。2008年国际金融危机爆发后，福特公司坚决拒绝了美国政府的注资援助。

对于福特这样的巨型企业，又加上金融危机严重影响，其文化变革的历程必定漫长而艰巨。但是人们仍然希望，这个汽车帝国能够从文化变革中获取持续发展的力量。

二、惠普的战略变革

20 世纪 70 年代，惠普公司经历了创立以来最大的变革：公司进行了战略性转移，从电子仪器设备转产计算机设备，计算机设备销售额占到总销售额的 2/3，公司创始人也逐渐淡出，公司由一个中型企业成长为大型集团公司。

公司的每次变动都伴随着企业文化的某些变革。比如进入计算机制造业，导致了一种新的部门文化的产生，这种文化更注重从较高层次来制定生产经营策略，富有西部开拓精神的牛仔式企业家的作用越来越小，创始人的纷纷退休使个人决断大为减少，但公司决策却更为集中统一。从这次变革中，可以看到战略、结构变革、高管更迭以及群体文化与部门文化冲突等原因在发挥作用。

1998 年，惠普高层面对经营危机，召集全球 300 多位总经理开会讨论，倾听大家对改革的意见。次年 3 月，惠普宣布分家，把电子测量仪器部、化学分析仪器部、医疗仪器部以及半导体事业部等占销售额 17%的创业领域，成立安捷伦科技有限公司。此举主要考虑该 4 部门的产品与惠普其他 IT 类产品性质截然不同，导致市场营销策略差异过大。这说明惠普决定致力于信息技术市场的开拓。

新成立的安捷伦公司将专注于电子通信与生命科学两大领域。1999 年 11 月 18 日，安捷伦在纽约证交所挂牌上市，21 亿美元股票初始发行刷新了硅谷的历史记录，惠普股票也大幅攀升。独立后的安捷伦主要业务领域都占据领先的市场份额，分布在 40 多个国家，拥有 4 万多名员工，客户遍及 120 多个国家。

这次拆分是一次复杂的战略变革。拆分后的安捷伦，英文名称 AGILENT 中包含 AGILE 字根，意思是敏捷、迅速，并依然奉行原惠普的价值观：致力于创新和贡献，信任、尊重和团队精神，以及正直诚实。此外，还加上了速度、专注和责任。速度，因为我们想要以更快的速度做任何事情，对我们的客户更为敏感，在寻求商机上更有闯劲；专注，因为我们想在安捷伦内更专注于我们的客户以及业务；勇于负责，因为你是一家独立的公司，我们想让每个人都要考虑给予承诺，兑现承诺，不管是对客户、股东还是自己。按照安捷伦 CEO 纳德·巴恩荷特的说法，他的目标就是做到 3 个方面的完美平衡：专注用户，提升工作效率和创造公司文化。

为此，纳德首先强调新公司与惠普的不同之处，速度、专注和责任很快在安捷伦传开。但几个月后，他得到的反馈却是对传统价值谈得不够。员工们说：我不是因为速度、专注和勇于负责才加入惠普的，我是因为创新、人性管理、信任、尊重和协作等价值观而来到惠普的。在惠普服务了 34 年的纳德终于明白，“传统价值观是公司赖以建立的基础，我们必须向人们说明这个事实，使大家明白我们将仅仅在这些基础上去建造我们的新价值观”。分家后一段时间，仍可以看到在安捷伦的标识下有一句话“创新惠普之道”（INNOVATING HP WAY）。由于美国法律规定，拆分 1 年后不可再出现原公司的名字，安捷伦将其改为“梦想成真”，但是在安捷伦中国公司入口处仍可以看到那句“创新惠普之道”，显示对传统的继承和执着。

在经历拆分后3年的发展黄金期后，受全球经济影响，除化学分析仪器外，安捷伦其他业务持续下滑。其间，公司宣布在全世界范围裁减4 000名员工，在岗员工减薪10%，推迟一切奖励计划以降低成本。2000年11月，安捷伦经过投资回报分析，做出进一步剥离医疗仪器事业部的决策。虽然经历了减薪裁员、剥离业务等一系列冲击，安捷伦员工却比较平静。在2002年3月纳德到上海时，一位因全球重组而上了“黑名单”的中国员工写了一幅“梦想成真”的书法送给他。这名员工在惠普和安捷伦服务了11年，很喜欢惠普文化，舍不得离开，但即使离开也毫无怨言。该故事的美国版本，则是一位被裁掉的员工在离开公司的前一天，在电话里告诉妻子，他可能很晚才能回来。他默默工作到深夜，关灯后才消失在茫茫夜色中。这些故事的背后，仍是惠普的价值观在发挥作用。

安捷伦为新的文化特征的建立和培养适合新文化的管理者，投入了大量资源，包括参加最佳雇主的评选等活动，在较短的时间内赢得了各方对安捷伦核心价值观的认同。

三、默多克大厦的倾斜

美国新闻集团（News Corporation）是全球规模最大、国际化程度最高的媒体集团之一。而打造这个传媒帝国的就是鲁伯特·默多克（Rupert Murdoch），新闻集团、21世纪福克斯公司的主要股东和董事长。

默多克1931年出生在澳大利亚墨尔本，在英国牛津大学毕业后，接手父亲生前留下的当地《新闻报》，开始了报业生涯。从1956年收购《帕斯星期日周刊》以来，他把《世界新闻周刊》《太阳报》《纽约邮报》、纽约杂志公司、道琼斯公司（拥有《华尔街日报》），以及象征英国尊严的《泰晤士报》和天空电视台都先后收入囊中。

作为传媒大亨，默多克有自己的一套经营理念。这些理念成为他麾下所有公司的文化内核。

一是敢冒风险。默多克从小好赌，他后来参与报业、电视以及远程卫星，都是赌注巨大的智力竞赛。1990年年底，默多克将他的英国卫星电视公司天空电视台（Sky）与竞争对手的公司合并，组成英国天空广播公司。天空电视台曾将他推向悬崖，负债27亿美元。1994年，天空广播公司神奇地盈利2.8亿美元。为了避免出版业务靠娱乐业务来反哺，2013年6月他再次一博，把新闻集团的出版和影视业务拆分为两个公司。

二是强力推销。默多克认为，推销就只能强力推销，别的方法都不奏效。1993年，《泰晤士报》和竞争对手《独立报》的销量均为35万份左右。他将《泰晤士报》价格由45便士降至30便士。《独立报》不屑价格游戏，反而提价。数月后，《泰晤士报》销量上升40%，达50万份；而《独立报》销量却降到27万多份，濒临破产。这种攻击性的价格下调是默多克惯用的竞争策略。

三是思考未来。默多克很有战略眼光，总是着眼未来。例如，他一直谋求巨大的中国市场，1985年起多次访华，推动在华业务。由于默多克认为公司应优先考虑扩展网络市场，新闻集团最近10多年进行了一系列战略交易，收购了多家网站和网络公司。

然而，在默多克席卷全球传媒业的大势中，却早已埋下祸根。2011年7月9日，《世界新闻报》最后一期出版，头版醒目地写着“THANK YOU & GOODBYE（谢谢，再见）”。这份有168年历史、英国销量最高的周末小报寿终正寝。原因是该报非法窃听失踪死亡少女手机语音留言，激起英国各界谴责。之前，英国王室、政要、明星甚至2005年伦敦

"七七"爆炸案罹难者家属均遭其窃听。此外，新闻集团的另两份报纸《星期天泰晤士报》和《太阳报》也被卷进"窃听风暴"。在巨大舆论压力下，《世界新闻报》高管辞职，默多克不得已决定关闭该报，并在英国各大报纸刊登了道歉信。

西方主流媒体对默多克的评价毁誉参半，首先因为他对商业利益无止境的追求。《华盛顿邮报》前记者、"水门事件"主要调查者卡尔·伯恩斯坦撰文，把此次窃听丑闻与"水门事件"相提并论，指责"默多克在堕落基础上打造（传媒）帝国的做法降低了新闻标准"。其实，千方百计获取甚至窃取各种未公开的信息，以骇人听闻的标题和内容吸引眼球，满足人们的猎奇心理，一直是新闻集团旗下媒体的惯常手段。

追逐利益本无可指责，但是在信息化、全球化的当今时代，合法经营和良好商业道德更被人所尊重。"窃听门"所暴露的，是新闻集团及默多克本人长期信奉的价值观和企业文化并未随时代发展而更新，以至于偏离了法律和道德的轨道。在利益和良知的天平上倾斜，默多克大厦能长久屹立不倒吗？

四、宝钢文化今昔

宝钢集团是中国最大和最现代化的钢铁联合企业。2016年，宝钢列"中国企业500强"第57位和《财富》世界500强第275位。

在宝钢40年发展过程中，企业文化始终被作为企业管理的重要内容，并随着企业发展不断变革和发展。从建厂以来，围绕"建设世界一流清洁钢铁企业"的目标，宝钢企业文化主要经历了4个发展阶段。

创业期文化（1978—1985年）。围绕宝钢一期工程的建设、生产准备和投产等工作，在引进日本新日铁"集中一贯"管理模式的基础上，提出"高质量、高效率、高效益，建设世界一流钢铁企业"的理念，注重"光荣感、责任感、紧迫感"教育，提出"确保85.9投产万无一失"口号，成为当时宝钢员工和各路建设大军的强大精神动力。"85.9精神"鼓舞并锤炼了第一代宝钢人，可以说是宝钢文化的源头。

发展和转轨期文化（1985—1998年）。宝钢着眼缩小与国外先进企业的差距，在消化、吸收引进日本先进管理的基础上，提出争创一流文化理念。针对确保质量、按合同交货、售前售后服务等观念问题，确立了宝钢的市场意识。同时，开展了宝钢精神大讨论，建立了量化可考核的职业道德规范。率先在全国普及用户满意理念、实施CS战略，提出了全方位满意管理的运作模式，逐步形成具有宝钢特色的用户满意文化。

整合期文化（1998—2003年）。1998年底，宝钢成功实现与上钢、梅山钢铁的大联合。为实现从"成功联合"到"联合成功"转变，宝钢走了一条文化逐步融合的道路，通过"六统一"管理，从选派干部、输出管理、技术改造等方面入手，逐步实现宝钢管理模式向上钢、梅山移植以及宝钢与上钢、梅山的文化融合。

新一轮发展期文化（2003年以后）。2003年下半年，宝钢集中精力对企业文化建设历史作了回顾总结，对企业文化创新进行了深入研究，2004年1月正式提出宝钢企业文化的主线和基本价值观（图6-1）。

宝钢文化的主线和基本价值观是对企业文化的历史性、概括性的深刻总结，覆盖和继承了宝钢文化传统，并使之达到一个新高度。无论哪个时期的文化，都体现出宝钢文化的基本特征。

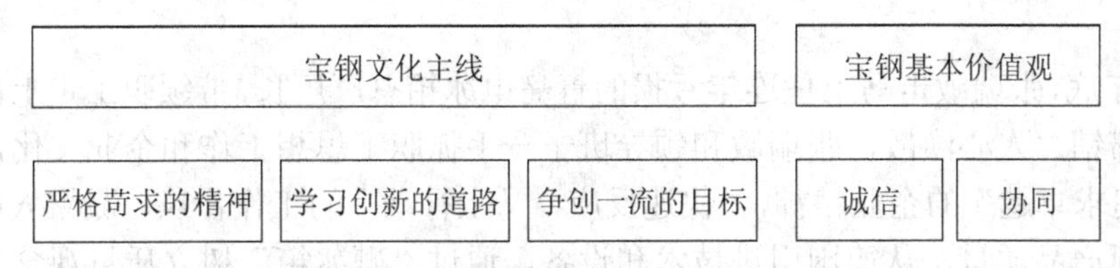

图 6-1 宝钢企业文化的主线和基本价值观

（1）宝钢文化是管理之魂，宝钢管理是文化之载体。宝钢文化与宝钢的发展水平相对称，与宝钢所面临的环境相适应，与宝钢所追求的目标相一致。宝钢的发展离不开先进文化的支撑，先进文化的培育离不开先进管理的保证。只有融合进企业管理实践的文化，才是有生命力的文化，才是有竞争力的文化。

（2）宝钢文化的发展，既保持核心内涵的延续性，又体现具体内容的与时俱进。宝钢文化的核心内涵始终围绕"严格苛求的精神、学习创新的道路、争创一流的目标"这条主线。虽然核心内涵没有变化，但其具体内容却随着时间和空间的变化而不断丰富和完善（图 6-2）。

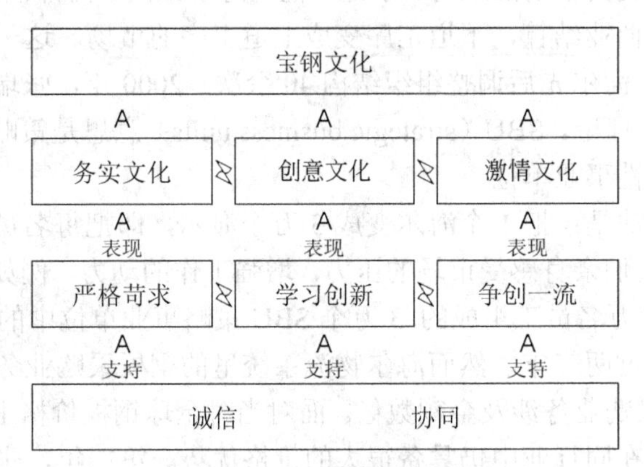

图 6-2 宝钢文化发展模式

在宝钢文化中，严格苛求是基础，学习创新是关键，争创一流是目标。"严格苛求"是企业发展的基础，是一种实干和从严的文化，是讲认真、讲敬业、讲忠诚、讲诚信的精神，是企业文化极为重要的基础；"学习创新"是企业发展的关键，是一种对外开放、崇尚科学、自主发展的文化，是充满活力的学习型组织；"争创一流"是企业发展的动力，是一种面向全球，为民族复兴而追求卓越的文化，是一种高层次的目标激励文化，是企业文化发展的不竭动力。

宝钢人认为，以"严格苛求的精神、学习创新的道路、争创一流的目标"为主线，以"诚信、协同"为基本价值观的宝钢文化，是宝钢最宝贵的精神财富，是宝钢新一轮发展的原动力，也是宝钢人实现自身全面发展的根本保证。

2016 年 9 月，宝钢和武钢联合重组成立宝武钢铁集团，开始了新一轮的企业文化变革与整合。

五、海尔文化的变迁

关注海尔的人不难发现，在短短 30 多年的发展过程中，海尔文化在不同阶段的表述并不相同。

1984年底，张瑞敏走马上任连年亏损的青岛电冰箱总厂厂长，带领职工走上创业历程。面对产品滞销、人心涣散，张瑞敏和领导班子一手抓职工思想工作和企业文化，倡导“无私奉献，追求卓越”的企业精神，“快速反应，马上行动”的工作作风，凝聚人心、鼓舞干劲；一手抓产品质量，从德国引进技术和设备，通过“砸冰箱”树立质量观念，提出“起步晚、起点高”的原则，实施“名牌发展战略”。通过10余年努力，海尔就成为中国冰箱市场的领跑者。

1995年，海尔开始把目光聚焦国际市场，以海尔工业园落成为标志，开始了二次创业。作为中国企业，海尔把创中国人自己的国际名牌作为追求。1996年开始倡导新的企业精神“敬业报国、追求卓越”。同时，海尔的工作作风有了更深的价值取向，“迅速反应、马上行动”成为海尔创造比较优势、挑战国际名牌的速度利器，克服资金、技术、人才等巨大差距，以跨越式赶超为动力向国际名牌的目标迈进。这是海尔的第一次企业文化变革。

在1998年海尔的年营业额接近200亿时，张瑞敏就思考：如何推倒企业内部的“墙”，让每个员工都充分感受到市场的压力。于是，他在海尔推出“内部模拟市场”，让上道工序与下道工序之间进行商业结算，下道工序变成上道工序的市场。这一做法打破了原有管理框架。至2002年底，海尔先后调整组织结构40余次。2000年，张瑞敏又将“内部模拟市场”概念发展为SBU理论。SBU（strategic business units）意思是策略性事业单位，又译为战略业务单元或战略性事业单位。

张瑞敏当时的想法是：把1个海尔变成3万个海尔，即把每名员工都变成一个合格的“小老板”——让员工们亲身感受市场的压力，增强工作的动力。例如，张永劭就是这样一个“小悟空”，海尔3万名员工组成的3万个SBU策略事业单位中的一个。20岁出头的张永劭那时加盟海尔不过两三年，然而海尔物流系统里的钢板采购业务却是他一个人“独掌大权”，一年的钢板采购业务涉及金额数亿。面对当时全球钢板价格上扬，他不但保证了集团的生产需要，而且在同行业中仍具备很大的价格优势。第二年，张永劭又自主雇了两个人，形成“三人帮”。流程再造是各国企业共同面临的困境，而张瑞敏的SBU理论给流程再造提供了一个很好的路径。沃顿商学院教授马歇尔·迈尔认为：“如果海尔能够成功，在全世界将是独一无二的。”日本效能协会也有人指出：“海尔如果能将SBU经营好，不仅对海尔，对整个人类都将做出巨大贡献。”

正是一系列管理创新，让海尔文化变革获得了成功，有力地促进了企业发展。不仅是海尔精神和海尔作风，海尔的很多理念也不断发展并进一步为人们所熟知。例如：

海尔是非观——以用户为是，以自己为非。

海尔发展观——创业精神和创新精神。

海尔利益观——人单合一双赢。

2005年，《金融时报》评选中国十大世界名牌，海尔荣登榜首。在全球白色电器制造商中，海尔排名第四。此后，海尔加快了全球化步伐。同时，以海尔精神的新表述“创造资源，美誉全球”为标志，海尔又开始了第二次文化变革。相应地，海尔作风从“快速反应，马上行动”更新为“人单合一，速决速胜”，海尔管理模式也从“OEC模式”转变为“OEC模式＋市场链管理＝人单合一”。

人单合一双赢模式，是海尔为了实现所有利益相关方持续共赢和企业永续经营，不断进行商业模式创新的结果。海尔认为，“人”是具有两创精神的员工，“单”是用户价值。每个员工都在不同的自主经营体中为用户创造价值，从而实现自身价值，企业价值和股东价值自然得到体现。“人单合一”模式为员工提供了机会公平、结果公平的机制平台，为每个员工发挥两创精神提供了资源和机制的保障，使每个员工都能以自组织的形式主动创新，以变制变，变中求胜。

30 多年来，在不断变革的海尔文化指引下，海尔始终以创造用户价值为目标，一路创业创新，历经名牌战略、多元化发展战略、国际化战略、全球化品牌战略、网络化战略 5 个发展阶段，现已成为全球白色家电第一品牌。2016 年 10 月，海尔集团入选《财富》2016 年“最受赞赏的中国公司”榜单。创新，是海尔文化不变的精髓，推动着海尔和海尔文化的变革。

众多企业的盛衰兴亡，揭示了一个显而易见但又常被忽视的客观规律：企业文化绝非一成不变，而应随企业发展不断变革。同时也启迪人们，企业文化变革是一个消除不良和落后文化因素，发现和培育优良文化基因的过程。

第二节　企业文化变革的时机和动力

企业文化变革一直是摆在管理者面前的难题。其中，应该在什么时候进行文化变革、靠什么来推动文化变革等问题，更是困扰着不少企业家。艾伦·威尔金斯曾列举了 22 家试图进行企业文化变革的公司案例，而其中 16 家公司的经理承认自己没有成功。究其原因，很大程度上是没有把握住变革的时机和动因。

与其他的组织变革类似，任何企业的文化变革也有其原因。按照变革动力的来源可以分为内因和外因，主要包括外部环境变化、内部环境改变、企业战略调整、主要领导变更、企业兼并重组等情况。

一、外部环境变化

美国航空制造业巨头洛克希德·马丁公司（Lockheed Martin）前 CEO 诺曼·奥古斯丁曾提出：企业只有两种，一种在不断变革，另一种则被淘汰出局。

马莎百货（Marks & Spencer）是英国最大的零售商，主要经营服装、食品等，目前在超过 30 个国家和地区设有数百家连锁店，其中仅英国就有 500 多家，20 世纪 80 年代以来先后在我国香港、台湾等地开设了连锁店。

从 1904 年第一家店开张以来，马莎百货就一直以互信互爱和亲密的家庭氛围而著称，员工招聘也以管理者认为“合适”的为主，到 20 世纪 70 年代末董事会成员还全是家庭成员。马莎百货坚持为顾客提供优质商品；与供应商密切合作，保证商品符合高质量标准；向顾客提供友好、有利的服务；与顾客、供应商和公司员工建立和保持良好的人际关系。同时，集中控制公司的购货、店面布局和员工培训，保持公司形象的一致性；以质量上乘著称，从不发生因产品质量引起的退货；商品价格合理，不打折、不促销。1991 年，时任总裁理查德·格林布瑞这样阐述马莎百货的成功之道：“我认为我们的成功简单地说，就是我们完完全全地实行我所继承的商业运作规则……我和我的同事紧密合作、按照长期不变的被证明是行之有效的方法经营我们的企业。”

到20世纪90年代末，马莎百货不得不进行了突发性的变革。原因是1998年10月马莎百货在美国和欧洲的业务出现下滑，上半年业务下降了23%，总裁理查德下台。马莎百货的问题在于其一成不变的经营模式和企业文化。在市场环境和市场竞争都已发生巨大变化的情况下，马莎百货的业绩直线下降。1990年收入超过4亿英镑，2001年则亏损达2.5亿英镑。当时，其服装市场的竞争主要来自价格相近但款式新颖的竞争对手和以更低的价格进入超市的竞争者，杂货、食品市场的竞争主要来源于“带有附加值”的杂货和食品。

为此，马莎百货进行了大刀阔斧的改革，打破既有的运作模式，关闭一些欧洲店面，寻找海外市场，调整高层管理人员，调整经营战略和操作模式。改革使马莎百货扭亏为盈，2003年零售总收入为2.34亿英镑。公司的转变是通过企业文化和企业运作模式的变革来实现的。变革后的马莎百货，更重视顾客需求（不像以前那样市场定位很集中），更重产品设计；总部机构精简，向下分权；增加商店的多样性、灵活性，增添新品种，开设“店中店”、专业店等。

改革前的马莎百货坚持以计划为重的视角，其战略定位和运行模式是由高层管理者构建的，并完全自上而下贯彻执行，导致企业高层和员工都因过去的成功经验与既有的企业文化而固化了自己的视野和行为模式。而马莎百货的新领导人则从转变思想观念和变革企业文化入手，从而扭转了局面。

作为社会组织，企业的生存和发展都依赖于社会环境。马莎百货等案例说明，当外部环境发生较大的变化时，企业就必须通过变革来适应新的环境，特别是首先要进行企业文化的变革。没有思想的转变，就很难有行动的改变。企业文化的变革，是企业经营管理等其他改革的前提。

影响和导致企业文化变革的，不仅有外部的经济环境，而且也包括政治环境、技术环境、文化环境、生态环境等。政府进行的重大政策调整，显然会对有关行业领域产生重要影响。例如，当前我国全面深化改革，特别是围绕使市场在资源配置中起决定性作用深化经济体制改革，加快完善现代市场体系、宏观调控体系、开放型经济体系，加快转变经济发展方式，就要求很多企业转变发展思路、更新发展观念，实际上就是要求企业更新文化。科技领域的重大突破，也要求企业文化进行变革。信息技术的蓬勃发展和新科技革命的突飞猛进，促使很多企业把“创新”“学习”等作为企业理念甚至核心价值观。近年来随着污染加剧，资源紧缺，生态环境恶化，以及国家对环境保护的重视，也促使企业进行文化变革，把“绿色发展”等作为重要的企业理念。

多数企业要等到外部环境的变化积累到一定程度，危及企业的生存与发展的时候，才会被动地实施文化变革。而少数有远见的企业家，则会主动预测、主动适应外部环境的变化，及时或超前进行观念更新和文化变革，使企业抢占发展先机，立于不败之地。

二、内部环境改变

当企业内部的微观环境因素，如人员、组织、技术（设备、工艺）和管理模式等发生显著改变的时候，难免会引发文化冲突，导致企业进行文化变革。

员工凝聚力的变化，是推动企业文化变革的重要内部因素。近年来，我国发达地区一些劳动密集型企业曾普遍遭遇“民工荒”的困扰，许多民工因为各种原因离开企业，为了吸引和留住员工，企业纷纷改变了过去重物轻人的企业文化，不但强化了以人为本的理念，而且采取了提高薪酬水平、改善工作生活条件、加强劳动保护等许多措施。实践表明，企业文化虽然是企业成员共同遵守的价值观和行为规范，但企业文化作为群体文化并不是个体文化的简单叠加，个体与群体之间的文化冲突是普遍存在的。如果冲突激烈到一定程度难以调和，就应该进行企业文化的变革。

组织结构的改变，也是企业文化变革的重要诱因。一些企业在发展过程中经历了从直线职能制到事业部制的改革，不同事业部的业务特点可能差别很大，如果再用大一统的企业文化来要求和规范就会限制各事业部的发展。于是，有的企业进行了文化变革，在保留核心价值观等主要理念的基础上，允许和支持不同事业部形成自己的“亚文化”，以适应组织结构的变化。企业在集团化改革的时候，下属各公司成为独立的市场主体，更需要有本公司的文化特色，改变既有的企业文化体系也就成为必然选择。组织结构的改变，一般与流程再造、职能转变、责权利关系改变等联系在一起，本质上是企业内部生产关系的变革，必然要求作为微观意识形态的企业文化相应变革。

关键技术、设备和工艺等方面的改变，往往也要求企业文化进行变革。例如，为适应信息化的技术环境，思科（Cisco）公司提出了基于网络的学习（E-learning）的理念并付诸实施，从 1995 年开始建立自己的 E-learning，使 80%以上的员工培训都在网上完成。再如，神州数码刚开始一直保持着与联想集团一脉相承的企业文化，具有等级鲜明的大家庭式的上下级关系等特点，这与以产品开发为主的 IT 公司自主负责的机制具有很大矛盾，因为“上下级关系和管理所必需的威信，不是来自权力、职位，而是基于能力”。于是，神州数码在 2003 年开始了企业文化的全面变革。技术、设备和工艺等是企业理念的重要载体，它们的显著改变意味着动摇了原有企业文化特别是企业理念的基石。

管理模式改变，同样是导致企业文化变革的重要原因。有一家民营企业，在最初只有几十个员工的时候，基本上都是老板直接管理和控制，20 世纪 90 年代中期发展到数百名员工，老板再也无力直接管到每个人，只得把原来的一人管理改为层级式管理模式，依靠部门经理、班组长来管理员工，而自己只管理几十个干部。这时，老板深感原有的企业文化已经不适应新的管理模式，于是邀请本书作者为企业进行了文化诊断，设计了新的企业文化目标模式并制订了建设规划，有力地促进了企业发展。不同的成熟的管理模式并无多大的优劣高下之分，但是各种管理模式有各自相适应的企业文化，随着管理模式的调整进行文化变革也就是必然的选择。

三、企业战略调整

企业文化影响企业发展战略的形成和实施，不同的文化理念支持不同的企业战略。同样地，不同的企业战略也需要不同的企业文化相匹配。

企业战略变革，离不开文化变革。重庆电信从 2010 年开始全面实施以“营维融合”为核心的战略变革，通过在全市范围进行组织机构重组，成立基层生产经营单位“营维部”，将营销人员与维护人员组成营维团队对辖区内客户进行属地化、网格化管理，使辖区所有公众客户的营销与维护工作精细化，以提升客户感知、争夺客户群。建立营维体系，不仅是经营模式、组织结构、人事制度的改革，而且也是企业经营理念、员工思想观念的更新。为此，公司一方面积极做好员工思想工作，一方面陆续制定出台一系列向一线倾斜的制度政策，其实质就是全面推动文化变革。变革强化了员工的服务意识，变以前“躲着用户”为“主动出去找用户”，做聚焦公众客户的“大服务”；变革从分配激励机制上调动了员工积极性，一线员工的士气高涨了；变革促进了团队建设，“家”的氛围变浓了……公司以“营维融合”实现了面貌一新。

成功的企业战略变革，往往以文化变革为先导。2016年，中兴通讯重塑拼搏创新文化：拼搏（挑战自我，做到最好不满足），创新（突破常规，拒绝平庸不苟且），求真（实事求是，诚信自律不唯上），务实（以终为始，团结协同不推诿）。公司文化的变革有力地推动了中兴全球化战略的深入。作为全球最大的呼叫运营中心之一，中国移动广东公司客户服务中心为解决旺盛的客户需求与有限的服务资源之间的矛盾，2005年起陆续实施了集中运营管理、建设多媒体呼叫中心、构建一体化电子渠道等一系列战略变革，并根据新的战略目标及时调整中心文化定位，提出“打造卓越品牌，创一流多媒体营销中心”的客服中心愿景和“服务创建价值”的中心使命，在中国移动“正德厚生，臻于至善”的核心价值观基础上进一步提出“主动、负责、创新、团队、增值、感恩”的执行价值观。

王惠琴研究指出，企业文化与企业战略大致存在四种关系。①完全协调。企业文化有利于战略的制定和实施，只需要维护和强化。②潜在一致。企业战略的改变没有触动企业文化的基础，即文化与战略基本适应，这时只需要增强有利于战略实施的文化因素，而基本不需要对企业文化作调整。③缺乏协调。当企业文化与战略不太一致时，如果新战略与核心价值观等主要理念冲突，则需要文化变革；否则，可以维持现有文化体系，只对不一致的部分进行调整。④受到抵制。由于企业新战略的实施要求企业组织要素发生重大变化，而这些变化与企业文化又很不一致，或受到现有文化的明显抵制。这时，要么改变战略，要么变革文化。

四、主要领导变更

企业主要领导者特别是老板或一把手，对企业文化的形成、发展和更新有着决定性的影响。当主要领导者变更时，往往自觉不自觉地改变着企业文化。

有50多年历史的茂名石化公司在“艰苦创业，团结奋斗”的茂油精神激励下，20世纪80年代末发展达到一个高峰，荣获全国企业管理“金马奖”。然而在20世纪90年代，公司由于经营多元化和规模快速扩张，导致“大而不强”，出现亏损。

2004年8月，中石化集团派李安喜到茂名石化任总经理、党委书记、分公司代表。他调研发现，“病因”在于茂名石化人忽视了自身思维的更新和企业文化的革新，落后的思想观念和管理理念导致管理粗放、效能低下，陈旧的文化严重阻碍了企业发展。于是，李安喜提出，茂名石化要像鹰的蜕变一样，果断开启企业文化的变革。变革首先从上层开始，从理念开始，从管理开始。2005年12月，李安喜在公司中层领导干部研讨班提出“强化管理，提高效益”的命题，引发了内部的精神自省和文化检讨，吹响了改革的号角。

公司领导班子抓住“强化管理，提高效益”这一文化变革的关键，陆续提出了“管理出效益、从严管理出大效益、精细化管理出最大效益、科技管理出更大效益”为核心的一系列理念，并通过反复宣讲、大力宣传掀起“学理念，用理念”的持续热潮，在干部员工中形成共识，“对照理念谋思路，对照理念干工作”成为新的行动指向。在此基础上，公司领导班子结合实际，以“主题年”为理念实践载体，有计划、有步骤地推进文化变革。2005

年为“改革改制年”，2006 年为“工程建设年”，2007 年为“管理效益年”，2008 年为“从严管理效益年”，2009 年为“精细管理效益年”，2010 年为“科技管理效益年”。在不同的“主题年”中，广大干部员工学习理念、实践理念，新文化在这个过程中内化于心，外化于行。

2007 年，茂名石化就创造了 41 亿元的利润，由效益亏损大户成为中石化炼化企业效益排头兵。2010 年公司全年实现利润 46.2 亿元，效益居中国石化炼化企业前列，连续两年成为广东企业纳税冠军。实践证明，李安喜在茂名石化推动的企业文化变革是成功的。

走上企业主要领导岗位，意味着要对企业负全面责任，包括领导企业文化建设。同时，广大员工也对新领导人有很多期待，这时，不失为文化变革的良机。“新官上任”如果要烧“三把火”，那么在深入调查研究基础上推出新的企业理念、启动企业文化变革，无疑是值得点燃的第一把火。当然，如果只是为了树立个人权威、显示与前任不同，不了解企业实际盲目地提出新口号、新理念，急于文化变革，则是企业管理的大忌。

五、企业兼并重组

在国内外，企业兼并重组已成为一种普遍现象。据中国企业联合会、中国企业家协会发布的《2017 中国企业 500 强分析报告》，一年内中国企业 500 强共有 148 家企业实施了 1 497 次兼并重组活动，比上年增长 80.1%。兼并重组，不仅体现为企业资产的重组和各种有形资源的整合，而且意味着无形资源特别是企业文化的整合与重构。

不同的企业有不同的历史和现状，也必然有不同的企业文化。两个以上的企业主体通过兼并重组站在一面旗帜下，相互间一定会存在着或大或小的文化冲突。这时的文化变革，主要就是对原来不同的文化进行整合和改造，减少和消除其中的文化冲突与对立，扩大和增强文化的一致性，最终形成广大员工都认同的文化。海尔集团在兼并多家亏损企业时，都是首先进行文化整合，把海尔文化输入到对方，使原来的文化实现了根本性变革，创造了激活“休克鱼”的经典案例。20 世纪七八十年代，日本企业收购美国的汽车工厂，也是用自身的文化改造了原来的企业文化。惠普与康柏合并，效果并不理想，原因在于文化变革整合不够及时、力度不够大。大量实践表明，企业兼并重组的成功与否，很大程度上取决于文化变革的成败。

当企业进行跨民族、跨国界兼并重组的时候，既有着企业之间的文化差异，又存在民族文化的差异，文化冲突更尖锐更复杂，进行文化变革也更为迫切。推动企业文化变革的既有内因又有外因，但是最终是内因。如何从企业健康发展的角度，及时进行企业文化的更新与变革，始终是企业家不可忽视的重要职责。

第三节　企业文化变革的内容和原则

变革，使企业文化充满活力，也使企业充满生机。企业文化由三个层次构成，完整的变革必然包括理念层的变革、制度行为层的变革和物质符号层的变革。

一、价值观与理念变革

转变和更新企业理念，是企业文化变革的关键，也是企业变革的先导。

惠普公司原来的企业宗旨是“设计、制造、销售和支持高精密电子产品和系统，以收集、计算、分析资料，提供信息作为决策的依据，帮助全球的用户提高其个人和企业的效能”。1990年，第二任总裁J. 杨认为“以上宗旨在电子时代还可以，但在信息时代需要加以修改”。于是，惠普耗资400万美元求助于咨询公司，对企业宗旨进行了创新设计，1992年起更新为“创造信息产品，以便加速人类知识的进步，并且从本质上改善个人及组织的效能”。这既保持了企业的基本信念，又体现了时代特色。日本三菱电机1952年制定了“奉献优质产品的三菱电机”的生产经营方针，1969年提出“面向未来的三菱电机”，1985年又提出了“进一步创造工业生产技术——SOCIO-TECH”。上海华谊经历改制重组后的发展，总结提炼出新的具有自身特点的“国企精神”，即背水一战的勇气、卧薪尝胆的骨气、埋头苦干的“憨气”和开拓创新的灵气。

核心价值观虽然是企业理念中最为稳定的部分，但它并不是一成不变的。当企业的最高目标发生重大改变、外部环境发生重大变化、主要业务领域和管理模式等发生重要变革的时候，往往需要及时变革企业价值观等理念。例如，联想并购IBM的PC业务后成为一家国际化多元化的企业，便提出“说到做到、尽心尽力”作为“联想之道”的核心理念，成为来自不同文化背景的精英人才共同秉承的核心价值观。

韦尔奇上任以后，就一直考虑建立通用电气公司的价值观。1985年，GE提出了5条价值观，此后每隔几年就要修正一次，以纳入最新的思想和举措。在20世纪90年代后期推行六西格玛时，发生了一次意外事件，让韦尔奇得知顾客并没有感受到六西格玛带来的“好处”。1999年1月，韦尔奇在公司高管会议上表示了失望，并认为公司一直从内部角度研究六西格玛，而没有从顾客出发。为此，他重写了GE价值观，9条表述有4条以顾客为中心，而且第一条就是“以极大的热情全力以赴地推动客户成功”。

价值观的更新要遵循科学的方法。首先，要对企业内外环境作深入分析，找到原有价值观与企业新的最高目标、社会环境及管理运行等不相适应之处；其次，在保留企业价值观表述中仍适应新情况的部分的基础上，按照前述价值观设计的步骤进行增补；最后，将新的企业价值观表述与原有表述进行对照，并通过向员工宣讲和征求意见，然后最终确定和实施。

二、制度和风俗变革

在企业文化变革中，理念变革势必引起制度行为层的变革，而制度变革又会反过来影响理念变革。如果不围绕理念更新推进制度变革，新的企业理念是很难被广大员工真正认同的。

海尔当时推行的OEC管理法，实际上是日考核制度。这个制度与众不同，却卓有成效，它确保了高质量、高效率，就是围绕“追求卓越”海尔精神和“零缺欠”的质量观念等理念进行的制度创新。海尔后来推行的“人单合一”模式，也是靠一系列制度来保证的。

下面，来看 IBM 是如何进行企业文化变革的。1980—1984 年，IBM 进行了为期四年的文化变革。这次改革分 3 个阶段：第一阶段进行“风险组织”试点；第二阶段进行全面调整，对总公司的领导组织实施变革，形成新的领导体制；第三阶段调整子公司的领导体制。每一次制度的变革，都伴随着企业理念的变革。

在第一阶段，1980 年 IBM 内部就开始了“风险组织”的试验，到 1983 年先后建立了 15 个专门从事开发小型新产品的风险组织。这些组织有两种形态，一种是“独立经营单位”（IBV），一种是“战略经营单位”（SBV）。IBV 在产销、人事、财务等方面都有自主权，受总公司的专门委员会领导，总公司对其经营活动一律不干涉，故有“企业内企业”之称。这是一次由集权向分权的变革，企业文化也随之产生变化，员工独立经营的意识在加强。

在第二阶段，建立了战略领导体制。首先进行了决策的民主化变革，从原来只有董事长和总裁等组成的经营会议，变为由 16 人参加的决策机构，使更多的人才参与最高决策，这是一次集体决策制度的改革，增加了民主气氛。

第三阶段则改变了传统习惯，有秩序地授权与分权。根据新的领导体制，分层次、有秩序地扩大授权范围和推进分级管理。为进一步贯彻 IBM 尊重个人、服务至上和追求卓越的“三信条”，公司完善了委员会制度、业务报告制度和直言制度，健全了授权和分权机制，充分发挥了员工的主观能动性，为深入践行企业理念奠定了坚实基础。

在进行各项制度、行为规范、风俗等制度行为层要素变革的时候，一定要围绕新的企业理念来进行，促使新理念的确立和落实。其中，分配制度、激励机制等变革往往会有力地促使员工接受、认同和践行新理念。

三、符号物质层变革

作为企业理念的载体，企业符号物质层等要素的变革，有时候能对整个文化变革起到很大的推动作用。

企业名称、企业标志等基本标识的变化，是为了鲜明地传达企业理念、树立鲜明的企业形象和品牌形象，在企业文化变革中占有重要地位，也为很多企业所青睐。盛田昭夫将公司更名为“Sony”（索尼），IBM 采用这 3 个蓝色大写字母作标识，苹果标志（logo）进行了几次更新，联想 2003 年把标志改为“LENOVO”，都是较为成功的案例。基本标识的改变，往往都是配合企业核心价值观和理念的调整进行的。

在文化变革时，绝大多数企业都会相应更新自己的网站和其他文化传播渠道；不少企业会推出新产品或产品的新规格、新包装；有的企业也会推出新的厂歌司歌、厂旗司旗和新的画册等企业文化用品，配发新的工作服；还有的企业会同时将厂房、商店、办公楼等装饰一新，把环境进行全面的整治和绿化美化……总之，以全新的企业形象和面貌出现在公众面前。中兴通讯在集中传播企业核心理念的同时，抓住启用新办公楼的契机，制定实施员工行为规范，设计与启用建筑标语、新工作服，以及印有“中兴通讯，中国兴旺”字样的一次性水杯，等等，就是把企业文化各层次的变革结合在一起。

四、企业文化变革原则

企业文化的形成、发展和演变，有其内在的规律。这些规律体现在企业文化变革之中，就是主动、审慎、系统、持续等若干指导原则。这些原则经过了大量企业文化建设实践的检验，理应成为企业领导者在谋划和推动企业文化变革时的指南。

1. 主动原则

超前思考和主动谋划企业文化变革，几乎是所有优秀企业的共同特点，也是企业实行文化管理的一个必要条件。有研究领导理论的国外学者指出，善于敏锐地感知和把握企业中价值观、道德、风气等无形的因素，是企业主要领导者的一项重要职责。中外的著名企业家，像沃森、韦尔奇、张瑞敏、柳传志，都是擅长驾驭企业文化发展方向的舵手，也是善于推动文化变革的高手。相反，不少企业经营管理者只盯住资金、利润、销售收入、市场占用率等有形的东西，却忽略了企业文化这个核心竞争要素，忽略了群体价值观、企业精神等企业内功的修炼，往往要等到发展停滞不前、出现经营危机之时才想起企业文化，被动地进行文化变革。为避免重蹈一些企业的覆辙，企业主要领导者平时不妨多关注一下企业文化，及时发现企业文化与环境变化不协调之处，每隔一段时间就进行企业文化的评估和反思，牢牢把握企业文化建设和变革的主动权。

2. 审慎原则

企业文化不同于一般的管理制度和管理环节，可以采取摸着石头过河，反复实验的方式来判断好坏、进行调整。一方面，企业文化反映了企业的基本哲学态度和价值取向，它作为基本行动指南，对员工群体和个体的行为具有很大的导向作用。另一方面，企业文化是企业领导者和广大员工共同创造的成果，是企业历史积淀的产物，总要在相对较长的时期内保持稳定性。因此，企业文化的变革必须审慎地进行。现实文化中的哪些因素要变，向什么方向去变，如何进行改变，主要领导者和决策层都要作深入、冷静的思考，特别是要善于把握社会先进文化的前进方向，要以前瞻性的眼光推动文化变革与更新，这样才不至于朝令夕改，让人无所适从。实践证明，反复频繁的文化变革，只能反映出企业仍没有形成统一的文化体系，以及管理者思路不清和能力欠缺。这将会使企业文化的作用大打折扣，企业的经营也会受到影响。和企业其他重大变革一样，作出企业文化变革的决策之前必须反复权衡、慎之又慎，而一旦下定决心实施变革，就应义无反顾、一往无前。

3. 系统原则

任何的组织变革都是一个系统工程，企业文化的变革也不例外。在进行企业文化变革时，一定要注意相关制度的调整与配合。其中，人员聘用制度和薪酬制度是最直接反映企业价值导向的制度，必须做出调整。如果一面强调创新，一面又不愿提拔任用勇于开拓的干部，不愿改变原来强调资历的工资制度，而且决策原则仍然是强调规避风险，那么价值观的改变是不可能成功的。作为企业的内在素质，企业文化是牵一发而动全身的企业核心要素，它的变革不仅仅停留在思想、认识、理念的层面，而且将引发经营管理方方面面的改变。因此，领导者在进行企业文化变革时，一定要重新审视企业的整个经营管理工作，用新价值观进行系统思考，这样才能保证文化变革最终走向成功。

4. 持续原则

企业文化具有稳定性和连续性，在文化熏陶下，员工群体养成了许多行为习惯，这些行为习惯一旦形成就很难改变。因此，企业文化变革必然面对旧行为习惯的阻力，而新的行为习惯的养成也需要较长时间，这决定了企业文化变革不会迅速完成，在大企业中所需的时间更长。在约翰·科特研究的10家企业实施文化变革的案例中，所需时间最少4年，最长为10年，当时有的仍在继续。正如前面的介绍，IBM有一次文化变革用了4年，茂名石化的文化变革也持续了数年。因此，企业领导者不要低估文化变革的难度和复杂性，应该打消毕其功于一役的念头，克服急功近利、急于求成的心态，做好持续深入推动、打持久战的思想准备，拿出愚公移山的劲头。

第四节 企业文化变革的四要素

成功的企业文化变革，必然是在现有的基础上有所突破、有所超越、有所升华。怎样才能通过变革，使企业文化“更上一层楼”呢？实践表明，从以下4个方面来思考和着手，就是牵住了文化变革的“牛鼻子”。

一、对民族文化传统的继承发展

在当前经济全球化、经营国际化的背景下，进行企业文化的变革与更新，最容易忽视对民族文化的传承弘扬。有的经营管理者甚至认为只有把企业自身的民族文化背景全部抹去，什么都变得跟国外企业一模一样，才具有参与国际竞争的资格，才赶上了全球化的步伐。这种所谓文化接轨、文化国际化的想法做法实在是大错特错！

文化是民族的血脉和精神家园，是民族分野的重要标志。国际形势复杂多变，和谐世界远未实现，全球竞争日益激烈，文化因素在民族与民族、国与国之间的竞争中起着越来越重要的作用。中华民族长期形成的优良文化传统，是孕育中国企业文化的沃土，是中华民族伟大复兴的不竭力量源泉。没有对民族文化传统的弘扬，将来经济虽然搞上去了，但我们的民族特性却可能已经不复存在了。

中国企业不但肩负着发展先进生产力、振兴民族经济的重担，还肩负着发展先进文化、提振民族精神的使命。民族的才是世界的，无论哪个国家的企业，如果没有民族文化的底蕴，很难在竞争中获得持久的成功。对于民族文化传统，不能“刻舟求剑”简单套用，而是既要继承又要发展，在继承的基础上赋予崭新的时代内涵。我们要全面认识中国传统文化，取其精华，去其糟粕，运用现代科技手段开发利用丰厚的民族文化资源，使之与当代社会相适应、与现代文明相协调，保持民族性，体现时代性，努力增强中华文化的国际影响力。只有广大企业和社会各界共同努力，都来重视民族优良文化传统的继承、发展和创新，我们的企业才能永远保持竞争活力，并促使中国文化软实力不断增长。

二、对企业自身文化个性的张扬

企业文化的个性与共性，是矛盾的特殊性与普遍性在企业文化中的具体表现。由于企业的发展历史不同、所处行业不同、产品和服务不同、客户对象不同、领导者和员工队伍的素质不同、经营环境不同等内外因素差异，决定着不同的企业具有不同的企业文化。这种不同与差异，就是企业文化的个性特色，是企业文化的生命力所在。但是，很多企业在进行企业文化建设时，缺乏对内外环境的深入分析，没有提炼和抽象出本企业的文化特色；也有不少企业由于重视程度不够或者领导者的素质不高，干脆就采取“拿来主义”，照搬其他企业的文化。这导致我国一些企业文化个性不足。这种缺乏个性的企业文化，很难被广大员工所共识和内化，起不到应有的作用。

海尔的创新文化，华为的“狼文化”，中兴通讯的“牛文化”，衡电的和谐文化，荣事达的和商文化，哇哈哈的“家”文化，华天的“心”文化，都是我国企业文化变革中张扬个性、彰显特色的结果。当前我们推进企业文化变革与创新，必须牢牢抓住个性与共性这对矛盾中“个性”这一主要方面，认真挖掘提炼企业自身的文化个性，重新设计具有鲜明特色的目标企业文化模式，并按照科学的方法和步骤，努力付诸企业文化建设实践。我们相信，企业的文化个性得到充分张扬之时，必将是中国企业在世界舞台上大放异彩之日。

三、对企业文化未来走向的展望

企业文化建设是一个没有止境的过程。如果没有对企业历史经验教训的回顾与记取，没有对现状的调研与分析，企业文化的发展就会成为无本之木。而且，对历史与现实的把握越准确，企业文化变革与创新越符合企业实际，越容易得到员工的认同，越容易取得变革的成功。

但是，当前要特别强调对文化未来走向的展望。原因在于：第一，变革创新是为了今后更好地建设企业文化，发挥它在经营管理工作中日益重要的作用，要预见到它在形成企业竞争优势方面的重要价值；第二，企业文化的相对稳定性决定了深度变革（如修订核心价值观）不应过于频繁，只有前瞻性地把握未来发展方向的变革创新，才能使新的企业文化历久不衰；第三，企业发展环境复杂多变，各种新知识、新技术层出不穷，文化的变革与创新如果缺乏足够的预见性，将难以适应内外环境；第四，企业文化是社会文化的子系统，企业文化的变革必须顺应社会先进文化的发展方向才会成功。因此企业对社会先进文化的走向也要有正确的展望。

四、对世界著名公司企业文化的借鉴

他山之石，可以攻玉。当初，美国很多企业曾借鉴松下、丰田等日本公司重视企业文化建设的做法，创建了自身的企业文化。GE 的六西格玛管理方法并非自创，而是取经于摩托罗拉。

我国现代企业的兴起，远远晚于西方国家。西方著名企业往往有数十、上百年历史，它们长期在市场经济中生存发展，积累了大量现代管理经验，很值得中国企业学习借鉴。作为企业文化理论的诞生地，西方国家很多著名企业同时在企业文化建设与变革方面积累了大量成功经验，形成许多适应市场经济和国际经营的企业理念、企业制度和企业文化物质载体，对于中国企业具有很强的借鉴意义。例如，松下、丰田、索尼、IBM、GE、HP、杜邦、迪士尼、花旗、沃尔玛、西南航空等，它们不仅是经济巨人，也是企业文化巨人。20 世纪 80 年代以来，一批高科技企业迅速成长，如微软、苹果、英特尔、思科、诺基亚、谷歌、脸谱网，跨入著名企业的行列。它们的企业文化具有鲜明的时代特色，也具有重要参考价值。

借鉴世界著名公司的文化，一要虚心认真地求取“真经”，不能停留在学习它们的企业文化表层；二要学以致用、大胆实践，不要把他人的宝贵经验停留在口头上；三要从中国国情和企业实际出发，有所取舍，切忌照抄照搬、盲目套用；四要勇于创新、敢于超越，不必亦步亦趋跟在著名企业后面，要有超越世界著名企业的勇气和抱负。

第五节　企业文化变革的步骤

企业文化变革是打破原有文化并建立新文化的动态过程。实施变革首先打破既有的文化结构与模式，剔除不适应企业发展的内容，通过一定途径建立和企业内外环境相适应的新结构与模式，赋予企业文化新的内容，并通过一定方式将其固定下来，形成一种新的稳定的企业文化。这一过程大致可分为解冻、变革、再冻结三个步骤（图 6-3）。在长期持续发展的优秀企业中，这样的变革多次循环、螺旋式上升，使企业文化充满魅力，让企业充满活力。

图 6-3　企业文化变革的步骤

一、解冻

破旧才能立新。“解冻”就是打破固有的企业文化模式，意味着审视和反思现有企业文化的符号与意义，挖掘出深层的基本假定和理念，并与企业当前的内外环境加以比较，对不适应发展的内容予以确认并剔除。

冰冻三尺，非一日之寒。企业文化是长期积淀形成的，早已内化为广大员工的价值观念、思想认识、思维方式和心理状态，融入企业的制度体系和员工的行为习惯，体现在企业标识、产品和服务、物质环境等载体，要“解冻”谈何容易！越是强有力的文化（或称“强文化”），解冻就越发困难。

要特别注意让广大员工了解现有企业文化的不足，认识到进行文化变革的必要性、紧迫性，增强参与变革的积极性、主动性。由于员工熟悉已有的文化环境，多年信奉既有的企业理念，难免产生惰性心理，自觉不自觉地抵制企业文化变革。正如艾弗莱特·罗格博士的研究结果，变革思想往往从占很小比例的集体中产生（只占总人数的 2.5%），然后传给“早期采纳者”（他们可能占 13.5%）。为此，企业要找出原有企业文化过时的内容，并对已经或可能对企业经营造成的危机进行充分评估，并反馈给所有企业成员，扩大变革的共识，才可能使变革继续下去。

二、变革

变革就是用新设计的企业文化体系替换或覆盖旧的企业文化体系，包括设计新的企业文化体系、确定新的文化符号和意义，以及通过各种措施让广大员工了解并基本认同。

在文化变革中设计新的企业文化体系，一定要坚持“合适的才是最好的”，千万不能脱离企业发展阶段和员工实际。一味追求企业文化的高深和先进，而不考虑企业现状，只会妨碍企业长远发展。例如，海尔 1984 年订立的“十三条”曾规定不许在车间内大小便，这是符合员工和企业当时情况的。如果海尔那时就制定先进完善的规章制度，未必管用奏效。有些企业的文化表述大而全，员工们反而难以理解和贯彻。同时，要注意与原有文化衔接，弘扬其中的积极因素，这样更容易为员工所接受。

让员工在较短时间内学习、理解、接受新的企业文化，是文化变革的核心环节。对此，企业可以采取多种措施。例如，由上到下层层宣传发动，先在中层以上管理人员中组织学习讨论，然后举行仪式或召开会议正式向全员和社会发布，并集中开展新企业文化的全员培训；以新的企业文化为主要内容印发新的员工手册，同时利用企业内刊、网站、微信号、宣传栏等进行宣传和解读，交流员工的认识体会；围绕创建新文化开展主题活动，通过演讲、报告、知识竞赛、征文、辩论等形式掀起高潮。在一开始，企业主要领导者应亲自动员和宣讲，阐述新文化的内涵，提出明确要求，引起全员重视。

学习宣传要集中一段时间，视企业规模少则一两周、多则持续三五个月，形成浩大声势、鲜明导向和浓厚氛围，促使员工人人知晓、基本理解和初步认同。这时，就可以进入下一个阶段了。

三、再冻结

建立新的企业文化，重在落实，重在行动。在基本上解决员工对于新文化的认识问题以后，文化变革的关键是如何使新的企业理念内化和固化，即进行“再冻结”。

这时，本书第五章所介绍的企业文化实施的思路、方法和措施都是行之有效的。特别值得注意的有 3 点：一是制度强化，通过新修订、新建立的制度来引导和约束员工的行为，使他们在行动中加深对新的企业理念的认同，养成符合新文化要求的行为习惯；二是典型示范，挖掘和宣传优秀员工的事迹，用身边的榜样带动和激励广大员工践行新的企业文化；三是组织学习，通过建设学习型组织来推动新的企业文化的实施。

美国的兰德伯格教授提出，通过组织学习来变革组织文化的模型，是一个相对动态的过程。他认为，文化变革的组织学习是一个循环过程，它的起点是一系列现存的文化价值观和基本假定，并把组织成员的注意力集中到一些特定事情上以形成一种经验，当有足够的关注时，经验可以捕捉意外情况，进而形成探询，探询牵涉到发现，即发现先前没注意到的各个层次的现象，从文化的符号层到基本假定。在适当情况下，这种发现会导致文化价值观和基本假定的重新建立，从而完成组织学习的文化变革（图 6-4）。

企业文化变革实现从认识到行为的转变，往往需要较长时间，有时长达数年，这也决定着整个变革过程的长短。当新的企业文化固化以后，并不意味着就可以一劳永逸，而是随着时间推移和企业发展以及环境变化，企业往往又需要进行新一轮的文化变革了。

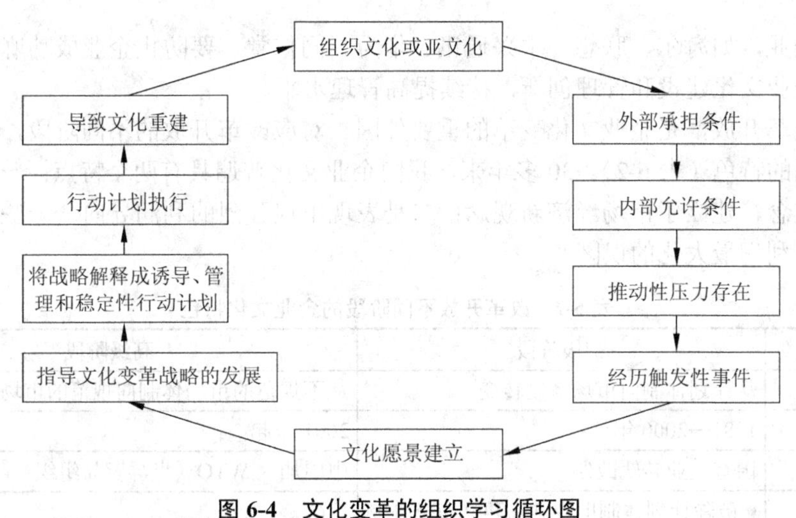

图 6-4 文化变革的组织学习循环图

第六节 中国企业文化变革与创新

改革开放以来特别是进入 21 世纪、新阶段，由于发展阶段和内外环境的变化，中国企业要想在全球化时代和信息化社会“与狼共舞”，当务之急是持续深入推进企业文化的变革和创新。

一、企业文化变革创新的紧迫性

企业是环境的产物，企业内外环境的变化必然导致企业战略的变化，并进而导致企业文化的变革。正如宝钢集团时任董事长谢企华所说：没有夕阳企业，只有夕阳文化。

内部环境变化是企业文化变革的内在动力。这种变化主要表现为企业管理阶段的变化，从经验管理、科学管理到文化管理乃大势所趋。因为企业文化已取代一些传统因素而成为竞争优势的主要来源，文化力已经日益成为企业的核心竞争力。研究处于不同管理阶段的企业，可以看到它们的企业文化具有明显差别（表 6-1）。这些差别，对于企业文化来说都是带有根本性的。企业内部管理模式的变革，迫切要求进行企业文化变革。

表 6-1 不同管理阶段的企业文化特性

管理阶段	经验管理	科学管理	文化管理
企业文化	官本位 家长式	制度本位 指挥式	价值观本位 育才型

对照管理“三阶段”，可以更清楚地认识中国企业管理的现状和任务：①对于经验管理阶段的企业，要加强制度建设，夯实管理基础，早日实现科学管理，相应地企业文化要尽快从“官本位”“家长式”转向“制度本位”和“指挥式”；②对于实现科学管理企业，要进一步完善科学管理，建设强有力的企业文化，早日跨上文化管理台阶，同时企业文化要从“制度本位”“指挥式”变为“价值观本位”和“育才型”；③对于那些基本进入文化管

理阶段的企业，如海尔、联想、中兴通讯、华为、同仁堂，要防止企业成功麻痹症，与时俱进推进企业文化建设和管理创新，持续提高管理水平。

我国改革开放，是企业文化变革的重要外因。对应改革开放的不同阶段，企业文化也表现出不同的特色（表 6-2）。30 多年来，我国企业文化普遍具有两个特点：一是破除了计划体制旧观念，建立了市场经济新观念；二是表现出很强烈的利润导向，一些企业甚至走向片面追求利润最大化的误区。

表 6-2　改革开放不同阶段的企业文化特色

改革开放阶段	初级阶段	高级阶段
特点	从计划体制向市场体制转变	从不规范的市场体制向规范的市场体制转变
时间	1981—2000 年	2001 年起
标志	国有企业转轨改制	中国加入 WTO（世界贸易组织）
企业文化特色	● 破除计划体制旧观念，建立市场体制新观念 ● 利润导向	● 企业文化与国际接轨（奸商心态→儒商心态） ● 诚信导向

我国加入世界贸易组织（WTO）以来，经济社会发展站在了新起点，改革开放也进入了新阶段。尤其是我国经济社会发展进入新常态，从高速增长转为中高速增长，经济结构优化升级，从要素驱动、投资驱动转向创新驱动。当前和今后一段时期，国家将贯彻创新、协调、绿色、开放、共享的发展理念，紧紧围绕使市场在资源配置中起决定性作用深化经济体制改革，坚持和完善基本经济制度，加快完善现代市场体系、宏观调控体系、开放型经济体系，加快转变经济发展方式，加快建设创新型国家，推动经济更有效率、更加公平、更可持续发展。这意味着我国将从不规范的相对封闭的市场经济向规范的、全球化的市场经济转变。

这个转变要解决的课题是：中国企业如何应对知识经济和信息化、增强自主创新能力；如何转变发展方式、实现产业升级；如何推进供给侧结构性改革、满足个性化和多样化消费需求；如何面对全球化竞争、走国际化经营之路；如何塑造企业伦理、切实践行企业的社会责任；如何加强节能减排和环境保护、提升可持续发展能力；如何推进公平准入、改善融资条件、破除体制障碍；如何规范市场运作、使各种所有制经济平等竞争和相互促进；如何健全现代企业制度、进一步改善经营管理；如何健全分配制度、实现共享发展。与之相伴，诸如“追求经济效益最大化”等观念将被淘汰，而与文化管理相对应的崭新观念，包括以人为本、创新发展、和谐发展、诚信是金、社会责任、以义求利、自主创新、学习型组织、育才型领导、绿色经济、国际视野、战略同盟、追求多赢等，将被更多的中国企业所接受。这表明，中国企业文化进行大变革、大创新、大发展的时机已经到来。

二、企业文化变革创新的原则

推动文化变革与创新，要从企业实际出发，遵循企业文化发展的客观规律。

1. 健全现代企业制度与建立现代企业文化同步

建立和完善现代企业制度，是企业改革发展的重中之重。现代企业制度固然有丰富的内涵和多层面的要求，但纵观发达国家的企业治理结构和经验不难发现，现代企业文化与现代企业制度如影随形，二者既相互制约、相互影响，又相互配合、相互促进，都是衡量企业现代化程度的基本标志。没有现代企业文化，就不会有真正的现代企业制度。因此，不能把二者割裂开来，试图待到健全现代企业制度以后再建设现代企业文化，而要同等重视、同步建设、协调推进。宝钢集团是现代企业制度与现代企业文化同步建设的大型国有企业，其经验值得借鉴。

2. 观念变革超前，领导者率先示范

理念层是企业文化的核心和灵魂。企业文化变革，首先是思想观念变革。“热爱变革”是 GE 价值观的重要内容，企业文化的不断变革直接反映在 GE 价值观的几次重大修订中，这是公司长期成功的一个重要原因。张瑞敏曾讲“没有思路就没有出路”。海尔文化是“创新之道”，海尔在不同时期都会提出新的理念，作为企业文化和公司变革的先导。企业思想观念的转变，是企业文化变革与创新的核心。企业主要领导者不仅对于企业新思想、新观念、新思路的形成负有主要责任，而且在新战略、新理念、新制度的贯彻实施中，起着重要的榜样作用。企业领导者带头示范，是企业文化变革与创新取得成功的重要保证。

3. 纵观历史，立足现实，面向未来

企业文化建设，是一个继承与发展、坚持与超越、巩固与创新辩证统一的动态平衡过程。企业文化的变革与创新要把握以下三点：纵观历史，注意挖掘企业成长发展过程中形成的优良文化传统；立足现实，充分考虑现实的内外环境对企业文化的新要求；面向未来，着眼企业的长期发展，使得变革后的企业文化具有前瞻性，能经得起时间的考验，历久而不衰。

4. 尊重规律，讲究方法，重在落实

企业文化变革与创新的前提，是对企业文化发展内在规律的认识。要把握好理念层、制度行为层、符号物质层三层次关系，遵循文化盘点、文化设计、文化实施三步骤，抓住解冻、变革、再冻结三环节，掌握和运用企业文化落地的基本方法和心理机制，把其他企业的成功经验与自身实际相结合，有组织、有计划地扎实推进。企业主要领导者要努力提高自身修养和文化素质，始终掌握文化变革的主动权，讲究方法，狠抓落实，一步一个脚印地推动企业文化的创新与发展。

三、典范转移、制度创新与国有企业文化变革

国有企业在国家经济建设中起着举足轻重的作用。推进国有企业改革发展，对于巩固和发展公有制经济、建设中国特色社会主义具有重大意义。国有企业深化改革，健全现代企业制度，是一个观念变革和企业文化更新的过程。

国有企业的转轨改制，用管理学术语来说，就是典范转移、制度创新。典范转移，是旧竞赛、旧规则、旧观念的结束，新竞赛、新规则、新观念的开始，也是企业的一次自我进化。典范转移后，人人都回到起跑线：过去正确的事，今天可能是错误的，不合时宜的。国有企业面临新环境、新规则、新对手，同时也丢掉了捆手束脚的一条条绳索，进一步解放了生产力。目前，大型国有企业已完成公司制改造，建立了现代企业制度，迈出了典范转移、制度创新的第一步。少数国有企业，虽然形式上完成了改制，但经营管理许多环节仍是过去那一套，亟须迈开典范转移、制度创新的步伐。

典范转移，是观念更新、体制创新、制度变革、自我超越的艰苦历程，是对企业高层

战略眼光、决断能力和意志、毅力的严峻考验。道理很明显，任何制度都形成既得利益和既定的观念。新典范严重威胁所有习惯于旧典范的人。地位越高，受威胁的程度也就越大。一个人越精通现有的典范，就表示他对现有典范“投资”越多，同时意味着当转而采用新典范时，他所失去的也越多。因此，体制改革、制度创新的过程，必然碰到全方位的挑战，特别是来自企业高层的阻力。

企业家的可贵之处，在于具有高瞻远瞩的战略眼光和不屈不挠的坚强意志，看准了就一抓到底，不达目的誓不罢休。海尔人不会忘记，为了克服“差不多就行”的思想，树立“质量是生命”的意识，张瑞敏召开现场会砸冰箱的生动场面。他的一席话振聋发聩：“今后，任何微小的质量问题，都意味着整台冰箱化为废铁。我们不把它们砸成废铁，它们就会砸我们的牌子，砸我们的饭碗！”东方通信的员工不会忘记，当宣布工资制度改革方案后，一个老工人向董事长施继兴脸上摔出的一堆西红柿！但他没有退缩，而是以极大的耐心做职工思想工作，坚定地推动三项制度的改革。许多国企职工不会忘记，企业老总们在破除平均主义、消灭等靠要思想、清除官商作风方面付出的巨大心血和曾遭遇的巨大挫折！

许多企业的主要经营者在体制转换、制度创新的关口迟疑不决、徘徊观望，除了缺乏高瞻远瞩的战略眼光外，还有许多思想束缚——观念上的绳索，从而缺乏自我超越的勇气。根据管理学理论，任何典范转移都会出现“典范麻痹症”。其病因有以下四点。

（1）稳定的环境。长期的稳定环境养成了惰性，求稳怕变，害怕矛盾，在典范转移遇到挑战和冲突时往往畏难退缩。

（2）既得利益。身处企业的顶峰，形成了许多既得利益：工资、待遇、上下左右关系网、旧规章的庇护等。国有企业完善现代企业制度，关键是健全协调运转、有效制衡的公司法人治理结构，规范企业经营管理行为和经营管理者的权力。典范转移和制度创新，带来的不确定性和利益调整，既得利益面临很大风险，于是对典范转移持观望消极态度。

（3）成功的过去。有些企业领导者在旧典范、旧体制下取得了巨大成功，很难摆脱经验主义的束缚，对典范转移的必要性认识不清，无法破釜沉舟、积极推进，更难以自我否定、自我革命。

（4）迟钝的触觉。事业成功，靠“天时、地利、人和”。在识大势、知“天时”方面，不同的人敏感性差异很大。孙中山先生说过：有先知先觉的人，后知后觉的人，不知不觉的人。企业高层急需解决思想僵化、视野局限、敏感性不强等问题，努力成为全面深化改革大潮中先知先觉的人。

改革永远在路上。只要积极推进文化变革与创新，努力克服“典范麻痹症”，做典范转移、制度创新的促进派，国有企业就一定能不断完善现代企业制度，长期保持勃勃生机。

四、民营中小企业的文化创新与管理变革

毫不动摇地鼓励、支持、引导非公有制经济发展，鼓励各种所有制经济平等竞争、相互促进，是党和国家长期坚持的方针。作为非公经济的主体，民营企业在改革开放以来从无到有快速崛起，为国家发展作出了重要贡献。2015 年全国企业中 99%为中小企业，数量多达 2 000 万家。进一步促进中小企业发展，不仅事关亿万群众的就业和千家万户的生活，而且影响国家改革发展稳定的大局和全面建设小康社会目标的实现。

虽然中小企业的行业分布广泛、类型繁多、特色各异、发展历程千差万别，但是大多

数中小企业都存在的共同问题，就是体制不规范、管理水平不高、企业文化建设滞后。重视企业文化建设与创新，加快管理变革和提高管理水平，努力构建现代化企业，是当前摆在中小企业面前的头等大事。

江苏黑松林黏合剂厂有限公司是一家典型的小企业，算上董事长一共才51名员工，小院、小楼、小厂区，实在很难让人与江苏省著名商标、全国优秀企业家等概念联系起来，更想不到它能吸引全国各地那么多企业家、从省到县各级领导、管理学界众多学者前来参观考察。黑松林的成功，离不开董事长刘鹏凯20多年的管理探索，离不开他和员工们共同创造的“心力管理”。在刘鹏凯看来，心力指人根据自身的心思和能力、精神与体力、思想和才智，发自内心做好某一件事的精神力量。他指出，心力管理是将企业员工的心力所及，转化为力之所达的过程；是把企业团队层面的意识转化为物质层面的生产力资源，并有效进行集聚、发散和利用的过程；是不断引导员工在工作与生活中，善用其心，自净其心，消除恶心，增加爱心，发自内心，共同构建心心相印的和谐发展环境的过程。

心力实际上就是软实力、文化力，心力管理从本质上讲就是以人为中心、“以文治企”的文化管理模式。心力管理有很多思路和做法，既遵循了企业文化建设和企业管理的普遍规律，又结合了黑松林作为中小企业的具体实际，是现代管理理论在中小企业管理实践中的创造性运用。虽然未必都去照搬黑松林经验，但是中小企业却可以从“心力管理”中受到启发，从自身实际出发来推动企业文化变革与管理创新。

1. 提高经营管理者素质，升华企业家精神

中小企业的主要创办人或经营管理者同时又是主要所有者，企业内部权力高度集中。因此，主要经营管理者的个人素质和能力决定了企业的兴衰存亡，提高领导素质是企业发展的第一要务。

提高自身素质，一靠勤于学习，二靠善于思考，三靠勇于实践。心力管理的创立者刘鹏凯注重自身心力修炼，通过“心视”（反省以自知）和“心动”（读书、参观、交友、写作、实践）两个阶段，来改造自己的主观世界，进而改造客观世界，成为一位优秀的现代儒商。

借鉴中外企业家的成功经验，中小企业经营者首先要更新思想观念，实现“五个转变”：①从“自然人”转变为“法人代表”，突破个人局限来审视、经营和管理企业，使企业成为社会的“好公民”；②从“谋财”转变为“谋事”，树立超越金钱的目标并为之不懈努力；③从“以资为本”转变为“以人为本”，认识到人是财富创造者的本质，坚持科技兴企、人才强企，在人力资源开发管理上下功夫；④从“凭个人能耐”转变为“靠大家智慧”，依靠广大员工来办企业，加强民主管理，把企业发展建立在员工群体的共同劳动和集体智慧之上；⑤从“奸商心态”转变为“儒商心态”，克服投机取巧的侥幸心理、坑蒙拐骗的欺诈心理，树立诚实经营、文化兴企的正确心态。

2. 转变管理理念，实现科学管理，创新企业文化

中小企业管理水平普遍较低。改变这种状况，首先要求主要经营者转变管理思想，树立现代管理理念，顺应从经验管理到科学管理、再到文化管理的世界管理发展趋势，在夯实管理基础、实现科学管理的同时，加强企业文化建设与创新，逐步向文化管理过渡。正如山东永泰化工集团时任董事长尤学中所说：“我们从很多知名企业发展轨迹中得出这样的结论，二三年发展靠机会、三五年发展靠领导、五到十年靠机制、十年以上靠文化。”

心力管理的价值基础是以人为本，其方法论是攻心为上，关键环节是以心换心，管到下属的心里，让员工心悦诚服，自觉跟随。心力管理，发挥的正是企业文化的引导作用、凝聚作用、激励作用。中小企业规模小、员工少，内部沟通环节少、速度快、易深入，企业家的思想行为容易直接影响和感染员工，企业家精神容易扩展为企业文化，形成强大凝聚力、向心力。被称为“草根鞋王”的奥康集团董事长兼总裁王振涛，用20多年时间把小企业办成了大型企业集团，他采用的仍是类似心力管理的方式，虽然企业大了难以与员工一一沟通，但是他坚持发短信等形式与全体员工沟通，每年一个“思考周”同中高管深入交流、凝聚共识。

企业文化是企业的“灵魂”，是企业发展的动力源泉。中小企业要坚持以人为本，高度重视企业文化建设与创新。主要领导者要把企业文化建设作为重要职责，注重与员工进行平等、直接的沟通，关心员工的思想、工作和生活，建立富有人情味、家庭式的组织氛围，自觉带头并发动全员思考企业的使命、目标和价值追求，把企业办成以心换心、心心相印的命运共同体，依靠集体智慧和群体力量推动企业发展，走出一条符合实际、富有特色的企业管理现代化道路。

3. 把握企业发展规律，探索永续经营之道

据有关统计，我国中小企业的平均寿命仅3～4年。为什么大量中小企业如此“短命”？为什么无法实现长期发展、长久经营？这是困扰很多中小企业经营管理者的问题，也是让很多创业者望而却步、难以逾越的大山。

韩国中央银行在《日本企业长寿的要因与启示》报告中指出：世界上存续200年以上的企业共5 586家，其中3 146家在日本，其余分散在46个国家；在日本，创业1 000年以上的企业有7家，500年以上的32家，100年以上的5万家，这些长寿企业89.4%是不满300人的中小企业，经营范围大多是制作食品（料理）、酒类、药品以及与传统文化相关的行业。报告认为，这些日本企业长寿的主要原因包括重视本业、诚信经营、执着的匠人精神、超越血缘来选定继承人、保守的企业经营等。

中国也有一些长寿企业，470多年的北京六必居酱菜园，300多年的北京同仁堂、王致和、天津达仁堂，250多年的北京都一处烧麦馆，100多年的天津狗不理、北京全聚德、烟台张裕葡萄酒、香港李锦记……它们与日本长寿企业有着类似的特点。小企业黑松林已走过30多年，相对全国中小企业平均寿命来说，已属“长寿”。

不难发现，日本长寿企业、中国长寿企业以及黑松林等新兴“长寿”企业有3个共同点：一是经营范围针对人的基本生产生活需要，由于这些需要始终存在而使企业有永续经营的前提；二是秉承诚信经商、稳健经营、专注本业、产品服务有特色等经营理念，这些都是企业得以长寿的文化基因；三是始终保持小规模，能灵活地适应市场需求和社会变革，这是中小企业超越大企业的特殊优势。

很多小企业主的心中都有大愿景，这无可厚非，且值得鼓励。但是在做大与做强之间，应该如何选择？美国学者德华阿比指出，为了增长而增长是癌细胞的思维方式。其实，对多数中小企业而言，做大并非明智之举。小企业有一系列大企业无法企及的优点。正是这些优点使小企业有了持续发展的现实性。

（1）船小好调头。小企业没有大公司的层层等级，也就不会有严重的官僚主义、形式主义，而是更加快捷灵活，创新能力更强，决策和执行的距离短，对环境变化的反应速度

快，业务转型容易实现，同时员工更有责任感。

（2）个性易彰显。企业的个性是员工群体特别是企业家的个性决定的。在小企业，企业主的个人偏好、兴趣、风格等往往决定着企业的个性特色。小企业的核心成本低，经营发展负担小，受社会环境制约少，也容易张扬个性特色。同时，很多小企业是家族企业，往往着眼于长期的家庭式目标。长远目标加独特个性，构成了与众不同、难以替代的核心竞争力。

（3）绝技传百代。中小企业可以为客户提供更个性化的联系、产品和服务，也可以更加专业化，因为它们往往定位于很窄的领域，做到很深、很专、很高质量。许多长寿的小企业几乎都有代代相传的“绝技”，即特色产品、特色服务、特色工艺、特色配方或专利，并以此称雄市场上百年、数百年。黑松林就是在黏合剂这一很窄的领域做到了产品好、服务好、品牌好。

（4）诚信赢市场。小企业因为小，所以始终充满了危机感。刘鹏凯经常告诫黑松林员工：“时刻记住我们的弱小，处处看到别人的强大，时刻保持学习进取的态度。”这种危机意识、忧患意识，谦虚谨慎、虚心学习的态度，使小企业采取保守稳健的经营策略，也使它们不敢跨越“诚信”这道商业的底线。诚信经营，合法求利，以义取利，义利双全，是众多中小企业走向成功、长期发展的重要法宝。

（5）家和万事兴。很多中小企业的主要经营者就是企业所有者，企业用人机制和经营方式灵活，企业与员工之间主要不是靠劳动合同构成的契约关系，而是伦理纽带。人是感情的动物，人与人之间除了利益纽带外，还有感情的纽带。经营者与员工的关系紧密、感情依赖强，能够给员工提供更加自由的空间以发挥个人才干，更容易形成“家”的文化。

大未必强，未必远。能够建立一家永续经营、代代相传的小企业，比创办一家盛极一时、昙花一现的大公司，显然更有意义，也更具挑战性。认识到“小”的优势和好处，把握住企业生存发展的客观规律，对未来发展方向作出正确的选择，中小企业就一定能由小变强，走上持续发展的康庄大道，为社会、为后人留下值得称道的佳话。

企业集团文化整合

企业集团是19世纪末在欧美国家工业化过程中出现的一种社会经济组织，并从最初的垄断财团发展为现在的财团型企业集团与母子公司型企业集团两种主要类型。从20世纪80年代末以来，我国逐步形成了一批具有较强竞争力的企业集团，在行业发展、区域发展甚至国民经济中发挥着重要的支柱作用。在构成企业集团的母子公司、成员企业之间，存在着资本、产权、契约、技术、人事、文化、业务等多种纽带。进行集团文化整合，发挥文化纽带作用，是企业集团管理的重要内容，日益引起各方面的重视。

第一节　企业集团内部亚文化剖析

广义的企业集团，是以某些正式或非正式方法捆绑在一起的公司的集合。在广义概念下，企业集团可以是纵向型的，其主要特点是一个核心企业、垂直射线持股、集团母公司协调；也可以是横向型的，其特点是多个核心企业、环形相互持股、经理会协调。狭义的企业集团，则是指纵向型的母子公司或企业联合体。本书讲的主要是狭义的概念，如中石油集团、中车集团、华润集团、海尔集团、长虹集团等。

一、企业组织结构与亚文化

母子公司型的企业集团，通常是金字塔型的组织结构。集团内部，企业一般有两个或多个层次，有的巨型企业甚至多达十多个层次。最上面是母公司（集团公司），其下面是子公司、孙公司，最下面是基层企业（图7-1）。随着企业向大型化、集团化发展，在有的企业集团内部，也出现了两个或多个子公司（或若干子公司与孙公司）共同投资控制、参股下级公司等更为复杂的组织结构。

任何组织都有自身的组织文化。为了叙述方便，本书把企业集团的企业文化称为集团文化。企业集团内部各个企业，它的企业文化相对于集团文化（或上级公司的企业文化）而言，就是企业文化的子系统，即亚文化。集团内部企业层次越多，亚文化的层次也越多。

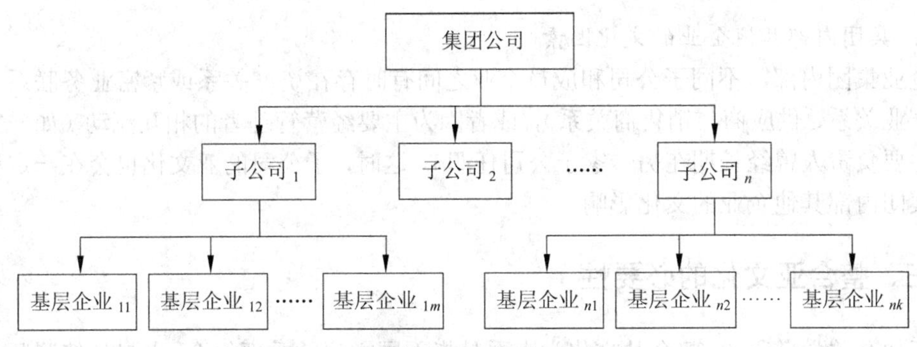

图 7-1　企业集团内部的层次结构

在企业集团形成过程中，如果是由一家企业逐步投资设立若干全资或控股的子公司，往往具有统一的企业文化。即子公司从一开始就采用母公司的企业文化，或者在母公司文化的基础上适当增加行业、地域等特点，母子公司、不同子公司具有完全或基本相同的企业文化要素。如果是母公司通过投资入股、兼并重组等方式控股其他企业，这时形成的企业集团，子公司与母公司、不同子公司的企业文化并不相同，即子公司的亚文化与集团文化不同。

二、亚文化的影响因素

正如本书第二章所述，企业文化受到民族文化、制度文化、外来文化、企业传统、个人文化、行业文化、地域文化等因素影响。对于子公司的亚文化而言，除了这些共性的企业文化影响因素之外，还受到集团文化（母公司文化）、参股公司的企业文化、集团内部其他企业特别是紧密合作企业的文化影响。

1. 集团文化因素

集团文化的影响最直接、最深刻。其影响主要有三种途径。

（1）通过子公司章程作出规定。例如，有的企业集团在设立子公司时，在子公司章程中明确规定采用集团文化的全部或部分内容。在企业章程这个“基本法”中作出规定，是集团文化影响亚文化的基本制度保证。

（2）通过集团公司的文件作出规定。子公司或基层企业对于集团公司（上级公司）文件负有执行的责任，如果这些文件涉及企业文化建设，集团文化势必对亚文化产生影响。例如，根据《中国国电集团公司关于宣传贯彻企业文化理念的通知》，国电双鸭山发电有限公司制订了宣贯集团公司企业文化理念的方案。

（3）通过委派子公司主要负责人产生影响。思想路线确定以后，干部是决定的因素。2004 年，中石化集团选派李安喜到旗下的广东茂名石化公司担任总经理、党委书记，对原有的企业文化进行整合和更新，很快扭转了亏损局面。

由于资产划转、收购等形式，企业从一家企业集团的子公司变为另一家企业集团的下属企业时，亚文化则往往带有原来集团文化的深刻烙印。

2. 参股公司的企业文化因素

对于多家不同企业集团（或企业）共同出资设立的子公司，企业文化虽然受控股公司的影响最大，但是也不可避免地受到参股公司的企业文化影响。这种影响往往通过参股公司派出的董事会、经营班子成员产生，他们自觉不自觉地会把本公司的文化带到子公司。

3. 集团内部其他企业的文化因素

企业集团内部，不同子公司和成员企业之间有时存在资产关系或紧密业务联系（如上下游产业关系、供应商与销售商关系），或者因为主要经营管理者的相互流动（如一家子公司的主要负责人曾经长期在另一家子公司任职）。这时，子公司的亚文化也会在一定程度上受到集团内部其他企业的文化影响。

三、整合亚文化的必要性

正如有关学者所述，整合从文化学上看是指不同文化的重新组合，也就是使渊源不同、性质不同、价值取向不同的文化，在相互接近、彼此协同中，使它们的内容与形式、功能与特点等不断加以修正，发生变化，渐渐融合。

企业集团文化整合，则是通过对集团内部各成员企业文化观念的整合来达到行为的整合，通过对价值观念的认同来达到行为的规范，通过对个体的规范达到群体的和谐，使其成员能够以社会和群体认可的一种新的方式来从事活动，从而使得企业集团达到真正的预期目标。2000年，美国时代华纳与美国在线两家企业宣布合并，两大传媒巨人的高层领导者都把注意力放到财务、法律等“硬”的方面，但不重视企业文化这类“软”因素，很快就产生了文化冲突，最终导致这桩价值1 660亿美元的交易成了一个典型的错配案例。

与单一企业内部具有统一的组织文化不同，企业集团的成员企业由于发展历史、联系纽带、主要业务、核心技术、影响因素等不同，母子公司之间、成员企业之间的企业文化通常并不相同，有时甚至会产生文化冲突。实践都证明，对集团内部的亚文化进行整合不仅十分必要，而且十分重要。

1. 增强企业集团的凝聚力

从客观条件来看，企业集团往往组织规模庞大，管理层次较多，员工数量众多，加上空间上广泛分布，在内部凝聚力上存在着先天不足。从相互联系的紧密程度来看，企业集团内部存在着核心企业、紧密层企业、半紧密层企业以及松散型企业等不同的类型，相互间的业务往来和联系或多或少，即使成员企业内部凝聚力很强，但是与母公司和其他成员企业的联系也往往较弱。

在此情况下，企业集团要保持高效有序的运作，保持骨干和员工队伍的稳定，仅靠母公司与子公司、上级企业与下级企业、核心企业与各类企业之间以及各企业内部有章可循的契约和制度体系是不够的。特别是在国有企业重组时，往往“先有儿子后有老子”，各成员企业相对独立，企业集团存在着联结不紧密、成员企业关系不稳定的情况，同时由于成员企业的发展目标、行业特点、产品和服务特色、管理模式等不同，导致相互间存在文化差异甚至文化排斥、文化冲突等现象。这样，企业集团的整体感、一致性相对较弱，内部的凝聚力、向心力不强，干部员工对集团的认同感、归属感也不强。

进行集团内的亚文化整合，通过建立共同的核心价值观和理念体系、增强企业制度体系和行为规范的共性、打造统一的企业集团形象，不仅有利于把成员企业紧密联系在一起，实施统一的发展战略，让集团的政策、命令得以贯彻执行，而且有利于将集团内每个员工联系在一起，增强对集团的认同感、归属感，增强整体的凝聚力、向心力。就像美国管理大师德鲁克所说，与所有成功的多元化经营一样，要想成功地开展多元化经营，需要一个共同的团结核心，必须有共同的文化或至少要有文化上的姻缘。很多大型跨国公司虽然成员企业千差万别、员工文化背景各不相同，但是由于有共同的企业文化，形成了强有力的文化纽带，从而成为一个统一的企业有机体。

2. 增强企业集团的竞争力

从单一企业发展到多个企业构成的企业集团，主要原因在于企业集团比单个企业完全靠市场规则、商业合同进行的合作和组成的企业联盟（或虚拟企业集群）要更加具有整体的竞争力。企业集团成员企业 1+1>2 的状态，主要表现为协同效应和规模效应。比如，成员企业可以互为上下游构成有机的产业链，属于协同效应；成员企业将资本、产品、服务、市场等进行有机整合，则可以形成规模效应。

当然，无论是协同效应还是规模效应，不会在企业集团自然形成，如果协调不好，成员企业反而会相互竞争、相互牵制，削弱各自的竞争力。这是因为各子公司等成员企业作为独立法人，都是市场中的经营主体和利益主体，都存在追求利润最大化的倾向，为了实现各自的发展目标和提高自身的竞争力，会采取各种对自身有利但是不一定对集团和其他成员企业有利的组织行为。如何避免集团内部由于追求局部最优引发的冲突和矛盾，从而实现整体最优？一种有效的办法是加强集团内部的管理控制，通过行政手段进行协调和处理，但是这种办法的行政成本较高、管理效率较低，而且很难规范到成员企业之间的所有行为，有时处理不好还会导致成员企业产生集团厚此薄彼的印象。

于是，文化整合就成为企业集团内部协调的另一种有效方式。通过对亚文化进行整合，使成员企业形成共同的核心价值观和企业精神、企业伦理道德和经营理念，有助于增加对集团整体发展目标和战略的认同，在处理局部和全局关系时自觉以集团全局为重，在一定条件下放弃和牺牲自身的利益，以提升整体竞争力，维护集团的利益。共同的文化对成员企业所起的协调、约束作用，比起行政命令，产生的抵触情绪和副作用小，影响广泛、持久而深刻。

3. 增强企业集团的文化资本

随着企业的现代发展，强大的文化资本已经成为优秀企业持续增长的重要原因。企业集团虽然不同于单一企业，内部又主要靠资本纽带维系，但是如果要实现持续发展和永续经营，文化资本同样起着非常重要的作用。前面多次提及的松下公司、IBM 公司、GE 公司等巨型企业集团，之所以长期保持领先同行的经营业绩，都离不开优秀的、统一的企业文化和雄厚的文化资本。

与实物资本不同，文化资本在促进企业集团长期持续发展和增长中的作用体现在以下四个方面：一是导向作用，使所有成员企业的员工在认识和行动上保持一致，共同为实现集团目标而奋斗，从而有效地降低管理成本；二是凝聚作用，使所有成员企业的员工以企业集团为中心，凝聚在集团周围，形成紧密团结的命运共同体；三是创新作用，使各成员企业主动适应快速多变的外部环境和集团整体发展需要，在技术、管理上协同创新，形成文化驱动的创新机制；四是形象塑造作用，使成员企业的组织行为和员工个体行为有利于塑造企业集团的整体形象和品牌形象，提升集团整体的市场竞争力和顾客对集团成员企业的忠诚度。

要充分发挥文化资本的上述作用，企业集团的亚文化一定会认同集团文化的，而不是相互割裂、毫无相干。企业集团内部的亚文化如果充满矛盾和冲突，文化建设的投入难以发挥增值作用，也就很难保持和增加文化资本。攀枝花钢铁集团在并购重组成都钢铁公司等企业时积极进行文化整合，不但引导下属企业干部职工接受以“奋斗、进取、创新、诚信、和谐”为核心价值观的攀钢文化，而且很好地继承和发展了原有企业的优秀文化，对全体员工思想和行为起到了很大的凝聚和导向作用，为企业深度融合提供了保证，也为公司发展积累了新的文化资本。

第二节　企业集团文化整合的内容

根据企业集团内部的不同情况，集团文化的整合主要有横向整合和纵向整合两种类型，整合内容虽然都涉及企业文化的三个层次，但是整合的重点和方式相应有所不同。

一、横向整合

所谓横向整合，就是对本来具有不同企业文化的子公司进行文化变革、更新与调整，使它们具有文化上的一致性。

当企业通过投资收购、兼并重组形成企业集团的时候，新纳入集团旗下的子公司原来有着自身一套完整的企业文化系统，与集团文化和其他成员企业的组织文化存在差别和冲突，这时就需要进行横向整合。企业文化不兼容，是历史上很多兼并失败的根源。惠普公司在 2001 年 9 月正式宣布与康柏公司实施并购，并购涉及金额约 250 亿美元，其中惠普股东将以 0.632 5 股换取康柏 1 股，康柏约溢价 19%，惠普将持有新公司 64%股权，康柏只持有 36%。惠普与康柏并购案被评为 2001 年全球十大并购事件之首，合并后的公司成为全球最大的计算机和打印机制造商，同时也是全球第三大技术服务供应商。合并后，由于“惠普之道”与康柏文化既有共同之处，又存在明显的差异（图 7-2）。显然，企业文化的横向整合就成为惠普康柏并购的当务之急和并购成败的关键。

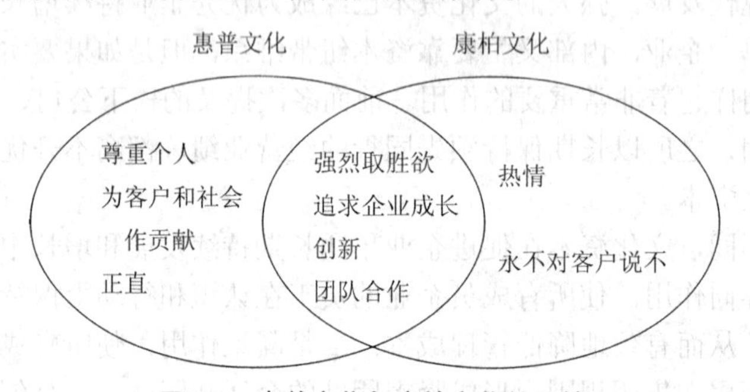

图 7-2　惠普文化与康柏文化的比较

改革开放以来，中央企业经历了多次拆分和重组。例如，将南方五省的六家国企重组为“南方电网集团”，这六家国企有的已有几十年历史。这时，集团文化就应该在整合这六家企业的文化理念基础上提炼出来，并取得认同。目前，南方电网由《南网总纲》概括了集团企业文化，包括企业宗旨、企业使命、企业理念、品牌形象、南网精神、企业愿景、战略目标以及安全、经营、服务、法治、行为、团队专项理念共 13 个方面。其中，企业宗旨“人民电业为人民”，企业使命“主动承担三大责任（政治责任、经济责任和社会责任），全力做好电力供应”等，都充分反映了所有成员企业作为国企的根本性质。这是典型的企业文化横向整合。

企业文化的横向整合，是理念层、制度行为层、符号物质层的全面整合，其重点则是进行核心价值观和其他核心理念的整合。这不仅是因为核心价值观等理念层要素在企业文化中处于核心地位，是文化整合的主要内容，而且是因为企业集团与成员企业之间的联系不像一家企业内部那样采用完全相同的制度体系和行为规范以及相同的品牌等符号物质层要素，也不可能完全依靠母公司的行政命令来协调。这时，发挥核心价值观等企业理念的作用，对于增强集团内部的凝聚力、实现不同成员企业的协调一致，就显得更为重要。

1. 理念层整合

核心价值观不一致，是企业文化不同的根本标志。如果在集团内部，不同成员企业秉持不同的核心价值观，这样多元文化并存就意味着缺乏统一的集团文化。核心价值观不同带来的文化多元化，与基于共同价值观的文化多样性，有着本质区别。

无论什么情况组成企业集团，国内外优秀企业几乎都在文化整合时首先推行相同的核心价值观。从 GE 全球各地子公司的高管培训到新员工的入职培训，韦尔奇重点阐述和讲授的都是 GE 价值观，以此让整个公司上下认同和践行相同的价值观念，指导各级组织和员工的行为。海尔集团在兼并重组企业时，首先派企业文化中心人员去宣讲海尔文化，用海尔价值观和海尔精神等理念武装原来企业的干部和员工头脑。

如果子公司的经营发展状况不是很理想或者业务还有很大提升空间，说明原有的亚文化存在一定问题，特别是理念层有某种缺陷，这时也需要对企业愿景、企业精神、企业伦理道德、管理理念、经营宗旨等理念要素进行整合。在整合时，通常采用文化融合模式，即根据成员企业实际把集团文化理念和原来亚文化中的先进理念相结合，形成新的亚文化子系统。当亚文化较弱或者不健全，或当子公司与其他成员企业的业务、技术、管理等特点相同相似的情况下，整合时可以完全用集团的企业理念体系代替原有的亚文化。

2. 制度行为层整合

进行制度行为层的整合，目的是促使和保证理念层整合得到落实，把核心价值观内化为各级组织和员工个体的行为，并且使企业集团的战略、方针、制度、命令得到有效的贯彻执行。人事制度对员工的行为影响最为直接，通常也是集团文化整合的重点内容。

绝大多数企业集团都会制定统一的人事制度，在人员选聘、使用、考核、分配、激励、晋升、流动等方面实行统一的政策或原则。如果人事制度或大的原则不一致，成员企业干部职工会觉得不公平、不公正，进行攀比，从而影响工作的积极性，甚至造成队伍不稳定。海尔坚持“赛马不相马”的人才观，执行统一的人事政策，激发出所兼并企业的全体员工的巨大热情。有的跨国公司在海外分公司，对总部派出的员工和当地员工实行不同的薪酬标准，客观上造成同工不同酬现象，挫伤了当地员工的积极性，也阻碍了人才本土化战略的实施。

企业行为规范对人的影响也很大。集团各成员企业执行相同或相似的员工行为规范，有利于对内增强凝聚力，对外树立统一的企业形象，同时可以提高管理效率、保证工作质量。行业相同相近的成员企业，像很多连锁商店、酒店集团都采用完全一致的员工行为规范和工作制度。在实行多元化经营的企业集团中，如果成员企业的行业跨度大，如集团旗下的建筑公司、软件公司、商贸服务公司，则不可能、也不需要实施相同的行为规范。

对于企业的其他制度，是否需要整合，整合到什么程度，则一定要从成员企业的实际出发，千万不要为整合而整合，盲目地搞“一刀切”。

3. 符号物质层整合

符号物质层整合，实质就是进行企业视觉形象的整合和塑造，使企业集团以统一的企业形象出现在公众面前。这样不但有利于公众和顾客辨认、识别，而且有助于增强员工的认同感、归属感。中国五矿集团公司以整合和实施企业形象识别体系为突破，促进兼并重组企业的文化融合。例如，2004 年重组的邯邢局，经过两年过渡期，也以“五矿矿业”的面貌重新示人；2006 年并购湖南省二十三冶建设集团后，二十三冶就根据中国五矿企业形象的总体原则设计出符合其企业特性的企业标识和实施方案。

企业标识的整合，是符号物质层整合的重点。中国邮政的分局、支局、营业厅，工商银行的分行、支行、储蓄所，中国移动的下属企业和门店，均遍布全国各地，但是因为有统一鲜明的企业标志，而使人们一眼就能找到。在对兼并企业进行符合物质层整合时，一般都是完全采用集团的统一标识，包括名称、标志、标准字、标准色等。国外企业在通过收购、兼并进入中国市场时，绝大多数都把原来企业的标识通通换成了自己的标识。我国一些国有大型企业集团，是在过去多家独立企业的基础上组建的，这些成员企业在社会上有较大知名度，有的也沿用已有的标志。例如，同样都是中国机械工业集团公司的旗下企业，中国汽车工业工程公司标志则与母公司相同，而中国一拖集团有限公司的企业标志则不同（图 7-3）。

图 7-3　母子公司标志不同的案例

品牌也是文化整合的一个主要内容。由于我国过去缺乏知名品牌，国外企业在中国大陆设厂时，几乎都是生产和销售它们自己的品牌产品。国际几大日化巨头为了占据中国市场，采取了收购中国企业的办法，从而把这些企业原有的中国自主品牌据为己有或者买来后弃之不用。联想集团在收购 IBM 个人电脑业务以后，打造国际品牌的效果并不理想。现在，有很多企业集团实施多品牌战略，保留子公司有一定知名度和美誉度的品牌。例如，曾经名噪一时的百丽鞋业集团当年在收购江苏森达鞋业后，就继续使用森达品牌，作为其旗下的 20 多个品牌之一。

符号物质层的其他要素是否需要整合、如何进行整合，一定要从成员企业的实际出发，根据集团发展战略来确定。

二、纵向整合

纵向整合具有两层含义，一是指企业集团内部各层次企业之间的文化整合，整合对象包括集团文化、子公司文化一直到基层企业文化的垂直整合；二是指成员企业内部组织结构不同层次的文化整合，整合对象覆盖决策层、管理层、执行层、操作层等各级。纵向整合同横向整合一样，整合内容也涉及企业文化结构的三个层次。

1. 各层次企业之间的纵向整合

这种情况下的纵向整合，往往按照自上而下的顺序逐级进行，即由集团公司根据集团文化体系和集团发展战略，对子公司（二级企业）的企业文化加以整合，然后再由子公司对孙公司等下级公司文化进行整合，最后直到对最基层的企业进行文化整合。

从上到下逐级整合，一方面可以使集团文化的核心价值观等主要理念在各亚文化层次上得到逐级落实，确保集团文化成为一个有机的文化体系，不至于使基层组织文化迷失方向；另一方面可以根据不同层次企业的实际，保留和体现其各自文化的先进因素，发挥各级企业和广大员工参与企业文化建设的积极性，丰富集团文化的内涵，增强集团文化的发展活力。在实行多元化经营或不同成员企业行业跨度很大的企业集团，适合采取这种方式，既强化集团文化的整体性，又保持各级成员企业的文化特色。

当企业集团内部管控能力强，且各级成员企业的业务领域、管理模式相同或相近，可以同时对各层次企业进行文化整合。例如，中国工商银行发布新的企业文化体系以后，就在全行上下同时开展宣传贯彻落实工作，使分行、支行等各层次的文化整合与更新同步进行。

2. 成员企业内部各层次的纵向整合

（1）决策层整合。成员企业的董事会和经营管理班子，不仅对本企业重大决策和经营管理决策负有直接责任，而且对集团文化的贯彻执行负有主要责任，因此在企业内部纵向整合中处于核心地位。通常，集团公司会要求决策层不但能够对集团文化准确理解、深刻领会、认真贯彻，而且能够结合本企业实际创造性地加以落实。在收购、兼并的企业，原主要领导有时难以达到企业文化方面的要求，这时往往通过更换主要负责人来快速完成决策层整合。

（2）管理层整合。中层以上管理人员在企业管理中起着承上启下的骨干作用，是纵向整合的关键层次。他们要正确认识和理解企业文化整合的目的和要求，全面了解和掌握整合后的新企业文化体系，并且能够从集团发展和本企业发展相结合的战略高度出发，积极主动地推动文化整合和建设工作。对管理层加强集团文化培训，明确文化整合的具体职责，是进行整合的主要方法。由上级企业选派企业文化部门、人力资源部门等负责人，也是推动管理层整合的有效手段。

（3）执行层整合。项目经理、科室主任、班组长等基层管理人员是企业管理工作的基础和各项任务落实的组织保证，在纵向整合中发挥着不可或缺的基础性作用。执行层不但要解决认识问题，对整合持支持的态度，认同整合后的新理念，而且要解决行动问题，自觉遵守整合后的制度体系和行为规范，为普通员工认识和贯彻新的企业文化起到带头作用。成功的企业并购，母公司不但对新成员企业的干部职工进行文化培训，母公司主要领导还直接深入基层释疑解惑，既稳定了骨干队伍，又促进了并购过程和文化整合顺利进行。

（4）操作层整合。普通员工直接工作在生产、销售、售后服务、研发、管理等各项工作第一线，是企业文化最广泛最坚实的群众基础。文化整合如果离开了操作层广大员工的支持和参与，不可能获得成功。对操作层的整合，既要务虚更要务实，不但要讲道理、转观念、树新风，而且要讲操作、重制度、见行动，即通过新制度体系的执行和考核检查，引导员工自觉践行新的行为规范；通过使用新的企业标识、穿新的工作服，实现新的身份认同。

第三节　企业集团文化整合步骤

对集团内部亚文化的整合，实际上就是在下属企业建立新的企业文化体系，换言之，就是进行下属企业的文化变革。由于这种变革是在企业集团内部进行的，因此既服从企业文化变革的一般规律，又有着企业集团的特殊规律，并直接反映在文化整合的步骤之中。

一、领导团队重组

无论是独立的企业，还是企业集团的成员企业，主要经营管理者对企业文化都有着直接的深刻影响。因此，集团公司或上级公司往往通过对下属企业的主要领导者进行调整、对管理团队进行重组，来推进和实施文化整合。

选派优秀的管理骨干到下属企业担任主要领导（董事长、总经理等），是进行领导团队重组、实现文化整合的根本举措。2003 年，中国铁路工程集团有限公司（中铁工）和中国海外工程总公司（中海外）合并重组以后，经国资委批准，在保持中海外领导班子基本稳定的基础上，中铁工在全系统选调政治素质高、经营能力强，而且具有高学历、高资质、熟悉国际商务的领导干部出任中海外公司一把手。中海外新班子注重把经营理念与价值观念的融合放在突出位置，逐步形成了鲜明统一的企业文化。“勇于跨越，追求卓越”是中铁工数十年锻造形成的企业精神。中海外自觉地把这种文化与自身原有的企业文化进行融合，没有出现普遍存在的“排异”现象，而是在继续保持自身文化特色的同时，在较短的时间内形成了与中铁工相适应的主导文化，有力推动了企业合并重组。

国内外很多企业兼并重组的案例之所以不成功，并不是母公司没有向子公司委派主要领导人，而是因为所派的高管不重视、不擅长企业文化建设，导致“马谡守街亭”的结局。为此，在选择下级企业主要负责人时，不仅要求懂经营、会管理，而且必须高度认同集团文化、懂得如何抓企业文化建设。如果在集团内部没有合适的管理骨干，集团在公开招聘或到外部选聘下属企业主要负责人时，也要把是否认同本集团的文化，作为不可缺少的一条选聘标准。为了确保文化整合的落实，应在对下属企业领导班子的考核指标体系中，加入贯彻集团文化的指标。

二、机构和人员调整

企业的组织结构和员工队伍与企业文化有着紧密的联系。特定的企业组织积淀和承载了特定的组织文化，特定的组织文化又总是与特定的企业组织相适应的。改变企业的组织形式和队伍构成，是企业文化变革的重要手段，也是企业集团进行文化整合的必要环节。

通常情况下，集团文化整合都意味着对下属企业进行文化变革。按照文化变革的步骤，首先就要进行文化“解冻”，打破原有的企业文化模式，为在集团文化统率下建立新的企业文化做好准备。由于原有的企业文化模式依赖于固化的组织体系，于是通过调整下属企业的组织机构，任命新的干部，变动员工岗位，可以破除人们也已习惯的工作关系和人际环境，改变原有的心理定式、惯性思维和行为习惯，从而达到"解冻"的目的。

组织和人员的调整，不能单纯出于文化整合的角度，而要同时着眼于企业战略发展的需要，紧密结合生产经营方式和技术工艺特点，这样才能使文化整合与下属企业发展结合起来。攀钢集团在重组攀成钢公司之初，就明确提出了"新的企业要有新的观念、新的组织结构、新的管理制度和新的激励机制"的要求，支持和指导攀成钢不断加大管理整合力度，以建立现代企业制度为目标，实施了组织扁平化改革，优化了工艺流程，对机关部室业务重新整合、职能重新划分，对原成都无缝和成钢两公司经营业务、工作性质相近或者相同的单位进行了整合归并，减少了管理环节，提高了管理效能。

对于通过投资收购新加盟企业集团的成员企业，由于员工对集团缺乏了解和信任，组织机构和人员的调整要十分慎重。如果草率从事，处置不当，往往会导致严重的骨干人才流失现象，大大削弱成员企业的竞争力。1998年，合肥荣事达集团在兼并重庆洗衣机总厂时，宣布不减人员、不动班子，并决定把当年利润用于增加员工工资和奖励管理者。这些措施不仅留住了人才，还激发了所有员工的积极性，有效地开发沉淀的人力资源，既实现了平稳过渡又留住了关键人才。

三、制度变革和整合

制度整合是集团文化整合的关键环节，是企业理念整合的制度保证。尽管思想是先导、观念整合是核心，但是由于文化整合通常不是在停止生产经营的状态下进行的，有充分的时间去进行集团文化理念的宣传学习培训，因此，制度变革与整合往往成为文化整合的一个优先步骤。实践也表明，及时进行制度整合，尽快形成新的制度体系，有利于企业兼并重组的顺利进行，也有助于新的价值观和理念体系得到贯彻落实。

人是生产力中最积极最活跃的因素。制度整合的首要目的，就是提升员工队伍的整体素质，充分激发全员的劳动积极性和创造潜能。为此，制度变革与整合应先从人力资源制度开始。在人员聘用制度方面，有的企业集团借机加以调整，对下属企业重新进行定岗定编，对全员重新进行岗位聘任，强化了广大员工对集团的认同感和归宿感；有的则继续现有的聘用制度，维持原来的劳动合同，保持了员工队伍的总体稳定。在分配制度方面，有的企业集团抓住契机推行集团统一的薪酬体系，在多劳多得的前提下提高了下属企业的薪酬水平，增强了员工对集团管理的信任度和满意度。在激励制度方面，有的企业集团采用物质激励和精神激励并重的激励模式，对于积极实践集团文化和企业新文化体系的干部职工运用多种激励手段，激发了员工践行企业文化的积极性、主动性，增强了集团的凝聚力、向心力。其他工作制度、特殊制度，则要视下属企业的经营管理实际来进行变革与整合。

对于下属企业而言，制度的整合绝不是完全照搬和简单执行集团公司的统一制度体系，而要结合本企业的实际把集团制度、政策、原则与自身的实际结合起来，建立一套与发展战略相适应的新的制度体系。

四、价值观的整合和更新

集团文化整合的核心和难点，是价值观的整合。完成了价值观整合，通常意味着整个集团信守同样的核心价值观，使下属企业新文化体系的建立有了根本基础，也标志着亚文化正式成为集团文化的有机组成部分。

当下属企业有完整、优良的企业文化体系时，价值观整合并不是简单地用集团核心价值观替换下属企业原有的价值观，最好是找到二者的内在联系、实现有机统一。这样既不颠覆原有意识形态，又强化了集团文化。

2007年，龙岩卷烟厂（简称“龙烟”）改制成为福建中烟公司（简称“中烟”）的全资子公司。龙烟在60多年历程中形成了以“永不服输、争创一流”为核心价值观，以“团结、求实、创新、奋进”为企业精神的“狼文化”，并于2005年提出“责任、激情、超越”的龙烟之魂。中烟则于2008年提出“和·睿·行”企业文化框架体系。如何把“和·睿·行”文化体系贯彻到龙烟？一方面，龙烟的企业使命“国家利益至上、消费者利益至上”，是中烟使命“践行‘两个至上’，创造社会价值”的组成部分；另一方面，是把“和·睿·行”核心价值观在“狼文化”中进行拓展与延伸——“和”是和谐、合作，强调“和”是企业发展的基础，在内部形成强大的合力，同时倡导“和而不同”，尊重每个员工的个性，鼓励独立思考和创新；“睿”是通达深远、充满智慧，强调提升个人和团队素质，强调企业发展要站得高、看得远、谋得深；“行”是行动力，强调像狼那样有很强的执行力以及活力、反应力、群策群力，把蓄积的能力转化为生产力和市场效益。

价值观整合时，子公司可以根据集团的核心价值观和自身实际，形成独特的企业理念体系。作为广州本田汽车公司和东风本田发动机公司共同合资的大型服务企业，广州市达康经济发展有限公司秉持“本田哲学”的核心思想“尊重个性”与“三个喜悦”，根据服务业特点提出“为顾客提供满意与喜悦的服务”作为公司使命，实现了从“本田哲学”到“达康文化”的无缝连接。

在下属企业确立集团核心价值观，一靠宣传教育，二靠融入制度，三靠实际行动。为此，要在全员中开展集团企业文化培训，并充分利用企业文化网络，系统宣讲、大力宣传集团核心价值观的形成和内涵，讲述践行集团价值观的典型人物和故事，阐明遵循集团价值观的具体要求，做到全体员工人人知晓、个个理解、时时触及、处处行动。

五、新行为习惯的养成

认识变为行动，企业文化整合才算真正完成。因此，子公司全体员工把集团核心价值观等理念内化于心，养成与集团文化相一致的新行为习惯，是文化整合的最后步骤。这一步也是企业新文化体系的实施过程，而且往往需要历时数年。

经过多年的实践探索，攀钢集团提炼形成并始终坚持了独具个性特征的文化融合实践模式，即“一线三化”——以弘扬攀钢精神为主线，努力实现文化理念“内化于心、固化于制、外化于行”。内化于心就是通过理念故事化、理念人格化和理念自觉化，在充分尊重和引导并购重组企业员工文化心理差异的基础上，用企业倡导的观念、意识和原则武装职工头脑，转化为员工的共同认识，并进而转化为员工的自觉行动；固化于制就是通过文化管理化、制度文化化和建设项目化，将企业的基本理念体现到各项规章制度中去，促进企业管理升级；外化于行就是通过具化于行为、美化于形象和物化于产品，将企业的文化理念和价值观通过职工的实践行为和企业形象展示表现出来，实现企业形神的高度统一。

同时，攀钢注重强化四项具体措施，有力地促使全集团把共同理念转化为共同行动。

一是“融景”，即确立发展愿景，以共同的发展目标凝聚人心。

二是“融脑”，即沟通思想感情，做到“心相通、情相融、力相合”，逐步强化下属企业员工对攀钢和攀钢文化的认知与认同，增强对企业发展的信心，为文化融合、整体发展奠定了坚实的思想基础。

三是“融制”，即统一母子公司管理理念和管理制度，对攀成钢、攀长钢原有 1 000 多项管理制度进行了整合与修订，重新规范形成了 375 个管理制度，初步建立起了符合现代企业制度要求的管理体系，实现了流程再造。

四是“融行”，即规范员工行为，不断提升员工队伍整体素质。

在抓行为融合的过程中，攀钢一方面长期坚持不懈地在全体员工中开展“爱岗敬业、争创一流”岗位实践活动和“诚信为本、忠诚攀钢”主题教育活动，编制和颁布了《攀钢职工行为规范》和《攀钢职工岗位职业道德规范》，着力引导全体员工珍惜、热爱本职工作岗位，干一行、爱一行、钻一行、精一行，培育形成良好的职业道德习惯，努力塑造“遵章守纪，行为端庄，实干进取，忠诚攀钢”的攀钢人形象；另一方面高度重视员工综合素质的培养和提高，建立了“以文化素质教育为基础，以技能培训和继续教育为主要内容，以提高工作能力和生产技能为核心，以培养和造就高层次、复合型、紧迫性、多元化人才为重点”的科学的职工教育培训格局，着力提升全体职工基本道德素养、文化理论素养和专业技能素养，为企业发展奠定了坚实的人才基础。

第四节 企业集团文化整合方法

文化整合是一个复杂多变的过程，也是一项系统性很强的工作。尤其大型企业进行收购、兼并、拆分、重组之后的文化整合，涉及大量的资产、庞大的市场、数量众多的员工、复杂的文化资本，必须高度重视，精心谋划，科学实施，系统推进。在进行文化整合时应掌握和运用科学方法。

一、尊重差异

对于作为整合对象的企业亚文化，首先要采取实事求是的科学态度，一分为二地加以分析对待。尊重事实、尊重差异，就是科学态度的应有之义。尊重差异是进行文化整合的前提，尊重事实则是尊重差异的基础。

尊重事实包括以下几方面内容。①尊重原来企业的发展历史和文化形成过程。一家企业发展到今天，能凝聚众多员工，在发展过程中必定有值得肯定之处和成功经验。否定这些就是否定企业历史，势必引起整合对象广大员工的感情对立，使文化整合难以进行。②尊重该企业现实文化中的积极因素。客观分析对象企业的文化因素，对于其中的积极因素、先进因素应予以充分肯定，才能扩大对整合后新文化的共识。③尊重广大员工在企业文化建设中的主体地位和首创精神。企业文化是广大员工智慧和汗水的结晶，也是他们赖以生存的组织文化环境。全盘否定原来的企业文化，就是割断历史，文化整合无法得到他们的支持。这些年国有企业不断进行兼并、重组，往往并非因为成员企业经营不善，而是为了组成实力强大的企业集团，以便发挥协同效应和规模效应，更需要从以上几方面切实尊重成员企业的文化。

尊重差异，也是文化整合的基本原则。首先，不同企业有不同文化，在集团文化整合时必须认识和承认这种差异。对这种差异的认识越清楚、越深刻，文化整合的着力点和突破口就越明确。其次，要认识到文化差异有不同性质和程度的差别。不同国家的企业文化，受不同民族文化影响，具有异质性，它们之间往往有本质区别；同一国家不同企业的文化，它们的差异往往是同质性下的区别。成员企业的亚文化与集团文化之间，核心价值观等主要理念的差异则是带有本质性的，这种差异是整合的关键；而次要理念、行为习惯、符号元素等不同，属于非本质的差异，可以整合，也可以不整合。进一步来看，越是优秀的企业，企业文化的个性特色越鲜明。对于兼并收购的优秀企业，在整合时除了核心价值观等主要理念要统一之外，其他文化要素尽可能予以保留，这样可以更好地发挥原有文化的优势特色。

在收购兼并其他企业以后，有的企业家不作调查研究，先入为主认为兼并对象的文化有问题，看不到对方文化的优势和长处，想当然地认为本公司的文化什么都好，盲目地用自身企业文化取代该企业原有文化，引起强烈抵触，整合效果很差。

二、有效沟通

文化整合是要把原来不同文化的员工群体凝聚到共同的价值观念、共同的目标愿景、共同的思想认识上来，以形成共同的精神气质、共同的组织风气、共同的行为习惯、共同的组织形象，其本质是对人的思想和观念进行整合。因此，文化整合首先要解决的是人的认识问题，而寻求认识的一致必须依赖于有效的沟通。大量实践从反面说明，文化整合不成功，缺乏有效沟通往往是一个主要原因。

抱着真诚、平等的态度，是有效沟通的基础。无论集团公司与下属企业，还是兼并主体与被兼并对象，沟通双方都不是处在平等的位置上。如果再不本着平等的态度，真心诚意地沟通，更容易让作为亚文化主体的干部职工产生抵触心理，从而对文化整合持消极态度。

建立共同愿景，扩大沟通共识。所谓“志同道合”，共同的目标和愿景是有效沟通的关键内容。企业兼并重组，进行文化整合，重点就是要根据集团长远目标，形成整合对象的愿景。当这种愿景被员工所共识，文化整合就有了根本基础，沟通才能继续下去。中铁工在与中海外重组以后，及时召开中海外职工大会，宣传重组的重大意义，将全体员工的思想统一到企业改革发展的战略目标上来，激励员工见贤思齐、奋发有为。这是值得借鉴的做法。

文化整合是企业集团一项长期的统一思想、凝聚意志的过程，忌讳强行灌输，更忌行政命令。辽通化工集团在收购过程中，针对锦天化工很多员工一开始的思想情绪，公司领导亲自到锦天化工与员工沟通交流，在处理许多问题上小心谨慎，不做大的变动，使员工心理上逐步适应和接受辽通化工的经营管理模式，经营状况发生了显著变化。只有持之以恒地反复沟通交流，深入子企业做针对性的思想工作，打消广大员工的思想顾虑，让他们认识到文化整合的重要性、必要性，认识到新文化体系的科学性、先进性，才能自觉支持和促进新文化建设，构建文化整合和企业发展的坚实群众基础。

三、兼容并包

企业集团是由若干层次、若干企业构成的企业集群，各成员企业往往有适合自身特点的企业文化。越是规模巨大、跨行业多的企业集团，旗下企业的文化多样性越是突出。对于下属企业丰富多彩的企业文化，如何进行有效整合？兼容并包无疑是一个重要的原则。中华文化长盛不衰、历久弥新，关键就是具有很强的包容性。

兼容并包，是指把不同内容、不同性质的东西接收并保存起来。包容开放是先进文化的重要特征，如果连集团内部不同亚文化都难以包容，这样的集团文化称不上先进。兼容并包，要求一分为二地分析看待下属企业的亚文化，善于发现和区分亚文化中的积极因素、消极因素，和谐因素、不和谐因素。对于积极的、和谐的文化因素，要予以认同、支持和鼓励，使之不断发展和弘扬；对于消极、不和谐的文化因素，则要加以抑制、整合和变革。为此，要求集团文化的定位要高、内涵要大、表述要精，包容性很强，切忌过于繁杂具体。有的企业集团，集团文化只有愿景、使命、核心价值观、企业精神等少数几条，给予基层企业文化建设留出空间，就是这个道理。

同时，要在集团范围内大力倡导亚文化中的先进因素，使之成为集团文化创新发展的源头活水。下属企业往往能够敏锐地感知社会环境的变化和社会文化的动向，基层干部职工在一线的工作实践中经常能够激发出先进的思想观念，从而使亚文化不断变革、充满活力。只有尊重员工的首创精神，积极吸收这些来自亚文化中的先进因素，集团文化才能不断丰富内涵、不断变革创新。

四、因地制宜

所谓因地制宜，就是根据各子公司、各成员企业的具体情况，建设适宜的企业文化。坚持从实际出发，因地制宜、因时而化、因人而异，无疑是成功进行集团文化整合的重要方法。

因地制宜，要求文化整合要从集团下属企业的发展目标、经营管理现状、员工群体素质、行业领域特点以及民族文化和地域文化等出发，把集团文化的统一要求与企业具体实际结合起来。美国强生公司等国外优秀企业在这方面给我们做出了榜样。西安杨森公司是美国强生公司与我国陕西省医药总公司等设立的合资企业，以强生公司“我们的信条”作为核心价值观，以“止于至善”作为企业哲学和座右铭，倡导“因爱而生”理念，践行“着眼未来，引进新的药品，提高中国医疗卫生水平服务中国患者”的宗旨，较好地实现了文化融合。在文化整合与建设过程中，西安杨森先后开展了具有中国特色的活动，如组织员工重走“长征路”、参加天安门升国旗仪式。率队参加过天安门升旗仪式的西安杨森前任美籍总裁说道：一个不热爱祖国的人，怎么会热爱公司，不热爱公司，又怎能热爱自己的岗位。我也热爱中国，热爱杨森。

坚持因地制宜，就要鼓励下属企业结合实际创造性地开展企业文化建设，而不是完全套用集团文化。作为宝钢集团（现宝武集团）的子公司，上海第一钢铁有限公司在60多年的发展历程中，员工们养成了吃苦耐劳的奉献精神，同时由于该公司长期以来产品技术含量低，员工文化素质偏低，制度意识淡薄，违规违纪现象时有发生。针对这一情况，一钢时任总经理伏中哲创造性地提出“精力有限、潜能无限”的公司精神，以狠抓制度落实和培养员工的制度意识为企业文化建设的突破口，以便在公司内营造一种人人能够创新、善于创新、敢于创新的文化氛围，把每个员工的潜能都充分发挥出来。这既充分体现了宝钢集团以人为本的价值观，又结合了上海一钢的实际，凸显了企业特色。

五、和谐过渡

作为人们长期习惯了的组织文化环境，企业文化如果在短时间内发生剧变，员工有时会出现文化休克现象，严重的会引起文化冲突和排斥。因此，企业集团在对亚文化进行整合时，比较好的选择是和谐过渡，让员工有一个逐步适应、接受和认同的过程。

由于企业文化变革是一个长期的过程，整合亚文化切不可急于求成，而要把握规律、循序渐进、久久为功。上海宝钢集团（现宝武集团）1998年底组建成立后不久，就通过调研认识到集团内部客观上存在两种不同的企业文化，一种是原宝钢公司的用户满意文化；另一种是原上钢、梅山等老企业的艰苦创业的奉献文化，开始了文化整合融合的过程。集团通过干部交流、宝钢先进管理方式的输出和推广、“新千年新思路”“观念与创新”专题研讨会、制定公司文化体系和公司文化管理制度等措施，有力地推动了各子公司的文化融合与集团文化的创新发展，促进了集团联合重组的成功，提升了竞争力。在整合过程中，既注意宣传宝钢文化，又吸收、发扬老企业的优良文化传统，在实践中不断丰富集团文化内涵；同时，根据各子公司实际稳步推进，基础条件好一些的，一体化步伐就快一些，顺利实现了文化融合。

制度行为层、符号物质层的整合，并非都要一步到位，有时也可以逐步过渡。例如，台湾嘉新水泥集团在兼并江苏京阳水泥公司时，考虑到江苏用户熟悉“京阳”品牌而不知“嘉新”水泥，于是前三年在大陆市场使用“京阳嘉新”品牌，以“京阳”带“嘉新”；接下来三年改用“嘉新京阳”品牌，突出“嘉新”；最后才使用“嘉新”品牌，最终完成了品牌整合。

第五节　企业集团文化整合的艺术

管理是科学，也是艺术。集团文化整合在遵循企业文化建设普遍规律的同时，要结合本集团与下属企业的实际，努力探索和把握其特殊的规律，这就是集团文化整合的艺术。

一、主旋律与变奏曲

主旋律、变奏曲原本都是音乐的概念。这里，主旋律借以指集团文化中的核心价值观，变奏曲用来比喻文化体系的其他内容，是围绕、再现和呼应主旋律的部分。

只有主旋律的文化，必然内容抽象，没有亲和力和吸引力。没有主旋律的文化，必然没有核心和灵魂，难以给人以心灵的冲击和震撼。因此，在集团文化整合与建设中，必须把握和处理好主旋律与变奏曲的关系，使二者相互呼应、相得益彰，形成强大的文化力，化为雄厚的文化资本。

在企业集团中，集团上下一致恪守的核心价值观，无疑是集团文化不可动摇的主旋律。集团公司层面和集团内部各级企业，企业文化设计、整合与建设都必须始终围绕集团核心价值观这一主旋律来进行，保持集团文化的一元化基调。同时，集团文化结构中的各层次要素、各亚文化体系，在围绕、强化和呼应核心价值观的前提下，又要从各层次要素的功能定位出发，从各亚文化的行业特点和企业实际出发，突出个性，强化特色，共同构成集团文化的丰富内涵。

“中华大地、雨露滋润”。华润（集团）有限公司在70多年的发展风雨历程中，从一家贸易公司成长为中国内地和香港最具实力的多元化企业之一。数十年来，华润始终秉承“诚信至上”和“以人为本”的核心理念（核心价值观），积极实践“开放进取、以人为本、携手共创美好生活”的企业承诺。由于旗下企业众多、涉及行业领域广泛，华润集团在亚文化整合与建设中十分注意把握主旋律和变奏曲的关系，围绕核心理念和企业承诺形成了先进的集团文化体系。

例如，华润集团的价值观“诚实守信、业绩导向、客户至上、感恩回报”，显然是对“诚信至上”“以人为本”核心理念的拓展和具体化。又如，华润集团的使命是“通过坚定不移的改革与发展，把华润建设成为在主营行业有竞争力和领导地位的优秀国有控股企业，并实现股东价值和员工价值最大化”。而华润集团的控股企业北京医药集团，则以“使生活有质量，让生命更健康”作为企业使命，就是对华润集团使命的针对性分解与个性化实现，是对华润集团使命的支持与践行。再如，华润集团的企业精神是“务实、激情、专业、创新”，而旗下的华润电力公司的企业精神为“挑战自我，持续进步”，二者既有共性，又各有鲜明特色。

二、大纪律与小自由

所谓大纪律，就是求大同，是指集团公司要对文化体系作出一些统一规定，以建设统一的集团文化，树立一致的集团形象。这些规定，不但包括集团核心价值观，而且也会涉及企业精神、社会责任、人事制度、集团标识等文化体系各层次要素。

所谓小自由，就是存小异，是指集团各下属企业在执行集团文化统一规定的前提下，可以根据企业实际提出或决定其他的企业文化要素，以增强自身的企业文化特色。

大纪律与小自由，是集团文化整合对立统一的两个方面。没有大纪律，集团文化整合就变成一句空话；没有小自由，完全搞“一刀切”，企业文化就失去了特色和活力。

2000年成立的中国南车集团，在集团文化整合与建设中注意把握求大同与存小异，正确处理表层文化与深层文化的关系。在实践中，南车集团的思路是：集团文化的提炼坚持宜简不宜繁、宜精不宜杂，重点培育核心价值观、共同愿景、企业精神、企业作风、经营理念，保持核心理念的先进性，体现南车特点，留出子企业发展的空间。子企业在贯彻集团核心理念的前提下，对集团文化进行细化、具体化和拓展外延，使之更切合企业实际。比如株洲电力机车公司的“精湛制造”文化，资阳机车公司的“共筑和谐车城”文化，石家庄车辆厂的“文化重塑”工程，株洲车辆厂的“家园文化”，洛阳机车厂的“车间文化”，以及各企业普遍建设的责任文化、制造文化、质量文化、安全文化、廉洁文化、团队文化和学习型组织创建活动。同时，南车集团注重塑造鲜活的南车品牌，认为在品牌背后是企业特有的精神和作风，是高层人员和普通员工共同认可的价值观，深化了品牌建设内涵。

为了增强中国企业的国际竞争力，2015年国资委决定将南车集团与北车集团合并组建中国中车股份有限公司（简称“中国中车”），成为全球规模最大、品种最全、技术领先的轨道交通装备供应商，现有46家全资及控股子公司，员工17万余人。合并后的中国中车积极推进文化整合，在保持各成员企业各自文化特色的基础上，以“连接世界，造福人类”为企业使命，以“成为以轨道交通装备为核心，全球领先、跨国经营的一流企业集团”为愿景，倡导共同遵循的“中车之道”——“正道正心，善为善成”的核心价值观，“阳光和谐、简单坦诚、开放包容”的组织氛围，“由我来办、马上就办、办就办好”的工作作风。

攀钢集团在坚持理念统一、标识统一、行为规范统一的同时，鼓励支持各下属企业在攀钢文化的旗帜下，积极进行文化实践，形成了各具特色的子文化形态，如新钢钒公司的“诚信文化”、攀成钢公司的“精品文化”、攀长钢公司的“安全文化”、矿业公司的“学习型组织文化”、钢研院的“创新文化”、冶建公司的“法制文化”等，都大大丰富了攀钢文化内涵，增强了子公司的文化活力。

中国航天科技集团公司在坚持统一性的前提下，鼓励各成员单位按照集团公司统一部署开展丰富多彩的子文化建设，形成了独具特色的科研院所文化，如一院的“神箭文化”、五院的“神舟文化”和八院的“成功文化”等。

以上这些大型国有企业集团的案例，都充分说明了把握好大纪律和小自由的关系，是集团文化整合艺术性的集中体现。

三、整体一致性与局部创造性

整体的一致性，是指集团文化体系应该是和谐一致的有机整体；局部的创造性，是指集团下属企业文化在集团文化框架下的创新与发展。没有整体的一致性，集团文化就是一盘散沙，企业集团也缺乏整体的凝聚力和统一的社会形象。没有局部的创造性，子企业的亚文化因循守旧、墨守成规，集团文化缺乏源头活水，也就失去了生命活力。

集团文化整体的一致性，建立在共同的价值观基础上。南方报业集团重视企业核心价值观的提炼、传播与共享，以“传播中华文化、承载民族记忆”为理想（核心价值观），立志成为一家跨媒体的大型国际文化传媒集团。同时，集团旗下各企业又创造性地提出了有针对性的价值观，如《南方日报》的“高度决定影响力”、《南方周末》的“深入成就深度”、《南方都市报》的“办中国最好的报纸”、《21世纪经济报道》的“新闻创造价值”等。这种整体一致性和局部创造性的有机统一，增强了集团文化的发展活力，对于集团快速成长提供了精神动力。

集团文化局部的创造性，源自正确处理继承和创新的关系。当时南车集团在企业文化建设过程中认识到，企业发展必须坚持与时俱进，以市场竞争为导向，在继承企业优秀文化传统的基础上，自觉地融入时代精神，以观念创新引领企业的体制创新、管理创新、机制创新和技术创新。为此，集团支持各企业将继承与创新相结合，使机车车辆工业的优良文化传统得以传承，企业文化的时代特征更加显现。比如，武汉江岸车辆厂、北京二七车辆厂等具有“二七”斗争光荣历史传统的企业，对“二七”精神进行了具有时代内涵的新诠释，使“二七”精神焕发出新生命；四方机车车辆股份公司、戚墅堰机车车辆厂等企业在引进消化吸收国外先进技术、开展对外交流合作的过程中，对企业传统进行了重新审视，并借鉴吸收国际先进企业的优秀文化因素，使百年老企业的文化焕发出新活力。

随着我国经济结构调整和转变发展方式，企业集团化发展将是大势所趋。加强集团文化建设，已成为我国企业文化建设一个新的重要课题。本章只是对我国集团文化建设实践的初步分析，也仅是企业文化理论与企业集团管理实践的初步结合。可以相信，通过企业界和管理学界的共同努力，企业集团文化建设在我国的理论研究和实践都会进一步提升到新的更高水平，为增强我国大型企业集团的国际竞争力发挥更有力的推动作用。

跨文化管理

当今时代，经济全球化深入发展，不同国家之间经贸往来日益频繁、经济依存度不断提高，人类日益成为不可分割的命运共同体。同时，我国处在深化改革的关键阶段，完善开放型经济体系，拓展国际资源和市场，是适应和引领新常态、保持经济社会持续健康发展的重要选择。随着越来越多中国企业走向世界，跨文化管理已经成为企业管理的热点。

第一节　文化差异与冲突

国外学者发现，35%～45%的合资企业是以失败而告终的，原因主要是忽略了文化差异对企业经营管理的影响。因此，充分认识企业涉及的文化差异、文化冲突等问题，正确地对待和协调不同文化，对跨国公司和企业跨国经营起着至关重要的作用。

一、文化差异的内涵和识别维度

文化差异是指由于文化背景不同导致特定人群之间遵循不同的价值评判标准和行为准则，从而使他们对于特定事物具有不同的态度和行为。

从层次上来说，文化差异可以是不同企业、不同国家、不同民族之间的文化差别。例如，美国、加拿大、英国、法国、德国、荷兰、西班牙、日本、澳大利亚等都是发达国家，崇尚自由，尊重市场机制，强调自由经济制度，这是文化相似的一面；但这些国家的企业在日常运作方式、赋予工作的意义、利益相关者的利益分配形式、员工管理的风格、谈判的技巧等方面又存在着很大的不同。

美图公司的美图秀秀由于能够美化形象，满足人们的爱美之心，因此不仅在国内被广泛使用，也很快在海外走红，受到亚洲、欧美、俄罗斯、拉美等 20 多个国家和地区上百万用户的青睐。美图公司针对不同的人种和偏好，先后推出了两款专门为海外设计的产品。但是，也有一些白人和黑人用户将自己“美图”后的照片上传社交网络，以被“美化”为黄种人效果为由指称种族歧视。其实，在国际化过程中，针对不同国家用户使用习惯与审美倾向，怎么设计一款产品更符合他们对妆容的要求，符合他们的使用习惯，怎样开发出贴合他们面部特征和肤色的设计，也正是美图碰到的主要挑战——本质上是文化差异的挑战。

根据文化学的奠基人泰勒（E. D. Taylor）的观点：文化是知识、信仰、艺术、道德、法律、风俗及能力和习惯的集合总体。研究发现，不同国家、民族间的文化差异主要体现在价值观、传统文化、宗教信仰、种族优越感、语言和沟通障碍等方面。美国学者爱德华·赫尔（Edward T. Hall）认为，文化差异可以分为基本价值观差异、生活习惯差异和技术知识差异 3 种，不同文化差异所造成的冲突程度和类型是不同的。因此，只有先正确识别各种文化差异，才能从中寻求发展的共同点，采取针对性措施予以解决。一位跨国公司的美国经理说得直截了当："你不得不把自己的文化弃之一边，时刻准备接受你将面对的另一种观念。"

文化差异是具有长期性、稳定性的客观存在，企业特别是跨国公司没有必要完全消除组织内部的文化差异。相反，合理地利用文化差异反而会起到意想不到的促进作用。这是因为在全球化背景下，跨国公司内部管理需要不同文化的冲击，通过用文化差异来增强企业的发展活力。特别是随着知识经济的蓬勃发展，在以知识创新为主的知识密集型企业中，基于共同价值观的文化多样性恰好正是激发创新思维、增加组织创造活力的关键因素之一。例如，不同国家的员工组成研发团队，往往能碰撞出意想不到的创新火花。

从 20 世纪 80 年代以来，对于文化差异的研究颇为丰富，在用什么维度识别不同地域和不同民族文化方面有很多观点。以美国的豪斯（House）为首的一批学者在名为"全球"（Globe）的项目中，对 61 个国家的文化从 9 个维度做了对比。而荷兰的霍夫斯泰德则采用 4 个维度，具体内容如下。

（1）权力差距。在任何组织内部由于成员的能力不同，权力也不等。组织成员之间权力的不平等分布是组织的实质。

（2）避免不确定性局面的意识（强/弱）。不同的社会以不同方式适应不确定性，如技术、法律和宗教。对应不确定性的方式在社会成员中共同持有的价值观念中反映出来，其根源是非理性的。这些方法可能导致一个社会采取别的社会认为异常和不可理解的集体行为。

（3）个人主义/集体主义。这是描述一个社会内盛行的个人与集体之间关系的指数，在集体主义价值观念占主导的社会，个人往往从道德、思想的角度处理自身与组织的关系，而在个人主义盛行的地方则往往以算计的方式与组织打交道。权力指数高的国家，大多数都是个人指数低的国家。但是也有例外，如法国、比利时。

（4）阳刚/娇柔意识（男性主义/女性主义）。二者用以描述文化中的性别角色系统。所有的组织都有内部分工，但是劳动分工与性别角色在组织内如何恰当地结合起来，很大程度上取决于传统习惯。

霍夫斯泰德依照这四个维度，把不同国家和民族的文化归结为八大类（表 8-1）。

表 8-1 基于霍夫斯泰德模型的地域文化

文化地域	国家（或地区）
盎格鲁	澳大利亚、加拿大、英国、爱尔兰、新西兰、南非、美国
日尔曼	奥地利、德国、瑞士
拉丁欧洲	比利时、法国、意大利、葡萄牙、西班牙
斯堪的纳维亚	丹麦、芬兰、挪威、瑞典

续表

文化地域	国家（或地区）
拉丁美洲	阿根廷、智利、哥伦比亚、墨西哥、秘鲁、哥斯达黎加、危地马拉、委内瑞拉
远东	中国香港、韩国、马来西亚、菲律宾、新加坡、中国台湾、泰国
近东	希腊、伊朗、巴基斯坦、土耳其
独立	巴西、印度、以色列、日本

（资料来源：潘奈特·贝迪. 体验国际管理，第二版. 1994，15.）

后来，霍氏与香港中文大学教授迈克尔·邦德合作，以儒家文化价值观为基础进行研究，提出了儒家动力论，作为文化价值观的第五个维度。儒家动力论也称“长期取向”价值观，追求的是未来的长期目标。儒家动力论指标高的国家，其特征是坚韧、克己、执着、节俭、安全、和谐，如中国、韩国等。

当然，不论用什么维度来研究地域文化对管理过程的重要性，都不可能把涉及所有文化内涵，但都会包括主流价值观、指导哲学和行为规范等主要的文化特征。

二、文化冲突的内涵和特点

文化冲突是指不同形态的文化或文化要素之间相互对立、相互排斥的现象。文化冲突对组织绩效的影响，是企业管理关注的重点。管理者应激发功能正常的冲突以获得最大收益，但当其成为破坏力量时又要降低冲突水平。

对企业而言，文化冲突既涉及企业跨国经营时与东道国文化的冲突，又包括企业内部不同文化背景员工之间的冲突。前者例如，1997年沃尔玛公司进军德国零售市场以后，一直试图推广在美国的成功经验，然而由于美国的适度开放文化与德国保守文化的冲突，导致沃尔玛在德国市场连年亏损，遭遇了失败。而2004年年底TCL跨国并购阿尔卡特，对方员工对于TCL的职位安排、薪酬方式与销售模式感到不满，因而大规模离职，使得TCL陷入十分被动的地步，这是后一种情况。

在跨文化企业中，文化冲突主要表现在以下几个方面。

（1）显性文化的冲突。这是来自行为者双方的象征符号系统之间的冲突，也就是通常所说的表达方式所含的意义不同而引起的冲突，即文化差异在语言行为上的表现。这也是企业中最常见和公开化的文化冲突。例如，美国人说话往往直接切入主题，而中国人则喜欢先寒暄两句，等到聊得差不多了，再转入正题。

（2）价值观的冲突。这是文化冲突的主要表现。不同文化背景下的人对工作目标、人际关系、财富、时间、风险等的观念会不尽相同。例如，企业中方员工重视特定价值、集体导向价值、中立价值、扩散价值和因袭价值等价值观；而外方员工则表现为通用主义、个人主义、情感价值、具体型和成就取向等价值观。

（3）制度文化的冲突。制度文化体现于企业经营的外部宏观制度环境与内部组织制度之中。来自西方发达国家的管理人员，习惯于在法律环境比较完善的环境中开展经营管理，通常用法律条文作为行动依据；而中国等东方的企业管理者，则往往习惯于按上级的指令、文件等决策和行事。

（4）经营思想与经营方式的冲突。西方多数企业注重互利、效率、市场应变，而中方企业缺乏这种思想，往往较少考虑对方的获利性。2005 年初，法国巴黎就曾发生过当地居民游行示威，抗议中国商人破坏了他们安静整洁的生活环境。因为中国商人将国内的行为方式完全带到了巴黎，如经常取货卸货直至深夜，以及将原来的面包店、肉店、鲜花店、小酒馆等方便居民生活的店铺买来都变为服装批发店，没有注意适应当地环境。

（5）人力资源方面的冲突。中、日等国企业偏重资历主义，而美国等国企业则奉行能力主义，把员工的能力放在首要地位。在不同文化中，企业工会对员工的作用和影响也是不一样的。上汽集团在收购韩国第四大汽车制造商双龙集团时，与双龙工会签订的特别协议中约定“公司继续保障现阶段所有工人的雇佣”，结果在后来辞退员工时吃尽了苦头。

严格地讲，文化冲突属于文化差异的极端情况，即当差异程度达到对立时的情形。文化差异对企业管理的影响不一定是负面的，但是文化冲突则往往带有很大的破坏性。因此，如何利用和控制文化差异，防止差异演化为冲突，并努力消除已有的文化冲突，就成为企业对不同文化背景员工进行管理的关键。后面将介绍不同区域的企业文化特色，就是希望帮助中国企业家在这些国家和地区聘用员工、开拓业务时避免不必要的文化冲突。

研究表明，跨国公司面临的文化冲突具有下述特征。①非线性。不同质的文化像不同水域的冲突与交融，常常呈现错综复杂的状态。②间接性。文化冲突主要发生在心理、情感、思想观念等精神领域，在人们不知不觉中悄然发生和改变，有时需要通过较长时间才能表现出来。③内在性。文化冲突往往表现在思想观念的冲突上，具有隐蔽性和内在性。美国由于建国历史不长，对于历史文物的看法就与欧洲有着冲突，麦当劳曾打算在巴黎一家有近 200 年历史而且毕加索等著名艺术家驻足过的建筑中设立一个餐馆，但巴黎市民宣称城市的历史纪念地不容侵犯而予以抵制，麦当劳只好放弃。④交融性。不同文化之间，交流、交融、交锋并存。企业管理要善于从不同文化中寻求能体现各自文化精髓的共同点，这样才能在多元文化环境中生存。

三、企业管理面临的价值冲突

价值观是文化的核心，文化差异和冲突的最终根源都在于价值观的不同。

根据爱德华·赫尔的观点，文化可以分为三个范畴：正式规范、非正式规范和技术规范。正式规范差异主要指不同文化背景的员工在有关企业经营活动的价值观念上的差异，由此引起的冲突往往不易解决。非正式规范差异是指在企业日常生活中的习惯和风俗等差异，由此导致的文化冲突可以长期的文化交流融合来妥善处理。技术规范差异主要指各种管理制度上的差异，它可以通过技术知识的学习而获得，很容易改变。

理论研究和实践经验都表明，企业管理者在经营管理中都要正确认识和处理好以下七个方面的价值选择。

（1）制定规则与发现例外，即普遍主义/特殊主义。企业工作总是由经常性、重复性的常规工作和偶然的、突发性的事情两部分组成。提高管理效率，要求能够不断发现规律并使企业工作规范化、制度化；而要保持企业活力和增强创新能力，又要求不断打破常规，善于发现例外、不合习惯、特殊的现象，创造与竞争对手不同的产品、服务和优势。正如脸谱网最早的投资人比特·泰尔所说，我们不应该只满足于成为一个成功的竞争者，而应努力成为出色的“垄断者”，即垄断创造力，不随波逐流，要从容地走在无人知晓的荒原，而不是在普通道路上走得更快。

（2）分析解构与建构整合。企业都必须能够分解其所生产的产品或提供的服务，以便能够分析其中任何可能的缺陷与缺点，并加以改善。同时，企业也必须能够不断地重组产品的零部件或服务环节，以便更新产品的整体设计，或者创新服务的系统模式。戴尔公司的规模定制和直销模式，就掀起了一场PC行业的革命。

（3）人与组织的管理，即个人主义/集体主义。企业一方面要为员工提供关照、关心、信息和支持，另一方面还要确保员工实现企业整体的目标。这取决于个人主义与集体主义之间的融合程度。欧洲很多国家，商店到下午四五点钟关门，周末也不开门，就是文化使然。巴西企业文化也重视员工个人权益，员工连休息时间接听公务电话都算加班，就更不可能像中国企业这样随意让员工不计报酬加班加点。

（4）外部世界的内部化，也称内部导向/外部导向。如何调节内部导向与外部导向这两种全然不同的力量，以及能否将外部世界内部化，以便采取果断而明智的行动，这是决定企业特性的重要因素。

（5）增值过程的快速同步处理能力，即依序处理/同时处理，或串联处理/并联处理。真正的挑战，是如何协调许多必须快速完成的工作。企业如果要抢先占领市场以满足顾客需要，就必须兼顾依序处理和同时处理两种作业方式。对财富创造过程而言，增值过程的快速同步处理能力日益重要。

（6）成就者的认定，即赢得的地位/赋予的地位。企业要有效运作，就必须将地位、职位、权力和责任授予为企业尽心尽力并在工作上有所成就的人。企业创造价值的能力，取决于它对成就的定义，如欣赏赢得的地位还是重视赋予的地位。中美两国比较，我国企业管理人员多半依靠组织提拔，而美国管理人员侧重于凭借个人能力和业绩赢得晋升。

（7）提供成员平等的表现机会，即平等/层级。企业必须提供所有成员表现的机会，否则员工的创意、潜力和积极性会受到压抑，后果是企业也没有很好地利用这些资源。企业的特性取决于成员的表现机会是否均等，以及负责评判下属表现的管理层级体系的决策特点。在善于创新的企业里，“平等”是共同的价值导向。

以上各方面都蕴含着冲突，如个人主义与集体主义之间，这种价值观所带来的冲突与紧张，称为“价值两难”。要成功地整合价值冲突是很困难的事情，因为它与人的思维方式和行为方式直接相关，而且因为处理这些冲突也使企业管理充满挑战性和趣味。

第二节　跨文化管理的内涵和模式

跨文化管理也叫交叉文化管理（cross-culture management），指不同文化背景的群体在交互作用过程中出现矛盾时，在管理工作中加入对应的文化整合措施加以解决，从而有效地管理企业的过程。简言之，跨文化管理是指对不同文化背景的人、物、事的管理。

一、跨文化管理的主要内涵

作为一种全新的管理理念，跨文化管理是经济全球化导致企业跨国经营活动的产物。本质上，跨文化管理主要是进行企业文化的内部整合，即在跨国经营中对不同种族、不同文化类型、不同文化发展阶段的子公司所在国的文化采取包容的管理方法，其重点是在跨文化条件下如何克服异质文化的冲突，维系不同文化背景的员工的共同价值观和行为准则，并据此创造出企业独特的文化，从而形成卓越有效的管理过程。

这个管理过程主要包括以下几点。

（1）识别文化差异。包括区分文化差异的维度和程度，预测和评估文化差异可能产生的积极作用和消极作用，发现和预见其中的文化冲突因素。

（2）控制和利用文化差异。一方面是协调和控制文化差异，避免和减少其负面作用；另一方面则是利用适度的文化差异，使之对企业管理发挥积极的促进作用。

（3）防范和化解文化冲突，即防范和规避可能产生的文化对立，应对和消除业已存在的文化冲突因素，以防止和避免企业文化冲突导致的企业管理失控。

（4）进行文化整合，实现文化融合。以企业的核心价值观作为全体员工的共同价值观，对不同文化进行理念层、制度行为层、符号层要素的整合，形成融为一体的企业文化。

二、跨文化管理的 4 种模式

由于跨国的经济活动和企业行为日益频繁，跨文化管理行为会发生在企业到本土之外进行的投资、收购等行为中。通常，存在四种文化整合与融合行为，即强势文化和强势文化之间、强势文化和弱势文化之间、弱势文化和弱势文化之间以及势均力敌的文化之间。

1. 移植模式

移植模式就是将母公司的企业文化体系全套照搬到子公司所在国家和地区，而无视子公司所在地的本土文化以及合作方原来的组织文化。这也是最简单、最直接的方式。

在具体的企业文化贯彻和实施的过程中，都不可避免地带有强制的色彩，有下列几种情形。①如果母公司文化是强势文化，而子公司的企业文化和地域文化是弱势文化，那么在移植过程中遇到的冲突就相对较小，如“海尔文化激活休克鱼”案例。②如果两种文化势均力敌，均属于强势文化，那么移植导致的冲突就会很激烈。③如果均属于弱势文化，则这种移植就会毫无结果，徒劳无功。④当子公司所在的地域文化和自身的组织文化为强势文化，如果弱势的母公司文化要进行移植，其结果很可能是不仅无法保持母公司的文化精华，反而会被子公司的文化所同化。

母公司文化在移植时，并不是要完全抛弃子公司的文化，而应注意吸收和保留其合理的成分。1994 年，GE 公司在收购意大利国有企业比隆（Nuovo Pignone）公司后，把自身效绩导向的 GE 文化和 NP 优异的技术传统很好地结合在一起推进 GE-NP 公司的文化革命，使之成功地实现了两个转变：从一个意大利特色的公司转变成一个美国特色的公司，从一个充斥着官僚风气的国有企业转换成适应市场竞争的商业企业。

2. 嫁接模式

这种类型的跨文化管理，是在母公司认识到子公司所在地域文化及其自身组织文化特征，并在尊重的前提下所采取的方式。嫁接时，多以子公司的地域或组织文化为主体，然后选择母公司文化中关键和适合的部分与之结合。例如，西安杨森、海尔（美国）、联想旗下的 IBM 都是这种类型。

这种方式的优点在于对当地文化充分认识和尊重，融合风险小，但是有效性不稳定。容易出现的问题是：母公司文化的特征不突出，或没有尽取其精华；也可能对当地文化中的不适宜成分没有彻底剥离，使协调效应无法充分发挥。

3. 合金模式

文化合金是两种文化的有机结合，选择各自精华的部分紧密融合，最有效地将双方优秀基因融合起来，成为兼容性强、多样文化的合金。这是文化整合的最高层次，也是经过实践证明的最佳方式。

这种方式不是以哪一种文化为主体，而是两种文化完全融合。具有这种行政的合金文化，可以兼容更多的其他文化，适应更多不同的文化环境，具有普遍推广的能力，因此也是经济全球化格局中跨国公司最强的核心竞争力。中日合资的北京松下公司，公司文化的核心是“十大精神”，其中七条是来自日本松下，而实事求是、改革发展、友好合作三条则是来自中方企业。

4. 并存模式

这种模式是指当企业以跨国并购或在国外设立分支机构等形式进行跨国经营时，保留双方原有的文化，使两种文化共同存在、优势互补，形成多元化的企业文化结构。并存模式通常出现在并购双方都具有强势的优秀企业文化中，难分优劣高下，双方员工对各自的企业文化认同度较高的情况。

并存式文化整合，一方面有利于促进员工之间的相互尊重，形成和谐的工作氛围，促使员工从不同文化中吸收营养，受到启发，激发新思想、新观点，增强企业的创造活力；另一方面有利于发挥两种文化的优势，有效解决各自文化难以解决的问题，推进企业的国际化战略。这种模式要求跨国公司员工在国际化经营中必须正视文化差异的客观存在，摒弃不应有的文化偏见，尊重和包容异质文化。

无论采取哪种模式，企业跨文化整合都要迅速深入地进行，否则就会错过最佳时机。例如，瑞士联合银行和瑞士银行并购后，苏格兰皇家银行并购荷兰银行后，都是由于整合不力或整合难以推进，最终造成重大失败。实际上，企业在开展合并、并购、收购之前，就要深入了解对象企业的文化及所在地文化，制定文化整合的详细方案，与资产和业务整合同步，有组织有计划地推进文化整合。

三、跨文化管理的有效措施

很多企业的实践表明，要成功地进行跨文化管理，必须采取有效的措施。

1. 强化跨文化理解

理解是培养跨文化沟通能力的前提。跨文化理解包括两方面含义。

一是要理解其他文化，首先要理解自己的文化。对自己的文化模式，包括优缺点的演变的理解，能促使文化关联态度的形成。这种文化的自我意识，使管理者在跨文化交往中能识别自己和其他文化之间存在的文化上的类同和差异的参照系。

二是要善于文化移情，理解他文化。文化移情要求人们在某种程度上摆脱自身的本土文化，克服心理投射的认知类同，摆脱原来自身的文化约束，从另一个参照系反观原来的文化，同时又能够对他文化采取一种较为超然的立场，而不是盲目地落到另一文化俗套中。

2. 锻造跨文化沟通能力

一个跨国公司的成功取决于集体技能，即公司基于跨文化理解形成了统一的价值观体系条件下产生的“核心技能”，而跨文化沟通正是促成此核心技能的中介。跨文化沟通能力，简言之，就是能与不同文化背景的人有效交往的能力。

跨国公司必须有意识地建立各种正式的非正式的、有形和无形的跨文化沟通组织与渠道，培养有较强跨文化沟通能力的高素质国际化人才。上汽集团在收购韩国双龙集团时，对文化冲突缺乏思想准备，也没有建立合理的跨文化沟通渠道，没有及时与双龙企业工会和员工作深入沟通，为整合带来了重重困难。日本富士通公司为开拓国际市场，早在1975年就在美国设培训中心，开设跨文化沟通课程，培养国际人才。韩国三星集团多年来不惜重金，在美国招聘大量韩国籍留学生和工程师，进行国际化经营的人才储备。

3. 进行跨文化培训

跨文化培训是为了加强人们对不同文化传统的反应和适应能力，促进不同文化背景的人之间的沟通和理解。培训内容主要有：对当地民族文化及原企业文化的认识和了解，文化的敏感性、适应性训练，语言培训，跨文化沟通与冲突的处理能力培训，地区环境模拟等。一项对跨文化培训的全面调查显示，培训提高了跨文化沟通技能，改进了管理人员与当地员工及政府之间关系，还明显降低了与外国合作伙伴、客户和竞争对手进行谈判时失败的比率，使管理者更快地适应新文化、新环境。

宝洁、英特尔等大型跨国公司，都建立了跨文化培训机构，将不同企业文化背景的管理人员和普通员工结合在一起进行多渠道、多形式的培训。韩国企业则注重将经理人派到海外工作或学习，使其亲身体验不同文化的冲击，提高处理跨文化事务的能力。

4. 借助文化差异施行多样化战略

利用文化差异的战略是能够产生竞争优势的。一个真正的跨国企业，不仅仅能够包容文化的多样性，而且能够明确估计并利用这种多样性的价值。

企业应重视并利用员工多样化以提高他们的沟通能力、适应性和接受差异的水平，并把差异资本化，使之成为促进效益提高的主要手段。例如，惠普公司认为多样化是其经营战略的重要组成部分，使在大多数国家的员工队伍多样化，并通过强力的多样化政策，鼓励跨文化理解和对文化差异的积极态度。

5. 建立基于共同价值观的企业文化体系

经过识别文化差异和跨文化培训，员工提高了对不同文化的鉴别和适应能力，在对文化共性认识的基础上，应建立起与共同价值观和跨国经营战略一致的文化。这种文化把每个员工的行动和企业的经营业务与宗旨结合起来，加强国外子公司和母公司的联系，增强了企业在不同文化环境中的适应能力。

发展文化认同，建立一致的企业文化是一个长期的过程，这就需要不同文化的员工的积极参与和与不同国家的消费者、供应商、分销商等外部环境保持长期的良好沟通关系。只有建立共同价值观，形成集体的力量，才能增强员工的凝聚力和向心力，使企业立于不败之地。

第三节 文化融合与风险规避

在识别文化差异、应对文化冲突的基础上进行文化整合，最终的目的是实现文化融合，形成统一的企业文化。随着经济全球化进程和中国企业加快“走出去”步伐，文化模式由一元转向多元，这就要求跨国企业在异域文化中把具有不同文化背景的员工用自身的企业文化、价值观、道德规范和行为模式凝聚起来，最大限度地发掘和利用企业的潜力与价值。

一、文化融合的前提和方式

跨文化管理主要是进行文化整合与融合，其基本前提有以下三点。

1. 确认原则

没有基本的原则和标准，就不能确定文化中哪些是有利因素，哪些是不利因素，哪些应该保留、坚持和弘扬，哪些需要放弃、废除和改进。从企业角度，不同文化背景的员工在一起工作，没有判断文化因素的原则与标准，必然导致思想和行为的混乱。

2. 相互理解

在确定原则和标准以后，重要的就是相互理解。在文化整合过程中，很多时候并无对与错、先进与落后之分，只有符合不符合原则的问题。

管理者要认识到任何不同的民族文化都有先进因素和合理成分，积极开放地吸收借鉴，理性地对待他山之石。现实中，往往是强势文化影响和同化弱势文化。处于弱势文化背景的员工会在情感、意志、态度、兴趣等方面产生挫败感，并由此导致一些非理性行为，企业事先应对此充分重视。韩国双龙汽车被上汽集团收购后，民族自尊心极强的韩国员工在感情上很难接受，而上汽显然重视不够、准备不足。

3. 彼此尊重

一方面，外来文化要“入乡随俗”。本土文化无论强势还是弱势，在当地都具有很强的影响力。外来文化尽管可能是强势文化，但也不能像一些美国企业那样咄咄逼人、处处以自己的原则和规范行事，把自身的意识形态当成全世界唯一的真理，逼迫别人接受。另一方面，本土文化要“从善如流”。无论外来文化强弱，本土文化背景的管理人员和员工都要以开放的心态，认真学习和了解母公司企业文化，虚心接受人家好的地方。如果怀着封闭心理，以极端狭隘的民族主义一味排外，或者是看不起新兴国家、见不得后来居上，就很难进步了。

不论何种态势下的文化融合，只有在不同文化背景的人们相互理解、相互尊重的前提下，才能有效地实现文化融合。丰田汽车公司接管通用汽车在加利福尼亚州的一家濒临倒闭的汽车装配厂以后，通过改变新公司的企业文化和管理模式，尊重和激励美国员工，仅仅 18 个月，企业面貌就发生了巨大变化，劳动生产率大约提高了一倍。海尔集团也创造了“激活休克鱼”的奇迹，用强势文化成功地改造了弱势文化，实现了用无形资产盘活有形资产。这些例子都说明，文化融合可以产生巨大的经济效益。

影响文化整合方式的因素很多，首要的是文化特质的差别大小和文化特质所代表的管理模式是否高效。如果文化特质的差异很大，初期最好采取保留型的文化融合方式，当企业运作一段时间以后，再转而采用其他整合方式。如果文化特质差别非常小，就要先考察哪种文化特质所代表的管理模式在其文化背景中更高效，然后以代表高效的文化特质为主，采取吸收型、反吸收型或融合型的文化整合方式。需要注意的是，在跨文化整合过程中，应该考虑到企业组织本身作为一个特定的文化团体的整体均衡性问题。

二、文化整合与心理适应

不同文化背景的群体在连续接触、交往和文化碰撞的过程中，文化的融合与适应必然导致双方文化模式发生变化。

这种变化意味着个体行为的变化，但这些变化了的社会行为总是处于各自原先文化可以接受的限度之内。从微观角度分析，个体从一种文化移入另一种文化时，会面临很多变化和冲击，比如言语表达方式的变化、日常生活行为习惯的改变、价值观念的冲突等。在跨文化管理中，这种迅速的"文化移入"给个体带来的压力及适应困难等心理问题，会直接影响个体的身心健康及组织的活动效率。在文化冲突时，个体失去了自己所熟悉的社会交往信号和符号，比如陌生的语言表达方式、非言语表达方式和符号象征性意义变化等，而对于对方的社会符号不熟悉，个体因交流障碍而在心理上产生的深度焦虑，在行为上出现消极的退缩和回避，在生理上反映为持续不断的身心疲劳。在跨文化管理中，组织成员长期的精神压力和价值观失衡会导致个体的社会角色混乱和对自己应付环境的无能感等，需要进行心理上的跨文化调节和适应。

跨文化交流过程中的文化移入是一个长期积累的过程，表现为"压力—调整—前进"的动态化的螺旋式推进方式。在适应困难的情况下，个体会主动退缩以减轻压力，尽可能保持放松状态，以防御方式应付旧的认知模式的失败。同时，个体调节、重组认知模式和情感模式，积聚力量向适应方向进行再尝试。如此螺旋式向前推进，不断地涵化于异文化。个体涵化的速度取决于在异文化中人际交流的能力、交流密切程度、与本文化保持交流的程度、异文化对外来文化的容纳性以及个人涵化异文化的态度、开放性和精神恢复能力等。

从适应阶段看，个体在不同的心理适应过程中所需应对的压力不同。在文化接触准备阶段，心理压力水平较低，初步接触后压力逐渐增加；在文化冲突和矛盾阶段，心理压力达到最高程度，容易发生适应障碍；危机过后，压力下降，个体的心理适应期结束。个体心理适应的结果表现为态度与行为方式的变化，有时个体放弃原文化转而融入新文化，接纳新的价值标准，表现出新的行为方式，被新文化同化；也可能在与新文化长期接触后仍固持原文化，拒绝适应新情境，表现为与新文化群体的分离。最理想的适应性结果是，个体客观地认识原文化与新文化的关系，重视与新群体的持续性交流，以开放和主动的方式接纳新文化，调节自身心理状态，调和矛盾的价值观体系和态度，实现个体水平的文化整合。

三、文化风险规避

文化风险来自不同文化渊源、文化现状之间的差异，其中文化渊源差异涉及不同的价值观念、是非标准及思维方式的差别，它是深层的，具有抵制外部干扰的倾向，不容轻易改变。而文化现状差异是表层的，如流行时尚、行为规范、评价倾向等，可以通过文化交流加以改变。这种由于文化差异而引起的文化冲突，会在不同程度上影响企业正常运行，甚至造成企业经营的实际收益与预期收益发生偏离。

文化风险不同于企业经营中所面临的其他风险，是国际化经营、跨文化管理所面临的特殊风险，并总是通过具体的个体行为体现出来。比如，企业内部不同文化背景员工之间的文化冲突、跨国企业与东道国消费者之间的文化差异等。

2016 年，福耀玻璃赴美国建厂，在俄亥俄州投资 10 亿美元将通用汽车的一个废弃工厂加以改造，全部雇用美国员工……没过多久，严重的文化冲突就使“中国玻璃大王”曹德旺焦头烂额。2017 年 6 月，《纽约时报》刊文指出：“在福耀的车间里，已经出现了很大的文化冲突，一些工人质疑该公司是否真地想按照美式监督和美国标准来经营。”

报道称，2016 年 11 月工厂解雇了两名高管。其中一名起诉福耀玻璃和曹德旺，罪名包括欺诈、违约、诽谤和歧视，索赔至少 44.2 万美元。曹德旺接受采访时表示自己太“冤”了，解雇两名美国高管是因为“他们不尽职，浪费我的钱”。他还叹息，该工厂的生产力“没有我们在中国的工厂高”，还说“有些工人是在消磨时间”。福耀美国工人的时薪原为 17 美元，2017 年 4 月福耀宣布员工集体涨薪，涨幅为 14%～15%。即便如此，美国的工人们仍然心怀不满。

美国工人还有种种“奇葩”抱怨和要求。例如，一名员工抱怨说，如果没有足够早地提前申请带薪假，福耀就会以旷工为由对工人进行纪律处分。另一名员工则抱怨工厂内空气不好，说她所在的工作区域没有适当的通风设备。还有一名前雇员表示，公司让他暴露在刺鼻的化学物质中，令他的双臂起疱、肺活量变小。更有甚者，在全美汽车工人联合会（UAW）的协助下，11 名福耀的工人向美国联邦安全与卫生署（OSHA）递交联名信，称福耀代顿工厂的工作环境不安全，等等。2016 年 11 月福耀因违规行为，被 OSHA 处以 22.5 万美元的罚款（后改为 10 万美元）。为此，福耀又投资了不下 700 万美元改善工厂的安全相关问题。

在一个人口只有近 6 000 人的小镇，福耀工厂就能提供 2 000 个工作岗位，这让中美两方可能都有些“不适应”。曹德旺赴美建厂“水土不服”，揭示了在此过程中的一个潜在问题：中企出海不能沿用看待中国工会的惯用思维，还得学会面对美国工人和强大的美国工会。

这一案例说明，文化冲突所导致的文化风险是企业国际化发展不可回避的新问题。

在跨文化管理时，企业应对文化风险大致有以下三种方式。

（1）选择适宜的主导文化。比如，延续母国文化或驻地文化为主导文化，以此来规避管理过程中的文化风险。在母国文化同驻地文化在核心价值观层面冲突不大，或者母公司员工行为规范与当地人员的行为习惯比较相符的情况下，适合采用这种方式。

（2）在不同管理阶层或不同地域的企业组织中选择不同的主导文化。即在同一个企业组织中同时采用不同的文化，这种不同的文化并行的方式也能够避免冲突。比如，在企业总部采用母国文化，在海外分支机构采用驻地文化，两种文化同时并行。有些企业实施本地化战略，除了少量关键技术人员外，子公司还从总经理到普通员工几乎全部聘用驻在国公民，就是这种办法。

（3）促进不同文化之间的交流和理解，在体谅的前提下实现文化融合或相容。比如，在充分认识企业组织内不同文化异同点的基础上，求同尊异，通过文化间的互补与协调，形成新的统一的企业文化。

最理想的风险处理方式就是文化融合。这样可以彻底解决文化冲突，并创造适应具体条件的新文化。当然，文化融合的过程相对较长，成本也较高，同时对企业领导者具有更高的要求。

第四节 提高企业的文化适应性

在跨国企业中，一些在总部或主要分公司所在国表现优秀的管理人员，被派往另一国任职后，面对全新的工作环境、文化背景、思维方式、生活习惯等，经常会“水土不服”，无法很好地与当地同事共事，难以胜任肩负的使命；而有些外派人员则能很快融入当地环境，并能积极地推进总部和海外分支机构之间的互动与合作。这种文化融合上的差异主要是源自个人的文化适应能力的差异，即他们的文化智力水平不同。

一、文化智力：跨文化适应能力的新指标

2003 年，英国伦敦商学院教授克里斯托弗·厄尔利（P. Christopher Earley）和新加坡南洋理工大学教授洪洵（Soon Ang）共同提出了文化智力（cultural intelligence）的概念。他们认为，文化智力是“人们在新的文化背景下，收集处理信息，做出判断并采取相应的有效措施以适应新文化的能力”。文化智力也称“文化商数”（cultural quotient，CQ），被用来衡量人们理解和适应不同文化环境的能力。

他们还认为，文化智力由认知、动力和行动三个基本要素构成（表 8-2）。一个人的文化智力高低，取决于三者的共同作用。

表 8-2 文化智力的基本构成要素

基本构成要素	定义	内容	表现特征
认知	运用自身的感知能力和分析能力来认识领悟不同文化的能力	自我意识、个人价值观、外部观察、解决问题的态度和方式等	能够从各种不同形式的文化中发现贯穿各自体系的文化主流
动力	融入其他人或文化中去的愿望和能力	个人的自信和承诺、能否积极协调个人价值观与拟融入的文化的价值观的一致性等	有热情和勇气，能够积极应对文化差异带来的考验
行动	采取与自己的认知和动力相一致的有效行为的能力	社会模仿力、举止行为、习惯和社会实践等	通过一个人的行为细节向他人传递出自己的认知和精神动力

资料来源：唐宁玉，洪媛媛. 文化智力：跨文化适应能力的新指标. 中国人力资源开发，2006（11）.

一个人的文化智力高低，是其自身具有的理想信念、价值观念、期望值、人生态度、个性等的综合体现。文化智力的形成，与智商、情商等先天和后天因素都有关系，同时也受到家庭、组织（如学校）、地区、国家和民族的文化与思想观念影响。通过后天的培训和个人的努力，文化智力可以得到改进和提高。

国外学者对上述三方面基本因素进行综合分析后，提出文化智力有六种典型的表现类型（表 8-3）。文化智力的表现类型，可以为企业选拔和培养跨文化管理人员提供参考。

表 8-3 6 种典型的 CQ 表现类型对比

典型类型	表现特点	认知能力	动力	行动能力
外乡人	茫然不知所措、效率低、很难融入不同环境	对不同的文化体系感到陌生	自信心不是很足，感到茫然	欠缺适应环境以及与人交流的技巧

续表

典型类型	表现特点	认知能力	动力	行动能力
分析家	通过系统的学习，较快地解读和应对陌生的文化体系	系统而灵活地学习，并进行理性的分析	理性而灵活	行动以系统地了解不同的文化体系为指导
直觉者	凭直觉应对文化差异，有解读不同文化的天赋	对不同文化的认识来自直觉，缺乏系统的了解	很少需要临时学习应对文化差异的策略	观察对方，凭直觉判断该如何去做
大使	很有自信和感染力，能很好地与人沟通	不一定对不同的文化体系十分了解	具有极高的自信和感染力	效率较高，行为较有说服力
模仿者	善于观察对方的行为风格，自然地加以模仿	善于把握文化体系的表现形式	努力适应对方的风格	极好的行为模仿和控制能力
变色龙	通晓不同的文化体系，能与他人积极高效合作，能很好地融入不同的文化中去	通晓不同的文化体系，有很好的领悟力	自信积极，有持续的热情	能较好地综合运用为当地人所接受的沟通技巧和作为外来者的独特视角

资料来源：唐宁玉，洪媛媛. 文化智力：跨文化适应能力的新指标. 中国人力资源开发，2006（11）.

二、CQ 理论及其应用

文化智力能够解释外派经理人的工作绩效和他们的适应能力，而且显著高于人口统计学变量与一般认知能力所能解释的部分。CQ 理论表明，在选拔跨文化管理人员时，应将文化智力作为一个重要的评价指标，并尽可能选择 CQ 较高的人员。

从表 8-3 可见，“变色龙”型是跨文化管理的最佳人选，他们可以轻松驾驭不同文化体系的差异，能很好地与来自不同文化背景的人员共事，并且能运用作为外来者的独特视角分析和处理各种文化冲突与管理问题。“大使”型和“模仿者”型的管理人员也能够较好地承担跨文化管理的任务，因为他们虽然不一定对不同文化体系有充分了解，但能够通过自己有感染力的自信和热情，或通过积极地模仿和控制自己的行为，仍然能够与他人进行积极有效的沟通，从而快速地融入陌生的文化中。

在一些跨国公司，CQ 理论开始引起重视，并应用到跨文化管理人员的选拔和培养。具体做法是：①测量员工 CQ 类型，从认知、动力和行动三个方面对有潜力的人员进行测量，了解其优势和不足，为培训和使用提供依据；②针对不同类型员工，恰当地分配职位和工作，对培训后仍属“外乡人”型的管理人员则尽量不要安排到海外任职；③根据文化智力分类原理，有针对性地培训员工以提高其 CQ 水平，重点是培训外乡人、分析家、直觉者，使其达到“大使”“模仿者”和“变色龙”的水平。

对于管理者个人而言，可以通过以下途径来改善和提升 CQ 的水平。

1. 提高文化的认知能力

认知能力就是认识、了解和领悟不同文化的能力，是系统解读不同文化体系的切入点。它包括对异质文化的敏感性和对异质文化的领悟力。个人可以通过学习和培训，了解不同组织和区域之间的文化差异的基本特征、解决常见问题的基本方式方法以及如何识别不同文化体系的主线和文化间差异的技巧，提高外部观察力和分析力，形成对各种文化差异系统尽可能全面的认识，从而提升运用自身的感知能力和分析能力来认识领悟不同文化的能力。

2. 增强文化认知动力

认知动力就是融入其他文化的愿望和激情。这是管理人员提高自身文化智力的内在动力。比如老一代中国人到了美国几十年还一直讲中文，生活在华人圈，跟美国人交流不多，对此也不积极，几乎没有融入美国社会。相反，现在的年轻人到美国就有了解美国文化和社会的强烈愿望，各种事情都积极参与，就能较快地融入美国社会。

对于管理人员而言，一方面要保持和增强文化的好奇心与求知欲，对涉及不同文化的书籍、影视、新闻等要有浓厚的兴趣并经常涉猎，积极与外籍人员交流交往，并通过言行尽可能地向对方传达自己融入不同文化的热情和努力；另一方面要不断增强文化整合的责任感，认识到提高文化智力不仅事关个人的职业发展，而且影响到企业乃至民族在全球化竞争中的地位，激发出强烈的跨文化认知动力。

3. 增强文化行动能力

行动能力就是采取有效措施协调和处理跨文化事务的能力。行动能力可细分为“1+3”，即一种态度加三种具体能力。

（1）尊重不同文化的诚恳态度。孔子说过：入境而问禁，入国而问俗，入门而问讳（《礼记·曲礼上》）。既不能妄自尊大，又不能妄自菲薄，而要本着开放、包容、谦虚的心态对待其他文化。

（2）模仿不同文化的应变能力。俗话说“到什么山上唱什么歌”。模仿应变既表明对其他文化的尊重，又能与不同文化背景的人迅速增加亲近感，扩大文化共识。要入乡随俗、客随主便，吃西餐就要拿刀叉，到日本、韩国就要学着席地而坐，在非洲、中亚一些国家就要习惯用手抓东西吃。

（3）异质文化融合的沟通能力。对待异质文化，要通过主动学习了解、积极沟通交流以达到相互了解、相互沟通的目的，特别是要善于取他人之长补己之短，比较快地与其他文化背景的员工打成一片、融为一体。

（4）解决文化冲突的协调能力。要抱着求同存异的态度，客观、理性、冷静地对待各种层次、各种表象的文化冲突，学会折中、让步和放弃，在冲突中寻求双方的共同目标和共同利益，以增加共识来化解矛盾，以扩大共同利益来减轻和消除冲突。

第五节 不同国家和地区的企业文化特色

由于民族文化差异和社会发展过程、经济发展水平等不同，全球不同国家和地区的企业在具备现代企业文化普遍性的同时，又有着各自文化的特殊性。了解其企业文化特色，是同境外企业进行合作、拓展海外市场、实施跨国经营的前提。美国、日本的企业文化已在前面有过分析，因此下面主要介绍欧洲、亚洲（日本除外）、阿拉伯、拉丁美洲和非洲的企业文化。

一、欧洲企业文化

欧洲是现代企业的发祥地和最早实现工业化的地区。欧洲企业在长期发展过程中形成了鲜明的企业文化特色，如实行人本管理、注重员工素质、讲求诚信、重视质量和品牌、提倡优质服务等。英国企业文化与美国比较接近，只是更多一分保守色彩。这里着重介绍德国和法国的企业文化。

1. 德国企业文化

德国是欧洲第一强国和工业大国，经济总量居世界第四，拥有大众汽车、德意志银行、麦德龙、宝马、西门子、拜耳、汉莎航空等一批世界著名企业。德国企业文化具有以理性管理为基础的浓厚特色。

（1）硬性管理的制度文化。日耳曼民族是欧洲最富有理性的民族，德国人处世稳重扎实，做事谨慎周密，德国实施依法治国、注重法制教育、强调法制管理。德国企业的运行机制建立在理性基础上，严格的组织体系、完善的管理制度、认真的管理态度造就了德国企业的厚重实力和高效率。同时，德国人有着讲信用、严谨、追求完美的行为习惯，企业从产品设计、生产销售到售后服务各环节，都渗透着严谨细致的作风，体现着严格按规章制度办事。德国企业内部等级观念很强，晋升机会较少，但员工只要长期服务于企业，有足够的学历、阅历，就会获得晋升。其他人虽然得不到提升，但很少怨言，反而会更加努力上进和勤奋工作。

（2）民主管理的参与文化。由于坚实的法律保障，加上尊重人格、强调民主的价值观，德国是西方国家中实行员工参与企业管理制度最好的国家。从大众、西门子等跨国公司到很多中小企业，员工参与企业决策是一种普遍现象。德国《职工参与管理法》规定，大型企业要按对等原则由劳资双方共同组成监事会，然后再增加 1 位中立人士担任主席。当双方意见不一致时，设立调节委员加以调节，如还不能解决，则由监事会主席裁定。该国《企业法》也规定，凡员工超过 5 人的企业都要成立员工委员会，由全体员工选举产生，主要任务是在工资、福利、安全等方面维护员工利益，企业主在员工工资福利等重大问题作出决定前必须征得该委员会同意。德国员工参与企业管理效果很明显，一是劳资双方关系融洽，二是劳动生产率大大提高，三是可以从员工中汲取改进企业经营管理的建议。

（3）基于责任的质量文化。德国企业对产品和服务质量的重视程度可以说是“世界之最”，强烈的质量意识已成为德国企业文化的核心内容，深深植根于广大员工心中。汽车工业是德国质量管理的典型代表，几大汽车公司都有一整套健全的质量管理机构与体系，对质量管理的投入相当巨大。例如，大众公司强调“精益求精”的质量理念，各类质量管理人员就有 1 万多人。西门子公司则秉持“以新取胜，以质取胜”的理念，长期立于不败之地。

德国企业普遍注重独创性研究开发，力求高度专业化、权威性和高品质，从而保证产品的质量和竞争力；同时，他们也普遍重视优秀的服务品质，以诚信服务客户，塑造企业和品牌形象。牢固的质量意识是基于德国企业和员工的强烈责任感，包括家庭责任、工作责任和社会责任；企业对员工主要强调工作责任，尤其是对工作岗位或生产环节的责任。在大众汽车、TüV 等公司，“责任”是企业核心价值观。戴姆勒—克莱斯勒公司高度重视责任和质量，促使每名工人都在本职岗位上为成功卖掉每辆汽车而尽责。

与美国企业相比，德国企业的管理人员往往以身作则，因为责任感强而工作最累。

（4）以人为本的和谐文化。以人为本，实行人性化管理，是德国企业文化的另一特点。①普遍尊重员工。在德国企业里，上级给下级布置任务通常是商量，而不是命令。在大众公司，如果员工在某个岗位上工作不好，管理者通常首先会认为是工作岗位不适合，在征求本人意见后调换一个更能发挥其潜能的岗位。企业员工离职率比较低。②注重务实的能力培训。德国是世界上职业教育最好的国家之一，德国企业具有完善的职业培训机制，造就了高素质的员工队伍。德国工业长期领先，与培养和拥有大量的技师有密切关系。③劳资关系、人际关系和谐。德国工人的工作时间过去30多年累计减少500小时，与美国、日本相比是最短的，而工资却不断增加。多数德国企业十分注重人际关系，具有和谐、合作的氛围。德国企业家认为，和谐的气氛能激发人的潜能，最大限度地发挥创造性；反之，员工不会乐于贡献，工作将会受影响。④重视企业兼并重组时的文化整合。例如，戴姆勒一奔驰公司与美国克莱斯勒公司合并后，成立了专门委员会，制订专门计划，进行文化整合，保持和谐过渡。

德国在市场经济条件下长期形成的完备的法律体系，为企业建立诚信、守法的企业文化奠定了基础。同时，宗教主张的博爱、平等、勤俭、节制等价值观念，也影响了德国企业文化。德国企业文化明显区别于美国以自由、个性、追求多样性、勇于冒险为特征的企业文化，也区别于日本强调团队精神的企业文化。

2. 法国企业文化

法国是一个充满浪漫情调和艺术气息的国度，同时也是世界第五、欧洲第二的经济大国。无论安盛、巴黎银行、家乐福、标致、苏伊士、米其林、圣戈班、雷诺、欧尚、布依格、赛诺菲一安万特、春天集团、法航等一批《财富》500强企业，还是高档服装、旅游、化妆品、设计、文化等领域的中小企业，都在世界上有着广泛影响。历史悠久的法兰西文明和现代企业管理结合，造就了法国企业文化的特色。

（1）远大的目标。法国人的自信心和自豪感较强，为法国企业注入了比较高远的目标和高标准，成为法国员工的共同价值观。苏伊士集团一直致力于成为世界领先的基础设施私营企业，2008年全球500强企业排名97、营业收入达649.82亿美元。赛诺菲一安万特集团是世界第三大制药公司，在欧洲排名第一。集团的宗旨即核心价值观，是为了全人类的健康:“无论在何时,无论在何地,赛诺菲一安万特都在为人类最重要的健康事业而奋斗。”集团有一条价值观是“胆识”，含义是“海阔凭鱼跃，天高任鸟飞，要勇于去实现自己的理想。赛诺菲一安万特集团需要拥有远大的奋斗目标，这是我们取得成功的起点”。这鼓舞着每名员工积极投身每天的工作。法国电力公司秉持社会服务思想，“为祖国服务，为法国人民服务”的企业文化植根于员工心里，成为自觉行为。有着100多年历史的皮具行业，世界著名企业巴黎都彭公司，企业宗旨是“精益求精、力求完美”。

（2）浪漫的人情味。世界轮胎巨人米其林公司的品牌标志是“轮胎人”必比登(Bibendum)，就生动地反映了这种人性化和人情味。在法国企业，既有严谨的思维、严格的制度和质量标准，又强调团结和依靠团队，并尊重员工的个性和差异，尊重个人和团队的独特性，努力营造平等关系、宽松氛围乃至艺术情调、浪漫气息。赛诺菲一安万特集团将“尊重”也列入企业价值观，意思是“必须尊重他人及其贡献”“包括建立道德的商业惯例，遵循明确高度的商业准则”，并认为“尊重的定义还包括：善于与员工沟通、作决定前善于倾听和分析他人的意见”。

较之美日企业，法国企业更注重过程中的投入，也更容易接受投资回收期较长的项目。法国无论制造业还是服务业，这种人情味都体现在非常重视服务。欧尚公司的服务四宝是

“你好，谢谢，微笑，再见”，并以12条原则来保证为顾客提供满意服务，其核心内容是：让每一位来欧尚的顾客满意而归；对顾客不仅仅是钱的问题，应该首先是一种必须学会的行为举止，“谁不会微笑，便不应该开店”；顾客是评判服务质量的唯一法宝，顾客的意见占第一位；不能让顾客来适应企业，应由企业适应顾客。

（3）追求时尚与创新。人们提起法国、提起巴黎，往往会与时尚和潮流联系起来，这是因为很多法国企业在服装、美容、设计及制造、服务等领域都是全球的行业领跑者。例如，始于1865年的巴黎春天集团（Pinault Printemps-Redoute，PPR）是世界第三大奢侈品和零售业巨头，其特色是领导时尚，它旗下的古驰（Gucci）品牌已成为“新摩登主义”的代名词。巴黎是设计之都，设计和创意企业云集，不断推陈出新。

树立品牌是法国企业引领时尚和创新的旗帜，专业化是他们实现创新的重要保证，观念创新和技术创新则是其关键。苏伊士集团核心业务紧紧围绕着与人类基本需求息息相关的领域，包括能源、水、废物处理和通信等，形成自身的强大优势。赛诺菲一安万特集团具有高效、创新的研发组织，拥有1万多名科学家和科研人员，分别在三大洲20多个研发中心寻求更新的治疗方案，造就了在心血管疾病治疗等七大领域的领先地位。

二、亚洲企业文化

亚洲是世界上经济社会发展最快的地区，亚洲地区的企业也越来越引起全球的关注。亚洲很多其他企业和中国、日本企业一样，深受中国传统文化影响，具有一些共性特点，但是由于不同国家和民族的宗教、历史等不同，又有一些不同之处。这里主要介绍韩国、新加坡及东南亚、印度的企业文化特色。

1. 韩国企业文化

传统的韩国社会文化以儒家思想为核心，企业文化也具有很浓厚的儒家色彩。例如，韩国企业的员工、下属就非常尊敬和服从经营业主、上司，老板和上司也以权威与慈爱对待员工和下属。再如，韩国有大量家族制企业，即使非家族制企业，在用人上往往实行以血缘、地缘、学缘为中心的管理，全员通过这种纽带成为企业共同体。同时，韩国企业又深受西方企业文化影响，在把东方的儒家思想与西方的管理科学有机结合的过程中，培育形成了自己特有的企业文化。

（1）彻底第一主义。与日本企业传统上“位居第二”“回避风险”“以稳求实”的经营理念不同，韩国大型企业集团大都奉行“彻底第一主义”，强调人才第一、产品第一、服务第一。这一理念源自韩国人强烈的民族自尊心，很多韩国企业在发展之初就会定下高标准。三星公司一直主张要“成为世界第一”，它的企业文化的核心就是创始人李秉哲最初提出的“第一主义”。LG集团的董事长具本茂曾在仅10多分钟的简短新年祝词中，13次使用了“第一”两字。韩国企业有时为了成为“第一”，甚至不惜一切代价，冒险向海外投资，这也是韩国企业文化与日本企业文化的显著区别。

（2）勤勉的劳动意识。企业成员认真的工作状态、勤勉的劳动意识，是韩国企业文化的一个重要特征。韩国企业无论是普通员工，还是各级管理者，劳动时间几乎是世界上最长的。管理人员早晨7点开会、晚上8点以后下班，这样的企业比比皆是。韩国企业家勤劳敬业，既有东方人的吃苦耐劳精神，又有西方人的实干作风，很多企业家都是白手起家、历经磨难，最终创造出骄人的经营业绩。

（3）重视人才。韩国优秀企业大都以“人才第一”为基点，通过建立企业内部的研修院或利用产业教育机构培育了大量优秀的人才。现在韩国主要的企业集团都已采用了科学的人力资源管理制度。一些专业性比较强的大企业和中小企业为了拥有自己的专业技术人才，还建立了相应的人才储备系统，或是从销售额中提取一定的比例持续进行教育投资。此外，韩国的优势企业还普遍重视让员工到海外研修，以促进员工的自我开发。

韩国企业文化还有一个显著特征，就是高度集权的组织结构和权威性管理行动。这既是韩国企业过去的成功因素，又是制约其进一步发展的文化根源。正如《第三次浪潮》的作者托福勒（A. Toffler）所指出的：韩国企业虽然适合第二次浪潮即大量生产为中心的产业社会，但在以个人的创意性和开放性为基础的第三次浪潮即信息化社会里，是不适合的。

2. 新加坡及东南亚企业文化

东南亚主要是中南半岛和马来群岛，面积约 457 万平方千米，包括马来西亚、印度尼西亚、菲律宾、泰国、越南、柬埔寨、老挝、缅甸、新加坡、文莱以及东帝汶 11 个国家。人口稠密，2014 年总人口 6.25 亿，是世界上华侨华人最多的地区。东南亚各国自古以来就同中国有密切的经贸往来和人文交流，近年来更是受惠于中国经济高速增长。由于地处亚洲与大洋洲、太平洋与印度洋的“十字路口”，东南亚国家在推进“一带一路”倡议中具有特殊的地位。东南亚国家的企业文化，既具有以中国文化为代表的东方文化传统，又在不同程度上受到现代西方文明的影响。

这里重点介绍新加坡企业文化，读者可以管中窥豹看到东南亚企业文化的主要特点。新加坡是一个多元文化国家，三大民族是华人、马来人和印度人。新加坡也是一个国际化程度很高的国家，深受西方现代文明的影响。因此，无论是新加坡的国有企业，还是私营企业，企业文化都有着一些共同的特点。

（1）儒家文化之源。儒家思想是新加坡的国家意识和核心价值观，成为渗透在新加坡企业的一切活动中的无形理念体系和企业的灵魂所在，成了一个企业独特的价值标准、传统、道德和规范；成了企业里不成文的，但被员工普遍遵循的信念和习惯。即使是最复杂棘手的人力资源问题，也往往在企业文化面前迎刃而解。新加坡企业文化的家族性和注重“培养家庭核心价值观”，就是具体体现。新加坡政府表彰的有突出贡献的 10 名企业家之一、“第一家”集团创办人、著名华人企业家魏成辉曾说，中华文化是我们的根。新加坡创新科技公司的成功，得益于 6F 企业文化：family（家庭气氛）、friendliness（和谐友好）、fortitute（刻苦耐劳）、failure tolerance（接受失败）、fast-paced（快捷步伐）和 fun（轻松有趣）。

（2）国家经营意识。超越竞争对手的国家意识，是绝大多数新加坡企业特别是国有企业的经营哲学，引导和激励着企业发展。新加坡航空公司（SIA）多次被民航业权威性杂志评选为最佳航空公司，是世界民航业界公认的全球盈利最高的航空公司之一。新航要求自己不仅仅是做一家优秀的航空公司，而且要在整个服务行业做到最优，追求在航班服务的每个方面都要比竞争对手好一点，践行着不断“用更好的服务来替代现有的服务”的核心理念。

（3）高度重视教育和人才。由于缺乏自然资源，新加坡从政府到企业都把培养和吸引优秀人才，特别是管理人才和专业人才，作为立国、兴企的关键。据总部位于南非的研究机构“世界财富”（New World Wealth）统计，2000—2014 年间共有 4 600 高净值人士移民新加坡。为了从全球吸引优秀管理人才，新加坡企业向其提供国际水准的薪金和待遇，而企业中普通员工的薪酬水准却较低，仅为中国香港的 1/4～1/3。在教育培养方面，新加坡规定政府各部门和企事业单位的每名职工必须交纳工资总额的 21.5%作为社会福利和教育培训基金。同时，新加坡企业也注重培养员工的主人翁意识和团队精神，重视沟通激励，努力发挥员工的积极性、创造性。例如，新航重视整体的员工发展，格外重视培训一线的员工，让他们能够处理随着客户高期望而来的高要求及其带来的问题。

（4）科学化制度化管理。新加坡企业以建立与国际化接轨的公司治理结构为突破点，在企业的基本管理制度、所有权、责任、分配、用人机制、组织机构和管理模式等方面建章立制，直接规范了员工的日常工作行为，在尽显儒家管理思想的优势的同时，又使良好的企业文化有了坚实的制度保障，保证了高效率。新加坡第二大国有企业淡马锡控股公司，集团总部仅 50 多人，却有效管理着 44 家二级公司和近 400 家全资、合资企业。新加坡英柏建筑景观设计有限公司坚持“创新的理念＋科学的管理＋优质的服务”，赢得了客户信赖和市场回报。

3. 印度企业文化

印度是世界上仅次于中国的人口大国。古印度曾创造了光辉灿烂的古代文明，是佛教的发源地。近代以来，印度次大陆沦为英国的殖民地，1947 年才摆脱殖民统治宣告独立。由于种姓制度、工业基础薄弱、教育发展滞后等原因，印度经济外部依赖性强、发展缓慢。印度政府 1991 年进行全面经济改革后，经济长足发展，这也导致印度国内的民族主义激增，“大国梦”越发强烈。在印度传统文化、殖民地文化和现代西方文化的影响下，印度企业文化形成了自身特色。

（1）家族文化。印度实行土地私有制，私有企业是印度经济的主体，私人财团在国家经济中处于中枢地位。印度家族企业很多，往往传承数代，历时百年甚至更久，类似于中国的同仁堂。这些家族企业中，往往几代人都在企业中担任职务，祖孙几代、婆家、夫家各种亲戚关系交织在一起和谐运转。正如印度企业家吉特・鲍在自传《灵象之悟：我与阿毗佳伊的商旅人生》中所说：“公司真正的财富是不能用金钱来衡量的，而是兄弟之间的爱和友情，是家庭、朋友和友好的合作者们及时给予我们的大力支持和关爱。”

（2）精英文化。印度企业文化认为，决定企业生死存亡的关键不是简单地把接力棒交给自己的后代，而是交给靠得住的能人。如果家族培养不出能人，则宁愿把家族企业交给家族外的能人治理。很多印度企业家不惜花重金，把儿孙送到外国接受最好的教育。同时，印度企业重视人力资源，把能否发现人才、培养人才、用好人才、留住人才作为企业发展的关键。为此，印度首富、维普罗公司老板普莱姆基每年投入大量资金培训员工。在精英文化影响下，印度企业重文凭、重英语水平，把这作为人才的主要标准。此外，印度还涌现出微软 CEO 萨蒂亚・纳德拉、谷歌 CEO 孙达尔・皮柴等一大批业界顶尖人才。

（3）功利文化。大多数印度人都信仰印度教等各种宗教，有着超然豁达、与世无争的一面，同时聪明、精明的印度人又存在工于心计、善于算计的一面。印度人做生意要求全世界最低的价格，同时又要求全球最高的品质，总是希望从对方拿到更多的利益和好处，可以说是“贪得无厌”。所以，最好从一开始就让印度商家明白底线，否则就会得寸进尺。中国企业在印度赔钱、“吐血”的情况太多了，因此绝对不能在印度市场上打价格战。

（4）诚信文化。成熟的印度市民社会、市民文化形成了成熟的企业诚信文化。印度企业家认为，自觉遵守规范，信守承诺是印度企业长期制胜的法宝，也是体现印度企业文化核心理念的表现"“最终成大气者只能是诚信的企业。比如，外国公司假如要求印度员工把一套软件装到第二台甚至更多计算机上，印度员工通常会提出不干，否则宁可辞职。又如，印度的软件外包多数已做到“离岸与委托开发”阶段，也是由于印度企业有诚信，用户不需要担心商业秘密被出卖。印度商品的质量一般没有中国商品好，但通常不会有假货。

（5）人本文化。印度企业的这种人本文化，首先体现在企业的社会责任上。以印度信息技术系统公司董事长莫尔蒂为代表的新一代企业家提出，企业在赚取利润的同时还要承担社会责任。印度企业家可以一次捐款盖 100 所学校，但自己从不大手大脚，通常用国产车，出差住三星级宾馆。同时，印度企业着眼于雇主和雇员相互尊重，争取双赢：一是雇主和雇员打成一片，老板和管理人员大都平易近人，轻车简从，非常低调；二是既照顾雇主利益，也兼顾雇员利益，有的企业甚至为员工解决住房、子女上中小学等问题；三是维护工人对合法利益的诉求权，使员工对就业有稳定感、安全感。

（6）行业文化。印度是小政府、大社会，行业协会在企业界的影响很大。印度在世界贸易组织和其他国际性商务谈判中，行业协会也发挥着很大作用。印度绝大多数企业会加入某一行业协会，企业越大，加入的行业协会自然越有名。企业离开了行业协会，在业内的影响就会受到局限。企业对行业协会的活动、规范等出奇地重视，行业协会立下的规矩，企业一般都会遵守。外国人跟印度人做生意，找法院打官司可能拖几年、十几年，但找行业协会调解则要快得多、效果也好。

三、阿拉伯企业文化

从 20 世纪 70 年代中东发现石油以来，阿拉伯地区很快成为全球经济的关注点，也成为各国竞相角逐的舞台。阿拉伯国家主要位于西亚、北非，阿拉伯民族长期处在东西方文明之间，他们都说阿拉伯语，绝大部分人信奉伊斯兰教，有着“经商”“信教”的文化传统。这些国家的企业虽然各有不同，但是企业文化都带有显著的“阿拉伯伊斯兰特色”。

一是强烈的宗教和伦理色彩。伊斯兰教影响着阿拉伯人生活的各方面，在传统的阿拉伯企业家的精神世界里，伊斯兰思想是他们的人生哲学。他们认为，只有将伊斯兰传统和现代商业理念精华结合起来，才能构建真正的企业文化。阿拉伯社会的企业管理普遍带有浓厚的伊斯兰教特色和伦理色彩，企业不仅是工作的地方，也是宗教宣传和道德教育的场所。阿拉伯国家大多实行混合型经济体制，既有国有企业，又有合资企业和私营企业。尽管如此，阿拉伯企业家几乎都信奉以“情”为特质的管理哲学。

二是家族式的管理特色。家族本位是阿拉伯社会的一大特点。阿拉伯国家大部分私营公司为家族所有，组织结构采取直线职能制，权力集中在高层，最终决定由总裁一人做出。总裁们往往把公司看作自己的大“家庭”，事无巨细都要过问。这种高度集权往往导致层层请示汇报、效率较低，同时即使主要决策者做出错误决定，其他人也很难加以改变。在财务管理方面，不少阿拉伯企业仍沿用传统的理财方式，缺乏严格的财务制度，把财务管理建立在信用和诚实的基础上，使道德、感情等人性化因素与理性化管理交织在一起，这是与日益激烈的国际化竞争不相适应的。阿拉伯地区很多国有企业虽然引入了现代企业制度，却仍多少带有家族式管理的痕迹。

三是普遍重视信誉和形象。几乎所有阿拉伯商业家族都视自己的信誉和声望为生命，也越来越重视个人和公司形象塑造。著名的阿里雷扎家族有这样的名言："你绝不可能在一夜之间买来信誉，但你完全可能在一夜之间丧失它。"在产业发展过程中，他们认识到要有一套内在的价值规范来支撑，并以"诚实、慷慨、勤勉、自律、举止得当、富有教养"等作为家族企业的基本信条。在伊斯兰文化传统根深蒂固的阿拉伯社会，企业家们追求的最高境界是"名利双收"，许多人宁愿放弃厚利也要赢得声望。他们靠声望做生意，赚钱后又会投资于自身形象塑造，以求更大发展。与西方相比，阿拉伯企业显得较为沉稳有序，既按商业规律谋利，又关注公众形象。

四是宽松和谐的人际环境和氛围。与西方企业注重制度管理不同，在伊斯兰传统中，个人魅力和感召力是凝聚群体的最有效手段。阿拉伯企业总裁通常认为，企业管理尤其是人事管理不能完全依靠严密的规章制度，而应注重在日常相处中施加人格影响，让员工心服口服。他们相信宽松的人际环境会激发员工的忠诚和创造力，因此都与员工保持良好的友情关系，给员工适当授权，用宽容精神进行人事协调，力求建立和谐的劳资气氛。阿拉伯企业极少开除雇员，埃及《劳动法》还规定"除非犯有严重过失，否则任何雇员不得被解雇"。作为中东最大、盈利最多的非石油企业，沙特基础工业公司（SABIC）倡导"激发、参与、创造、实现"的价值观，致力于营造鼓励创造、革新及个人发展的企业文化，深信每个员工都是可造之才，尽力为所有员工提供一切施展身手的机会。

五是分配上实行平均原则。平均原则是伊斯兰教一个重要的价值观，它决定了传统阿拉伯家族企业的分配制度——企业里利益共同拥有、平均分配。当然，这种"财产共享"并不是家族里同性者都有一份，而是视贡献、血缘远近等主客观因素而定。不同家族有着不同的财产分享细则，这些细则融合了伊斯兰教的继承法和家族的习俗。少数现代意识较浓的家族，也在逐渐接受按劳分配制度。

六是相信和重视关系网。阿拉伯企业家相信广泛的友情关系网是巨大的财富源泉，非常注重感情投资和公关效应。他们普遍交友甚广，从而确立自己的地位和经营网络。阿拉伯企业界家族林立、派别众多，要想在激烈的竞争中获胜，往往需要把利益相近的家族和个人联合起来，增强优势，共谋发展。许多成功的阿拉伯企业都与王室、政府有着千丝万缕的联系。一旦失去王室和政府的信任或者与权力人物发生不可调和的矛盾，无论多么有实力的企业家族都难免陷入困境。因此，处理好与当权者的关系是阿拉伯企业家公关的首要任务。

四、拉丁美洲企业文化

拉丁美洲是指美国以南以衍生于拉丁语的罗曼语族语言作为官方语言或主要语言的美洲大片地区，包括巴西、阿根廷、智利、秘鲁、委内瑞拉、墨西哥、古巴等34个国家和地区。拉美地区陆地面积2 000余万平方千米，2008年总人口为5.77亿，主要是印欧混血种人和黑白混血种人，以及黑人、印第安人和白种人。

印第安人是南美洲文明的开拓者，拉丁美洲曾孕育出玛雅、阿兹特克和印卡三大古文明。16世纪以来，随着葡萄牙、西班牙以及英国、法国和荷兰等欧洲殖民者先后入侵，全洲进入了长达 300年的殖民统治时期。19世纪，拉美人民走上了独立战争、民族解放的道路，许多国家纷纷摆脱殖民统治。但是，独立后的拉美仍然继续受到美国等西方国家的控制和掠夺。为此，拉美各国人民进行了反帝、反霸、反殖，维护国家主权的长期斗争。第二次世界大战后，南美国家带头发起反对超级大国海洋霸权的斗争，掀起了以收回民族资源为主要内容的国有化浪潮，积极推行地区经济一体化，在发展民族经济方面取得了很大成就。目前，这些国家在资源能源、银行等领域都是国有企业占主导，如巴西、墨西哥、委内瑞拉、哥伦比亚等国的国有石油公司都在《财富》500强之列。

根据刘文龙《拉丁美洲文化概论》等论著和百度有关资料可以看到，拉丁美洲以欧洲基督教文化为主体，兼收并蓄了美洲印第安文化和非洲黑人文化的多元混合文化。中国社科院的江时学认为，拉美的共同文化为伊比利亚天主教文化。他引述美国学者劳伦斯·哈里森观点认为，拉美文化仅仅着眼于过去和现在，甘愿牺牲未来；因此这样的文化鄙视劳动，轻视创造力，忽视储蓄。有人用三个词来形容拉美人的特性：傲慢、浪漫和散漫。拉美企业虽然千差万别，但是从其社会文化出发，大致可以勾勒出拉美企业文化的主要轮廓。

一是现代价值取向和管理理念。拉美企业深受欧美企业的影响，借鉴了很多现代企业的价值观念、管理思想和规章制度。有些大公司虽然是国有企业，但比较重视现代企业文化建设，也形成了具有全球视野的文化体系。巴西淡水河谷公司是世界第一大铁矿石生产和出口商，以“将自然资源变成财富，并转变成可持续发展的动力”作为企业使命，秉持“生命第一、重视员工、珍视地球、依义而行、共同进步、梦想成真”的价值观，愿景是“立志成为全球第一的自然资源公司，对人类和地球充满热忱，通过不断追求卓越创造长期价值”。该公司承诺“在全球通过各种途径履行其社会责任”，包括：增加就业机会和促进经济增长，承诺雇用和培训本地员工；环境保护措施；社会公益项目；教育和文化项目；社会投资活动。

二是尊重和维护员工权益。拉美国家的有关法律一般都对员工的权益有明文规定，相应的企业制度也有详细具体的规定，或者通过劳动合同固化下来。巴西的劳动保障非常完善，一年一度的重大节日奖金甚至相当于一个月的工资，此外企业还会经常发放可采购食物或用于交通的代金券。作为南半球最大的企业，巴西石油公司的企业文化强调，不管是对员工、顾客、竞争对手、合作伙伴、供应商、股东、政府以及其他社会分子，公司都以正直、尊严、尊敬、忠诚、适度、守信、高效和富有爱心作为最高的价值标准。公司非常尊重员工的个人自由，认为只要不影响公司形象或利益，员工们的私事是他们自己的事，公司不加以限制或干涉；同时，公司还注重对员工创造力的培养。当然，也有员工钻法律和制度的“空子”，在3个月试用期好好干，正式聘用后有的就乱来，甚至等着被解雇以获得赔偿。如果希望靠感情投入促使员工免费加班，他一旦离职照样起诉公司。在巴西，工会的影响很大，若企业处理不好同工会的关系，很容易陷入劳资纠纷。

三是无拘无束的浪漫色彩。拉美企业文化就像拉丁舞一样丰富多彩，充分展示了自由奔放的特点。秘鲁最大的金融企业秘鲁国际银行集团一直培育不受约束的企业文化，各地的分行都有满是气球的娱乐室，供孩子们玩乐。总裁帕斯托尔鼓励员工以幽默的方式推销产品，认为“放弃一本正经，集体装疯卖傻”是团队建设的最好方式，并在企业举办的大型化装舞年会上打扮成猫王，驾驶着一辆哈雷摩托大出风头。他手下那群毕业于美国名校的高管，也乐于以这样一种工作方式展示自身的天赋。同时，拉美员工自尊心强，对外部监督非常反感。他们的不少员工时间观念淡薄，迟到早退是家常便饭，企业单靠严格奖惩是无济于事的，对要完成的任务形成共识后实施目标管理更为奏效。

五、非洲企业文化

非洲是世界第二大洲，陆地面积3 020万平方千米，总人口超过10亿，有53个国家。由于过去长期受欧洲殖民统治，非洲经济基础落后，产业结构不健全，文化发展缓慢，除南非等少数国家，普遍较为贫穷。

非洲的尼罗河流域是世界古代文明的一个摇篮，埃及与中国一样也是世界四大文明古国之一，公元前27世纪前后古埃及人留下的金字塔和狮身人面像是人类建筑史上的奇迹。非洲当地语言十分丰富，种类繁多，大致可以划分为闪含语系等四大语系。随着欧洲殖民主义入侵，大多数非洲国家皆采用法语、英语、葡萄牙语等外来语言作为官方语言，只有少量国家采用本地语言作为官方语言。目前，非洲居民多信基督教、伊斯兰教，少数信原始宗教。非洲具有很强的文化多样性，各国各地的文化差异很大。

中国和非洲有着浓厚的传统友谊和良好的合作关系。近年来，越来越多的中国企业到非洲投资设厂，同时以多种方式参与当地建设、改善人民生活。中国企业界对非洲经济文化的了解逐步增多，进一步加深了解的愿望也更加强烈。

非洲企业规模小，管理不规范。20世纪50年代以来，非洲国家有两次企业国有化浪潮，但国有企业亏损严重，于是在80年代以来许多国家调整经济政策，鼓励私营经济，大量中小企业成长起来。虽数量众多，但非洲中小企业大多数规模很小，尼日利亚、塞拉利昂、加纳、赞比亚等国95%多的中小企业只有不到5名员工。这些中小企业创办人几乎都没有受过高等教育，缺乏有关知识，管理随意性大。当然，一些国有大企业的管理层素质较高。南非企业家、非洲彩虹矿业公司铂金事务总裁史蒂文（Steve Mashalane）还通读过《邓小平文选》四卷英文版，并感到受益匪浅。

非洲教育水平低，员工的就业观念不同。例如，根据联合国开发计划署（UNDP）的统计，2001年乌干达成人文盲率仍为68.8%。非洲一些人相对懒散，喜欢“今朝有酒今朝醉”，常常是今天领到工资后，明天就不来干活儿了。外资企业想招聘到合格的员工较为困难，经常出现“高薪聘不到技工”“老板到火车站抢民工”。非洲劳动力价格相对较低。例如，埃及虽然员工便宜，但普遍素质不高，索要小费、不按时上班、干活儿拖拉等现象司空见惯，劳动效率并不高，导致企业实际成本上升。非洲的工会影响力大，往往会带领工人要求增加工资或休假。跨国企业在非洲不仅要尊重当地的文化和人们的生活习惯，了解当地政策和法律，依法管理，照章办事，而且要处理好与雇员和工会的关系。

第六节　中国企业跨国经营与文化融合

随着改革开放不断深入，特别是“一带一路”倡议，中国企业越来越多进入了跨国经营的阶段，参与到全球性的经济合作和竞争当中。

中国企业跨国经营主要有三种类型：①跨国建立子公司、分公司，即采购、销售、生产、研发或全能子公司，如海尔美国科技园；②跨国并购，如联想兼并IBM全球PC业务；③跨国建立合资企业，这是最常见的一种类型，如北京松下、西安杨森。掌握和提高跨文化整合能力，是中国企业跨国经营必须迈过的一道门槛。

一、跨国经营面临的文化挑战

在跨国经营的过程中由于缺乏经验，中国企业遇到了许多方面的困难和挑战。

（1）对驻在国外环境的陌生。中国与其他国家在法律、经济、文化、办事潜规则等方面都明显不同，中国企业管理人员和员工由于缺乏了解，仍然按照中国的情况来想象和处理，结果导致在经营管理中出现困难甚至遇到麻烦。例如，很多派往国外工作的中国经理人员、技术人员和普通员工，往往会体验到不同程度的“文化休克”。按照文化人类学家卡尔沃罗·奥博格（Kalvero Oberg）的观点，文化休克是由于失去了自己熟悉的社会交往信号或符号，对于对方的社会符号不熟悉而在心理上产生的深度焦虑症。

（2）跨国沟通的困难。语言沟通的障碍，价值观的差异，礼仪和社会规范不同，这些都给跨国沟通造成了困难。例如，中国企业与印度企业发生商业纠纷时，由于不了解印度行业协会的作用，而径直去找当地法院打官司，结果徒劳无功。

（3）利益冲突。这也是跨国经营中出现的主要矛盾。例如，在合资企业中，合资双方的管理人员常常会为人力资源政策和员工福利、产品和服务价格、是否和如何避税等问题上进行争执，其背后关键在于代表着双方不同的利益考虑。

（4）文化冲突。如何使母公司文化被驻在国员工所接受，是另一个主要的挑战。跨国经营大多数失败，都是因为文化整合不成功、不顺利，如 TCL 前几年的多次海外并购、福耀玻璃在美国建厂。其实，这种情况在西方企业的并购时，也是经常发生的，如惠普和康柏的合并。

综合来看这些挑战和困难，根本原因都可以说是文化差异的挑战。

2016 年 6 月，万达酒店发布公告称，公司以 2.72 亿欧元出售西班牙大厦全部股权。虽然这与大厦 2014 年购置价大致相当，但由于人民币汇率一路低走，此番交易，万达实际亏损 2 亿人民币。西班牙大厦建成于 1953 年，前为皇宫，侧为马德里政府，区域内人文内涵博大，是首都马德里的地标建筑，也是马德里文化生态的重要载体。

万达当初买下大厦的初衷，是想将其拆除，并斥巨资打造西班牙有史以来新的地标王。万万未曾料到，大厦周边的市民最先起来抵制万达的计划，他们只要一直陪伴自己生命成长的这位“好邻居”，而拒绝一个虽然更大更美、但与自己毫无关系的新建筑。有人建了保卫西班牙大厦的网站，先后有 7 万多马德里人签名支持，导致马德里市政府在反对党猛烈的诘问和嘲讽下黯然下台。尽管万达组织国际专家对西班牙大厦进行科学勘验，认定拆除重建是最佳选择，新上台的市政府也妥协同意拆除，但要求万达按照大厦原有设计风格，小到一砖一瓦，都必须原貌原样在原址复原老式西班牙大厦的样式，不可有一丝走样。

无利可图，万达不得不放弃。这次曾轰动一时的中国企业海外投资，就在马德里市民的“保卫西班牙大厦”运动中宣告失败。这个案例可以让中国企业家更直观、更深刻地认识到，应对文化差异和冲突带来的文化挑战，是跨文化管理需要考虑的首要因素。

二、正确认识东西文化差异

文化差异是一种普遍现象，即使在西方国家不同文化之间也存在国际差异。正如霍夫斯泰德所说：在德国，除非获得允许，否则什么事情都不准做；在英国除非受到禁止，否则什么都准做；在法国，即使受到禁止，什么事也准做。

企业文化是有民族特色的。中华民族的优秀文化传统在中国企业中比比皆是，这是一种重视伦理、追求和谐、含蓄深沉的文化，集中体现了 5 000 年文明的沉淀，是中国企业文化建设取之不尽的思想宝库。正确认识和了解以中国文化为代表的东方文化与西方文化的差异，是进行文化整合、实施跨国经营的重要前提。

许多学者进行中西文化的比较研究，有一种形象的比喻：中国文化是“云”，西方文化是“剑”。所谓“剑”，指西方推崇技术理性，法律导向，个人本位，直露表达，结构性思维；所谓“云”，指中国重视社会伦理，关系导向，集体本位，含蓄表达，整体性思维。中西文化，恰如国画与西洋画，京剧与歌剧，中医与西医。剑，追求卓越；云，追求和谐。

中国与美国的文化差异根深蒂固。本书作者张德教授与时任美国明尼苏达大学教授、现清华大学教授杨百寅对此进行合作研究，对有关研究成果做了补充和修正（表 8-4）。文化差异是十分复杂的问题，列表只是一种简明的表达方式。

表 8-4　中美文化对比

文化维度		美国（西方）	中国（东方）
价值观体系	人与自然世界的关系	主宰	和谐
	人与人的关系	个人本位	集体本位
	行为优先性	法律导向	关系导向
	道德标准的基础	理性	感性
	时间优先性	倾向于未来	倾向于现在
信念体系	人性假设	性本恶	性本善
	宗教信仰	上帝	没有超级权威
	知识的本质	机械、分立的	有机、整体的
	变化的本质	线性变化	回旋式变化
	对人的激励	物质为主	精神为主
	人的理想与归宿	个人的充分发展	社会和谐
	思维方式	结构性思维	整体性思维
	表达方式	直露	含蓄

资料来源：杨百寅，张德. 如何开发人力资源：技术理性与社会道德责任——中美人力资源理论与实践的比较研究. AMRD2001 年年会，2001（2）.

了解并掌握中西文化的差异，对于建设中国特色的企业文化、迎接多元文化挑战，是非常必要的。

三、跨国经营的企业文化整合

无论是什么形式的跨国经营，首先都要进行企业文化整合。

1. 整合原则

中国企业要成功地进行企业文化整合，不但要遵循企业文化建设的普遍规律，而且有着自己的特殊规律。根据前面的介绍，应坚持下述原则。

（1）正确认识文化差异，特别是价值观等深层次的差异。

（2）尊重驻在国文化。尊重和理解不同的文化，认识到不同文化彼此的优势和不足，这是解决文化冲突和进行文化融合的前提。

（3）对双方企业文化求大同存小异。求大同，就是要坚持企业自己的核心价值观，把是否符合核心价值观作为对不同文化因素进行取舍的标准。存小异，则是在核心价值观基础上，在不影响组织目标实现的情况下，允许不同的文化因素存在。

（4）管理人员本土化。这是很多跨国公司取得成功的重要经验。有调查显示，美国44家跨国公司中有43家都聘了当地人作为高管。海尔、联想等中国企业都聘用了大量海外员工，其中不乏高层管理者。

（5）加强冲突管理，主要是预见和规避可能的文化冲突因素，及时发现和处置，防止对企业经营管理产生破坏性的影响。

2. 整合步骤

（1）企业文化调查分析。中国企业首先要对拟并购、合资的外方企业作企业文化的深入考察，虚心请教国际关系和文化研究方面的专家学者，对双方客观存在的价值观念、管理理念、制度特色、思考和行为习惯等差异有充分的了解。为了准确了解对方的企业文化，可以参照前面所讲的企业文化诊断方法，设计专门的企业文化量表进行测量，以全面、客观、真实地掌握对方企业文化的实际状况。同时，要对驻在国的民族文化作深入考察。在此基础上，全面分析双方企业文化的共性和差异，为文化整合提供依据。

（2）制定文化整合方案。首先，要确定企业文化整合的模式，根据双方文化的实际和跨国经营的战略需要，从移植、嫁接、合金、并存四种模式中作出选择。如果采用嫁接或合金模式，都要设计新的企业文化体系，作为整合后的企业文化建设目标。海尔在实施国际化战略的过程中，联想收购IBM的PC业务后，都更新了核心价值观和主要理念，重新设计了企业文化体系，以扩大文化包容性，增加文化共识与认同。同时，要制订企业文化整合的工作计划，明确整合的任务、工作要求和时间进度，确保整合顺利进行。

（3）进行企业文化培训。无论哪种整合模式，进行集中的企业文化培训都是必要环节。其中，移植模式是要让对方员工完全接受一种全新的企业文化，相当于进行彻底的文化更新，可按照解冻、变革、再冻结的顺序进行。这种模式，培训工作量最大。采用嫁接、合金两种模式，都是对企业文化进行部分变革，培训涉及双方员工，重点要突出双方文化的共性和差异，增进相互的文化认同，扩大文化共识。并存模式也不是不要培训，培训是要了解和尊重彼此文化，形成共同愿景。企业文化培训一般在组织和人员重组到位后进行，以便使不同文化背景的员工在共同学习中彼此熟悉，增强认同感和凝聚力。文化培训可以同业务培训结合，使员工在熟悉新的工作内容和要求的过程中加深对新文化的理解。

（4）实施新的制度体系。制度是理念的保证，企业文化整合的关键在于企业制度和员工行为规范的整合。因此，在制定整合方案的时候，就要研究对象企业的规章制度，要么在原来基础上进行修订，要么设计新的制度体系和行为规范。由于民族文化差异导致行为习惯有很大不同，新的制度体系在涉及产品和服务质量等方面应统一要求、严格规范，但是行为规范要尊重和尽量照顾驻在国风俗与原企业的文化，这样才能使制度体系比较容易得到理解和执行，促使员工形成新的习惯。与人员选聘、使用、考核、激励、分配和福利等相关制度，要严格遵守驻在国法律和当地法规，并尽量作出详细规定，以减少日后的法律纠纷。

（5）开展跨文化建设活动。跨文化整合也是一个长期过程，需要通过跨文化建设活动持续推进：一是跨文化团队建设活动，鼓励不同文化背景的员工在工作上结对帮扶，进而形成工作团队或项目小组，在共同工作中加强沟通、加深相互理解。二是业余文化体育活动，组织周末郊游和聚餐、员工集体生日、趣味体育比赛、节日舞会和联欢会等，让不同文化背景员工在工作之外交朋友，在轻松的氛围中增进了解和友谊、扩大文化共识。三是企业形象建设与公共关系活动，除了采用新的标识、媒体宣传等形式外，还应加强与当地社会各界的沟通交流，积极参与社区建设和公益事业，在企业履行社会责任的过程中推动内部的文化整合融合。其他一些在我国行之有效的企业文化建设活动，都可以因地制宜地或适度改造后加以采用。

四、跨文化的人力资源管理

企业文化是以人为中心的管理模式。企业进行跨文化整合必须围绕人力资源管理开展，以吸引和用好不同文化背景的人才。人力资源的整合与管理，决定着跨国经营的成败。

1. 明确人力资源管理的方针政策

这是企业跨国经营时人力资源管理的基本前提。海外分公司的员工构成方式、人力资源规划、人事制度等，都必须事先确定。在人员构成上，我国企业有的采用从母公司派出管理和技术人员，在当地招募一般员工；也有的企业只在海外分公司新建和并购初期从总部派出人员帮助，之后从高管到普通员工完全从驻在国选聘。在人力资源规划上，有的把海外分公司纳入企业总体人力资源规划，有的根据海外分公司发展战略单独制定。在人事制度上，有的企业完全把母公司制度移植海外，有的则对不同地区的分公司采取不同的人事制度。

实践表明，人力资源管理采取本土化策略是比较成功的。中兴通讯走向海外 10 多年来，已在全球设有 100 多个机构和办事处，近 5 000 名海外员工中有超过 60%为当地员工，在印度等国的分公司总经理均由当地管理人员出任。

2. 重视外派人员的选拔和招聘

企业跨国经营的人力资源无论如何构成，做好外派人员的招聘与甄选都是一个关键环节。因为他们是母公司派到驻在国公司的管理和技术骨干，重任在肩。首先，对外派人员的甄选需要制定与职位相匹配的甄选标准。对管理、技术等不同岗位，除了具备相应的能力素质外，这些岗位有四个共性要求：具备国际化沟通交往能力，符合国际化发展的需求，掌握必要的语言技能，得到家庭的支持。例如，国际化企业往往都以英语作为工作语言，外派人员的英语水平就是重要条件；如果选派到一些非英语地区，则需要掌握驻在国的官方语言或常用语言。当然，仅有语言是不够的，外派人员对母公司文化应有深刻的理解与高度的认同，他们的跨文化沟通和理解能力，以及是否具有海外工作的经历，往往更加重要。

3. 加强跨文化人力资源的开发与管理

随着人力资源的本土化步伐，如何选拔和录用当地优秀员工，已成为跨国经营中人力资源管理的重点。例如，在跨国并购时，留住原来企业的优秀员工就是一项十分重要的工作。因为当企业被跨国并购时，难免伴随变革而发生动荡，那些富有经验和创造力的员工特别是管理和技术骨干，常常担心在外国公司会受到歧视，担心与外国上司和同事处不好关系，因而寻找其他事业机会。国外学者的调查表明，如果不积极采取措施挽留被并购企业的员工，被并购企业的高层管理人员和技术人员有 47%会在并购的第一年内辞职，在 3 年内这个比例会上升至 72%，技术和客户随着他们的离开而被带走，甚至流向竞争对手，而留下的很多员工也不再忠于职守，并购得到的不过是一个失去灵魂的空壳。

因此，加强跨国公司的人力资源开发与管理工作，就变得十分重要。

一是跨文化培训。这是跨文化人力资源开发与管理的基础工程。GE 培训体系中有一项“全球经营管理”课程，专门培训在 GE 工作 8 年以上的世界各地下属企业负责人。印度很多家族企业把子女送到国外读书，让未来的企业接班人从青少年时期就熟悉异域文化环境。为了发展埃塞俄比亚业务，中兴通讯学院 2007 年与埃塞电信成立联合学院，3 年时间培养 1 000 名埃塞籍工程师，是很有远见的。

二是针对性的绩效考核和薪酬制度。根据驻在国的文化，采取明确而恰当的绩效考核标准和方式，是引导不同文化背景员工认真履行岗位职责、高效完成工作任务的关键。例如，对于非洲和南美的员工，应以完成任务的情况作为考核标准，而不要在意他们是否迟到早退。对于公司总部外派的员工和当地员工，应采取同样的考核标准、方式和分配制度、薪酬体系，否则就会造成双重标准，导致当地员工自认为是“二等公民”，很难产生对企业的归属感，更不会与企业同心同德。

三是有效的激励机制。特别是对被并购方的员工，激励机制尤其重要，这有助于缓解压力、增加信任，留住关键人才，调动他们的积极性、主动性、创造性。并购方的管理人员首先应以和蔼谦虚的态度，对被并购企业的员工给以热情鼓励，营造肯定、积极、鼓励的组织气氛。同时，尽量使原来企业的员工在熟悉的环境下从事生产经营活动，加强对新的企业在当地的宣传和公共活动，组织当地员工到总部和其他成功的海外分公司参观，让他们增加对新技术、新产品的了解，培养对新企业的认同感和归属感。重庆嘉陵摩托 2000 年进入巴西市场，坚持本地化发展，10 年时间壮大到 250 人，而中方人员仅 12 人，中高管理层均由巴西员工出任。他们尊重当地习惯，生日给员工搞小派对、送小礼物，收到很好的激励效果。

四是建立科学合理的用人机制。有一位中资企业的非洲机构主管谈到，只要你尊重、信任非洲员工，他们也会干得很出色。企业要彻底摒弃歧视驻在国员工的错误观点，坚持不唯国籍、不唯民族、不唯经历，积极营造公开、平等、竞争和择优的用人环境，形成能者上、庸者下的人才竞争格局，从而建立一套充满活力的用人机制。这样才能调动各种文化背景员工的积极性，为跨国经营提供有力的人才保证。

4. 建立新的员工心理契约

员工和企业之间的正式契约（劳动合同）往往相对稳定，而且不可能涉及企业生活的所有方面和环节，这就要求有心理契约来弥补其缺陷。心理契约是企业正式契约的细化和扩展，对于维护企业的稳定和正常的运作有着重要作用。企业跨国经营特别是跨国并购时，往往要对被并购方企业加以整合，其中不仅涉及正式契约，也应包括心理契约。积极引导驻在国企业员工的心理契约向着有利于并购战略的方向转变，及时重建新的心理契约，是跨文化人力资源管理的新趋势。

（1）打破原企业旧的契约。向原企业的员工说明契约改变的理由，使他们相信，为了实现新的组织目标，必须改变旧的契约。

（2）促进变革。要清楚地向原企业员工表明变化已经开始，让他们知道这时有什么样的变化，他们都需要继续做好自己应该做的工作，而不因组织内的变化而放弃本职工作。并购初期，通常应给他们树立一个短期目标。

（3）建立新的契约。在公司总部的人力资源部门和企业文化部门的帮助下，由新企业的经理人员和员工达成新的契约，以弥补旧契约打破后留下的心理空间，让他们相信在新企业里会受到公平公正的对待，产生对新企业的心理期待。

（4）强化新契约。这是通过组织结构和人力资源管理过程的变化来支持新的契约，用事实来对员工产生明显的心理影响。对一些人来说，新的契约只有在同并购国企业新的上司和同事建立起联系以后才能实现。

（5）执行新契约。确保从最高管理层到最底层的驻在国管理人员，都能在企业经营管理方面发出一致的信息，并确保他们遵守诺言。我国个别企业在海外并购后，没有及时兑现对当地员工的薪酬承诺，结果造成很大的负面影响。

五、面向世界的企业文化建设

中国企业走向世界，不仅面临利益上的竞争与合作，更面临文化的冲突与整合。因此，对于习惯了在国内文化环境中发展的中国企业而言，加强企业文化建设以适应不同文明构成的全球化竞争环境，迫在眉睫，刻不容缓。

1. 经济繁荣与文化自信

进入新世纪、新阶段，中共中央先后做出推动社会主义文化大发展、大繁荣、建设社会主义文化强国、树立中国特色社会主义文化自信等一系列重大决策部署。这是我国长期改革开放、经济实力和综合国力显著增长的必然结果，又是进一步推动我国经济社会发展、实现“两个一百年”奋斗目标和中华民族伟大复兴中国梦的迫切要求。

加入 WTO 以来，中国经济日益融入国际大家庭，在自身发展的同时也成为带动世界经济增长的火车头。通过越来越多的中国企业走出去，随着中国制造的竞争力日益增强，世界各地的人们开始更多地关注中国、认识中国、了解中国、尊重中国。在欣喜之余，我们必须清醒地认识到，国与国之间的竞争，是政治、经济、科技、文化、人才等全方位竞争，是政治力、经济力、文化力等构成的综合国力的全面较量。作为民族凝聚力和创造力的重要源泉，文化的交流、交融、交锋是必然的，特别是发展中国家通过学习借鉴，可以不断改造自身文化，消除落后文化因素，建设先进文化，增强文化软实力。同时，发展中国家也受到发达国家文化霸权的压制，深受西方文化输出之害，实现文化自觉、自信、自强任重道远。

在经济全球化的挑战面前，中国企业走向世界并不仅仅是经济入世，而且文化也要入世。如果没有文化“入世”，则经济入世缺乏强大的精神支柱。文化入世，首先要求中国企业始终保持谦虚谨慎之风和开放包容的心态，学习发达国家成功企业的优秀文化，借鉴不同文明中的积极因素，保持文化发展活力，而不要走一些发达国家唯我独尊、故步自封的老路。只有努力改造自身文化中与市场经济和经济全球化不相适应之处，破除旧思想、旧观念，消除不利于国际竞争的文化因素，倡导人类命运共同体意识，弘扬具有普遍意义的中国价值观念，形成与国际先进水平一致、代表未来发展方向的优秀企业文化，才能妥善处理不同文化交融、交锋，有效缓解现实和潜在的文化冲突，在国际竞争中形成和发挥文化优势。

文化入世是一柄“双刃剑”，又面临着如何保持自身文化特色的问题。如果简单套用西方企业文化，最终将失去自己的文化特色，也就失去了文化竞争力，企业发展最终必将迷失方向。强势文化，是美国等发达国家长期领先的一个重要原因。美国在全世界标榜自己的价值观，推行所谓“普世价值”，试图继续维持文化霸权地位和文化输出国优势，影响和左右其他国家。对此，德国、法国、日本、新加坡、韩国等也都保持文化警惕，注意挖掘和弘扬自己的民族文化，重视文化对提升国家竞争力的作用，努力维护自身文化安全，或明或暗地抵制美国的文化霸权。

没有高度的文化自信，经济发展将失去精神支柱和力量源泉。企业文化是民族文化的重要组成部分，对于提升文化软实力起着特殊的重要作用。中华文明五千年生生不息，传承弘扬中华优秀传统文化，大力践行社会主义核心价值观，树立中国特色社会主义文化自信，批判地吸收国外企业文化经验和其他不同文明，对于保持中国企业文化的独立性、增强中华文化优势是十分重要的。

2. 国际化经营与文化的多样性

文化的多样性问题，是中国企业参与国际竞争、成长为跨国企业必须迈过的一道门槛。文化多样性体现在两方面：企业内部，由于员工来自不同国度、具有不同文化背景，企业文化呈现出多样化；企业外部，因为顾客群体处于不同文明，而面临多元文化的经营环境。

对于企业内部的文化多样性，受到中国企业界、学术界的关注较多，很多人倡导“跨文化管理”。近年来，通过调结构、转方式，很多中国企业摆脱了加工贸易、贴牌生产的局面，也不再简单依靠境外销售商进军世界，开始在国外设厂或通过并购直接走向世界，必须高度重视跨文化管理。中国企业在实行跨文化管理时，不但要学会尊重和理解不同文化，认识到彼此的优势和不足，而且要坚持企业自己的核心价值观，把是否符合核心价值观作为对不同文化因素进行取舍的标准。这是跨文化管理的关键，因为我们通过跨文化管理要建立的企业文化，是基于核心价值观的一元文化，而不是多元文化。一个企业的文化只能是一元，而不能是多元，否则企业就乱套了。

海尔集团在跨国经营过程中，探索形成沙拉式多元文化体系。这里的多元，本质上是海尔核心理念一元基础上的多样，颇有借鉴意义。例如，2011 年海尔收购日本三洋电机部分业务，2012 年 1 月在大阪成立海尔亚洲国际株式会社作为亚洲地区总部，负责在日本和亚洲地区的白色家电开发、制造和销售。

合资公司刚成立时，三洋的很多员工因为海尔的突然到来感到不安。比如，海尔文化和日本文化有冲突怎么办？海尔会不会过一段时间就不要我们了？由于类似的担心很多，所以第一年员工人心浮动，甚至有人要辞职。时任海尔亚洲国际公司总裁杜镜国认为：原有公司几十年没变化，突然变化而产生不安是正常的。他对员工说：“你们不要担心，我把大家的不安列出了 20 多项，我知道你们有这么多的不安，现在我们来研究该怎么解决、消除不安。”这种“先员工之忧而忧”的做法，让员工感觉到了管理者的细心，逐渐安下心来工作了。

同时，公司也从日常细节为员工考虑。日本当地员工午餐后有洗脸、刷牙的习惯，但办公楼里都是老式卫生间，只有冷水。于是，公司在卫生间装了一台很普通的加热器。对此，一位员工在公司网上发帖道：“公司连这么小的问题都给我们想到了，让我们非常感动！我们不能只让公司替我们着想，我们也要为公司着想……”

日本人好酒。想和他们交朋友，恐怕不来几杯是不行的。杜镜国便将日本的酒文化融入企业管理，把160名日本员工分成16组，10个人一组，挤出时间和他们喝酒，喝了两年，借此与所有人都进行了“掏心窝”的交流。“当然并不是只有喝酒才可以交流，”杜镜国说，“用当地酒文化的方式，首先是让员工信赖，让大家知道我是在为这个公司努力，进而彼此信任和支持。”并购三洋之初，预测30%的人会离职。但几年来，除1名员工因为搬家不得不离开外，没有人主动离职。

沙拉式多元文化体系不是一味地迁就，输入新鲜的血液和理念必不可少。过去，三洋员工只为日本市场服务，与海尔合作后，需要为中国市场服务。但员工对中国的消费习惯不了解，于是，杜镜国提出要在中国设立一个市场研究的专业子公司，对中国的消费习惯和市场进行研究，研究成果可以指导海尔三洋的开发。但这个提议遭到了反对，大家说：“做中国市场是给海尔做，为什么要我们合资公司来投资？而不是海尔自己投资？”在这一“尖锐”的问题面前，杜镜国给大家树立了这样一个意识：“海尔三洋电气株式会社不是为海尔服务，也不是为三洋服务，而是为客户服务，建立子公司是为了我们将来在市场上自立。”经过很多努力，终于在上海成立了客芯赢白电企划公司。杜镜国后来回忆说：“在合资公司经营过程中涉及很多方面的利益和困难，要想解决困难，就要双方都从这个角度来理解：母公司也是我们的客户，不是为母公司来工作，而是为我们的客户来工作。”

理念靠制度支撑。三洋海尔因地制宜建立了新的组织结构和雇佣制度。在海尔文化中，起用有活力的年轻人是非常重要的，但日本的年功序列制喜欢论资排辈。杜镜国认识到：如果这一矛盾不解决，老员工和新员工都可能会对公司有意见，形成经营障碍。于是，他结合中日文化，创新了组织机构：让45岁以下的人做公司管理，也就是部长级；45岁以上的则作为担当部长，不主持工作，但有部长的级别。日本最传统的年功序列和论资排辈，在海尔三洋不复存在。公司还推出一项新的制度——退休人员再雇佣制度，退休以后虽然不能再当部长，但仍然可以继续在公司工作并受到尊敬，只要承担相同的目标和责任，就能拿到和原来一样的工资，甚至还有额外的奖金。

日本三洋白色家电业务曾连续8年亏损，被海尔并购8个月后止亏。市场效果有了，给员工表彰奖励是理所当然的。但是，发奖金也遇到了日本文化的“墙壁”。员工说：“我们的市场效果，是团队精神共同努力的结果，要发奖金，必须全员平均。”然而，责任不同，努力程度不同，贡献不同，杜镜国坚持不搞平均主义。于是，一场关于考核体系、评价体系、打破面子、分出等级的体系改革因此而开展。历时6个多月沟通讨论，奖金发下去了，同时一种新的关于责任、贡献、团队精神、个人创新的海尔文化也移植到了日本国土。

杜镜国认为，有效的管理需要经营理念作平台。他说：“我心里也一直装着四个法则：一个是要尊重日本文化，第二要融合海尔文化，第三要让员工心里装着用户，第四是自己心里装着员工。我认为这就是海尔的‘真诚到永远’烙给我的对海尔、对员工、对客户的经营理念。”

进行国际化经营，企业不仅面临不同的政治、经济与自然环境，而且面临着不同的文化环境。中国不少企业在国际并购中未取得预想的效果，甚至严重亏损、进退维谷，重要原因都是没有充分认识和适应国际经营环境特别是多元文化环境。无论企业跨国经营，还是建设国际化企业，实质都不是产品的国际化，而是顾客的国际化。正如海尔集团张瑞敏所说：“在扁平化的世界里，世界品牌就是消费者可以听得懂的语言。”为此，中国企业要下功夫研究不同文化环境中的顾客心理和需要，懂得所面对的客户（特别是最终客户）现实和潜在的需要，这样才能提供有针对性的产品和服务，形成企业的国际竞争力。

3. 面向世界与中国特色

中国企业在跨国经营中，必须从中国国情和企业实际出发，努力建设既具有中国特色又面向世界的优秀企业文化。

（1）正确地识别不同文化之间的差异。对企业员工进行跨文化训练，使他们能够不带任何成见地观察和描述文化差异，并理解文化差异的合理性和必然性。教育引导员工彻底摆脱民族优越感或者自卑感，增强文化自尊、文化自觉和文化自信，增强文化开放性和包容性，尝试理解来自异国文化员工的思想行为方式及合理性与不足。

（2）设置一个富有远见或超常的企业目标。这样做旨在增强企业文化的多样包容能力，促进不同文化的员工消除偏见并增强互信和团结，实现通力合作，提升企业的凝聚力、向心力。实践证明，目标越是高远的企业，越能够包容不同的利益诉求，越能够整合各种思想观念，有助于形成开放、包容、创新的企业文化。福特汽车公司目标“让汽车大众化”，华为公司愿景“丰富人们的沟通和生活”，皆是如此。

（3）有效进行价值观的整合。树立核心价值观的一元地位，尽可能包含不同文化背景下的价值观念，是跨国经营和跨文化整合的关键。联想集团在跨国经营中注重增强自身的文化竞争优势，使多元化的、来自不同文化背景的精英人才，共同秉承集团称为“联想之道”的价值观——说到做到、尽心尽力（We do what we say, We own what we do）。

（4）提出富有特色、超越文化差异的企业精神。使整个企业的员工都凝聚在企业精神中，从而充分发挥员工的工作积极性，激发员工的觉悟。腾讯公司的价值观“正直、进取、合作、创新”，TCL 集团的企业精神“敬业、诚信、团队、创新”，吉利集团的企业精神“沟通、合作、敬业、创新”，都强调团队合作与创新，体现了各国优秀企业的共性特征。

各国各民族有着不同的历史和现实，形成了不同文明和各具特色的文化，世界因此而丰富多彩。企业文化亦然。著名社会学家费孝通先生曾经提出“各美其美，美人之美，美美与共，天下大同”。这 16 个字，或许正是跨文化管理的精髓所在。

企业形象与品牌战略

在日益激烈的全球化竞争面前，中国企业家越来越深刻地认识到，企业形象和品牌也是竞争力，而优良的企业文化则是支撑良好企业形象和知名品牌的重要基石。

第一节 企业形象战略

随着全球化、信息化、市场化深入发展，实施CI战略、塑造良好企业形象已经形成企业在竞争中掌握主动的重要选择。

一、CI的兴起与内涵

1. CI的兴起

1956年，美国国际商用机器公司（IBM）在世界上第一家导入了企业形象策划（CI）并大获成功。步其后尘，可口可乐、麦当劳、3M等也纷纷导入CI。到20世纪70年代，欧美许多大公司先后完成CI的改造。善于模仿的日本企业在70年代初期接受了CI，马自达（Mazda）、索尼（Sony）、第一劝业银行、三井银行、美能达等企业也实施了CI战略。随后，宏碁（ACER）等中国台湾企业开始导入CI，并逐渐形成潮流。

在全球CI热兴起时，我国还没有摆脱计划经济的束缚。直到1988年，广东有一家生产“万事达”保健口服液的乡镇企业为打开销路，决定进行总体的CI策划，公司名称、品牌改为“太阳神”，启用新的标志（图9-1），很快打开了销路，营业额增加了200多倍。在其带动下，万宝集团、李宁公司、四通公司等许多企业也加入CI的行列。

图9-1 广东太阳神标志

2. 企业形象

形象是心理学概念，指人们通过视觉、听觉、触觉、味觉等各种感觉器官在大脑中形成的关于某种事物的整体印象，即各种感觉的再现。

企业形象是企业内外对企业的整体感觉、印象和认知，是企业状况的综合反映。它由理念形象、行为形象、视觉形象三个层次组成。企业形象具有下述特点。

（1）主客观二重性。主观性是指企业形象受人的价值观、思维方式等主观因素影响，同一个企业在不同人心目中会产生有差别的形象。客观性指企业形象的存在是一个事实，与企业如影随形，不受任何人承认与否、喜欢与否的左右。

（2）系统性。企业形象是由复杂因素组成的，有人们容易感知的企业标识和产品，有不易感知的企业制度和员工素质，还有很难感知的企业价值观等理念，因此它是一个系统性的整体。为此，在塑造企业形象时要整体着手、全面推进，绝不能只重视其中一点而不顾其余。

（3）动态性。由于生产经营情况、构成公众的人群、信息传播的媒介渠道等影响因素总是处于发展变化之中，因此企业形象也是运动变化的。

（4）相对稳定性。具有动态性，并不意味着企业形象神秘莫测、不可认识和把握。企业形象不是凭空想象的，其产生、更新和发展是一个连续过程，在一段时间内它又是相对稳定的、静态的。这是它可以被认识、了解、分析和把握的前提。

实践表明，企业形象对经营业绩有着不可忽视的影响。当企业具有良好形象时，顾客就愿意购买其产品或服务；反之，顾客不会购买。

3. CI 的概念与结构

中国学者主要有 CI 和 CIS 两种提法，前者为企业识别（corporate identity），后者为企业识别系统（corporate identity system）。鉴于二者并无本质区别，本书一律采用 CI 的提法，并谓之企业形象识别，同时将 CI 策划视同企业形象策划。

CI 就是通过统一的整体传达系统将企业文化外化为企业形象的过程。它分为理念识别（mind identity，MI）、行为识别（behavior identity，BI）和视觉识别（vision identity，VI）3 个层次（图 9-2）。

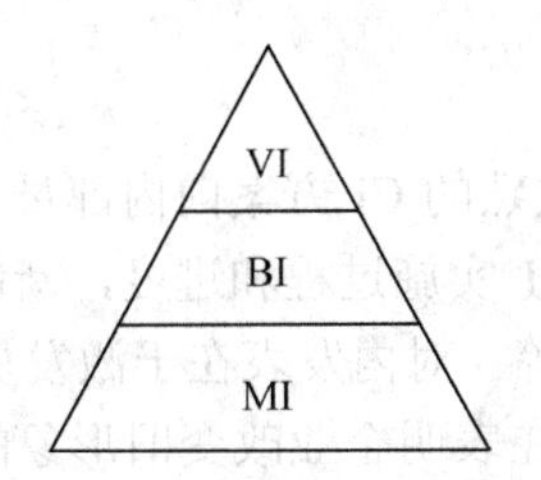

图 9-2 CI 三层次示意图

4. CI 的内涵

（1）CI 是企业形象的塑造过程。CI 是就是采取各种措施塑造企业形象，而不是企业形象本身。实施 CI 不是搞一两个宣传或公关活动，而是一个长期过程。

（2）CI 是企业管理的一项系统工程。有的管理者认为，本企业已有名称、标志、商标，还搞什么 CI 策划？这是片面的理解，因为 CI 还涉及企业文化和企业实践的方方面面，是一个系统性很强的企业整体行为，而不仅仅是视觉要素设计。

（3）CI 是企业的战略投资行为。CI 策划一般都委托咨询公司、公关公司、广告公司承担，国内一般需要花费几十到数百万元。有些企业觉得花这么多钱很不值得。这种看法是缺乏战略眼光的，看不到导入 CI 是一项有价值的战略投资。

（4）CI是企业经营战略的组成部分。制定正确的发展战略，对于企业长远发展十分重要。而企业形象塑造正是企业发展战略必然涉及的问题，实施CI是企业家的远见之举。必须看到，CI不是孤立的企业行为，而是影响企业未来发展道路的信息传播战略行为。

二、CI导入程序

1. 提出CI计划

这是导入CI的前提。导入CI不是一个盲目的举动，而是为了解决企业目前或将来会遇到的问题，例如企业形象老化，企业形象与产品形象、业务领域不符，与同行相比公众认知度较差等。江西铜业公司2000年生产规模已达20万吨，但净资产利润率却仅0.91%，深层次原因是企业观念滞后，缺乏市场意识和全球化的竞争意识。为此，江铜公司在2001年决定进行企业文化变革，导入CIS战略，就是选准了时机。

提出CI计划一般要形成CI导入企划案，内容包括目的、理由和背景、计划方针、施行细则、导入计划、实施的组织、费用预算。企划案通过论证以后，就转入下一阶段。

2. 调查分析

通过调查研究，找到企业问题的关键所在，是成功实施CI的保证。调查内容主要是企业现状和企业形象两方面。企业形象调查内容包括企业的认知度、广告接触度、评价度以及企业形象影响因素。此外，调查还涉及政府法律、法规、政策和竞争对手情况，这是有针对性地制定CI实施策略必不可少的。

3. 确定企业识别要素

在分析调查结果以后，立足企业历史、现实并着眼未来发展方向，确定企业的最高目标、核心价值观、企业精神等。对于有一定历史的企业来说，通过CI策划重新审视、修改和明确企业理念，是非常重要的环节。然后在企业理念指导下，设计相应的企业行为识别要素与视觉识别要素。

4. 发表CI方案

发表CI方案就是将已制定成熟的CI方案向内部员工、新闻界和社会公众公开。内容包括：实施CI的意义和原因，CI实施过程和进度，新的理念识别、行为识别和视觉识别要素，统一的对外说明方式，等等。对内发表在于激发员工热情、强化员工决心和执行CI各项计划的自觉性；对外发表旨在表明企业改变旧形象的意图和决心，引起公众关注，争取公众认同。发表CI的时机非常重要，要充分考虑企业内外环境因素。在对外发表前，最好提前向供应商、经销商、政府有关部门等重要关系者通报以示尊重，争取他们对企业新形象的认同和支持。

5. CI实施

如果不能有效地贯彻实施，再好的CI方案也无济于事。在实施过程中，关键在于企业领导者是否有坚定的信念、是否自觉从我做起。CI实施虽然离不开政策、措施、制度推动，但关键是要调动广大员工的积极性、主动性，营造积极的氛围。

三、CI策划原则

导入CI的目的是将目标企业文化外化为企业形象。为了更好地达到这一目的，在进行

CI方案设计和实施的时候，应遵循下列原则。

1. 系统推进

企业导入和实施CI战略，是涉及企业发展的一件大事，是一个复杂的系统过程。因此，CI策划必须从企业内外环境、内容结构、组织实施、传播媒介等方面综合考虑，全面地贯彻落实。这就是系统推进原则。

遵循系统推进原则，要力求：①适应企业内外环境，企业理念、行为到视觉设计都充分体现时代精神和潮流，能够对社会的观念、公众行为方式起到带动作用；②符合企业发展战略，这样才能顺利实施，推动企业发展；③MI、BI、VI并重，这不是平均用力，而是在不同阶段有所侧重；④具体措施合理配套，实施的时机如何把握、具体方案是否周到细致、人财物力的安排调度是否合理、各个环节步骤是否衔接配套、整个进度控制是否严密，这些在CI策划时必须认真考虑，而不是可有可无。任何的疏忽都可能造成巨大的损失。

2. 以公众为中心

许多企业讲“顾客第一”，是意识到顾客对于企业生存发展的决定性作用。CI设计讲“以公众为中心”，同样是基于公众对于企业形象的决定性作用。社会公众是企业形象赖以存在的空气，企业形象与公众之间是“鱼水关系”。

坚持以公众为中心，要求企业在CI策划时：①进行准确的公众定位，②努力满足公众的需要，③尊重公众的习俗，④正确引导公众的观念。英国马狮百货公司导入CI，确立了“满足顾客的需要，而不仅仅是服务”的经营理念，赢得了几十年的长盛不衰。多年前，我国某企业在阿拉伯市场始终打不开局面，原因是产品的绿色包装未充分考虑当地公众的风俗。正如盛田昭夫给公司更名为Sony时所说：任何一个外国人，要是不能念出一个公司的名字，那么他对这家公司的产品、对这家公司本身就不会给予充分信任。

3. 实事求是

CI设计时要实事求是，注意从企业现状和员工实际出发。很多人把CI理解为对企业进行“包装”，免不了搞点伪装，夸大优点，掩饰缺点，甚至弄虚作假。其实，“包装”是对CI的曲解，是CI策划的大敌。CI是企业发展战略的重要组成部分，是建设优良企业文化、提升企业形象以增强企业竞争力的举措。因此，对劣势和不足，不但不能轻视和回避，而且要认真对待、深入分析、找出原因，才能使CI设计更加具有针对性。

CI既是一种内向型战略，又是一种外向型战略。在CI的对外发表和实施的时候，也要实事求是，在介绍优势的同时，不隐瞒问题、不回避矛盾、不篡改事实，努力把一个真实的企业展示在公众面前，同时要显示改进不足的诚意、拿出解决问题的措施，这样不但不会降低企业声誉，反而能够树立起一个真实可信的企业形象。有家公司的广告称“本公司的产品并非十全十美，这正是我们始终努力的原因”，而另一则在价格大战中出现的广告“为了质量，我们不能再降价了”，均是值得借鉴的。

4. 求异创新

特殊性是事物本质的反映，普遍性寓于特殊性之中。个性是企业文化的生命力，个性特色是企业形象的价值所在。因此，建设具有个性的企业文化，进而塑造与众不同、特色鲜明的企业形象，是CI策划的基本原则。

坚持求异创新，企业不但要积极推进企业文化创新，而且CI的实施手段也要努力创新，通过新颖的形象广告、公共关系活动等措施吸引公众、扩大影响。当年，日本生产的电子表为了在国际市场战胜瑞士的手工表，在澳大利亚用飞机把上万只表从空中撒到地面，好奇的人们拾起这些表，发现居然完好无损，于是接受了电子表。当然，如果不顾现实，一味追求怪诞，超越了公众的心理限度，则会弄巧成拙。

5. 两个效益兼顾

企业作为社会经济组织，在追求经济效益的同时，也要积极追求良好的社会效益，做到经济效益与社会效益兼顾。这是企业一切活动都必须遵循的原则，也要在CI设计中得到充分体现。不少人以为，经济效益和社会效益兼顾无非就是拿出钱来赞助社会公益事业；甚至个别人误认为，就是“花钱买名”，这些看法都是错误的。

贯彻这一原则，主要问题是如何实现社会效益。正确的做法如下。①遵守法律，将合法经营、合法求利的要求和意识渗透到企业理念之中、写入员工行为规范，并在CI实施时对员工进行普法教育。②符合政策，即CI从内容到实施都应该体现政府的路线方针政策的要求和精神，在促进企业发展的同时，努力促进社会发展。③恪守道德，即CI策划要充分体现社会主义核心价值体系的要求，培育员工的优良职业道德。

四、CI实施效果评价

检验CI效果有两个层次：一是看CI计划的各项任务是否落实，如果各项措施得以顺利推行、各项计划圆满落实，则可谓初见成效；二是通过市场占有率、销售额和利润增长情况等来进行验证，如果在企业的内外环境没有突变的情况下，这些指标都有明显提高，就可谓已见成效。第二个层次是最终的检验，因为CI计划执行得再好，如果没有经营业绩的增长，对企业而言都将毫无价值。当然，CI发挥作用需要一个时间过程，正确地导入CI就一定会最终尝到甜头。

江苏华芳集团1997年决定导入CI，结果由于方案不符合企业实际，先期付给策划公司的60万元也付诸东流。1998年，公司在深入调研后，决定重新导入CIS战略，实施了既符合企业发展实际，又具有前瞻性的“龙凤工程”，促进了企业的成长。集团先后被评为“江苏省百强企业（集团）”“中国纺织十大品牌文化”“中国民营企业500强”和“中国企业500强”，“华芳”商标被认定为“中国驰名商标”。2010年，全集团实现营业收入230亿元，自营出口额2.66亿美元。

五、从CI战略到CS战略

顾客满意（customer satisfaction，CS）战略兴起于20世纪80年代末，美国、瑞典、日本等国一些企业率先采用并取得较好效果，引起了企业界和学术界关注。

CS战略的基本指导思想是，企业全部经营活动都要以顾客满意为目标，从顾客的立场和视角来对照、体察其要求，并据此调整企业行为。其内容由横向、纵向两个维度组成，横向有理念满意、行为满意、产品和服务满意，纵向则是物质满意层、精神满意层、社会满意层3个层次。实践证明，CS是一种现代企业经营战略，有利于为企业增加无形资产，同时可以增强企业的凝聚力，总的效果是提高企业的竞争力。

应该说，CS战略是在CI战略的基础上发展起来的。这种一脉相承的关系表现在以下几点：①内涵结构上，CS对CI进行了细分；②对象上，CI针对全体公众（包括企业内部员工），而 CS 主要针对顾客和潜在顾客，范围要窄一些；③目的途径上，都是通过塑造企业形象来提高竞争力；④性质上，都属于企业发展战略范畴；⑤实施上，CS 的方法和手段基本上都包括在 CI 之中。因此，与 CI 相比，CS 战略的有关知识还难以构成独立的企业经营战略理论，实质上是对 CI 理论的一个补充。

六、企业形象与企业文化

有些学者和企业家把企业文化理论与企业 CI 理论割裂开来，这其实是缺乏深入了解之故。作者研究发现，企业形象与企业文化两者有着紧密的内在联系：企业文化是企业形象的内在本质，企业形象则是企业文化的外在表现。

从企业形象的构成来看，它的三个层次——理念形象、行为形象和视觉形象，与企业文化的理念层、制度行为层、符号物质层之间存在一一对应关系（图 9-3）。这种对应关系是由它们各自的内涵和外延所决定的。

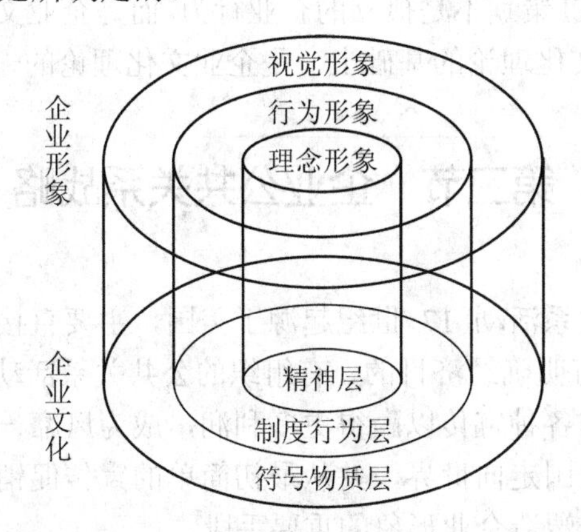

图 9-3　企业文化与企业形象的层次对应关系

虽然有层次对应关系，但企业形象绝不等于企业文化，因为企业文化是一种客观存在，而企业形象则是企业文化在人们头脑中的反映，属于人类的主观意识，二者是“里”与“表”的关系。同时，由于人的认识差距，或在企业文化对外传播时有所保留或经过特别加工，也使二者的内涵有差别。例如，可乐的配方是可口可乐公司文化的重要特色，但这显然是不能公开的商业秘密。

从认识过程来看，客观对象必须转化为可以传播的信息，才能通过媒介被人们认识，这种在媒介上反映出的关于企业文化的全部信息就构成了企业形象（图 9-4）。

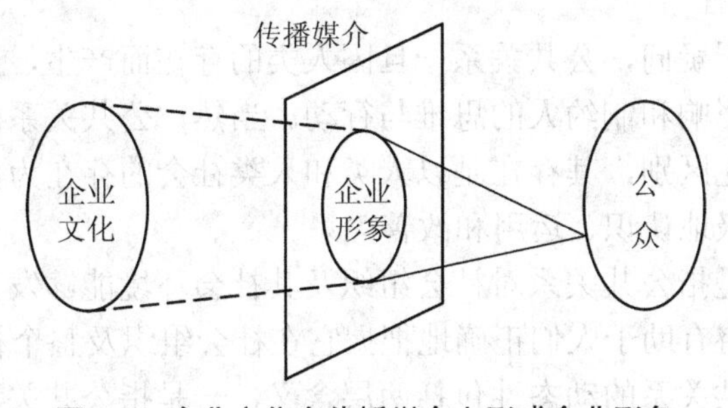

图 9-4　企业文化在传播媒介上形成企业形象

相同或相似的企业文化在同一传播媒介上形成的映像——企业形象是相同或相似的；而有显著差异的企业文化，企业形象也存在显著差异。建设独具特色的企业文化，是塑造个性鲜明的企业形象的唯一选择。

同时，企业形象塑造是企业文化建设的重要内容。一方面，CI 策划设计了目标企业文化目标模式，作为塑造企业形象的依据；另一方面，CI 的内部实施过程是企业文化的建设过程。企业文化作为微观的文化环境，有力地影响和制约企业管理者与员工的理想、追求、道德、感情和行为，发挥着凝聚、规范、激励、导向和创新作用。而 CI 在企业内部发表到实施的过程，就是企业理念被员工接受、企业制度和行为规范被员工遵守、企业视觉形象被员工认同的过程。此外，CI 的对外实施是企业文化辐射作用的体现。良好的企业形象促使其他企业效仿，不良的形象促使其他企业改善。企业形象所反映的企业文化观念、规范等内容也同时会对公众产生某种程度的影响，先进的企业文化对社会文化的发展有积极推动的作用。

综合以上分析可见，CI 策划不是孤立的企业行为，而是企业文化建设的一项重要内容。CI 理论完全建立在企业文化理论的基础上，是企业文化理论的一个组成部分。

第二节　企业公共关系战略

现代意义上的公共关系活动 17 世纪起源于美国，主要直接为政治和军事服务，直到 19 世纪中叶才发展为带有明确经济目的、有组织的公共关系活动。不少公司和财团雇人炮制煽动性新闻，为自身作各种宣传以赢得更多利润，成为风靡一时的报刊宣传代理活动。此后，公共关系活动由美国走向世界，并从最初简单的宣传促销活动发展为今天多元化、多层次的功能体系，成为塑造企业形象的重要手段。

现代公共关系理论在 20 世纪 80 年代初进入中国，随着经济社会发展日益引起重视。

一、公共关系的性质、对象与职能

从理论上讲，公共关系（public relation，PR）包括公共关系状态、公共关系活动和公共关系学科 3 方面含义。公共关系状态是企业的现实形象状态。公共关系活动指企业为了塑造自身的良好形象而从事的各种实务。公共关系学科则是指研究公共关系理论与运作过程的一门学科。对于企业而言，最重要和最有意义的是公共关系活动。

1. 公共关系的特性

（1）客观性。毫无疑问，公共关系一旦因人类的存在而产生，便成为超越人们意志的外在对象物，反过来影响和制约人的思维与行动。当然，公共关系的客观性与自然的客观性并非完全等同、毫无区别，其存在是以人类和人类社会的存在为前提的。而且，人类具有主观能动性，能积极地认识、运用和改善关系。

（2）效能性。这是指公共关系对社会组织及其社会环境能够发挥积极的、独特的作用与影响。这种效能性将有助于人们正确地把握它在社会组织及整个社会生活中的地位。

（3）动态性。公共关系的动态性包括两层含义，一是指公共关系随着人类社会的发展而不断发展，具有很强的时代特征；二是指由于人类社会处于不断运动发展的过程中，因此导致公共关系始终处于运动变化之中。

2. 公共关系与庸俗关系的区别

提到公共关系，不少人就会想到“拉关系、走后门”，想到不正之风和不正当竞争。误解曲解公共关系、进而走入庸俗关系学歧途的做法，在美国等西方国家曾大肆泛滥并蔓延至今。但是，并不能因此全盘否定正当公共关系活动的价值。

衡量公共关系是否正当，有法律、纪律、道德三个层次的标准。

（1）法律标准。法律具有绝对的权威性和强制性，是国家的每个公民都必须遵守的基本行为规范。包括公共关系在内的任何社会活动，只要触犯了法律法规，就应该受到制裁。

（2）纪律标准。纪律是政党、机关、军队、团体、企业等社会组织为了维护集体利益并保证工作的正常进行而制定的要求每个成员遵守的行为规范。违反了纪律，也应该受到相应的处分。

（3）道德标准。道德通过社会或组织的舆论对社会生活起约束作用。这种约束既不同于强制性的法律制裁，又有别于行政性的纪律处分，可以说是一种良心的约束。道德约束的适用范围最广，在社会日常生活中对谴责、控制不正当的公共关系活动起着很大作用。

3. 公共关系的对象

公众是与特定的公共关系主体相互联系、相互作用的个人、群体或组织，是公共关系传播对象的统称。

公众具有整体性、共同性、多样性、动态性、特殊性等特点。通常，不同组织有不同公众，如企业和学校的主要公众对象就有很大不同；同一组织有不同公众，如一家股份公司往往具有股东、员工、客户、供应商、竞争者、批发商、代理商、经销商、金融机构、政府、工会、媒体、行业团体、社区等 20 多种主要的公众关系；同一公众也有不同细分。例如，企业的顾客群体从态度上可以分为顺意公众、逆意公众和边缘公众，从稳定程度上可以分为临时公众、周期公众和稳定公众（回头客），等等。对公众进行科学的分类，可以为公共关系活动提供依据。

4. 公共关系的职能

职能是指公共关系对企业等社会组织及其社会环境所发挥的积极、独特的作用与影响。企业公共关系的作用具体表现在以下几个方面。

（1）环境监测。环境监测是指观察和预测影响企业生存与发展的公众情况和其他环境变化。由于企业所处环境不断变化，因此密切关注环境变化并做出科学预测，是企业公共关系工作的首要任务之一。

（2）决策支持。由于外部环境变化非常迅速，因此企业面临的决策任务比过去大为增加。对于公共关系工作来说，决策支持主要体现在参与和帮助企业最高管理层进行战略决策，包括为企业决策提供有关环境信息、帮助确定决策目标并拟订决策方案，以及通过咨询、建议和执行帮助实施决策方案。

（3）宣传引导。企业的良好形象固然首先建立在自身各方面都做得很好的基础上，但也离不开对公众舆论的积极引导。公共关系活动的目的在于为企业树立良好形象，以赢得有利于企业生存发展的环境。从这个意义上讲，公共关系工作就是分析和影响公众舆论的工作。

（4）沟通协调。企业是现代社会中的一个开放系统，公共关系工作不但要做好宣传引导，还应通过其他日常交往活动，与公众进行有效的双向式沟通协调，培养公众对企业的感情，赢得他们的理解和支持。同时，还要加强管理部门与员工的内部沟通，以协调管理层与员工、与股东之间的关系。

（5）全员教育。改善公共关系、塑造良好企业形象，都离不开全体员工的共同努力。可以说，公共关系是企业全员的公共关系。企业公共关系工作不但要眼睛向外，还要眼睛向内，做好员工的教育引导，增强他们的公共关系意识，自觉珍惜和维护企业形象与声誉，并使其固化为一种优秀的职业素质。

总之，实施公共关系战略，发挥公共关系的职能，是进行企业文化建设，发挥企业文化的辐射功能，从而塑造和改善企业形象，增强企业文化竞争力的重要手段。

二、公共关系活动的原则

1. 实事求是原则

实事求是，是指公共关系活动必须以事实为出发点和归属。真实是公共关系活动的生命，真诚是公共关系人员的信条。世界各国、公共关系各行业组织关于公共关系从业人员的守则中，无一例外地都有对真诚方面的品德要求。

2. 双向沟通原则

双向沟通，是指公共关系的沟通双方通过信息的互相传递实现互相理解的互动原则。该原则的内涵有以下几点。①沟通双方互为角色，当一方作为信息发出者时，另一方是接受者；反之亦然。②沟通是一个螺旋式上升的过程。随着沟通进行，双方认知领域不断扩大、认知水平不断深化。③沟通过程分两个阶段，传递阶段是发出者将所要表达的意愿和要传递的信息转换成具体的物质形式，通过传递渠道到达对方；反馈阶段，则是接受者将得到的信息符号还原为沟通内容进行理解，然后把意见和态度反馈给对方。④沟通是一个不终止的循环。沟通反馈过程结束，意味着一次沟通的实现和下一次沟通过程的开始。

3. 共同受益原则

这是指公共关系活动要遵循道德规范，做到互惠互利。公共关系活动的目标可划分为两方面：社会目标（利他目标）和组织目标（利己目标）。没有利益目标的公共关系是虚伪的、无意义的；反之，公开的利益目标只会使其更趋合理。最佳状态是公共关系主体与客体在法律和道德规范下的利益目标的共同实现，因此公共关系的道德准则应是共同受益（或互惠互利），绝不是你输我赢的零和游戏。

4. 系统性原则

系统性原则又叫整分合原则，是指在整体规划下，将沟通过程的各相关部分进行有效综合。它有两层含义。①沟通具有系统的整体性。如果将一个企业的公共关系渠道割裂开来，各部门只能得到分散的信息，很难对事物有全面认识，影响决策的正确性。②公共关系活动的各种沟通要素之间相互联系、相互依存，应兼顾各个要素，综合运用各种沟通手段。比如，销售人员向客户介绍产品时，既要使用准确的语言，又要有真诚可信的表情，以及恰当的手势，从而综合调动客户的各种感官，以较短的时间传递更多信息，争取客户的了解和信任。

5. 平衡性原则

平衡性原则基于平衡理论，指信息的发出者利用“相似性”的人际吸引为中介，通过沟通与接受者产生认同，达到协调的目的。运用平衡性原则，可以有效地实现传播目的，促使沟通双方形成共识，取得公共关系的平衡。在处理沟通双方的冲突时，这一原则更具有特殊的价值。企业在面对公众时，应以满足公众利益为出发点，采取平等的态度，主动拓宽沟通渠道、寻求沟通机会，使公共关系达到和谐的状态。

6. 有效性原则

这是指通过沟通双方的公共关系行为取得预期效果。

沟通的有效性主要看传者改变受者态度的状态及程度。在沟通双方中，受者的态度可能出现正向、逆向两种不同状态（图 9-5）。若受者原来处于正向状态，当沟通后其程度得到进一步提高，或原来处于逆向状态，沟通后接受程度进一步降低，都称为“顺向强化”。例如，为维护绿地，过去常用“严禁践踏”等警示语，现在改为“我是小草，我怕疼”等这样富有人情味的提示语，更易被人接受，这就属于顺向强化。若受者原来处于正向状态，沟通后程度降低，或原来处于逆向状态，通过沟通程度提高的，都称为逆向转化。

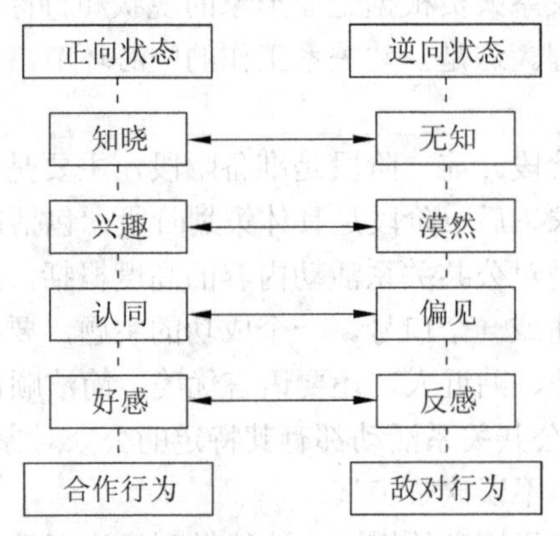

图 9-5　正向状态和逆向状态

沟通的有效度常用“有效率”来衡量，有效率是沟通有效数与沟通信息总数之比，可用下面的公式表示。

$$\text{沟通有效率}=\frac{\text{沟通信息总数}-\text{无效数}}{\text{沟通信息总数}}\times 100\%$$

公共关系的沟通有效性，以满足受者的需要为前提。提高有效性措施有：①沟通有明确目的，事先认真准备，对共识、分歧、问题、解决方案等心中有数；②沟通的内容要确切，有针对性，避免空话、套话、废话；③沟通要有诚意，取得对方信任并与之建立感情。有研究发现，经理人员一天用于沟通的时间约占 70%，但效率却只有 25%。原因主要是缺乏诚意，因为他们习惯发号施令，难当一个好听众，这是垂直沟通中最容易出现的问题。要提高沟通效率，必须真诚倾听对方意见，这样才能得到他人的真实回应。

三、公共关系战略的实施程序

企业的公共关系战略是一个高度计划性、规范性、连续性的工作，要求公共关系部门和人员按照调查、策划、实施和评估这一基本程序进行。

1. 公共关系调查

没有调查就没有发言权。调查主要是了解公众对企业形象的评价和整体意见，或就具体的某项公共关系活动的条件进行考察。调查主要内容包括企业形象、公众舆论以及公共关系活动条件。调查要全面客观真实、及时高效。

常用的调查方法有访谈法、问卷法、引证分析法和抽样法等。抽样是一种从调查总体（调查对象的全部）中科学地选取调查样本的方法，具有周期短、调查资料较为准确可靠、节省调查费用等优点。抽样的关键是遵守随机性原则。抽样技术由五部分组成（图 9-6）。

图 9-6　抽样技术各部分的关系

2. 公共关系策划

公共关系策划是公共关系人员根据企业形象的现状和目标要求，分析现有条件，谋划和设计最佳行动方案的过程。这是公共关系工作的中心环节，其优劣直接影响到企业形象和公共关系活动的效果。

策划一般划分为两个阶段。前一阶段是准备阶段，主要是进行企业形象现状及评价分析、确定策划工作目标要求。后一阶段是具体策划阶段，包括以下五个步骤。

（1）设计主题。主题是对公共关系活动内容的高度概括，起着纲领性作用。主题的表达形式有多种，如一段陈述或一个口号。一个成功的主题，要与公共关系目标一致，要有鲜明个性，要顺应公众心理、贴近人，还要语言优美、简洁顺口。

（2）分析公众。每一次公共关系活动都有其特定的公众对象，对公众进行研究和分析、明确公共关系对象是“磨刀不误砍柴工”。

（3）选择媒介。只有选择恰当的媒介，才能做到经济高效。

（4）经费预算。预算旨在提高公共关系活动计划性，使有限的财力发挥最大效用。预算主要包括人力资源成本、设施材料费、办公费用等行政性开支和项目专项开支。

（5）审定方案。公共关系活动通常应提出两个以上方案，形成书面的策划书，由企业的高层经过综合论证确定出最终方案。策划书属于商业秘密，应妥善保管。

3. 公共关系计划实施

（1）选择时机。如果不能选择一个恰当时机，不但将对公共关系活动产生不利影响，有时甚至导致整个方案失败。实施时机最好做到天时、地利、人和，如当企业初创或进行重大变革（如股票上市）时、公众生活处于比较平淡时、有舆论热点支持时、与公众心理的周期变化相宜时等。2008 年北京奥运会之前一两年，许多赞助商就开始宣传自己的奥运指定产品或服务，开展大型公关活动，收到了较好效果。

（2）任务分解。公共关系目标的实现，是若干相关具体工作的分别执行。因此有必要以目标为导向将整个计划分解成必不可少的若干子计划或具体任务，有条不紊地实施，不致偏离既定目标。任务分解，一般采用串联排列法、并联排列法以及多路径法（图 9-7）。例如，某公共关系活动由 A、B、C、D 几个步骤依次组成，就是串联排列。通过任务分解可以做到心中有数，也便于根据各项任务的特点安排恰当的人员，做到事得其人、人事相宜，增强公共关系计划实施的可靠性。

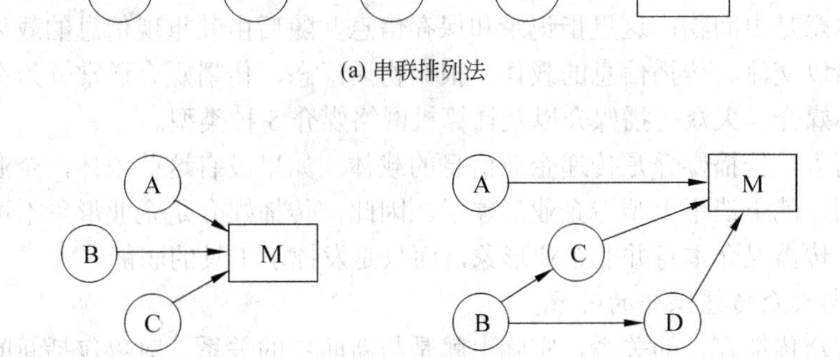

图 9-7 任务分解的方法

（3）控制进度。为确保公共关系活动顺利实施，多项工作无缝连接，避免脱节或延误，应编制出时间进度表，既便于提示各实施人员依进度安排工作，也便于主管人员督促检查，做好整体协调。

（4）反馈调整。公共关系工作受到内外各方面的影响，计划执行过程往往要进行一定的修正和调整，以使实施结果更好地符合预定目标。修正和调整的依据是信息反馈，因此实施过程中的调整又称反馈控制（图 9-8），即用过去的情况来指导现在和将来。

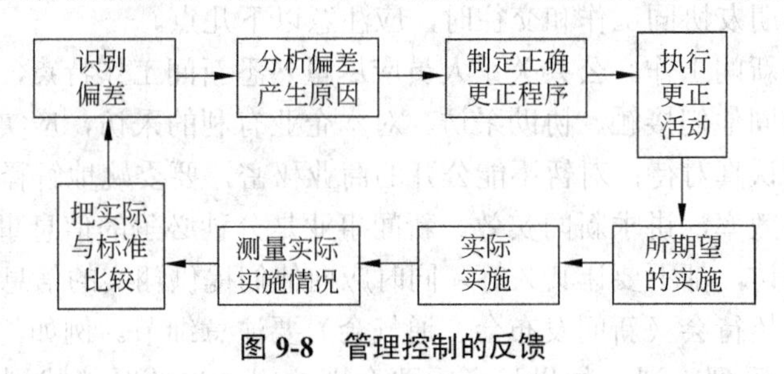

图 9-8 管理控制的反馈

4. 公共关系结果评估

评估，就是根据特定的标准，对公共关系计划、实施及效果进行检查和评价，以判断其优劣。这是改进公共关系工作的重要环节。同时，评估能激励参与公共关系工作的员工，并引起企业主要领导者的重视和支持。国外学者切斯特·K. 拉赛尔曾指出：许多公共关系工作唯一致命的弱点就是没有使最高决策者看到这一活动的明显效果。

评估结束最好能形成书面报告，提交给企业有关领导和部门。报告不能只堆砌材料，而要有明确的结论和优劣评价。评估结果无论好坏，都是今后公共关系工作的重要基础。

四、传播媒介与公共关系战略的实施

公共关系是企业信息通过传播媒介在社会公众中形成企业形象的过程。利用传播媒介，建立良好的媒介关系，是企业公共关系战略对外实施的重点。

1. 传播媒介是塑造企业形象的要素

传播是社会组织利用各种载体，将信息或观点有计划地与公众进行交流的过程。传播是公共关系的基本要素之一，公共关系活动实际上就是企业与公众之间进行信息传播和沟通。

媒介的本意是中间物，这里指记录和保存信息并随后由其重现信息的载体。传播媒介是公共关系借以交流、传播信息的载体。根据物质形态，传播媒介通常分为符号媒介、实物媒介、人体媒介、大众传播媒介以及计算机网络媒介5种类型。

就企业而言，传播媒介是传递企业信息的载体。如果没有这些载体，企业不可能被公众认知和认同，就更谈不上塑造企业形象了。因此，传播媒介是企业形象不可缺少的一个要素。当然，传播媒介本身并非企业形象，而只是发挥了工具的职能。

2. 企业与大众传播媒介的关系

企业与大众传播媒介的关系，实际上就是与新闻界的关系，对象包括新闻机构（如通讯社、报社、杂志社、电视台、广播电台、新闻网站）及新闻从业人员（记者、编辑等）。

现代社会中，新闻界是社会信息流通过程中的把关者，他们决定信息的取舍、中转、疏导和传播。新闻界通过选择传播内容和角度，给公众以极大影响。故在西方社会，新闻机构被称为“无冕之王”。毫无疑问，新闻媒介是公共关系工作的工具，企业通过它与公众实现广泛有效的沟通。新闻媒介由新闻从业人员主宰，他们是企业需要特别重视的公众对象。

3. 与新闻界交往的方法与艺术

与新闻界打交道，最有效的方式是与新闻从业人员建立个人关系和友谊。企业公共关系人员在与新闻界朋友协同工作和交往时，应注意以下几点。

（1）正确对待新闻工作。公共关系人员应尽量熟悉新闻工作特点，树立新闻工作者的职业观念，真诚地同他们接触、协助采访。对本企业有利的采访，应实事求是；对本企业不利的采访，更要认真对待；对暂不能公开的商业秘密，要委婉地解释，不能推诿搪塞。

（2）提高工作效率，讲求新闻实效。新闻事业是分秒必争的信息事业。无论记者是登门采访还是电话采访，都不要让其久等，同时应向他们提供翔实的信息、数据、素材。

（3）举办记者招待会（新闻发布会、通气会）要注意细节。例如，应派专人负责接待记者，不要让他们受到冷遇。如果记者需要个别访问，也随时能找到公共关系人员进行联系。

（4）正确引导记者。记者并非对所有采访内容都很熟悉。公共关系人员不可利用记者的这种弱点弄虚作假或故弄玄虚，导致新闻失真；而要用通俗易懂的语言，深入浅出地向记者作介绍，通过他们把有关知识和信息传达给公众。

（5）对新闻单位一视同仁。不论对中央新闻机构还是地方新闻媒体，都要以礼相待。对境外新闻机构，则要坚持内外有别，严格遵守新闻纪律，维护国家和企业利益。

（6）杜绝不正之风。国家三令五申禁止有偿新闻。企业要积极遵守中央八项规定精神和国家有关部门规定，不可通过请客、送礼、行贿等利诱和拉拢新闻从业人员，使他们偏离事实制造有利于本企业或不利于其他企业的报道。

五、企业社会责任与公共关系

企业是经济组织，具有经济功能；同时，企业又是社会组织，承担着社会责任。正确认识和践行社会责任，是现代企业管理的内在要求，也是企业公共关系的根本基石。

1. 企业社会责任的由来和内涵

20 世纪初，西方国家由于资本不断扩张引发贫富差距、劳资冲突等一系列社会问题，开始了对企业社会责任的思考。

1924 年，美国的谢尔顿首次提出“企业社会责任”（corporate social responsibility，CSR）的概念。此后，企业社会责任日益引起人们的关注，认识不断深入。诺贝尔经济学奖获得者米尔顿·弗里德曼 1970 年在《纽约时代杂志》上提出：“一个企业的社会责任是指依照所有者或股东的期望管理公司事务，在遵守社会基本规则，即法律和道德规范的前提下，创造尽可能多的利润。”

最初，西方企业的社会责任主要是维护雇员利益。20 世纪 90 年代，美国牛仔裤制造商李维·施特劳斯（Levi-Strauss）在类似监狱一般的工作条件下使用年轻女工的事实被曝光。为了挽救其形象，推出了第一份公司社会责任守则。一些跨国公司为了应对激烈的全球化竞争，也纷纷效仿这种做法。

后来，企业社会责任的内涵不断充实和拓展。近年国际上兴起的 SA 8000，即“社会责任标准”，提出了雇员保护的 9 项要求。随着工业化进程，环境问题引起关注，环境保护被纳入企业社会责任。例如，国际上普遍认同的 CSR 理念是：企业在创造利润、对股东利益负责的同时，还要承担对员工、对社会和环境的责任，包括遵守商业道德、生产安全、职业健康、保护劳动者合法权益及资源等。

世界上一些国际组织对推进企业社会责任非常重视，并成立了相关机构和组织，企业社会责任工作正在全球迅速扩展。1999 年 1 月，时任联合国秘书长安南在世界经济论坛上提出“全球协议”（或“全球契约”，global compact），并于次年 7 月在联合国总部启动。协议号召公司遵守在人权、劳工、环境、反腐等方面的 10 项基本原则。据说已有 2 900 多家著名企业或跨国公司签署了该协议。

此外，世界经合组织、国际劳工组织、国际标准化组织、国际雇主组织等也积极推行企业社会责任，就如何进一步推动落实企业社会责任形成共识。

2. 我国企业践行社会责任的实践

改革开放以后，我国各类企业蓬勃发展，但不少企业一度陷入“一切向钱看”的泥潭。以次充好、缺斤少两、制假贩假、商业欺诈、强迫劳动、拖欠工资、安全事故频发、污染环境等，各种违法和违背商业道德的现象屡禁不止。

在这种情况下，企业社会责任的概念传入我国，并引起政府、企业和社会各界的重视。1993 年制定、2013 年修订的《中华人民共和国公司法》第五条规定：“公司从事经营活动，必须遵守法政法规，遵守社会公德、商业道德，诚实守信，接受政府和社会公众的监督，承担社会责任。”同时，很多优秀企业主动从多方面积极履行社会责任，并使之成为企业文化的重要内容。

招商银行秉承“源于社会，回报社会”的企业社会责任理念，积极参与公益事业，将企业公民的理念延伸至扶贫、教育、环境保护、公共卫生等众多领域，赢得社会肯定，多次获得“最佳企业社会责任”“中国最受尊敬企业”等奖项。其做法主要有：通过贯彻国家宏观经济政策，加快管理变革，提升可持续价值创造能力，推进“两小”企业和创新型企业成长，带动就业，服务经济社会发展；通过持续产品和服务创新，促进服务能力的提高，为客户带来更新更好的服务体验；通过完善绿色信贷，加大绿色信贷支持力度，开展绿色运营和绿色公益，引领绿色金融创新，进而促进绿色经济发展；通过畅通员工职业成长通道，重视员工能力提升，营造良好工作环境，促进员工与企业的共同成长；通过深化社会责任理念，开展社会公益活动，参与社区共建，积极回馈社会，致力成为优秀企业公民。

中石化股份公司围绕“建设世界一流能源化工公司”的愿景，积极践行企业公民责任，更加突出技术进步和以人为本，努力提供优质的产品、技术和服务，展现良好的社会责任形象，让员工、客户、股东、社会公众以及业务所在国（地区）的民众满意，努力成为高度负责任、高度受尊敬的卓越企业。公司圆满完成了持续三年、累计投资人民币 209 亿元的“碧水蓝天”环保专项治理行动，主要污染物排放水平持续下降，绿色发展能力增强。注重生物多样性保护，努力减少对生态环境的影响。开门开放办企业，主动接受社会监督。同时，加大精准扶贫力度，在基础设施建设、教育医疗、产业帮扶、职业培训、公益服务等领域投入人民币 1.05 亿元，帮助贫困地区人民提高可持续发展能力；投入资金人民币 65.84 亿元，助力业务所在地社区、文化教育和医疗卫生发展。

这样的案例很多。近年来，我国许多企业每年发布社会责任报告，并在企业网站上公开，自觉接受社会监督，为改善公共关系、塑造企业形象发挥了重要作用。

3. 企业社会责任的主要内容

在国际上，“全球协议”规定的基本原则，被普遍认为是企业应承担的社会责任。具体包括：①企业应支持并尊重国际公认的各项人权（如生存权、受教育权、就业权）；②绝不参与任何漠视和践踏人权的行为；③企业应支持结社自由，承认劳资谈判的权力；④消除各种强制性劳动；⑤禁止童工；⑥杜绝任何在用工和行业方面的歧视行为；⑦企业应对环境挑战未雨绸缪；⑧主动增加对环保所承担的责任；⑨鼓励无害环境科技的发展与推广；⑩企业应反对各种形式的贪污，包括敲诈、勒索和行贿受贿。

从我国实践来看，企业社会责任主要有以下六个方面的内容。

（1）对国家和政府的责任。作为社会公民，企业要自觉执行国家有关法律法规的规定，合法经营、依法纳税，承担政府规定的其他责任和义务，接受政府的依法管理、监督和干预。过去，我国确实存在政府对企业干预过多、监管不到位等问题，但这不能成为企业违法违规的理由。党的十八届三中全会提出，经济体制改革的核心问题是处理好政府和市场的关系，使市场在资源配置中起决定性作用和更好发挥政府作用。随着各项改革措施的落地，企业经营环境会不断改善，更应该自觉履行对政府的责任。

（2）对消费者的责任。没有消费者，就没有企业。企业的利润最终要靠消费者（顾客）的购买行为来实现。提供物美价廉、安全、舒适、耐用的商品和服务，满足消费者的物质和精神需求，是企业的天职，也是企业对消费者的社会责任。企业履行对消费者的社会责任，就是要对所提供的产品和服务质量负责，履行对消费者的有关承诺，不得欺诈消费者和牟取暴利，在产品和服务质量等方面自觉接受政府与公众的监督，努力满足消费者日益增长的个性化需要。当前，我国正大力推进供给侧结构性改革，就是从提高供给质量出发，用改革的办法推进结构调整，矫正要素配置扭曲，扩大有效供给，提高供给结构对需求变化的适应性和灵活性，提高全要素生产率，更好满足广大人民群众的需要，促进经济社会持续健康发展。主动参与供给侧结构性改革，也是企业践行对消费者责任的具体行动。

（3）对股东的责任。随着资本市场的发展，企业的股东队伍不断扩大，遍及社会生活各个领域，企业对股东的责任日益具备了社会性，成为企业社会责任的重要组成部分。企业应严格遵守有关法律法规，对股东的资金安全和收益负责，尽量给股东的投资以丰厚回报。同时，企业有责任向股东提供真实、可靠的经营和投资方面的信息，不得欺骗投资者。近年，我国发生多起金融诈骗案件，让成千上万的投资者血本无归，严重影响了社会的和谐稳定。

（4）对员工的责任。没有员工，同样没有企业。员工是企业内部的利益相关者，对员工的责任也是企业社会责任兴起的动因。企业对员工负责，就要坚持以人为中心的管理，充分考虑员工的安全、地位、待遇和满足感。海尔、长虹、特变电工、万向等许多企业，都把对员工、对顾客、对股东的责任作为企业宗旨的内容。给足团队利益，让员工"爽"，无疑是小米科技快速发展的一个重要原因。随着交通、通信的发展和经济全球化进程，员工特别是高层次人才的跨地区、跨国流动成为现实。对于不能有效履行对员工责任的企业，人们更多地选择"用脚投票""炒老板的鱿鱼"。

（5）对社区的责任。作为社会的一员，企业首先是所在社区的组成部分。社区是企业存在的小环境，与社区建立和谐良好的关系是企业不可或缺的社会责任。美国管理学家哈罗德·孔茨（Harold Koontz）和海因茨·韦里克（Heinz Weihrich）认为，企业必须同其所在的社会环境进行联系，对社会环境的变化做出及时反应，成为社区活动的积极参加者。企业对社区的责任就是回报社区，如为社区提供就业机会、为社区公益事业提供慈善捐助、向社区公开企业生产经营活动的有关信息。其中，通过适当方式把一部分利润回馈给社区，是企业应尽的义务。

（6）对资源环境和可持续发展的责任。工业文明在给人类社会带来前所未有的繁荣，同时也给人们赖以生存的自然环境造成了灾害性的影响，特别是企业对自然环境的污染和消耗。合理开发利用资源，保护生态环境，实现可持续发展，已成为全球有识之士的共识。一家企业的涉及面和能力虽然有限，但只要每家企业都树立环境保护意识，践行绿色发展理念，积极开发、引进节能环保技术和设备，努力节约资源能源，千方百计减少、杜绝二氧化碳和有毒有害物质的排放，就会"涓涓细流汇成大海"，就能为子孙后代留下蓝天白云、绿水青山。

六、公共关系战略的实施艺术

较之股东、员工等内部关系，企业外部公众的范围很广、对象很多。掌握对外交往心理与艺术，是实施公共关系战略的关键。

1. 顾客关系

改善顾客（消费者）关系，是企业生存和发展的首要条件，也是公共关系工作的基本内容。为赢得顾客，企业首先应树立"顾客第一"的思想，热心为顾客服务。例如，美国波音飞机公司的宗旨为"以服务顾客为经营目标"，韩国三星集团有一条企业哲学为"服务是人生最高的道德"，上海第一钢厂将"用户为王"纳入办厂宗旨，北京市百货大楼对顾客的"一团火精神"。服务建立在产品质量的基础上，如果不努力追求卓越的产品质量，服务再好也难以赢得顾客的心。建立良好的顾客关系，还要引导和培养积极健康的消费者意识，形成稳定的消费者系列。同时，处理顾客的投诉、质询、批评和纠纷，要及时认真、耐心细致。

2. 经销商关系

经销商肩负着产品销售的任务，因此企业与经销商之间必须开诚布公、友好合作。良好的经销商关系不仅有助于企业争取到他们的合作，而且可以促使经销商为本企业积极宣传、维护企业和产品的声誉。

产品质量优良、价格低廉、设计新颖、适销对路、供货迅速，都是企业维持与经销商关系的根本保证。此外，企业还应尽力为经销商提供各种便利和服务，包括技术服务（为经销商举办产品使用、维修技术的培训，使他们了解产品性能）、销售服务（帮助经销商改进经销方法）、管理服务（协助经销商建立、改建商店和仓库，改进配送货方式）、广告服务（帮助经销商吸引顾客）。

3. 供应商关系

没有供应商，这些企业的生产经营将无法进行；而且供应商提供的商品、原材料是否质优价廉，直接影响到企业产品或服务的优劣。此外，供应商还能为企业提供市场、原材料、商品、价格、消费趋势以及商业动态等许多重要信息。可以说，供应商是企业的重要公众，维持良好的供应商关系对企业的发展大有裨益。

零售业巨人沃尔玛公司在1996年进入中国后一直没有实现预期的发展，关键是商品配送管理模式等原因，当然也有供应商关系的问题。例如，沃尔马最初进入中国市场时与家乐福等大部分超市一样只按销售总额的1.5%向供应商收取年度佣金和仓库佣金，但后来却额外索要“赞助费”，引起了供应商的反感。2017年，苹果公司开发者网站更新了《APP-Store审核指南》，正式推出“苹果税”，针对中国特有的“打赏”模式抽取30%收入。此举引起了中国许多软件企业的强烈不满和坚决抵制。

美国《公共关系》杂志提出了企业与供应商之间关系的“十大准则”，对我国企业有一定借鉴价值。例如，企业与供应商之间应该积极加强信息交流，通过正式、非正式的渠道以密切关系、建立信任。

4. 社区关系

社区关系主要指企业与相邻的企业、党政机关、学校、医院、商店、酒店、事业单位、街道（乡村）及居民等的相互依存关系。这些单位、人群虽然与企业可能并无直接的经济、业务联系，却是企业外部经营环境的重要组成部分，对企业的生存发展有很大影响。

加强社区关系的主要做法有：经常向社区通报企业的有关情况；调查社区居民对本企业的印象及反映、意见；邀请相邻单位和居民代表来企业参观与开展联谊活动；推动社区建设，资助社区的福利事业和公益活动。北京郊区一家陶瓷企业曾因使用某种生产原料而散发很浓的臭气，导致周围村民的严重不满并投诉到环保部门，后来改用其他原料不再有臭气，获得了周围村民的肯定，改善了社区关系。

5. 政府关系

各级政府机关具有组织领导经济建设的职能，依照法律赋予的权力对辖区内企业实行必要的管理、指导、监督和服务。与政府的关系，是企业公共关系的重要方面。

企业必须依法经营，信守经济合同，在提高经济效益的基础上争取多交税。这是企业处理与政府关系的根本基础。同时，企业应积极开展对各级政府的公共关系工作，包括：①及时全面地了解政策信息，关注政策变化，使企业发展符合国家和社会的需要；②经常向政府部门汇报企业情况，争取支持和指导；③主动为各级政府分忧解难，尽力提供支持帮助。开展政府公关必须依法办事，切忌“利益交换”“钱权交易”。

6. 教育科研机构关系

科技是第一生产力，人才是第一资源。企业通过加强与大学和科研机构的合作，不仅有利于提高自身的创新能力，而且可以增强对高层次人才的吸引力。与高水平、研究型大学建立长期战略伙伴关系，成为许多企业发展战略的一个重要部分。

建立与大学的关系，应着眼长远，寻求长期价值和回报，而不能急功近利。国内外著名企业的主要做法有：①向大学（或大学基金会）提供捐赠，如建筑、研究经费、奖助学金、资料和设备等；②与大学联合建立实验室、研究中心等，推动协同创新，发挥大学的“外脑”作用；③无偿接收本科生、研究生来企业实习和社会实践，为大学教师开展研究提供支持；④企业管理和技术负责人到大学举办讲座或兼课；⑤加入大学与企业的合作组织（如清华大学与企业合作委员会），参加产学研联谊活动。

第三节 企业品牌战略

国外原始的“品牌”概念，始于中世纪的欧洲；而在我国唐宋时期，店铺的“幌子”则算是粗浅的品牌意识。现代意义的品牌概念，则直到美国和欧洲工业化的进程中才得以形成。面对竞争，实施品牌战略已经成为广大企业的必然选择，也成为企业文化建设的重要抓手。

一、品牌的含义和作用

品牌是指企业及其产品的标识，是社会公众将其与别的企业及其产品加以区分的依据。品牌，也就是人们口头说的“牌子”，在中国民间又叫“字号”，如很多“老字号”一直沿用至今。

品牌是一个整体概念，是制造商、商标、产品和服务质量、标志、色彩、包装等要素的综合。品牌对于商品，就好像一个人的姓名。有些品牌的名称与企业名称完全一致，如长虹集团的彩电、手机、冰箱等不同产品均以“长虹”命名。也有很多企业针对不同或同类产品使用不同的品牌，如P&G的洗衣粉就有“汰渍”“碧浪”等十多个品牌。

品牌不是商品本身的名称，而是指制造商（或销售商）的名称或产品标识名称。例如，“张小泉”剪刀的产品名是“剪刀”，而非制造商“张小泉”。《品牌策划》一书指出了品牌的四个特征：本身没有物质实体、具有排他的专有性、能够带来经济效益、预期价值不确定。

品牌有助于树立产品和企业形象、扩大企业的影响和产品的市场竞争力，其作用体现在以下五个方面。

（1）产品识别作用。品牌好比是产品的“名片”，包含着产品的功能、质量、外观、包装、色彩以及服务等大量信息，在用户心目中代表着产品形象和企业形象。在现代化的大市场中，如果没有品牌的识别作用，顾客很难判断和选择，后果难以想象。

（2）缩短选择过程。在物质日益丰富的今天，用户购买商品的过程主要是选择的过程。品牌在顾客心目中形成产品品质、特色的鲜明印象，将大大缩短购买的选择过程，有助于商品交换的顺利实现。

（3）满足心理需要。品牌商品不但能满足顾客的物质需要，而且往往能满足其精神和心理的需要。面对功能差不多的商品，顾客是否购买，多半取决于心理需要的满足程度。苹果公司的iPhone刚面世时，人们排长队等候，就是品牌满足心理需要的典型表现。

（4）产品增值作用。品牌是企业的无形资产，可以作为商品被买卖，具有很大的价值。可口可乐公司曾宣称“如果一把大火把世界上所有的可口可乐工厂烧毁，可口可乐依然会是饮料界的大王”，这种自信就是源于品牌价值。

（5）维护用户权益。《中华人民共和国商标法》规定：“凡规定必须使用注册商标的产品必须申请注册，经批准后方可上市，否则不准销售。”商标经过注册便禁止其他企业和个人作盈利目的使用，这就使品牌的专有排他性得到了法律保护。

二、名牌与品牌形象

名牌就是著名或知名的品牌。什么样才算是名牌？世界上并无统一标准，也没有一个国际组织或国家对此作出严格规定，但这并不意味着名牌可以自封。名牌的标准存在于公众的心目中，需要人们的普遍认同——要求品牌商品具有很高的质量、高雅的品质、完美的设计、优美的外观、精巧的包装、独特的技术、优质的服务及特别的名称和商标等。

名牌能留给公众特殊的印象，是因为名牌产品（或服务）具有名牌形象。具体包括以下三点。

（1）科学理性的印象。名牌建立在高质量的基础上，而质量又基于先进的科技。著名企业往往都有研发中心或实验室，吸引大量研究人员从事相关科学研究。华为公司2015年研发人员约7.9万名，占公司总人数45%；2016年研发投入约630亿元人民币（折合92亿美元），在全球排名第九，超过了苹果、思科等巨头。没有高技术，无法撑起国际知名品牌。

（2）情感和心理印象。顾客在眼花缭乱的市场上选择某种品牌，往往出于一种心理情感的因素。有些品牌一开始就与富有情感的故事相联系。例如，“李宁品牌”让人想到“体操王子”李宁在国际大赛中顽强拼搏、为国争光的精神和事迹，油然而生一种特殊情感。

（3）时尚、潮流的印象。拥有名牌的企业往往不断推陈出新，新的功能、造型、色彩，给顾客以全新的感受，形成一个品牌代表未来发展趋势、领今日流行风骚的先进形象。这也是乔布斯领导苹果公司大获成功的主要原因。

三、品牌与文化

品牌之所以能够成为名牌，无疑是企业精心培育的结果。培育名牌，除了一流的设备、强大的资金、先进的技术外，还要有一套与之相适应的企业文化因素。这些文化因素对于孕育名牌、创造名牌、维护名牌、发展名牌具有巨大影响，构成了企业文化中的一道独特风景——品牌文化。

根据企业文化理论，品牌文化也由三方面组成。①品牌意识。品牌意识指企业领导和员工主动培育名牌、发展名牌的观念意识，如海尔立志“创出中国的世界名牌”，广东科龙集团也把“多品牌战略”作为企业的根本战略。②品牌管理。品牌管理指从企业文化制度行为层上规范和约束组织及员工的行为，对内是管理科学化、制度化，对外则表现为一流的品牌服务。③名牌品质。这是品牌文化的表层部分，既包括产品的高质量、高性能、优质服务，又包括商标及名称、标准字、标准色以及新颖精巧的外观包装等视觉要素。

质量是名牌的生命。在意大利的著名制鞋企业里，为了加工一双高质量的手工鞋，从选料、皮革处理到缝制、加附件，要经过上百人之手、几百道工序，花数周时间。当谭木匠创办人谭传华确定要用“谭木匠”作为商标时，主动烧毁了15万把梳子，因为他觉得这些梳子的质量虽好于市场上很多梳子，但已不符合“谭木匠”质量标准，会影响品牌的精品属性。我国有些企业刚开始很重视质量，但等到品牌稍有名气，就只顾产量而忽视质量，结果自己葬送了品牌的前途。

四、品牌竞争力

相互竞争的两家企业，当产品的价格、质量、包装、促销手段等相同或相仿，那么顾客会选择哪一家的产品呢？显然会优先选择知名度高的品牌。当代社会，品牌已成为企业竞争的一个关键因素。

对于制造商和销售商，企业竞争力主要表现为产品竞争力，包括以下几点。①产品力，即质量、价格、品种等产品本身所具有的竞争优势。②销售力，即产品销售人员的素质能力、营销网络、促销手段以及代理商、零售商、商品供应系统等方面的竞争优势。③形象力，指企业及其产品品牌的知名度、无形资产价值、信赖度、公众评价等方面的竞争优势。当产品力、销售力差不多的情况下，形象力将发挥关键的作用。日本三菱公司在产品、技术方面都堪称一流，但一度由于不注意品牌形象塑造，导致公众对其了解较少，销售大受影响。

名牌形成后，通常会产生类似马太效应一样的品牌效应，成为独特的竞争优势。具体表现为以下四个方面。

（1）群体效应。一个名牌可以带动或派生出一系列名牌。杜邦、飞利浦、宝洁、松下、长虹，都是由一个品牌出发，进而培育形成了一系列品牌。海尔集团在成功地创造出冰箱品牌后，又陆续推出洗衣机、空调等，均产生了群体效应，扩大了品牌优势。

（2）时间效应。由于始终坚持高质量、不断顺应顾客需要，名牌产品一般会持续地产生影响。例如，美国吉列剃须刀、德国拜耳药品、法国娇兰香水、我国同仁堂中药等品牌，都是数十、数百年长盛不衰。

（3）心理效应。名牌是时尚、流行的代表，能很好地满足顾客的从众心理及虚荣心理。一些人把拥有名牌产品看作是身份地位的象征，不惜花大把的钞票。近年来，在中国的城市乡村，各种豪车日渐增多；到海外排队争相购买LV包的，也不再是日本人、韩国人，而变成了中国人。追求优质生活无可厚非，但一味贪慕虚荣、追求奢华则并不值得提倡。

（4）情感效应。名牌会与顾客建立起某种情感联系，如依赖感、亲切感、自豪感，形成对品牌的忠诚。可口可乐曾经为迎接诞生100年，宣布改变使用了99年的配方，采用耗资数百万美元研制出的新配方，引起市场的轩然大波，不少消费者纷纷提出抗议。

此外，名牌效应还能为企业带来多方面的竞争力，如市场开拓力、资金聚集力、文化感染力等。

第四节　中国企业品牌战略实践

对外开放给中国人带来了“名牌”，松下、日立、飘柔、阿迪达斯、西门子、诺基亚、奔驰、宝马、英特尔、微软、苹果……面对越来越多的国外品牌蜂拥而至，实施品牌战略成为中国企业乃至中国社会的共识。在政府的倡导和优秀企业的带动下，中国企业的品牌意识大大激发，涌现出一批有影响的自主品牌。

一、从谷底飞出的“雪驰”

1985年，县办的邯郸羽绒制品厂因为生产的羽绒服一个袖子朝前、一个袖子向后而被挂在商场“展览”，厂名因此改为“雪驰”，取“雪耻”之义。谁也没有想到，如今雪驰集团是拥有资产60亿元、1.6万名员工、以服装家纺为主的大型企业集团，同时拥有中国名牌、中国驰名商标、国家免检产品三块“金牌”。从商场“展品”到名牌，雪驰可谓是从谷底飞出的凤凰。

雪驰展翅腾飞，首先，依靠以“人诚品真”为核心的企业文化，打造独具文化内涵的品牌。1985年王自修厂长上任后，雪驰人就把以德治企纳入企业管理范畴，总结出一套使员工简便易懂、对企业经营有利、可操作性强的道德行为规范，并把行业道德、产品质量、税款缴纳、社会公益、爱岗敬业、遵纪守法、公平竞争、企业形象等概括为“人诚品真”。30年来，雪驰要求员工“做人要诚实可靠，讲究信用；产品要质量过硬，绝不欺骗消费者”，要处处维护品牌形象，时刻以高质量的产品占市场、谋效益、促发展。

其次，坚持以质取胜，强化质量管理，锻造过硬品质。雪驰人视产品质量为企业生命，新员工培训的第一课就是全面质量管理，从一开始就牢固树立“件件是精品”“生产次品等于犯罪”“管理无止境，追求零缺陷”“企业在我心中，质量在我手中”“毁我名牌、砸己饭碗”等质量意识和“100−1=0”的质量观念。企业先后通过ISO9001、ISO14001质量、环境管理体系认证及中国绿色环境标志产品认证，从设计、供应、生产、销售等全过程全方位控制，并严格执行质量否决制、质量流程达标制、“三工序”制、责任追究“五不放过”等管理规章，确保了出厂产品合格率100%。雪驰生产和销售出的几千万件服装、床品，从未在各级质监部门质量抽查中出现问题，也从未因质量问题受到消费者投诉。

再次，以观念领先为方向、科技创新为突破。雪驰集团认为，在人们满足温饱的需要后，健康长寿将成为重要需求，保健服装不像传统方法，它将能够在不改变生活习惯的同时为人们带来健康。为此，在不断推出全国知名的羽绒服、羽绒被、床上用品及各式服装的基础上，雪驰先后开发出磁疗远红外系列保健服装、负离子健康系列产品、抗菌防螨系列产品获一大批国家专利。正是这样“生产一代、储备一代、开发一代”，雪驰以产品科技含量高、更新换代快而确立了品牌优势。

最后，独创“秒管理法”，促进管理科学化。“秒管理法”又叫“单秒计件工资制”，意思是将一件羽绒服从原料到产品分解为160多道工序，科学地确定每道工序的耗时、耗物和质量指标，并将指标层层落实到个人，根据单件产品所含活劳动费用和所需平均劳动时间，确定一个时期内相对稳定的单秒工资值，作为劳动分配和奖罚的依据。该方法充分调动了员工的积极性，大大提高了劳动效率，单机日产量超过外贸标准的 3 倍。由于产量节节上升、质量指标落实，雪驰创名牌有了坚实的基础。

二、“小天鹅”创新树品牌

无锡小天鹅股份有限公司前身始建于 1958 年。从 1978 年中国第一台全自动洗衣机的诞生到 2015 年品牌价值达 200 亿元，成为世界上极少数能同时制造全自动波轮、滚筒、搅拌式全种类洗衣机的全球第三大洗衣机制造商。

坚持实施创新战略、走自主创新之路，是小天鹅品牌战略获得成功的关键。公司拥有国家级企业技术中心和国家认定实验室，依靠技术战略联盟，坚持自主创新，拥有国际领先的变频技术，智能驱动控制，结构设计及工业设计等洗涤核心技术。公司建立了具有国际先进水平的质量管理体系，通过了 ISO9001 质量体系认证，ISO14001 环境管理体系认证及安全管理体系认证，在行业内率先通过国家免检产品认证及洗衣机出口免验认定。通过加强技术创新和质量管理，保持在同行中的技术领先，为小天鹅品牌奠定了坚实基础。

小天鹅 20 世纪 90 年代就取得了国内洗衣机市场占有率第一的业绩。当时，公司领导层并没有小富即安，决定成立超越项目组，投入力量自主开发滚筒洗衣机。仅两年时间，项目组克服了一个又一个困难，冲破一个又一个禁区，坚持不懈，锲而不舍，不断探索，苦苦追求，经过反复试验，不断改进创新，终于在产品性能上实现了超越性突破，彻底解决了滚筒洗衣机在动平衡和控制器方面的技术瓶颈，研发成功满足各项要求的全新产品滚筒洗衣机。同时，公司完成了工厂建设和生产设备的安装调试工作，以及市场销售的前期准备工作，为迅速占领市场创造了条件。

技术创新的动力来自市场、来自用户。小天鹅坚持“时刻关注消费者，带给消费者实实在在的关怀”的产品定位，秉承“全心全意小天鹅”的理念，努力提高服务水平，让用户买得放心、用得放心。经长期努力，小天鹅 2006 年一举荣获美国《读者文摘》信誉品牌金奖。该奖的评选涉及消费性电子产品、时尚家居产品等 8 个行业，各品牌的考评标准为品质、价值、创新、可靠程度、形象可信度和了解消费者需求 6 项。

拥有完善、高效的全球销售网络，是小天鹅品牌战略的重要组成部分。在国内市场，小天鹅洗衣机连续 10 多年全国销量第一；在国际市场，产品出口至 130 多个国家和地区，洗衣机成功进入美国、日本等市场。目前，小天鹅在全球拥有 4 200 多万用户，实现了由国内家电制造商向国际家电制造商的转变。在品牌成长的道路上，小天鹅没有盲目多元化经营，始终以洗衣机产品为重点。这或许是不少中国家电企业可以借鉴的。

一条从国内品牌走向国际品牌的小天鹅轨迹呈现在人们面前：1990 年，荣获行业内国优金奖；1997 年，中国洗衣机行业第一枚驰名商标；2001 年，中国名牌产品；2007 年，被商务部认定为最具市场竞争力品牌；2009 年，连续 3 年获美国《读者文摘》信誉品牌金奖；2010 年，洗衣机蝉联国家知识产权局颁发的自主创新设计奖；2014 年，自动投放洗涤剂技术被国家科技部列入国家重点新产品项目计划；2015 年，荣获国家知识产权局外观专利优秀奖、德国红点、德国 IF 设计奖、红星奖金奖。

三、“李宁”：一切皆有可能

李宁体育用品公司成立于1990年，在产品面市之前，就抓住契机赞助北京亚运会中国代表团，开创了我国体育用品品牌经营的先河。与很多企业不同，李宁公司并没有自己的工厂，所经营和拥有的只是品牌。支撑品牌的，不仅是李宁个人和专业化的管理团队，也不仅是高品质的运动产品，还有公司文化和社会责任感。

“运动”是李宁品牌发展的关键。李宁公司本着“取之体育，用于体育”的精神，通过体育赞助迅速在全国传播推广，并建立起自己的连锁专卖店营销体系，1995年就成为中国体育用品第一品牌。1996年，公司进行经营调整，理顺产权结构，加强产品开发，健全销售网络。1998年起陆续建立设计开发中心、香港设计研发中心，保证产品的原创设计和技术更新。1999年建立规范的品牌识别系统，将“品牌国际化”纳入战略议程，并确立国际化、专业化的战略目标，按照“先品牌国际化、再市场国际化”策略，拓展海外市场。公司先后成为西班牙和阿根廷国家篮球队、北京奥运会西班牙和瑞典代表团、职业网球选手联合会（ATP）、中国男子篮球职业联赛（CBA）等的合作伙伴。2010年，启动品牌重塑战略，发布新标识和新口号“让改变发生”（make the change），并对品牌DNA、目标人群、产品定位等做了调整，打造“90后李宁”。2011年年底，李宁品牌店铺在国内有8 200多间，并在东南亚、中亚、欧洲等开拓业务。

由于库存过高等原因，李宁公司2012年严重亏损。面对困境，公司对行业和企业盈利模式进行了深入思考，采取了关闭部分店铺、提升产品体验、品牌数值化等措施。

一是用体验增加产品附加值。面对信息爆炸式增长和电商快速发展，李宁认为“人们生活在改变，需求在改变，消费也不断在改变，它需要一种体验来支撑”。为此，公司强化体验环节，使顾客在选购产品时还能收获很多“额外”服务：品牌体验店提供集综合体能训练、跑步课程培训、科学人体运动测试、特色约跑等服务为一体的互动平台；跑步品类店铺除了根据跑者需求细分的各色跑鞋外，还可以进行跑姿、足底压力等运动测试；韦德店（Wade Store）里，顾客有机会和“闪电侠”韦德本人“亲密接触”。此外，把跑鞋售卖融入年度李宁路跑联赛，让顾客既能以优惠价买到“超轻十四”系列产品，又能体验路跑联赛的快乐。

二是用“质造”提升品牌价值。李宁深知，比起品牌固有的“财产”，品牌的价值更多来源于“附加值”。公司坚持把加工交给工厂去做，自己集中做产品设计、品牌管理、市场管理，即研究运动特性、人体运动、场地环境、材料功能和外观设计，以增强产品吸引力。正如李宁所说：“这个才叫中国制造的价值，而不是简单的生产价值。”无论是韦德在美国职业篮球联赛（NBA）上穿的“韦德之道”、CBA球员们穿的“音速5”，还是中国奥运健儿驰骋赛场的专业产品，李宁品牌坚持遵循用文化、科技研发、产品体验至上的原则，让顾客感受到品牌的良苦用心。

三是数字化使公司和顾客高效沟通。李宁多次拜访数字化渠道的合作伙伴，学习数字化运营之道，建立数据团队，从不同渠道获取数据并进行分析，最大化地提升商品、信息、物流和现金流通的效率。同时在公司内部搭建全渠道平台，以保证线上下单、线下门店或仓库发货，获得了可观的订单数量。公司2016年年报显示，李宁电商业务保持较好增长势头，全年收入同比上升约90%。李宁表示：“通过与用户的紧密互动，捕捉潜在的消费数据。

这是我最看重的。”

通过上述努力，李宁公司走出低谷、扭亏为盈，使顾客和品牌实现“双赢”，零售运营能力持续增强。对此，李宁淡然表示：“最重要的还是把产品体验做好、把品牌做好。”中国是世界体育用品生产大国，但不是品牌强国。面对耐克、阿迪达斯，李宁品牌的发展注定不会一帆风顺。然而，人们有理由相信“一切皆有可能”！

四、华为，递给世界的“中国名片”

华为公司于1987年在深圳注册成立，从代理香港企业的程控交换机做起。尽管一路走来并无坦途，但华为一直聚焦信息与通信技术，不断推进技术创新、管理创新、商业模式创新和企业文化创新，保持着稳健持续增长。2013年，华为首次超过全球第一大电信设备商爱立信，排名《财富》世界500强第315位。2017年，华为业务已遍及170个国家和地区，八瓣红花开遍世界（图9-9）。在2017年BrandZ最具价值品牌榜中，华为以203.83亿美元的品牌价值列中国第6、全球第49，并成为“全球化最快的中国品牌”。

图9-9　华为标志

在华为走向世界的起步阶段，“中国制造”留给欧美市场的是“低质量”“便宜货”的印象，被认为是“仿制”和“山寨”。要想扭转海外市场的固有认知，塑造一个科技含量高、创新能力强的优秀品牌形象，难度之大，可想而知。华为人怎么做呢？

一是持续创新。创业早期，华为从自主研发数字程控交换机开始，走上技术创新之路。华为长期保持研发投入占销售收入的10%以上，2016年达630亿元人民币（约92亿美元），居全球企业第9，超过苹果、思科。华为同样重视人才投入，17万员工中研发人员超过45%，在全球设有16个研发中心。近年来，华为的专利申请和授权数快速增长，实现了技术跟踪、突破到超越。华为2015年获专利授权5万余项，是2006年的18.3倍。根据欧洲专利局（EPO）数据，华为2016年在欧洲专利申请量2 390件，居全球企业第二名；专利授权量924件，排名第七，并在数字通信领域超越爱立信、高通。2017年，华为公司发布面向5G的移动承载解决方案X-Haul、人工智能芯片麒麟970，都引起全球消费者和业界的高度关注。毫无疑问，是自主创新奠定了华为品牌的基础。

二是质量保证。华为高度重视产品质量，把质量看作企业的尊严和生命。在华为，质量是企业文化和经营管理的重要内容。公司专门制定文件，明确规定并全面落实质量目标、质量方针（表9-1）以及质量战略。公司重视用心与消费者交互，做好每个细节，以“工匠精神”打磨产品，追求“零缺陷”。同时，华为有意识地不断向市场灌输和分享自己的创新成果，包括技术研发、管理思路以及生产流程的革新突破，增强客户对华为产品质量的了解和信任。春种秋收。2016年华为手机产品荣获国家质量最高奖——第二届“中国质量奖”制造领域第一名。高质量、高品质为华为品牌提供了可靠保证。

表9-1　华为公司质量目标和质量方针

华为公司质量目标： 让HUAWEI成为ICT行业高质量的代名词。 华为公司质量方针： 时刻铭记质量是华为生存的基石，是客户选择华为的理由。 我们把客户要求与期望准确传递到华为整个价值链，共同构建质量；我们尊重规则流程，一次把事情做对，我们发挥全球员工潜能，持续改进；我们与客户一起平衡机会与风险，快速响应客户需求，实现可持续发展。华为承诺向客户提供高质量的产品、服务和解决方案，持续不断让客户体验到我们致力于为每个客户创造价值。

三是品牌定位。华为坚持以客户为中心，准确把握市场变化和客户需求，努力提供超值服务。在欧洲，面对三星的先发优势和两倍以上的促销人员，华为把售后服务时间从通常的8×5小时扩展为24×7小时，VIP服务从普遍的1.5～2年延长至3年，并实行一年两次全员巡店，由各国分公司代表处的所有人员实地拜访销售网点，直接访谈店员和消费者。华为较早实施品牌塑造，尤其在智能手机领域积极探索建立品牌形象，但到国外首先要解决品牌认知与定位问题。为此，华为聚焦全球营销，针对人们青睐的设计、时尚、娱乐和体育等领域，邀请足球名将梅西担任华为 Mate 8全球形象大使，好莱坞明星亨利·卡维尔等为P9代言，并与VOGUE、徕卡等顶级品牌持续合作，为公众带来更深入的品牌认同。

作为中国制造的“形象代言人”，华为品牌的国际化不是靠投机取巧的短期行为，而是靠扎扎实实修炼内功，靠优秀企业文化的全面贯彻。华为认为，居安思危是品牌建设必备的品质。面对市场迅速拓展和品牌价值飙升，公司创始人任正非总是问自己和所有华为人：“下一个倒下的会不会是华为？”这种危机意识，一定会让华为品牌更坚定自信地走向世界舞台的中央。

五、企业品牌战略的实施路径

没有中华民族的自主品牌和名牌，很难在国际竞争中取胜，甚至会被追到家门口的“洋”品牌打垮。实施品牌战略，创建世界知名品牌，是树立企业形象、提高竞争力的必由之路，也是新企业立足与发展、老企业二次创业的必然选择。实践表明，中国企业实施品牌战略应抓住下面3个基本环节。

1. 提高企业管理科学化水平

质量是品牌的生命，没有质量就不可能有品牌。品牌知名度越高，质量越重要，因为一旦发生质量问题，将会严重损害品牌形象。

日、韩等国产品一度在中国市场攻城略地，主要竞争优势就是质量。例如，日本最大化妆品公司资生堂集团2017年因一款眼线笔的笔芯混入塑料容器碎片，两度发布召回通知，预计召回产品约40万支。这是继汽车、摩托车、数码相机等被召回后，日企的又一次大规模质量事件，让人们不禁对日本产品的质量产生怀疑。又如，2016年韩国三星因多起Note 7 电池爆炸的投诉，决定停售并召回已售产品，而且因为并没有一开始就将中国列为召回范围，引起中国公众的强烈不满。

靠什么来实现高质量？高质量离不开先进技术和设备，更离不开科学的管理。科学的管理是质量的保证，也是高效率的前提。只有不断提高企业的劳动生产率和资源利用率，才能创造出更多的优质产品和优质服务，满足人民群众日益增长的物质和精神生活需要，才能被消费者公认为名牌。

在越来越多的中国品牌走向世界的今天，人们一定不会忘记改革开放初期我国企业大举引进国外设备和技术的教训。当时仅彩电生产线就引进了上百条，但这些较为先进的设备却没有都成为阿拉丁的神灯，许多企业的产品不得不积压滞销。除了形象宣传、市场营销等方面缺乏经验外，质量和效率是根本原因。“前事不忘，后事之师”。这些年，我国很多企业认识到管理的重要性，在学习国外管理经验的同时主动推进管理创新，积极探索中国特色的现代企业制度，为产品质量和劳动效率的不断提升打下了坚实基础。

2. 重视企业形象塑造

知名品牌没有绝对标准，只有相对标准。这种标准掌握在公众心中，只有得到他们的真心认可和由衷赞誉才是真正的名牌。企业形象的塑造和提升，正是提升品牌的品质和价值，使企业及其产品（服务）成为名牌的必由之路。

实施 CI 战略，统筹协调 MI、BI、VI 策划与实施，全面推进理念形象、行为形象和视觉形象建设，是塑造企业形象的基本途径。一些企业误以为 CI 战略就是打广告、搞包装、充门面，只在 VI 设计和广告宣传上做文章，结果出现了孔府宴酒等央视“标王”的昙花一现，也掀起了企业热衷“包装”上市、一味圈钱的热潮。

在公众心目中，什么才是良好的企业形象呢？这样的企业首先是负责任的社会公民，能够积极、主动、全面地履行社会责任，能够正确处理企业家个人、企业集体和社会的关系，把对股东负责、对员工负责、对顾客负责、对合作者负责、对社区负责等有机统一起来，从而对国家和社会负责。为此，企业应有正确的核心价值观和先进的经营管理理念，并且有完善、有效的制度体系和行为规范，促进员工群体的素质不断提高，确保核心价值观等真正落到实处。所以说，企业 CI 战略的核心是强化理念形象，关键是改善行为形象，通过持之以恒的努力不断提升产品和服务品质，培育公众信得过的品牌。

3. 加强企业文化建设

创造名牌产品、创建名牌企业，不是企业家对潮流的追随，也不是短期行为或孤立行为，而是企业最高目标统帅下的战略选择。如果脱离了造福人民、服务社会、复兴中华的远大目标，仅仅把名牌战略看作是企业经营的权宜之计，不但背离了名牌的本意，而且容易把名牌作为“摇钱树”、把企业带向拜金主义的泥潭。

实施品牌战略，企业家的品牌意识固然非常关键，但实施过程却要靠全体员工共同努力。提升品牌形象、品牌价值的实践，应成为每名员工的自觉意识和行为。要达到这种“上下同欲”的境界，绝不能简单依靠行政命令和重奖重罚。只有建设优良的企业文化，充分发挥企业哲学、企业精神、企业道德、企业作风等文化因素的作用，才能使员工发自内心地认识到实施品牌战略的巨大意义，看到自身劳动在塑造品牌过程中的重要价值，感受到品牌对个人素质、能力的更高要求，积极工作、努力进取，在向社会提供优质产品和服务的过程中实现人生价值，并从中品尝到作为名牌创造者的无尽快乐。

企业良好形象的塑造，会为企业赢得更多信誉，来自社会公众的良好反馈，会明显提高员工对企业文化的认同度和自豪感。因此，实施品牌战略的过程，客观上也是加强企业文化建设的过程。

第五节　中国品牌——从“中国制造”到“中国创造”

改革开放以来，中国企业逐渐走出国门。中国贡献给世界的，不仅有服装、鞋类、玩具、箱包等劳动密集型产品，也有家电、船舶、高铁、通信设备等具有丰富技术含量的产品，乃至飞机、卫星、核电站等尖端科技产品。面对经济全球化的不可逆转之势，中国企业如何参与全球竞争？这是企业管理面临的一个重要的理论和实践课题。

一、质量是“中国制造”的立足之本

在生产力高度发达的今天，产品和服务的质量无疑是企业参与国际竞争的基本要素。作为世界贸易体系中的后来者，中国企业要在国际上被认可，更首先要以质量作保证。

中国多数企业十分重视质量，商品质量不仅达到要求，而且有的还好于发达国家的产品。2011 年《中国的对外贸易》白皮书显示，2009 年和 2010 年，经出入境检验检疫的中国出口货物分别为 1 103.2 万批和 1 305.4 万批，不合格率分别为 0.15%和 0.14%；出口货值分别为 4 292.7 亿美元和 5 521.8 亿美元，不合格率分别为 0.12%和 0.13%。2010 年，中国出口美国的食品 12.7 万批，合格率 99.53%；出口欧盟的食品 13.8 万批，合格率 99.78%。据日本厚生省的统计报告，2010 年对自中国进口的食品以 20%的高比例进行抽检，合格率为 99.74%，高于同期对欧美食品的抽检合格率。

中国出口商品质量总体上不断提高，日益受到全球消费者的欢迎和认可。中国欧盟商会时任秘书长迈克尔·奥沙利文表示：“欧洲人喜欢使用中国的产品，特别是与日常生活有关系的东西。”联合国工业发展组织驻华代表处区域首席代表安吉蒙曾指出：“中国出口的绝大多数产品都是合格的，只有极少数产品有一些问题。”从发展趋势看，“中国制造”的质量还在稳步提升，近年在食品、有色金属、石化、消费类产品等方面都达到国际先进水平，而高新技术产品的性能也显著提高。

然而，中国企业的质量事件仍然频发高发。仅以食品为例。

——2008 年，甘肃、陕西、宁夏、湖南、湖北、山东、安徽、江西、江苏等地先后发现患肾结石病症的婴幼儿，多例患儿死亡，原因都是食用了掺有三聚氰胺的三鹿婴幼儿奶粉。

——2010 年“3.15”央视曝光，一向以“安全肉、放心肉”著称的双汇集团在生产中收购了含瘦肉精的生猪肉。

——2012 年，云南丰瑞油脂有限公司涉嫌使用工业用猪油和工业用鱼油作原料，掺混加工食用油脂。然而，该企业却拥有“绿色食品”“无公害食品”称号和“云南省著名商标”。

——2013 年以来，黄记煌先后被曝将死基围虾混在活虾中出售、食材不加清洗、菜盆装过抹布又装菜、调料包过期 50 天等问题。

——2016 年，和合谷被曝做饭和捅垃圾用同一把铲子。

——2017 年，俏江南被曝用同一个扫把清理墙面地面和菜锅，海底捞被曝老鼠爬进食品柜、用火锅漏勺掏下水道……

这一连串事件在国内外造成了极其不良的社会影响，使中国企业面临严峻的“质量门”

考验。

影响中国企业产品和服务质量的原因是多方面的：一些企业为降低成本、牟取暴利而忽视商品质量和安全；一些企业不熟悉出口对象国的质量标准，在生产中管理不严而造成产品质量不合格；还有一些外国进口商不讲质量和诚信，压低商品价格甚至直接授意中国厂商使用不合格原料。这些行为严重损害了“中国制造”的整体声誉。

要应对来自国际上的质量挑战，固然需要政府加大监管力度，完善质量体系，提高质量标准，更有赖于中国企业自身的努力。①企业高层要高度重视产品和服务质量，引导全体员工牢固树立“质量是企业生命”的质量观和质量文化。②进一步转变企业发展方式，从增加投资、扩大规模的粗放型发展转变到提高质量、内涵发展的轨道上来。③围绕产品质量继续加强科学管理，严格设计、原材料、生产、装配、包装、仓储、运输等各环节的质量标准，同时加强技术创新和工艺改造，把产品质量建立在技术进步的基础上。德国和一些北欧国家以产品质量严格闻名，连日本企业都难以占据任何优势。为了保证高品质，世界级质量管理大师、德国宝马公司原高级副总裁受聘出任首席品质官，负责华晨汽车集团以及华晨金杯公司的品质管理工作。

只要中国政府、企业和公众共同努力，中国制造就一定能摆脱“质量门”的困扰，使中国商品在全球市场上成为“优质”的代名词。

二、品牌为“中国制造”的当务之急

改革开放新时期，我国对外出口持续快速增长（图 9-10）。特别是加入 WTO 以来，中国一跃成为世界第一大出口国，2009 年出口商品总额达 1.2 万亿美元，超过德国的 1.12 万亿美元、美国的 1.05 万亿美元。时至今日，外国人发现越来越离不开“中国制造”了。

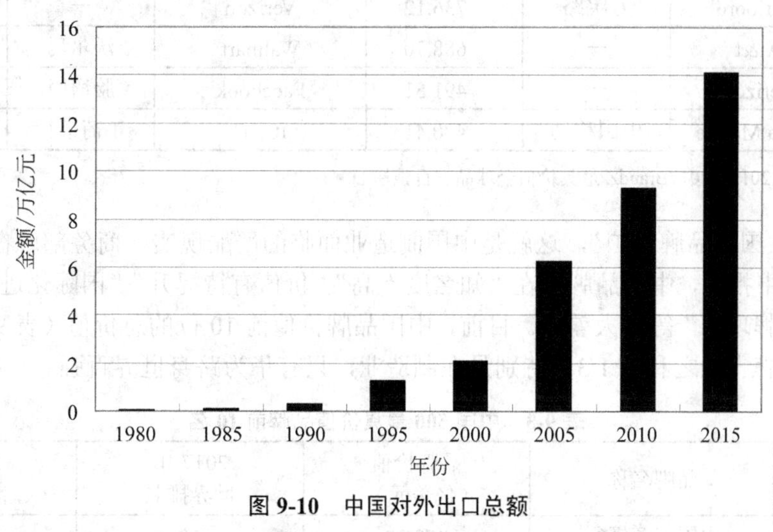

图 9-10 中国对外出口总额

资料来源：商务部、海关总署和国家统计局有关数据

中国商品销量虽大，获利却很少。商务部曾经统计发现，“中国制造”的贸易方式有44%为加工贸易，从出口主体来说，有一半产品是由外资企业出口的。由于没有自主品牌，大部分利润都被国外的品牌企业拿走了。全球每 3 件出口服装中就有一件是中国制造，但是“8 亿条裤子能换一架飞机”。产量占全球 80%的中国手表，平均出口价格仅 1.3 美元，

而瑞士手表平均却300多美元。2012年苹果iPhone 4S在全球热销，其利润是如何构成的呢？据美国学者调查，苹果公司得到58.5%，而组装iPhone 4S的我国台湾鸿海集团只占0.5%，其所雇的中国百万员工仅分得1.8%。

原因何在？关键是中国缺乏国际知名的自主品牌。在世界500强企业中，中国已经占有100余席，但是跻身世界前列的中国品牌却要少得多。在"世界著名品牌500强"中，2007年美国以247席占据半壁江山，中国大陆仅32个品牌上榜；2016年美国为227个，中国36个，大格局仍未改变。世界品牌实验室（World Brand Lab.）发布的"全球品牌价值百强榜"中，2012年美国有40个，中国仅13个；2017年中国增至16个，而美国增至50个；中国企业排名最好的都是第10名（表9-2）。《环球时报》驻外记者曾调查发现，很多外国人最多能说出寥寥几个中国品牌；在他们眼里，中国商品与几十年前的日本商品一样，意味着低档次。

表9-2　全球品牌价值百强榜前10名

排名	2012年			2017年		
	品牌英文名	中文名	品牌价值（亿美元）	品牌英文名	中文名	品牌价值（亿美元）
1	Apple	苹果	1 829.51	Google	谷歌	1 094.70
2	IBM	—	1 159.85	Apple	苹果	1 071.41
3	Google	谷歌	1 078.57	Amazon.com	亚马逊	1 063.96
4	McDonald's	麦当劳	951.88	At&t	—	870.16
5	Microsoft	微软	766.51	Microsoft	微软	762.65
6	Coca-Cola	可口可乐	742.86	Samsung Group	三星	662.19
7	Marlboro	万宝路	736.12	Verizon	—	658.75
8	At&t	—	688.70	Walmart	沃尔玛	622.11
9	Verizon	—	491.51	Facebook	脸谱网	619.98
10	China Mobile	中国移动	470.41	ICBC	工商银行	478.32

资料来源：2012、2017BrandZ最具价值全球品牌百强榜

"制造大国，品牌小国"，这就是中国制造业面临的严酷现实。商务部曾在《中国品牌发展报告》中指出，中国品牌存在"知名度不高""价值有待提升""国际化进程缓慢""缺乏先进的品牌理念"等9大差距。目前，中国品牌价值前10位的总价值（表9-3），大约相当于全球品牌十强之和的1/3。特别是在制造业，只有华为跻身世界百强。

表9-3　中国500最具价值品牌前10名

排名	品牌名称	品牌价值（亿美元）	2017年世界排名	2016年世界排名
1	中国工商银行	478.32	10	13
2	中国移动	467.34	11	9
3	中国建设银行	413.77	14	14
4	阿里巴巴	348.59	23	60
5	中国银行	312.50	29	32

续表

排名	品牌名称	品牌价值（亿美元）	2017 年世界排名	2016 年世界排名
6	中国石化	295.55	32	45
7	中国石油	290.03	33	43
8	中国农业银行	285.11	34	19
9	华为	252.30	40	47
10	腾讯	222.87	47	117

资料来源：2017 年中国 500 最具价值品牌排行榜

需要看到，中国企业一直在努力打造世界品牌。海尔走的是渐进式的国际化道路，虽已成为全球白色家电第一品牌，但是在大容量冰箱等主流产品的国际竞争中却并无优势。在走向世界的路途上，中国品牌大多受益于低成本代工（OEM），靠大规模高质低价的产品取胜。联想这样的企业也不例外。柳传志认为，中国企业想要闯世界就必须“将金子当成银子卖”。但是，联想在国内市场的价格战做法，并未在国际市场上奏效，主要原因是海外营销渠道的运作成本居高不下。为此，购买一个全球性品牌，就成为中国品牌国际化的一个选项。例如，联想 2004 年收购 IBM 个人电脑业务、2014 年收购摩托罗拉，海尔 2016 年收购 GE 家电业务。由于国外企业卖掉的都是行将过时的技术，这种收购很难让中国企业具备核心竞争力，也无法真正形成属于中国的世界品牌。

中国自主品牌的崛起还有很长的路要走，需要广大企业共同努力。正如德国世界经济研究所品牌专家瓦格纳所说，作为“全球经济的新手”，中国企业应该创造品牌的竞争力，而不只是关注产品。世界品牌实验室主任蒙代尔教授也指出：“从历史上看，中国是世界的品牌发祥地，古代‘中国制造’的品牌地位远远比当今的‘德国制造’要高。……中国品牌成为世界拥护的推荐只是时间问题，因为中国拥有世界一流的制造工艺和尖端技术。”

国务院办公厅批复同意，自 2017 年起将每年 5 月 10 日设立为“中国品牌日”。这无疑释放了一个强烈信号，即在经济转型升级的重要时刻，中央政府进一步强调品牌创建的重要性，也标志着品牌战略已从广大企业的自身努力上升为国家意志和政府行为。

三、创新乃“中国制造”的希望之路

在全球市场竞争中，“优胜劣汰”是铁的法则。企业如果因循守旧，再好的质量、再好的品牌，都总是会很快被无情的竞争所淘汰。只有不断创新、不断变革、不断提高，才能成为世界经济的弄潮儿，培育出充满竞争力和吸引力的国际顶级品牌。

创新，是世界上几乎所有著名企业的制胜法宝。面对竞争，英特尔（Intel）公司投入大量研发资金，以保持在半导体技术方面的领先优势。韩国三星电子以强烈的危机意识和进取精神，不断地在全球市场上推出最新产品，抢占市场先机，多次上榜美国《商业周刊》世界最有价值的品牌百强，成为全球品牌价值提升最快的公司。高通、苹果、谷歌、特斯拉等公司在经营理念、关键技术、营销模式等方面各有奇招，以创新形成具有垄断地位的引领性优势。国际著名企业无一不是创新型企业，创新文化成为它们技术创新、产品创新、营销创新、制度创新的不竭之源。

优秀企业在知识和技术创新方面各具特色。欧美企业，特别是美国企业往往采取领先的技术开发战略，以原始创新来保持竞争优势。IBM 强劲的业务是由强大的技术开发能力来支撑的。从 1911 年获得第一项专利以来，IBM 一个世纪累计获得 7 万多项专利，其中 3 万多项仍然有效。2016 年，IBM 取得 8 088 项美国专利，连续 24 年位居全球企业第一。IBM 不仅通过提供专利授权获得丰厚的收入，也可以更好地保护自己的知识产权，大量专利使公司在法庭上花费的时间少于竞争对手。

美国专利商标局（USPTO）2016 年授予专利项数前 50 名的企业，分别属于 11 个国家和地区，其中美国占 41%的专利份额，日本 28%，韩国 15%，中国台湾地区 4%，中国大陆企业仅仅 2.5%；前 50 名的企业中，美国、日本企业各 17 个。紧跟 IBM 之后，多年排第二名的是韩国三星，第三名是日本佳能（表 9-4）。很遗憾，前 10 名中还没有中国企业。

表 9-4　获美国授权专利前 10 名的企业

排名	2011 年		2016 年	
	公司名称	获授权专利项数	公司名称	获授权专利项数
1	IBM	6 180	IBM	8 088
2	三星	4 894	三星	5 518
3	佳能	2 821	佳能	3 665
4	松下	2 559	高通	2 897
5	东芝	2 483	谷歌	2 835
6	微软	2 311	英特尔	2 784
7	索尼	2 286	LG	2 428
8	精工爱普生	1 533	微软	2 398
9	鸿海精密	1 514	TSMC	2 288
10	日立	1 465	索尼	2 181

数据来源：美国专利商标局

种瓜得瓜，种豆得豆。专利是企业创新能力的反映，是企业长期持续投入的结果。欧盟委员会发布的“2016 全球企业研发投入排行榜”，统计了 2015/2016 财政年度全球 2 500 家企业投入的研发费用，包括美国 837 家、欧盟 590 家、日本 356 家、中国大陆 327 家、中国台湾 111 家、韩国 75 家、瑞士 58 家。全球前 100 的企业研发投入占全部 2 500 家企业研发费用的 53.1%。美国企业研发投入占全球的 38.6%，其次是日本、德国和中国。中国企业的研发投资同比增长 24.7%，占全球的比重也由上一财年的 5.9%提高到 7.2%。研发投入排在全球前三位的企业，分别是德国大众、韩国三星、美国英特尔；中国研发经费最多的企业是华为，列全球第 8（表 9-5）。

表 9-5　2016 财年全球研发费用前 10 名的企业

排名	品牌名称	总部所在地	研发费用 （亿欧元）	所属行业
1	大众	德国	136.12	汽车及零部件
2	三星	韩国	125.28	电子、电气设备
3	英特尔	美国	111.40	科技：硬件和设备
4	Alphabet	美国	110.54	软件、计算机服务
5	微软	美国	110.11	软件、计算机服务

续表

排名	品牌名称	总部所在地	研发费用（亿欧元）	所属行业
6	诺华	瑞士	90.02	制药和生物技术
7	罗氏	瑞士	86.40	制药和生物技术
8	华为	中国	83.58	科技：硬件和设备
9	强生	美国	83.09	制药和生物技术
10	丰田	日本	80.47	汽车及零部件

资料来源：2016 全球企业研发投入排行榜

中国企业在走向世界的过程中，既面临国外著名品牌在国内市场的巨大冲击，又屡屡遭受一些国家贸易保护主义的百般刁难，尤其是“逆全球化”思潮和政策的阻碍。其中固然有质量问题、品牌问题，但是根本原因在于我们的自主创新能力不强，缺少具有自主知识产权的产品。在不断付出高昂的学费之后，中国企业从最初卖原材料，发展到贴牌生产、加工贸易，技术含量不高的“中国制造”（Made in China）开始走入外国人的日常生活，“世界工厂”成为中国的代名词。中国企业界不但饱尝了缺少自主品牌之苦，而且深刻感受到核心技术缺失之痛。

当前，经济全球化深入发展，世界经济格局发生新变化，综合国力竞争和各种力量较量更趋激烈，世界范围内生产力、生产方式、生活方式深刻变革，特别是创新成为经济社会发展的主要驱动力，知识创新成为国家竞争力的核心要素。各国为掌握国际竞争的主动权和主导权，纷纷把深度开发人力资源、实现创新驱动发展作为战略选择。面向未来，我们国家必须坚定不移地走自主创新道路，努力建设创新型国家和科技强国。

中国企业要提高产品质量，提升品牌形象，关键在于创新。中国航天科技集团发扬航天精神、“两弹一星”精神和载人航天精神，通过自主创新取得一系列重大原创性成果，成为拥有“神舟”“长征”等著名品牌和自主知识产权、核心竞争力强的特大型国有企业，为实现中华民族“嫦娥奔月”、载人航天的梦想作出了突出贡献。奇瑞公司以“自主创新”作为发展战略的核心，在一大批国内尖端核心技术上获得突破，2008 年成为我国首批“创新型企业”，到 2016 年年底累计获得授权专利 9 155 件、拥有发明专利 2 475 件，位居中国汽车行业第一。在信息技术、商业模式等方面持续创新，使阿里巴巴、腾讯、百度等中国的互联网品牌快速成长。

从“中国制造”到“中国创造”，是中国企业逐鹿市场、中国品牌称雄世界的必由之路。

中国特色的企业文化建设

“把酒祝东风，且共从容”。改革开放以来，中国经济社会快速发展，综合国力大大增强，国际地位显著提高。在这个过程中，中国企业文化逐步兴起和发展，企业管理稳步走向现代化。

当今世界，文化软实力在综合国力竞争中的作用日益凸显。面对更加激烈的全球化竞争和更加严峻的挑战，中国不仅要建设成为科技强国和人才强国，而且必须增强文化自信、建成文化强国。企业是社会的经济细胞，也是社会的文化细胞。发展中国特色的企业文化，是建设文化强国对企业提出的时代要求，也是中国企业文化走向成熟的重要标志。

作者认为，企业文化的中国特色主要体现在 4 个方面，可以形象地以红色、蓝色、绿色和橙色来概括。

第一节　红色文化——以人为本

红色，最早被认为有驱邪功能，后来常用于表示吉祥、喜庆、火热、激情等。红色，又象征革命及左派。中国共产党的党旗、中华人民共和国的国旗都是红色，中共创建的人民军队最初称为“红军”。

红色文化，源于革命文化但并不仅仅是指革命文化，而是由中国共产党领导的社会主义国家性质所决定的。中国共产党是中国工人阶级的先锋队，同时也是中国人民和中华民族的先锋队，代表着最广大人民的根本利益。因此，红色文化的核心内涵是以人为本，一切为了人民、一切依靠人民，最终目的是实现人的自由而全面的发展。

以人为本，作为企业文化的本质特征，无疑也是中国企业文化的最大特色。

一、全球化竞争与人才争夺

“世间一切事物中，人是第一个可宝贵的”。国与国之间的竞争，企业与企业之间的竞争，归根结底是人才的竞争。一个国家、一家企业如果想要立于不败之地，都必须抢占人才制高点。

德国和日本都是第二次世界大战的战败国，为什么能在短短二三十年双双崛起、成为经济强国？原因很简单，受到良好教育的技术人才和管理人才并没有太大损失，保留了人才的“元气”。日本经济崛起，首先在于重视教育和人才培养。进入 21 世纪，日本在人才培养方面进一步加大力度，出台了“240 万科技人才开发综合推进计划”“21 世纪卓越研究基地计划”“科学技术人才培养综合计划”等一系列计划，构成日本的人才总体战略。同时，日本政府大力吸引国外优秀人才。虽然国内失业率一度高达 6%，大学毕业生 20%找不到工作，但仍千方百计从全世界吸引人才。

美国长期以来稳居世界头号强国，关键在于重视教育、重视人才、重视人力资源开发。美国历届政府持续增加教育经费，2015 年达 10 240 亿美元，占 GDP 的比例为 6.3%。此外，美国工商企业每年的员工培训费超过 2 000 亿美元。同时，美国特别重视引进和吸收外国人才，仅第二次世界大战后的 20 年间就吸引各国高科技人才 40 多万名，进入新世纪仍以每年 1 万名的速度递增。在美国大学深造的外国留学生达 30 万人，其中 25%在取得科学家或工程师身份后定居美国，纳入美国的“人才库”。据美国国家科学基金会（NSF）调查，在美国 50%以上的高科技公司中，外籍科学家和工程师占人员总数的 90%。美国“硅谷”超过 1/3 的高级工程师和科研人员，超过 2/3 的工学博士后研究人员，均是外国人。在美国的世界 500 强中，有 75 家公司的 CEO 是外籍。

新加坡从 20 世纪 70 年代以来一跃成为新兴工业国家，目前人均 GDP 达 5 万多美元，这与大力吸收外国人才密不可分。新加坡原总理吴作栋曾说：从全世界搜罗人才对新加坡的持续发展至关重要，如果我们不面对挑战，新加坡将成为一个只有几百万人口的无足轻重的城市。内阁资政李光耀也曾指出，新加坡“必须到国外招揽人才”，否则将在竞争中被淘汰。新加坡政府专门有人力部负责人才引进。目前，新加坡全部 560 万人口中，100 多万是外国人，其中很多是技术和管理人才。新加坡吸引人才首先靠丰厚的薪金，政府规定外国人月工资不得低于 2 500 新元（约合 1 300 多美元）；其次是有良好的居住环境和商业环境。曾有一项对 1 000 名旅居亚洲的西方专才的调查表明，新加坡是他们最喜爱的亚洲国家。

据领英（LinkedIn）2014 年的统计数据，印度是全球人才外流人数最多的国家，而这些外流人才，半数从事了科技工作，38%去了美国。目前，谷歌 CEO 桑达尔・皮查伊、微软公司 CEO 塞特亚・纳德、安赛乐米塔尔集团 CEO 拉克希米・米塔尔、德意志银行联席 CEO 安舒・贾恩、百事可乐公司 CEO 英德拉・努伊等都是印度裔，十分引人瞩目。20 世纪 90 年代实行全方位经济体制改革以来，印度瞄准了海外的大量印裔人才。为吸引他们回国，印度政府制定并实施了一系列务实政策，为人才特别是高科技“海归”人才搭建充分施展才华的舞台，包括斥巨资打造科学城，作为国外人才回国服务的永久基地。印度时任总理瓦杰帕伊在“海外印度人日”大会上对广大印侨说：想回来的时候就回来，我们的大门是永远向你们敞开的！2015 年，印度总理莫迪访美时专门访问硅谷，招揽美国资金和人才协助印度高科技工业起步，并吸引在硅谷的印度优秀人才回国发展。

我国在计划经济时代，主要靠发挥人的劳动积极性推动生产增长，人的因素一直受到重视。改革开放以来，资金对经济发展的重要性凸显，资金链一旦断掉将马上威胁企业的生存；同时，人多带来了成本压力，“人多是个宝”变为“人少是个宝”，企业纷纷减员增效。于是，原来以人为主旋律的人、财、物大合唱，变成了以钱为主旋律。有了资金就有了一切吗？中原药厂，由于事先缺乏科学论证，结果10亿元投资化为乌有。巨人集团，资金雄厚且以不借债著称，结果却因管理混乱，最后破产倒闭。事实说明，“长袖善舞”不是必然的，有了资金的“长袖”，还必须有人才的“善舞”。

面向世界，中国企业靠什么去竞争，如何在全球化、信息化时代获得竞争优势？作为地大物“薄”的人口大国，我们现在没有、以后也不会有自然资源优势；作为最大发展中国家，我们没有财力优势，也没有科技领先优势；作为新加入国际体系的古老民族，面对着美国主导的国际政治经济秩序和文化霸权，我们没有规则竞争优势，也没有话语权的优势……我们唯一的选择只能是在人的身上想办法，把巨大的人口资源开发为有效的人力资源、转化为强大的人才资源。改革开放以来，我国大力实施科教兴国、人才强国战略，努力建设人力资源强国和人才强国，无疑是高瞻远瞩的重大战略。

经过改革开放40年努力，我国经济总量跃居世界第二，资金匮乏的窘境明显改观，人才不足的问题变得更加突出，人力资源总量过剩和结构性短缺的矛盾依然尖锐。我国有数以亿计的剩余劳动力，但在一些重要岗位又缺乏胜任之才。我国每百万人拥有的科学家和工程师人数，仍远不及日、美、俄、德、法等国。我国虽有 2 000 多万家企业、几十万家大中型企业，但是拥有管理学学位（如 MBA）的经营管理人才仅有十多万人，特别是缺少具有国际视野的优秀企业家。同样，我国缺少拔尖的科技创新人才，缺少高端的文化人才，缺少高水平的律师、会计师、审计师，缺少一流的工程师和技术工人，缺少高素质的公务员……如果不能尽快改变这种人才短缺现象，建立有利于人才选拔、培养、使用、评价、激励的体制机制和良好环境，就无法形成群英荟萃、人才辈出的生动局面，必然影响到我国经济社会长期稳定健康发展。

二、贯彻新时代中国特色社会主义思想与坚持以人为本

随着管理实践发展，越来越多的企业家认识到：人是企业生存发展的最重要因素。早在 20 世纪中叶，美国企业家小托马斯·沃森就说过，作为一个事业家，我们要考虑到利润，但是人员要始终放在第一位；日本企业家松下幸之助认为人的智慧、科学知识和实践经验比黄金更有价值，并提出造物之前先造人。美国企业家杰克·韦尔奇有一个著名论断：GE 靠人和思想的力量取胜。美国管理学家吉姆·柯林斯研究发现，许多世界著名企业的一个重要共性特征是“先人后事”，即管理以人为中心，首先考虑挑选合适的优秀人才。中国台湾企业家施振荣曾指出：宏碁的管理是以人为中心的模式，未来经济的发展，借助人的比重会越来越多。自然资源有限，而脑力资源开发无限，找到开发脑力的有效机制就拥有了发展的最好办法。海尔集团张瑞敏认为：要盘活资产先要盘活人。这些优秀企业家的认识，都揭示了企业必须坚持“以人为本”这个真谛。

习近平在十九大上提出中国进入了中国特色社会主义的新时代，在 2017 年 11 月 25 日与中外记者见面时说道：我们要牢记人民对美好生活的向往就是我们的奋斗目标，坚持以人民为中心的发展思想，努力抓好保障和改善民生各项工作，不断增强人民的获得感、幸福感、安全感，不断推进全体人民共同富裕。这是新时代的新宣言。在国家层面是以人民为中心，在企业层面就是以人为中心，这是中国企业文化的本质特征。具体而言有以下三个方面。

（1）要把人作为企业管理的出发点和归宿，切实尊重人的主体地位。以人为中心，深

刻揭示了生产力诸要素的关系，反映了人是生产力最积极、最活跃的因素这一本质规律。人既是管理的主体，又是管理的客体，是管理工作真正的核心。

（2）要以现实的人作为出发点。这与西方人本主义以抽象的人为出发点不同，唯物史观以现实的人作为出发点，强调人既是目的又是手段。企业坚持以人为中心，既要重视发挥员工作为生产力第一要素的作用，又要把满足员工合理需要、促进员工发展作为根本追求。

（3）要把实现人的全面发展作为企业发展的内在动力。企业既是经济组织，又是社会组织。只有把不断满足人（员工、顾客和公众）的物质和精神生活需要，企业才能正确处理与社会、与员工的关系，正确处理经济目的与社会责任的关系，实现企业与人的和谐发展。

企业以什么作为生存发展之本，先后经历了从“物本”到“资本”再到“人本”（以人为本）这样一个不断深化的认识过程。以人为本，意味着恢复人的本来面目，标志着人们对企业本质及企业管理规律在认识上的一次飞跃。实践科学发展观，贯彻新发展理念，是社会价值观和社会文化的一场深刻变革，必将对企业转变发展方式和管理模式、建设企业文化和人才队伍起到巨大的推动作用。

三、企业人才战略与企业文化建设

人、财、物皆为企业不可或缺的资源，但物和财的运作，又赖于人的智慧和汗水。“有了资金就有了一切”，这是对市场经济的误解和曲解。人、财、物，是一切管理活动的对象。相对应的管理，分别是人力资源管理、价值的管理和使用价值的管理。企业内部，所谓现代化管理就是对上述三方面进行全面系统的管理——对使用价值的系统管理归结为全面技术与质量管理，对价值的系统管理主要指全面财务管理与全面经济核算，对人力资源的系统管理就是全面人力资源开发与管理和企业文化建设（图 10-1）。

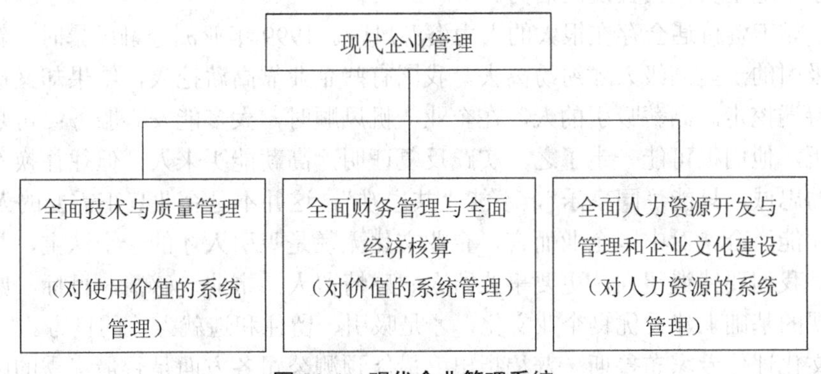

图 10-1　现代企业管理系统

显然，全面技术与质量管理，首先要靠具有高度责任感和专业能力的工程师，要靠强有力的技术质量管理人员和部门，以及高质量的员工培训和以质量为生命的优秀文化，这一切都需要相应的人才去运作。全面财务管理与全面经济核算，首先要靠优秀的会计师和经济师，要靠高度专业化和高效率的财务管理人员与部门，以及全体职工强烈的效益意识。全面人力资源开发与管理和企业文化建设，首先要靠优秀的人力资源专家，要靠具有专业化水平和高效率的人力资源管理人员和机构，以及以人为本的文化氛围。这三大系统管理，成败全系于一个因素——人才。有了第一流的人才，就可以克服万难，创造奇迹。

中国企业如何形成人才优势？唯一的办法就是在习近平新时代中国特色社会主义思想的指引下，坚持以人为本，树立科学的人才观，确立正确的人才战略，建设强大的企业文化。

形成人才竞争优势，不外乎有培养人才和吸引人才两种方式。培养人才，是形成和保持人才优势的长效机制。日本松下公司靠“造物之前先造人”，日本电产公司发明了“奇迹般的人才育成法”，美国 GE 公司设有管理发展培训中心，摩托罗拉公司创办了“摩托罗拉大学”，麦当劳公司有“汉堡包大学”，海尔集团坚持“人人是人才，赛马不相马”，山东电力集团有“人才工程”……把企业同时办成“学校”，是国内外很多企业成功的法宝。

从外部吸引人才，是企业短期内提升队伍素质、汇聚人才优势的有效手段。改革开放早期，国有企业的人才流向三资企业，内地人才流向东南沿海，正所谓“孔雀东南飞”。后来，随着跨国公司的人才本地化战略，它们从中国吸纳优秀人才的速度和力度都大大提高。中国企业曾饱尝人才流失之痛，更应深感吸引和留住人才的珍贵。今后，越来越多中国企业走向世界，在国外销售、办厂、搞研发，更需要从国际上吸引各类优秀人才。

人才的跨地区、跨国界流动，是一个不可阻挡的趋势。中国企业靠什么在全球化的人才争夺战中与狼共舞？靠工资待遇？一定的物质待遇是必要的，但是完全依赖物质刺激显然又行不通。

首先，我们的综合国力还不够强，劳动生产率还不够高。中国企业 500 强平均的人均利润，大约只有世界企业 500 强的 1/3。如果不顾实际，盲目提高薪酬待遇，急于向国外大公司看齐，中国企业的利润难免早晚被人力成本吃掉。近年随着工资水平大幅提升，中国许多企业特别是劳动密集型企业的成本优势荡然无存，一些产业开始向其他发展中国家转移。实行较低的薪酬政策，是发展中国家的国情所决定的，也是发展中国家的一个优势。倘若过分依靠高待遇吸引人才，势必把竞争优势拱手让出。高工资高福利已经使欧洲、南美一些国家不堪重负，失去发展活力。

其次，靠工资待遇会存在很大的人力资源风险。1999 年亚洲金融风暴时，新加坡用高薪从国外吸引的一些高级人才纷纷离去。我国有些企业靠高薪挖人，结果却又被其他对手用更高的待遇挖走。高薪吸引的人，在企业一帆风顺时，大多能安心服务；可是当企业一旦遇到挫折，他们很可能一走了之。实践反复证明，高薪能买来人，但往往换不来心。缺乏对企业的忠诚，只能“同享乐”，不能“共患难”，这并不是企业真正需要的人才。

志同才能道合。对中国企业而言，企业文化无疑是吸引人才的一个法宝，是凝聚力的重要源泉。我们要待遇留人，更要事业留人、感情留人。事业，感情，目标，愿景……在共同价值观的基础上建设优良企业文化，才是吸引、留住和造就人才的良方。

美国文化评估专家布鲁斯·普福指出：最能预测公司各方面是否最优秀的因素是公司吸引、激励和留住人才的能力。公司文化是他们加强这种关键能力的最重要的工具。宝洁公司原董事长兼 CEO 约翰·佩珀当年放弃到哈佛读书而留在公司，既有机遇又有事业的原因，特别是因为宝洁的价值观。日本企业家稻山嘉宽说“工作的报酬就是工作本身”，讲的就是崇高的事业和有意义的工作，才是对人最大的激励、最大的吸引。只有优良的企业文化才能使员工了解工作的意义，激发出与企业同舟共济的忠诚度和事业心。美国企业家和管理学者研究认为，组织的价值取向明确了某种组织文化，这一文化有助于吸引相关的人们，并指导他们在工作中的日常表现。这些国外企业家的认识和研究成果，进一步证实了本书的观点。传承弘扬中华优秀传统文化，吸收世界先进文明和国外企业文化精髓，建设具有中国特色和企业个性的优良文化，或许正是中国企业在全球化的人才争夺战中的制胜法宝。

知识经济时代，企业文化建设对于知识密集型企业尤为重要。美国管理学大师彼得·德鲁克曾说："20 世纪最重要的，也是最独特的对管理的贡献，是制造业中手工工作者的生产力提高了 50 倍。21 世纪对管理最重要的贡献，同样也将是提高知识工作与知识工作者的生产力。"如果说，提高体力劳动者生产力的主要手段是科学管理，即靠严格的制度和外部监督提高工作效率的话；那么在脑力劳动为主要形式、知识创新占主导地位的情况下，科学管理将大打折扣，根本选择是通过影响知识工作者的思想观念，提供良好的文化氛围来提高工作效率和创造活力。这种刚柔并济的文化管理，表明企业文化建设不仅是成为企业管理的关键，也是企业吸引人才和造就人才的关键。也正因此，美国海氏咨询公司曾经在对《财富》500 强评选的总结中指出，公司出类拔萃的关键在于文化。

在当今世界和当代中国，凡是成功的企业，都有优秀的文化；凡是失败的企业，都存在着不良的文化。令人欣慰的是，越来越多的中国企业家看到了人才争夺的重要性、紧迫性，认识到人是企业生存发展之本，领悟到 21 世纪是"文化制胜"的时代，把加强企业文化建设作为持续增强核心竞争力的唯一选择。

第二节 蓝色文化——科技创新

科学技术是第一生产力。人类近现代史表明，科学技术的每一次重大突破，都会带来社会生产力的巨大飞跃。第二次世界大战以后随着以信息技术为代表的新科技革命迅猛发展，科技进步对经济社会发展的贡献率不断提高。在 21 世纪的今天，科技创新已经成为经济社会发展的主要驱动力，也成为企业竞争的关键因素。由于现代科学技术发端于西方国家，19 世纪后期才漂洋过海逐步传入中国，所以中国人往往把包括现代科学技术在内的西方文化统称为"蓝色文明"。相应地，可以把企业的科技创新特色称为"蓝色文化"。

一、知识经济与创新驱动发展战略

从 20 世纪中叶开始，特别是随着信息技术的发展，知识的生产、传播和应用呈加速发展的趋势，科技进步对人类生产力的贡献率越来越大。继劳力经济、资源经济之后，知识经济（knowledge-based economy）这一新的经济形态逐渐萌芽和发展。1996 年，世界经合组织（OECD）的报告首次明确提出，知识经济是以知识和信息为基础的经济。知识经济的兴起，改变着经济增长方式，改变着人们的生产生活方式和思想观念，也必然会影响和改变企业发展模式与企业文化。

与知识经济相适应，一些国家率先成为创新型国家。早在第二次世界大战以后，众多国家都在不同的起点上谋求强国之路，有的依靠丰富的自然资源，如中东产油国家；有的依附于发达国家的资本、市场和技术，如一些拉美国家；有的则以科技创新作为基本战略，通过自主创新形成较大的竞争优势，如美国、日本、芬兰、韩国等。这些"创新型国家"

的共同特征是：创新综合指数明显高于其他国家，科技进步贡献率在 70%以上，对外技术依存度则低于 30%，全社会的研发投入占国内生产总值的比重超过 2%（世界领先国家在 3%以上）。目前，世界公认的 20 个左右创新型国家拥有全球 99%的发明专利。

总结各国现代化的经验，中共中央提出我国到 2020 年要进入创新型国家行列，进而建设成为世界科技强国。习近平在两院院士大会上讲话指出，要实现中华民族伟大复兴，必须坚定不移贯彻科教兴国战略和创新驱动发展战略，坚定不移走科技强国之路。2013 年，《中共中央关于全面深化改革若干重大问题的决定》强调，建立产学研协同创新机制，强化企业在技术创新中的主体地位，发挥大型企业创新骨干作用，激发中小企业创新活力，推进应用型技术研发机构市场化、企业化改革，建设国家创新体系。这充分阐明了企业在国家创新体系中的重要地位，也对我国广大企业提出了新的要求。

作为市场主体的企业，不仅是资源配置的微观主体，而且应当是技术创新的主体。大量实践表明，一个国家的科技创新必须由企业来组织。通过企业自主创新，不仅使创新项目直接面向市场需求，科技成果可以直接实现产业化，转化为现实生产力。

对一家企业而言，并非每项技术都要自己研发，部分甚至全部技术都可以通过市场机制来获得；但是对一个国家来说，如果企业整体缺乏技术创新能力，则必然受制于他国的技术制约，甚至遭遇技术垄断的壁垒。事实也是如此。改革开放使我国企业比较容易从国外引进相对先进的技术和设备，导致了忽视技术创新的倾向，很多企业完全没有创新能力。随着我国与发达国家的技术差距不断缩小，国外很多企业开始拒绝向我国出口有关技术，试图保持技术领先优势；而且，在一些事关国计民生和国家安全的重要领域，发达国家一直严格限制对我国技术出口，即“你有钱也买不来”。为此，我国企业必须走自主创新道路，提升创新能力，从而增强市场竞争力和发展后劲。否则，我国企业只能拾人牙慧，国家安全和利益也只能掌握在他国之手，甚至重蹈落后挨打的覆辙。

根据国际经验，企业的技术创新主体地位表现在研发投入、技术创新活动和创新成果应用等方面。美、日、德三国企业投入和使用的科研经费，都占本国全部科研经费的 60%以上。IBM、微软、谷歌、大众、松下、丰田等公司都具有雄厚的研发力量和巨大的研发经费（R&D）投入，每年取得大量专利，并有很多新技术被实际应用。与之相比，我国企业研发投入不足，技术创新和新产品开发、引进技术的消化吸收能力弱，大中型企业研发投入占销售收入之比仅 0.71%。2007—2013 年的《中国科技统计年鉴》显示，我国企业引进技术与消化吸收的经费支出之比，2007 年仅为 1∶0.12，2011 年增加到 1∶0.45，但仍远低于日、韩等国企业的 1∶3～1∶7。

我国 2006 年启动创新型企业建设，科技部等对国家级创新型企业的研发经费强度门槛作出了明确规定（表 10-1）。据《中国创新型企业发展报告 2011》，349 家国家级创新型企业 2009 年、2010 年的研发经费强度分别只有 1.86%和 1.69%。

近年，我国企业的研发投入持续增长。《2014 年全国科技经费投入统计公报》显示，各类企业 R&D 支出为 1.01 万亿元，是 2001 年的 6.7 倍；占全国总经费的 77.3%，比 2001 年提高 12 个百分点。根据 2016 年企业公布的数据，A 股市场 2 666 家研发费用支出共 4 615 亿元，平均 1.73 亿元。其中，超过亿元的 743 家（包括百亿以上的 4 家），不足百万元的 46 家（包括 10 万元以下的 3 家）。研发经费排在前列的主要是中央企业（表 10-2）。研发支出占营业收入的比例平均为 4.57%，接近世界 500 强企业的平均值 5%；其中高于平

表 10-1 国家级创新型企业研发经费强度门槛条件 %

<table>
<tr><th>企业规模
产业分类</th><th>主营业务收入
5 亿元以下</th><th>主营业务收入
5 亿～100 亿元</th><th>主营业务收入
100 亿～1 000 亿元</th><th>主营业务收入
1 000 亿元以上</th></tr>
<tr><td>高技术密集度产业群</td><td>6.0</td><td>5.0</td><td>4.0</td><td rowspan="4">0.6+X</td></tr>
<tr><td>中高技术密集度产业群</td><td>5.0</td><td>4.0</td><td>3.0</td></tr>
<tr><td>中低技术密集度产业群</td><td>4.0</td><td>3.0</td><td>2.0</td></tr>
<tr><td>低技术密集度产业群</td><td>3.0</td><td>2.0</td><td>1.0</td></tr>
</table>

注：①表中数据为企业研发经费强度，即企业研发经费支出额占主营业务收入的比例。②*X* 的取值按企业所在行业平均研发经费强度情况分别为{2.0，1.0，0.5，0}。

均值的 A 股公司只有 30%，投入强度达到或超过 10%的 228 家。总的来看，我国 A 股公司的研发投入很不平衡，一些优质企业达到了国际同行水平，但是多数企业的研发投入强度比较低。

表 10-2 2016 年我国研发费用前 10 名的 A 股公司

排名	公司名称	R&D/亿元	排名	公司名称	R&D/亿元
1	中国石油	176.65	6	中国铁建	94.43
2	中兴通讯	127.62	7	上汽集团	94.08
3	中国建筑	105.92	8	中国交建	79.07
4	中国中铁	104.19	9	中国电建	62.24
5	中国中车	96.84	10	中国中冶	60.77

资料来源：Wind 统计数据

2016 年，国家知识产权局共受理发明专利申请 133.9 万件，同比增长 21.5%，连续 6 年位居世界首位。国内发明专利申请在全部专利申请中的比例保持在 40%左右，企业占国内发明专利申请和授权的比例均达到六成以上，以企业为主的创新主体的专利创造运用能力不断提高。在国内（不含港澳台）企业发明专利申请受理量方面，华为（4 906 件）、中石化（4 405 件）、乐视控股（4 197 件）位列三甲；在发明专利授权量方面，国家电网（4 146 件）、华为（2 690 件）、中石化（2 555 件）、中兴通讯（1 587 件）、京东方（1 228 件）、腾讯（1 027 件）、格力（871 件）、中国石油（867 件）、联想（763 件）、上海华虹宏力（721 件）居前 10 位。但与发达国家相比，我国企业中 99%没有申请专利，仅 0.03％拥有核心知识产权，海外专利布局能力也有相当的差距。

改革开放以来，我国经济快速发展主要得益于发挥了劳动力和资源环境的低成本优势。进入新的发展阶段，我国在国际上的低成本优势逐渐消失。与低成本优势相比，技术创新具有不易模仿、附加值高等突出特点，由此建立的发展优势持续时间长、竞争力强。实施创新驱动发展战略，加快实现由低成本优势向创新优势的转换，对降低资源能源消耗、加快产业技术创新、改善生态环境、建设美丽中国具有长远意义，可以全面提升我国经济增长的质量和效益，有力推动经济发展方式，为我国持续发展提供强大动力。为此，我国企业必须改变观念，切实重视科技创新，加大研发投入，成为技术创新的主体。这是企业增强竞争力的内在要求，也是适应和参与创新驱动发展战略的迫切需要。

二、创新型企业及其特征

创新型组织是科技文化创新的主体，其中的创新型企业更是引领技术创新潮流、将新技术直接转化为现实生产力和社会财富的主要载体。毫无疑问，如果没有一大批创新型企业，就不可能有创新型国家。

纵观那些引领行业发展的世界著名企业，几乎都是创新型企业，如美国 IBM、谷歌，德国大众，日本松下，韩国三星电子等。美国 3M 公司坚持“尊重个人首创精神”的核心理念，以“成为世界上最具创新精神的企业与提供的产品和服务较受欢迎的供应商”为目标，设有创始资助基金来支持创新，并规定科研人员可以把 15%的工作时间用于自选的研究项目。正是因为拥有大量创新型企业，美国、日本、芬兰、韩国、新加坡等得以跻身创新型国家行列。中国要落实创新驱动发展战略，建设成为创新型国家和科技强国，需要在各行各业培育和建设大量的创新型组织；中国企业要在信息化时代的全球化竞争中获得优势，必须努力建设成为创新型企业。

什么是创新型企业（组织）？彼得·德鲁克认为，创新型组织能够把创新精神制度化而创造出一种创新习惯；这些创新型组织作为一个组织来创新，即把一大群人组织起来从事持续而有生产性的创新。美国管理咨询专家皮特斯·T 则提出，创新型组织是创新成为一种功能、能够全面创新的组织，不只是遇到问题才创新，无事则不创新。

创新型组织与一般的组织相比，具有很多不同的特征。德鲁克认为，创新型组织有 6 个共同点：知道“创新”的意义是什么；了解创新的动态过程；有一个创新战略；了解适合于创新动态过程的目标、方向和衡量标准；组织中的管理层、特别是高层管理起着不同的作用，并持有不同的态度；以不同于经营管理组织的方式组织和建立创新型组织。

在英国学者弗雷曼（Freeman）的著作《工业创新经济学》中，根据创新成功的企业归纳出 10 个特点：企业内部 R&D 能力很强；从事基础研究或相近研究；利用专利保护，与竞争对手讨价还价；企业规模足够大，能够长期资助 R&D；研制时间比竞争对手短；愿意冒高风险；较早且富于想象地确定一个潜在市场；关注潜在市场，努力去培养、关注客户；有能有效地使 R&D、生产和销售相协调的企业家精神；与客户和科学界保持联系。

克里斯蒂森（Christiansen）则提出，创新型组织在战略、目标、组织结构、员工间的交流系统、决策方法、激励机制、个人管理系统、组织文化、新思想产生的方法、实验室管理方法、项目资助系统、项目管理、项目管理方法、项目组织、日常事务监督 15 个方面与一般的组织有所区别。

综合国内外有关研究，本书认为，创新型组织具有下述主要特征，这些主要特征使得它们具有持续的创新能力。把握这些主要特征，有助于中国企业认识和建设创新型企业。

1. 创新型组织是以人为中心的组织

创新的主体是人，组织中的任何创新活动无一不是通过组织中的人来实现的。离开了人的创新意识、创新动机和创新行为，就不可能有创新成果。因此，创新型企业必须坚持以人为本，把人作为管理工作的中心，切实尊重人的主体地位，努力激发人的创新意识、创新精神和创造潜能。从世界上先进企业的管理实践来看，管理的重点已经从关注生产环节、市场销售、资产运营转移到以发挥人的潜力为主的人力资源管理（图 10-2）。由于实行以人为中心管理，几乎所有的创新型组织都非常重视组织文化建设，营造出一种鼓励创新与变革的氛围和机制。可以说，创新文化是创新型组织的生命力所在。

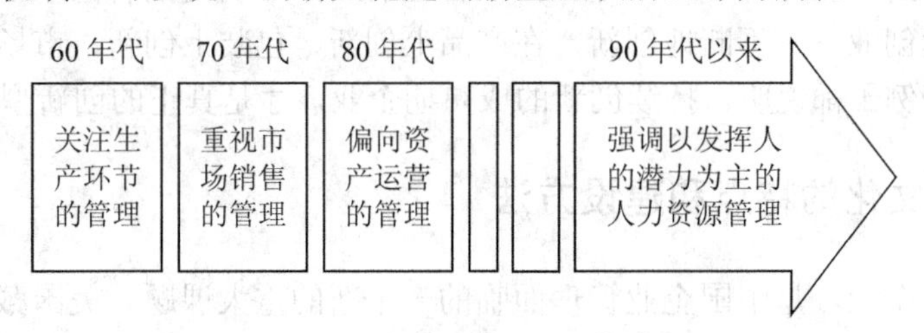

图 10-2　企业的管理重点变化趋势

2. 创新型组织是学习型组织

彼得·圣吉（Peter M. Senge）指出，学习型组织就本质而言是一个具有持久创新能力去创造未来的组织。对一个企业来说，必须全员学习、系统学习，建立学习型组织，形成浓厚的学习创新氛围，才能增强创新的动力、提高创新的能力。早在世纪之交，美国排名前 25 位企业中的 20 家，世界 100 强企业中的 40%，都按照学习型组织模式进行了彻底改造。因此，创新型组织往往同时是学习型组织。

学习是人的认知（知识）和行为发生改变的过程。很多企业之所以建设学习型组织成效不明显，就是因为没有把握住创新这个方向，为学习而学习，使学习成为形式主义的摆设了。韦尔奇为了将 GE 建成学习型组织，在一个百年老店中塑造思想和智慧超越传统与层级的学习型文化，下了很大功夫来清除公司过去长期形成的“NIH”观念——意思是，不是产生于 GE，公司就不会对其感兴趣。可以说，创新型组织的学习，既要向理论学习、向过去的经验学习、向失败学习，又要向实践学习、向竞争者学习，更要向顾客学习、向市场学习。

3. 创新型组织是成熟的组织

按照组织生命周期理论，企业的生命周期分为四个阶段：创办期、成长期、成熟期、衰退期。这里所说的“成熟的组织”，指的就是处于生命周期中成熟期的企业。创办期和成长期的企业，并不一定具备持续创新的能力。世界上大量的企业依靠新技术、新产品而建立和发展起来，但是还没有到成熟期，就早已不复存在。美国高新技术企业的寿命只有 10% 能超过 5 年，北京中关村的高科技企业存续 10 年以上的仅 30%。存续时间很短的企业，很难说是创新型组织。事实上，很多进入成熟期并且由于具有强大的持续创新能力、不断变革发展的企业，才能避免衰退并不断发展，以长期的出色业绩而受到业界的推崇，成为享誉全球的企业巨人（表 10-3）。

表 10-3　部分世界著名企业的创办时间

企业名称	所在国家	创办时间	企业名称	所在国家	创办时间
杜邦公司	美国	1802 年	三菱集团	日本	1870 年
宝洁公司	美国	1837 年	默克公司	美国	1891 年
运通公司	美国	1850 年	IBM 公司	美国	1912 年
通用电气公司	美国	1860 年	惠普公司	美国	1937 年
强生公司	美国	1886 年	索尼公司	日本	1945 年

我国也有一些具有持续创新能力的企业。例如，创办于 1669 年的同仁堂，由于不断开

发出疗效好的新药才能历时300多年而不衰；已有百余年历史的香港李锦记集团，其成功之处也在于永远创业——不断地创新，在产品上创新、包装上创新、市场上创新、管理理念上创新。这些例子都说明，持续创新的成熟期企业，才是真正的创新型企业。

三、创新文化的特点和建设方法

建设创新型企业，是中国企业管理面临的一个新的重大课题。美国戴尔公司的一条经验是"为创新创造一种文化"。很多企业的实践表明，创新型组织的核心是组织所拥有的创新文化。

1. 创新和创新文化

创新文化，是以创新为主导价值观的组织文化。

经济学家熊彼特认为，创新是建立一种新的生产函数，或实现生产要素的一种新组合。从哲学上讲，创新是能体现人类主体性的高度自觉的行为，是对客观世界有价值的认识、实践和改造。以创新作为主导价值观，就是认为创新是最重要的、最有价值的，创新思想与行为是最光荣、最应给予赞赏和褒奖的。海尔文化的核心就是创新的价值观。

创新应在企业文化的三个层次均有明显体现：创新的价值观以及创新目标和动机、创新精神、创新意识、创新思维等构成了创新文化的理念层；支持和激励创新的体制、机制、制度、行为习惯乃至群体风气等要素组成了它的制度行为层；而有利于创新的自然环境和各种硬件条件构成其符号物质层。创新文化的各层次有着紧密的内在逻辑联系，缺一不可。创新价值观等理念层要素是创新行为的先导，制度行为层是创新活动的保证，符号物质层则是创新活动的物质基础。

2. 创新文化的特点

作为一种先进的组织文化，创新文化具有开放性、多样性、和谐性等特点。把握住这些特点，是企业判断、设计和建设创新文化的重要前提。

（1）开放性。古今中外，无论民族文化还是微观组织文化，优秀文化都对外来文化抱有积极态度，它欢迎和汲取一切外来文化的积极因素并内化为自身文化的合理成分，这样开放包容的文化充满创造活力。中国唐朝敞开国门积极吸收各国文化，开启了"贞观之治"和大唐盛世；现代美国广泛吸纳各国人才和各种文明，长期占据科技制高点，成为当今唯一的超级大国。GE公司倡导"以无边界工作方式行事，永远寻找并应用最好的想法而无须在意其来源"的价值观念，促进了理念、制度和技术的创新，长期保持着竞争优势。

（2）多样性。生物的多样性使大自然充满生机，文化的多样性使人类社会充满生机。美国是一个移民国家，深圳是一个移民城市，各种不同文化的交汇融合，造就了发达的国家和发达的城市。很多跨国企业也都十分重视保持内部文化的多样性，广泛吸收不同文化背景的优秀员工，以员工队伍的多样化来保证企业文化的多样性。单一的文化，缺乏不同价值标准、思想意识、行为习惯等的冲击与碰撞，难以形成激励创新的氛围。

（3）和谐性。在组织内部，要使不同的文化因素构成一个整体，形成激励创新的合力，意味着组织文化必然具有包容性与和谐性。这种和谐，不是一团和气，是和而不同，是以核心价值观为基础的百花齐放。如果不和谐，则意味着失去了共同价值观，结果只能是破坏性冲突。创新文化的和谐性，表现为科学主义与人文主义、科学精神与人文精神的和谐，也表现为与外来文化的和谐、内部不同文化因素和不同层次的和谐、现实文化与历史传统的和谐。诺世全公司有这样的观点：只要你遵守我们的基本价值观和标准，为了把工作做好，你可以做你要做的任何事情。

3．建设创新文化的关键

思想是行动的先导。建设创新文化，关键是要树立与创新相适应的一系列思想观念。我国很多企业都不同程度存在着官本位、平均主义、急功近利、平庸、保守等思想，严重压制了广大员工的创造热情。当前，企业必须在全体干部职工中牢固确立以创新为荣的价值观，大力倡导创新意识，弘扬创新精神，激发创新动力。

（1）坚持以人为本，切实尊重个人、尊重员工的首创精神。创新的火花往往来自个人在特定环境下的“灵感”。中国企业受传统文化影响，往往强调集体，而压抑了个性，忽视了员工个人的首创精神。为此，企业必须坚持以人为本，坚持真理面前人人平等，大力发扬企业民主，淡化身份、级别、职称、资历造成的等级意识，充分认识和尊重每名员工的创新主体地位和主人翁意识。正如 MIT 教授尼葛洛庞帝所说：“营造富有创新精神的文化的最大难题，在于找到能鼓励不同观点发表的途径。”日本本田公司自 1953 年起就制定了合理化建议制度，对提出优秀合理化建议的员工给予多种奖励，这一做法值得中国企业学习。

（2）坚持自强不息、追求卓越，大力弘扬崇尚创新、敢为人先的精神。中华文化历来强调推陈出新，强调天行健，君子以自强不息。我们的企业要树立远大理想，倡导没有最好、只有更好，不满足现状、视今天为落后，增强创新的内在动力；要解放思想、实事求是，不唯书、不唯上、不唯洋、只唯实，不迷信权威和前人，一切从企业实际出发；要坚持一分为二，对新生事物不盲目怀疑、不片面质疑、不武断否定，积极支持各种新想法、新尝试。仍以本田公司为例，公司倡导“为社会服务，为社会做贡献”的社会活动理念，让员工在思想上感受挑战梦想的最高境界，鼓励员工“异想天开”并提供条件（如设想工作室），使员工在不违背公司基本原则的前提下，按自己的想法去开发和创新。

（3）坚持尊重规律、求真务实，大力提倡敢冒风险、宽容失败的精神。创新是对现有理论与实践的超越，创新精神是一种勇于突破已有认识和做法的强烈意识。正如爱因斯坦所说：提出一个问题往往比解决一个问题更重要。因为解决一个问题也许仅是数学上的或者实验上的一个技能而已；提出新的问题，新的可能，从新的角度去看旧的问题，却需要有创造性的想象力，标志着科学真正的进步。企业干部职工要转变思维定式，鼓励批判性思维，倡导怀疑精神和批判精神，允许失败、宽容失误，增强包容心、宽容度和承受力，敢于承担风险和责任，营造不怕失败的宽松氛围。英特尔公司把“鼓励尝试风险”作为一条基本原则，公司创始人诺伊斯最常用的口头禅是“别担心，只管去做”。在美国硅谷，“It’s OK to fail”（失败是可以的）是企业的流行语。

实施创新驱动发展战略，建设创新型国家，为中国企业建设创新型组织提供了良好的外部环境。在 2017 年“一带一路”国际合作高峰论坛举行期间，一项针对 20 国青年的调查显示，高铁、网购、支付宝和共享单车，成为这些在华外国人心目中的中国“新四大发明”。只要广大企业紧紧抓住机遇，大力推进创新文化和创新型组织建设，中国就一定能向世界奉献越来越多的“中国创造”，谱写蓝色星球上科技文明的新篇章。

第三节 绿色文化——社会责任

绿色代表生命，代表生机勃勃的大自然。随着人类的现代发展，人口、资源、环境矛盾日益突出并引起社会有识之士的高度重视，建设资源节约型、环境友好型社会，促进人与自然和谐发展，越来越成为国际社会的共识。针对一些企业追求短期经济利益，不惜大量耗费自然资源和破坏自然环境的行为，绿色发展的理念应运而生，并成为我国新发展理念的重要组成部分。

绿色发展，要求企业不以牺牲环境、损害未来一代需求为代价，切实履行自身的社会责任，恪守以诚信为核心的企业伦理和商业道德，自觉做合格的社会公民。

一、企业社会责任与可持续发展

如何看待企业社会责任？企业是社会经济组织，首先具有经济属性，要通过生产产品或提供服务取得利润，求得生存发展。同时，企业又是社会组织，社会是企业的生存土壤、发展空间和利润来源，企业必须承担自身经济活动所导致的社会后果，即在生产经营活动中，履行回报社会、支持公益、救助贫困等多种社会责任。

经济责任是企业社会责任的基础和前提，社会责任是经济责任的延伸和保障，二者是一种辩证关系，和谐统一才能使企业得到充分发展。经济责任和社会责任是一种互相包含的关系。仅从生产力角度看，企业履行经济责任也是在履行重要的社会责任，因为企业为社会、为民众、为消费者提供了产品和服务。正如《松下经营哲学》书中所写：企业从社会中获得的合理利润，正是该企业完成社会使命，对社会做了贡献而得到的报酬。另外，从生产力和生产关系双重角度来看，经济责任所代表的这部分社会责任还不够完整。必须承认，社会责任和经济责任之间存在着一定的矛盾，特别是经济利益的冲突。这是因为盈利是企业的目的，追求利益最大化是企业发展的原动力，又往往导致片面追求自身经济利益而忽视或损害社会利益的现象。

企业在履行经济责任时，如果忽视社会责任，不能把两者有机地统一起来，往往事与愿违，最终损害到企业自身的利益。从美国安然公司、世通公司的假账丑闻等事件，到华尔街助推金融风暴，对世界经济社会产生了严重的不利影响。西方社会近年来要求企业增强社会责任的呼声日盛，《财富》和《福布斯》等杂志在进行企业排名时都增加了“社会责任”标准。美国学者对《商业伦理》杂志评出的100家“最佳企业公民”与“标准普尔500强”中其他企业的财务业绩进行比较，得出结论：“最佳企业公民”的财务状况要远远优于“标准普尔500强”中的其他企业，前者的平均得分要比后者的平均值高出10%。美国曾经有调查显示：当美国人了解到一个企业在社会责任方面有消极举动时，高达91%的人会考虑购买另一家公司的产品或服务，85%的人会把这一信息告诉他的家人、朋友，83%的人会拒绝投资这个企业，80%的人会拒绝在这家企业工作。这也说明，具有社会责任感的企业能吸引和留住优秀人才，降低人力资源开发与管理的成本。

世界上很多著名企业都十分重视社会责任。松下公司1929年制定的集团纲领中，就有“企业是社会的公器”的经营观，并一直成为公司的社会责任理念。惠普公司的7个目标中，就有一个是“好公民（社会责任）”。福特汽车（中国）把企业社会责任纳入使命和价值观表述，强调“福特汽车公司在全球的行动必须对社会负责，并因其正直、诚信和对社会的积极贡献而受人尊重”，并采取4方面策略来落实。这些企业在促进环境保护和可持续发展的同时，也较好地实现了企业自身的持续健康发展。

近年来，我国越来越多的企业认识到社会责任的重要性，主动更新发展观念、转变发展方式，通过节能降耗、节能减排等措施促进环境保护，积极投身社会公益事业，在企业社会责任的认识和实践中迈出了可喜步伐。

华润集团把“感恩回报”作为四条核心价值观之一，意思是常怀感恩之心，将履行社会责任视作“超越利润之上的追求”，努力打造“投资者信任、员工热爱、社会尊重、大众称道”的优秀企业形象，成为全社会企业的榜样。中兴通讯提出“以道德的和可持续的方式开展所有的业务，保护和提升所有直接和间接为ZTE工作的所有员工的人权、健康、安全、福利以及个人发展”作为CSR愿景，自觉把社会责任融入公司战略、企业文化和生产经营活动中，2009年2月正式成为联合国全球契约组织的成员，致力于成为全球优秀企业公民的典范和CSR领导者。中国铝业公司秉承“责任、诚信、开放、卓越”的核心价值观和“诚信为本，回报至上”的经营理念，积极践行“回报股东，成就员工，惠泽客户，造福社会，珍爱环境”的企业使命和社会责任。广西柳工集团坚持把履行社会责任放在重要位置，按照ISO 26000国际规范要求制定社会责任战略规划，推动社会责任融入核心价值观、战略和发展规划以及经营管理各个环节。这些认识和做法都是值得尊敬的。

二、依托企业文化塑造企业伦理

企业社会责任与企业伦理密不可分。企业的社会责任与义务，就是企业的社会道德责任感，是指自觉承担社会责任的主动意识。这其中即有企业法人按法律规定应尽的社会责任，也有企业应当负担的社会义务。在企业伦理匮乏和监督机制不健全的情况下，经营者一味追求经济利益，不仅会给社会带来混乱，而且可能损害国家和民族的声誉。因此，要切实履行企业社会责任，必须重视企业伦理建设。

企业伦理要求企业按照3个基本准则行事，那就是关心消费者、关心环境、关心员工（表10-4）。企业家只有给予社会和环境以关切，才能得到社会的认可与回报；只有关心员工、关心消费者，才能焕发企业的生命力。

表10-4 基本企业伦理

对象	目标	内容要求
关心消费者	消费者满意	为消费者提供使用方便
	消费者安全	安全设计、使用说明
关心环境	输出导向的环境保护	废物处理的规范
	限制有害垃圾	逐步处理项目
		过滤器具的应用
		拆装设计
	输入导向的环境保护	减少废物项目
	减少自然资源消耗	再循环

续表

对象	目标	内容要求
关心员工	最低劳动条件	没有折磨
		不雇用童工
		最低安全和卫生标准
	公正的赏罚标准	明确界定工资和奖励制度

企业文化是企业之魂，核心价值观是企业文化之根，而企业伦理是企业文化的重要组成部分。企业家要在经营管理中不断培养企业伦理，使其成为全体员工的行为准则。塑造企业伦理要从3个角度入手，即理念、制度和行为（表10-5）。通过经营管理者和员工的不断完善，使企业伦理最终成为企业文化不可或缺的部分。

表10-5　塑造企业伦理的3个角度

角度	内容
理念引导	以德经商、诚信为本、以义取利、正直公正、敬业报国
制度规范	流程制度、督导制度、奖惩制度、考核制度、民主参与制度
行为约束	领导者行为规范、员工行为规范、服务规范、礼仪规范

1. 理念引导

国外学者尤里其（Ulrich）和蒂勒曼（Thieleman）做过一项调查，询问经理人如何看待商业伦理的作用，85%的人都认为健康的伦理观，从长远看，就是良好的商业。企业经营者的价值观导向，直接决定着企业的伦理观念。企业家在描述企业核心价值观时，是否以国家兴旺、社会繁荣为己任，反映出企业家的境界和企业伦理水平。四川长虹把员工、顾客、股东“三个满意”作为宗旨、努力“造福社会和国家”，反映了企业对社会所担负的光荣义务，成为凝聚员工斗志的精神力量。

成功的企业家都把企业伦理放在企业文化的重要地位，比如以德经商、诚信为本、以义取利等。中信信托有限责任公司坚持“四以”管理原则（以信用建设为基础、以风险管控为前提、以创新服务为手段、以价值实现为目标），北京西单商场以“引领消费、回报社会”为宗旨，海尔坚持永远“以用户为是”“自以为非”，中国农业银行以“诚信立业”为核心理念，都突显了企业伦理的重要地位。

2. 制度规范

是否具有符合企业伦理的规范流程，也是检查企业伦理建设的重要标准。作为守法组织，应把法律条款内化为企业行为准则，用严格的制度消灭不法行为。例如，《中华人民共和国招标投标法》的条款可以转化为一套相互监督的招标工作流程，《中华人民共和国环境保护法》的规定可以转化为生产作业规范。

企业可以建立一套企业伦理督导制度，如成立督查小组、定期和不定期督查、引进外援为企业严格把关。同时，对相关问题做出明确规定：什么情况算是利用职权接受馈赠以及如何惩罚，主管不得以未直接参与为由推卸责任，主管督导不力处以连带责任等。通过职代会等民主参与制度，可以进一步强化对企业伦理的监督和控制。道德规则的履行需要正反两方面的强化，科学公正的考核制度和惩恶扬善的奖惩制度是必不可少的。作为企业伦理的强化手段，考核奖惩制度不仅是事后强化措施，而且还是所有员工的行动指南。人们信奉的道德标准会因为对模范执行者的奖励和对触犯者的打击而得以强化。因此，在伦理道德方面的奖惩措施，具有积极的倡导和警示作用。

3. 行为约束

心理学研究发现，评价一个人的受信任程度，可以有正直、忠实、一贯性、能力和开放 5 个维度，其中最重要的是正直。成功的企业家往往能运用正确的观念，引导员工正确的行为。世界 500 强企业的创始人和领导者们，大都强调员工的正直和诚实。韦尔奇明确提出，全体员工要以正义为师。他在选拔管理人员时，第一个条件就是要正直。如此重视员工的行为，是因为只有员工有卓越的表现，企业才会走向辉煌。

企业经营者可以从制定行为规范入手，将企业伦理外化为员工的伦理行为。包括制定领导者行为规范、员工行为规范、服务规范、礼仪规范、人际关系规范等方面，约束员工的伦理行为。在世界著名公司的条例中，有许多关于个人行为的规定，比如对有伤风化者、胁迫行为者要给予重罚。美国约 80%的大公司都制定了正规的伦理规则，其中 44%的公司还为员工提供了道德培训。企业家还要对个人行为进行连续性反馈，发现违背企业伦理的行为要及时纠正。否则，损害的远不止利润，很可能使多年积累的企业形象顷刻之间化为乌有。

三、绿色 GDP：中国企业的伦理视角

根据可持续发展战略，“绿色 GDP”已经提上中国经济发展的主要议程，推动绿色发展、建设美丽中国。过去片面追逐 GDP，结果牺牲了环境，农产品因被污染而出口受阻，资源因过度开采而导致经济后劲不足。“绿色 GDP”倡导人与自然的和谐，呼吁健康的经济增长方式。它要求在追求 GDP 增长的同时，一定要考虑到由此付出的环境代价，切莫以牺牲环境换取短期的“经济效益”。

1. 中国企业伦理缺失及原因

在我国，伦理思想是传统文化的重要组成部分。例如，“道之以德，齐之以礼”的儒家管理思想，就是充满管理与伦理相结合的思想。但是，近年来一些违背伦理规则的严重事件引起了社会关注，中国企业的伦理缺失现象值得重视，主要表现在：一是只顾眼前利益而违背企业伦理；二是怀疑企业伦理的价值，追求短期行为；在企业伦理建设上选择逃避。有些管理者虽然认识到企业伦理的重要性，但是觉得仅靠一己之力改变不了现状，于是选择了放弃。

我国企业伦理缺失的深层次原因值得研究。从宏观来看，主要在于：一是法律体系不健全、制度不完善，违背伦理和违法的代价很低；二是执行力和整合力不够，建设企业伦理的呼声微弱；三是地方保护主义严重，一些走私、造假等违反伦理的行为受到当地政府的纵容、庇护而逃离法律的制裁。从微观来看，主要在于以下 4 个方面。

（1）企业对伦理道德的认识不足。有些企业认为守法就是讲企业伦理，大大降低了伦理标准，甚至钻法律的空子。人们往往容易看到不讲道德带来的利益或讲伦理造成的损失，而不容易看到反过来造成的损失，以致误认为讲不讲道德只是一件小事情。北京某大厦的董事长有一次大讲企业重视伦理、诚信的重要性，但被问到“贵公司将场地租给那些不开发票就可以给客户优惠的商户，算不算违反企业伦理”时，却说“虽然是逃税行为，但商户是把那部分钱返给了消费者，所以还可以容忍”。“勿以恶小而为之”一语，值得企业家

牢记。

（2）伦理型企业文化缺失。伦理型企业文化不仅要求企业员工有共同的、符合伦理的价值观，而且要将价值观背后所蕴含的伦理假设内化到员工心中。1989 年，美国埃克森公司的一艘巨型油轮在阿拉斯加威廉太子湾触礁，800 多万加仑原油泄出。公司起初想推卸责任，后来查明事故原因是船长饮酒过量擅离职守。埃克森的企业文化是："我们公司的政策是，严格遵守与公司业务有关的所有法律……"可见，埃克森的经营伦理假设实际上是"只要合法就行"，属于非伦理经营假设。结果，该公司为此付出了惨重的代价。三星在 Note 7 手机上，最初采用全球召回，中国除外的做法，也是缺乏伦理型企业文化的典型案例。

（3）伦理领导者的缺位。领导者是企业的灵魂资本，他们的率先示范作用对企业至关重要。企业道德水准的提高，首先在于管理者道德素质的提高。中国企业的管理者在遵守伦理规范方面，表率作用不足，有的甚至暗示下属做违反企业伦理的事。企业领导者个人的伦理素质水平受到企业伦理文化的影响，反过来又会对企业伦理文化的形成起促进（或促退）作用。

（4）为违背伦理的行为找借口。根据认知失调理论，人在做一件错事时，通常要为自己找解释和借口，以寻求心理平衡。如果找不到，内心就会自责、内疚或不去做；如果找到了，就会心理平衡，大胆去做一件不合理的事情。例如，当经营管理者以企业名义污染环境、不愿尽社会责任、不做公益捐助时，通常会认为这是为企业好，为员工着想。这样一想，就没有自责了。然而，真正是对企业短期好，还是长远好？是真为员工好，还是追求个人的业绩和职位呢？

2. 中国企业要重视企业伦理

当企业达到一定规模时，就不再是企业老总或某个人的企业，而是属于整个社会。这意味着企业应按社会要求的模式来运作。那么，目前社会对企业要求的模式是什么？中国的企业肩负的责任是什么？京东商城认为"做生意就是做人，而且要先做好人"，在发展上秉承先人后企、以人为本的理念，在诚信的基础上建立与用户、京东商城供应商、投资方等多方合作者之间最为融洽的合作关系，强调只有多方合作者亲密无间的合作才能让这一庞大的机器正常运转。这实际上指出了中国企业重视伦理的重要性和必要性。

（1）财务业绩和影响力的提高。大量研究和实践表明，企业追求伦理、社会责任与财务业绩是正相关的。道德和利润可以兼得，卓越的伦理可以转化为卓越的经营，从而做到德才兼备、以德生财。零点公司曾有一项统计显示，社会公益得分较高的企业，其综合影响力得分也相对较高。这也说明，追求伦理，参与公益，能给企业带来实实在在的影响力。

（2）国际环境和贸易规则的要求。在国际合作中，西方国家可能会利用发展中国家在 SA8000 方面的不足而阻止其产品进入。"你不讲伦理我就不与你合作"，使得不追求伦理与追求伦理之间的差异非常明显，而且能在短期内凸显出来。前些年，广东某鞋厂因未达到当地法律规定的最低工人工资标准，被客户停单两个月进行整顿；某台资企业因发生女工中毒事件，曾一度陷入全面撤单的困境。知识产权也是发达国家用以制约发展中国家的主要手段。时任美国认证协会主席立洛・葛若认为："中国商业运作并不符合世界商业标准。在中国的商业伦理中，通常意识不到诸如产权、知识等概念。"

（3）应对外国企业双重标准的需要。有些跨国公司在国际营销中实行双重标准，这实际上是违背良心和伦理道德的。我国经济学家厉以宁教授称之为“内道德标准”和“外道德标准”，即对自己国家采取一套标准，对别的国家采取另一套。我国应尽快形成自己的伦理标准和社会责任规范，以此来规范到中国投资的跨国公司行为，保护我国企业和社会的利益。

3．中国企业加强伦理管理的途径

当前，企业不追求伦理带来的损失虽然还没有普遍地凸显出来，但是，中国企业要增强危机意识，顺应社会要求和国际化的要求，加大宣传力度和加快立法、完善制度，并从以下 5 方面加强企业伦理建设和管理。

（1）培养商业主体道德，建设企业伦理文化。企业伦理的形成，离不开员工个体和群体的伦理培育。一位贤明的国王要挑选王位继承人，于是给每个孩子发了一粒种子，看谁培育的花最漂亮就选谁。有一个孩子回家认真培育，可种子就是不发芽。到了观花的日子，别的孩子都捧着盛开的花等国王来选拔，只有这个孩子端着空的花盆掉泪。国王抱起这个孩子说：“我找的就是你，我发的种子都是煮过的，根本不发芽。”这个故事启示人们，诚信是为人处世的根本。只有秉承诚信的美德，才能给人以信赖感，赢得发展机会。个人是如此，企业也是如此。当企业让公众感到“为他人着想”“注重人道”“回馈社会”“热心公益”，经营就能更加成功。这种成功需要企业以形成企业共同伦理价值观为目标，培育伦理型企业文化。

（2）坚持先义后利、义利并举的义利观。义利关系是伦理中重要的关系。在我国，儒家“重义轻利”思想长期占支配地位。孟子主张“见利思义”“义而后取”，并非完全排斥利，他反对的是不正当的利益。一味地排斥合理正当的“利”，不符合市场经济的要求。因此，企业要努力做到“义利并举”，在义利出现冲突时则应“先义后利”。

（3）加大政府的工作力度。政府部门可以有针对性地制定相应策略，促使企业承担相关的社会责任；建立激励和补偿机制，使企业在承担社会责任的时得到相应的激励和补偿；对经营者引入“绿色 GDP”考核指标，以加速我国企业伦理的形成和可持续发展战略的实施。党的十七届六中全会《决定》提出“建立社会征信体系”，十八届三中全会《决定》强调“建立健全社会征信体系，褒扬诚信，惩戒失信”，就是十分重要的举措。

（4）着眼长远，逐步推进。中国企业伦理环境还不成熟，必然让有些讲伦理的企业要付出沉重代价。这就是社会改革的成本，但并不能因此放弃努力。香港地区在 20 世纪 70 年代成立廉政公署时，不追究此前所有的腐败，但以后再有问题，就把公务员立罪。中国处在经济社会发展的重要转型期，应该渐进式地推动企业伦理建设，不搞一刀切，不求立竿见影，循序渐进地立法和制定行业规范。

（5）注重校园伦理教育和实践。教育机构是向企业输送人才的重要环节。应当在各级各类学校特别是大学教育中开设企业（商业）伦理课程，加大伦理教育力度，让伦理成为未来的企业管理人员和员工的一种技能、经验和素质。

第四节　橙色文化——和谐共赢

构建社会主义和谐社会，是党中央从我国国情出发作出的一项重大战略决策。和谐文化既是和谐社会的重要组成部分，又是和谐社会的重要标志与保证。建设和谐文化，实行和谐管理，构建和谐企业，是建设和谐社会对中国企业提出的迫切要求。和谐共赢，理应成为中国企业文化的又一个重要特色。

一、和谐社会呼唤和谐企业

企业的“和谐”主要体现在员工与企业和谐发展，企业与社会和谐发展，以及企业与自然和谐相处。从当前实际来看，中国多数企业总体上是和谐的。但是，也存在很多不和谐的因素，企业内部各种矛盾以及企业与社会、与自然之间的矛盾仍没有很好解决，这些矛盾在一部分企业还比较尖锐。

从企业内部来看，有的企业一味追求企业的发展而不注意满足员工的合理需要，忽视了员工的发展，甚至把员工作为赚钱工具，挫伤了他们的积极性；有的企业片面追求发展速度，注重规模扩大、市场扩张、销售和利润增长，忽视技术创新和企业核心竞争力培育；有的企业染上“大企业病”，管理层次繁多，企业文化僵化，效率低下，领导干部存在官僚主义作风，员工群体缺乏向心力、凝聚力；有的企业缺乏现代企业观念，内部管理混乱，特别是不少民营企业、家族企业的管理方式还很落后；有的企业不注意自身形象塑造，设备和生产方式落后，基础设施和工作环境很差，产品和服务质量亟待提高。

对外，有的企业缺乏环保、节约和可持续发展等观念，对自然资源进行掠夺性开采，乱占耕地，制污排污，破坏环境，导致自然环境恶化；有的企业缺乏社会责任感，单纯追求经济效益，忽视社会效益，给社会造成直接或潜在的危害；有的企业制假贩假，以次充好，以假充真，或者哄抬物价，扰乱市场秩序，牟取不合理、不合法的利益，损害了消费者的合法权益；有的企业沿袭狭隘的竞争观，缺乏合作共赢思想，采取不正当竞争手段，与竞争者、供应商、销售商等缺乏正常关系。

上述问题综合起来，就是企业内部不和谐、与外部不和谐。这反映了企业内外矛盾的复杂性，更反映了经营管理者对企业发展规律缺乏全面深刻的认识。任何企业都存在矛盾，并总是在矛盾运动中发展进步。构建和谐企业，就是一个持续化解企业内外矛盾的历史过程。每个企业都要始终保持清醒头脑，正确把握发展的阶段性特征，科学分析影响企业和谐的问题及根源，最大限度地增强和谐因素，减少不和谐因素，促进企业和谐发展、科学发展。天铁冶金集团以人和促企业和谐，用凝聚力打造核心竞争力，焕发出勃勃生机。

企业是社会的细胞。构建和谐企业，不仅是企业自身实现又好又快地发展的内在需要，也是构建社会主义和谐社会、建设富强民主文明和谐的现代化国家对广大企业提出的迫切要求，是企业履行社会责任的重要体现。只有广大企业和各级各类组织都努力建设成为和谐的组织，我国构建和谐社会、推动建设和谐世界，才具有广泛而坚实的社会基础。

二、和谐管理的内涵与必然性

和谐是什么？《现代汉语词典》的解释是“配合得适当”。和谐管理源于传统的和谐理念，以及时代发展的召唤。和谐管理是管理各要素之间关系的协调和功能的优化，主要体现在7个方面。

（1）领导班子和谐。这是和谐管理的关键。一个集体搞得好不好，关键在于领导班子搞得好不好。领导班子的和谐，首先是价值观要高度一致，关键问题上要有统一的判断标准，这样才能目标一致、行动一致。其次，要坚持民主集中制，既不搞个人说了算，又不能互相扯皮、推诿。最后，班子成员要分工明确、职责清楚、互相补台，达到“共振”。

（2）上下级之间和谐。这是和谐管理最广泛、最深厚的基础。上下级和谐的第一个前提，是上级严于律己、以身作则，以表率作用赢得下级信任和支持。第二个前提是上级要关心下级，工作上指导员工的成长和发展，生活上关心员工的冷暖。第三个前提是公平公正，凡事都拿到桌面上解决，让下级体会到上级公正无私、能公平对待每位员工。

（3）员工之间和谐。企业要有强调和谐和适度竞争的企业文化，培养员工“和为贵”“家和万事兴”的观念，员工能够以一贯的价值观分析问题、指导行动。同时，要建立科学的制度和行为规范，特别是工资、晋升等与员工利益紧密相关的制度要公平公正。员工之间的和谐有利于提高效率、提高效益。

（4）与顾客和谐。与顾客保持和谐，一是要提供质量可靠、价格合理的产品和服务，满足顾客需求；二是要有完善的售后服务体系，顾客遇到问题时能及时解决；三是对顾客要以诚相待，不搞欺骗、欺诈，将顾客利益放在第一位，真正为顾客着想，更不能仅以赚钱为目的、诱导顾客购买不需要的产品。这样顾客才能对企业信任和忠诚，形成良性循环。

（5）与政府和谐。任何企业都不能脱离政府的管理和指导而单独存在。作为社会经济组织的企业，首先，要提高自己的效益，这样才能为国家和区域经济社会发展作出贡献。其次，要规范经营、依法纳税，帮政府解决就业，维护社会稳定，不因一己之小利损害区域和国家之大利。最后，识大体、顾大局，认真执行党和政府的方针政策，不搞“上有政策，下有对策”。

（6）与社会公众和谐。企业作为社会经济主体，如果得不到社会公众的认可，不能与公众保持和谐融洽的关系，将无法生存。企业要把自身放到社会大环境中，积极承担社会责任，树立良好企业形象，及时规避和化解各种冲突，与社会公众和谐相处。

（7）与自然环境和谐。自然环境是人类共同的家园。企业发展不能以破坏环境为代价，任何破坏自然环境的经营活动都应放弃。同时，要厉行节约、勤俭办企，努力节能降耗，不断提高资源利用率，实行绿色生产，实现可持续发展。

和谐管理最适合中国国情，也是中国企业的正确选择。从社会管理角度看，如果说民主、法制是西方思想的精华，那么和谐社会则汲取中华传统哲学思想精华并将其现代化，这完全是中国特色，具有中国属性。正如清华大学胡鞍钢教授所说：中国的和谐事业比美国的民主、人权更具影响力和诱惑力。从组织管理角度分析，通过组织文化来管理，能形成尊重人、关心人、培养人的良好氛围，产生一种精神振奋、朝气蓬勃、开拓进取的良好风气，激发组织成员的创造热情，从而形成一种和谐的激励环境和激励机制。这种环境和机制胜过任何行政命令，它可以使组织行政指挥及命令成为一个组织过程，从而将被动行为转化为自觉行为，化外部压力为内在动力，有效提高组织绩效。

三、和谐管理的理论基础

1. 和谐管理的哲学前提——和的思想

和的思想主要来自两方面：一是性善论。儒家“性善论”认为人的本性具有先天的善性，每个人都有可向高尚道德发展的潜在因素，有利于理想人格的培养和人与人之间和谐关系的产生。二是“致中和”。中，即不偏不倚，无过不及；和，即和谐，和为贵。《中庸》说“致中和，天地位焉，万物育焉”，即达到中和，天地各司其职，万物能共同生长繁荣，实现天地物的和谐。

在博大精深的中华传统文化中，和的思想占有重要地位。早在 3 000 多年前，甲骨文和金文就有了“和”字。到西周，周太史史伯就提出“和实生物，同则不继”。春秋战国时期，诸子百家更是广泛运用“和”来阐述自己的哲学思想和文化观念：管子曰“畜之以道，则民和”；老子讲“知和曰常，知常曰明”；孔子《论语》提出“礼之用，和为贵”；孟子认为“天时不如地利，地利不如人和”；荀子说“万物各得其和以生”“和则一，一则多力”；《中庸》认为“和也者，天下之达道也”等。和的思想，强调世间万物都是不同方面、不同要素构成的统一整体，其中不同方面、各个要素相互依存、相互影响，相异相合、相反相成。

由于和的思想反映了事物的普遍规律，因此能随着时代的变化而不断变化，内容不断丰富。现在，“和”包括了和谐、和睦、和平、和善、和美、和气、祥和、中和等含义，蕴涵着和以处众、和衷共济、政通人和、内和外顺等深刻的处世哲学和人生理念。作为一种普遍的价值观念和理想追求，和的思想对中国人的生活、工作乃至内政外交都产生了深刻影响。在处理人与自然的关系上，强调“天人调谐”“天地人合一”，人是大自然和谐整体的一部分，既顺应自然又能动地改造自然；在处理人与人的关系上，强调“和睦相处”，与人为善，推己及人，待人以诚，团结互助；在处理人与集体、与社会的关系上，崇尚“合群济众”，集体为重，把个人目标与集体目标、社会需要结合起来。

在和的思想影响下，中国人在商业经营中提倡“和气生财”“君子爱财取之有道”，讲互惠互利、合作共赢，“买卖不成仁义在”。例如，中华人民共和国成立前民生公司在员工中倡导“梦昧不忘国家大难，作息均以人群之乐”；上海银行的口号“大我小我化为一体”；李锦记集团秉持“家和万事兴”“众人拾柴火焰高”的理念。改革开放新时期，中国广大企业自觉追求和谐，衡水电机从“和为贵”阐发出“和为上”“和则兴”等思想，积极探索和谐管理。受中国文化影响，日立、松下等日本企业也把“和为贵”作为核心理念。可以说，以和的思想为核心的和谐文化，是中国传统文化对企业文化影响最深刻的部分。

社会上有一种认识偏差，就是把“和”与“一团和气”等同起来。和的思想具有稳定社会、协调人际关系等正面作用，同时也产生了委曲求全、压抑个性、死气沉沉、和稀泥等副作用，原因在于对“和”的含义缺乏全面理解。

《论语·子路》指出：“君子和而不同，小人同而不和。”意思是“和”不仅不等于“同”，而且截然相反，应提倡“和”、反对“同”。《国语·郑语》中也说“夫和实生物，同则不继”。从这些论述中，可以看出“和”与“同”的差别。和，是不同事物的相成相济，是多样性的统一，它承认矛盾，是矛盾发展的协调统一。同，是相同事物的叠加，它回避矛盾，掩盖事物之间的差异。表现在处理人际关系上，“同”是唯唯诺诺，是无原则的苟同或同流合污；“和”则是有原则的和谐相处，就是说，凡无关原则的小事，要理解忍让，不要小题大做、闹不团结；凡是关系原则性的大事，则要坚持原则，一丝不苟。表现在上下级关系上，“同”是下级对上级的绝对服从，是死气沉沉、紧张压抑的“一言堂”；“和”则是上下级的互相尊重和坦诚议政、集思广益的“众言堂”。

实行和谐管理，还要正确处理义与利的关系。董仲舒认为“天之生人也，使人生义与利；利以养其体，义以养其心”。《左传》提出：利者，义之和也，利生于和，而和又出于义，所以利生于义。正确处理义利关系，就是要以“义”为道德标准，在“义”的基础上取利，义利兼顾，而不能求利舍义。

和的哲学，重视矛盾双方“对立统一”关系中“统一”的一面，而西方思维方式强调矛盾双方“对立”的一面。冷战思维，零和博弈，非友即敌，皆源于西方片面强调“对立”。我们只有一个地球，人类是命运共同体。和的思想不仅是企业和谐管理的思想源泉，也能够为应对人类面临的共同挑战、实现互利共赢提供解决之道。

2. 和谐管理的动力源泉——以人为本

和谐管理坚持以人为本，把人看作管理的目标和归宿，在管理工作中切实尊重人、关心人、培养人、发展人。要尊重人，特别是尊重弱势群体的人格和权利，尊重他们的劳动权、培训权、知情权、参与权、自由择业权、休息权。要关心人，既要关心员工的工作，又要关心生活，努力满足他们不断增长的物质和精神生活需要，得到他们对领导者的理解、信任和支持，实现以心换心。要培养人、发展人，使员工通过岗位成才，同时领导者还要通过职业生涯规划等方法，帮助员工实现全面发展。

领导者不仅要培养员工，还要懂得如何赢得员工的心。在成都武侯祠有一副由清人赵藩撰题的名联：“能攻心，即反侧自消，自古知兵非好战；不审势，则宽严皆误，后人治蜀要三思。”上联强调“攻心为上”，不要盲目迷信强权和暴力；下联则强调“审时度势”，不要导致宽严悖误的被动局面。刚与柔、宽与严、德与刑、硬与软是辩证的关系，如何将二者结合好，关键看当时的内外环境，要“度势”，这也是实现和谐管理的前提。

3. 和谐管理的物质基础——公平分配

每个人都有不同层次的需要，无论何种需要都不能脱离相应的物质基础。如果忽视物质基础，一味依靠精神力量，则容易陷入唯心主义的泥潭，管理工作就犹如沙滩上筑高楼。在人们生活水平不断提高的今天，物质分配不仅仅关注数量的多寡，而且更强调公平。公正是社会主义核心价值观的重要内容，没有公平就没有公正。分配不公，和谐管理也就变成纸上谈兵、镜花水月。

分配公平分为内部公平和外部公平。以薪点为基础的岗位技能工资制，将薪酬和员工的岗位、技能以及业绩挂钩，能比较好地解决内部公平问题。首先，薪酬要与岗位挂钩，即岗位相同，岗位薪点工资相同，而不论员工具有何种个体特征。其次，薪酬要与员工技能挂钩，同一岗位员工的知识技能可能会有差异，应根据员工知识经验确定技能等级，然后确定岗位技能工资。知识工资制就是近年来国外企业的积极探索。最后，薪酬要与业绩挂钩，即与个人业绩、部门效益和企业效益挂钩，随业绩变化而变化。

外部公平要求薪酬与当地人才市场薪酬水平挂钩。普通员工的薪酬应与人才市场接轨，并参照所在地的水准来制定。对于稀缺人才，薪酬可实施一企两制，一般人才实行以薪点为基础的岗位技能工资制，稀缺人才设立“特区”工资，参照市场价格和对企业的贡献通过谈判确定。不同地区员工的薪酬水平，要与当地人才市场价格相符。

4. 和谐管理的机制——和谐竞争

“和谐”既是一项管理准则，也是一种伦理道德。竞争与和谐存在辩证关系，没有竞争，缺乏活力；过度竞争，破坏凝聚力。因此，竞争要有序、适度，在合作中竞争，在竞争中合作，实现良性竞争——“竞合”。和谐竞争机制分企业内、外两方面。

企业的内部关系，包括子公司与子公司、部门与部门、个人与个人之间等关系。处理内部关系应该和争相济、以和为主，因为内部不存在对抗性和利益冲突，所有单位和个人都要服从于企业的共同目标，以实现全体成员整体利益的最大化。竞争作为一种激励手段，必须建立在和谐的基础上，形成良性竞争、合作性竞争。为此，企业内部应该大力倡导和谐，建立密切协作的工作氛围，营造融洽团结的人际关系；对于竞争则要控制好“度”，尤其要防止过度竞争，避免内耗、相互掣肘、破坏团结等不良后果。

企业的外部关系，包括企业与竞争对手以及外部环境的关系。和谐良好的外部环境，是企业生存发展必不可少的条件。在市场经济初期，同行企业间的竞争往往是你死我活，犹如“大鱼吃小鱼，小鱼吃虾，虾吃泥沙”。随着经济发展，与竞争对手在合作基础上竞争的实例越来越多，形式有建立合作科研团队、虚拟企业、战略联盟等方式。例如，美国IBM、摩托罗拉以及苹果等公司就形成战略联盟，开发普及一种个人电脑芯片。蒙牛乳业在品牌宣传时，以“打造内蒙古乳都”为口号，和内蒙古其他九家品牌一起宣传，并把主要竞争对手伊利乳业的地位排在自己前面，结果并没有因此削弱自身竞争力，市场份额反而越来越大。

用“竞合”代替“竞争”，是快速多变的社会环境决定的。因为单个企业往往很难形成持久的竞争优势，只有与其他企业和组织（包括竞争者）充分合作、相互依赖，才能很好地维持生存和发展。目前，有越来越多的企业转变了竞争观念，积极开展双赢、多赢的合作。从企业竞争战略发展轨迹，可以清楚地看到这一变化趋势（图10-3）。无疑，与竞争对手和谐竞争也是和谐管理的重要内容。

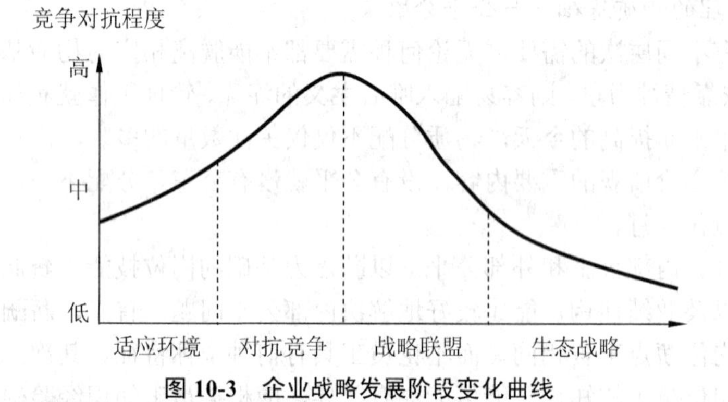

图10-3 企业战略发展阶段变化曲线

四、和谐文化与中国企业的管理特色

在管理上，西方追求卓越，东方追求和谐。古往今来，中国许多思想家、政治家，特别是儒家代表人物都把社会和谐作为一种理想追求。面向未来，中国共产党把建设富强、民主、文明、和谐的社会主义现代化国家写入了党章。倡导和谐理念，建设和谐文化，并充分发挥它在企业管理中的作用，对于形成中国企业的管理特色具有积极的意义。

1. 和谐文化是中国社会先进文化的主流

我国处于社会转型期，社会变革充满了矛盾和斗争、困难和挑战。在经济社会快速发展的同时，分配不均导致两极分化，社会利益诉求多样化，人与自然、人与社会、人与人之间的矛盾逐渐突出。这些不和谐因素不解决，共同富裕就无法实现，还可能导致社会不稳定。建设和谐文化，实行和谐管理，可以有效化解这些矛盾，平稳实现社会转型。

和谐发展不仅是中国现阶段发展的要求，也是人类社会的发展趋势。世界各国都非常注重社会公平，着力提高低收入者收入水平，逐步扩大中等收入者比重，壮大中产阶级，扩大社会福利，促进社会公平与繁荣。在处理国与国关系中，强调和平与发展，用合作代替对抗，国家不分大小一律平等，反对霸权主义和强权政治，推进世界多极化。中国政府提出的建设和谐世界主张，得到了大多数国家特别是发展中国家的普遍赞同。

和谐组织，和谐社会，和谐世界，都离不开和谐的思想观念，离不开和谐文化作为保证。可以说，建设和谐文化已经成为中国文化进步与创新的亮点。建设和谐文化，有利于促使企业深入贯彻落实科学发展观，增强社会责任感，正确认识和处理竞争与合作、经济效益与社会效益、企业目标与员工发展、规模质量效益等矛盾；同时，也有利于树立以和谐为核心的道德风尚，促进人们的内心和谐与人格完善，升华人们的精神境界，提高全社会的文明程度。总之，和谐文化既是优秀传统文化的扬弃，又以社会主义核心价值体系为根本，也与西方管理思想中的系统论等思想吻合，它代表着先进文化的前进方向。由于融合了“红色”的制度文化和“黄色”的中华传统文化，中国企业的和谐文化特色正可以谓之“橙色文化”。

2. 和谐文化建设的重点与机制

中国企业传承弘扬优良的中华文化传统，顺应先进文化的前进方向，就要努力建设和谐文化，为实现和谐管理、构建和谐企业打下坚实的基础。

借鉴国内外企业经验，中国企业建设和谐文化，重点在于转变思想观念。①要确立共同价值观、共同目标和共同愿景，使共同的理想信念和奋斗目标成为企业内部和谐的思想基础。②要以科学发展观为指导，树立贯彻正确的企业发展观，并进一步体现到和谐竞争、互惠共赢的企业战略中。③要提倡集体主义，倡导团队精神，鼓励团结合作，并结合企业实际具体化、形象化。④要以讲诚信、重和谐的观念作为企业道德的重要内容，奠定企业对内、对外构建和谐关系的道德基础。

同仁堂集团“同心同德，仁术仁风”的管理理念中，“同心同德”出自《尚书·泰誓》，意思是为同一心愿、同一目标而同一行动。同仁堂对“德”有三点阐述：一是仁德，做人以德为先光明正直，待人以善为重亲和友爱；二是药德，求珍品抵制假冒伪劣，重质量务必精益求精；三是美德，环境美有秩序无尘垢，行为美、有礼节、无秽语。一汽集团建设“和谐一汽”，万宝集团追求“和谐共赢，造福人类”，玉柴集团坚持“绿色发展，和谐共赢”的核心理念，都是和谐文化的生动体现。

实践证明，只有以企业文化作为管理中心工作的文化管理模式，才是发挥和谐文化作用、实现和谐管理的最佳形式。不实行文化管理，和谐只是空洞的口号，和谐文化也只是说说而已，很难建成真正的和谐企业。文化管理的根本特点是“文治”，以文化来治理企业，而其最高境界则是“无为而治”。达到这一境界，也标志着企业的和谐文化已走向成熟。这时，企业文化中关注组织内部与外部、适应性与一致性、稳定性与灵活性等因素有机地整合在一起，形成对立统一的文化整体。例如，GE 公司就坚持管得更少就是管得更好。又如，贝尔实验室自 1923 年成立以来创新成果层出不穷，很重要的一点就是坚持了无为而治的管理理念，实现了无为而无不为。

习近平指出：“文化自信，是更基础、更广泛、更深厚的自信。”文化自信，源自一个民族的历史轨迹，基于一个国家的现实成就，更意味着对于未来走向的科学把握。文化自信，基于全社会对于共同历史文化的认同，对于共同价值观的坚守，对于共同理想信念的追求。企业文化是社会文化的重要组成部分。加强企业文化建设，促进企业的文化自觉、文化自信和文化自强，对于推动经济与文化紧密结合、把先进文化转化为先进生产力提供了最佳途径，对于坚定中国特色社会主义道路自信、理论自信、制度自信、文化自信具有特殊的重要意义。

让我们用这样一句话结束全书：春种满田皆碧玉，秋收遍野尽黄金。中国的企业文化建设方兴未艾，文化管理的星星之火正成为燎原之势。放眼世界，展望明天，一定会有更多的中国企业从企业文化建设中获得发展的强大动力，为增强中华文化软实力、建设社会主义文化强国奠定最坚实的经济基础和最广泛的群众基础，为实现中华民族伟大复兴、促进人类文明进步书写浓墨重彩的新篇章。

参考文献

[1] Alexander Ardichvvili. Leadership Styles and Work-Related Values of Managers and Employees of Manufacturing Enterprises in Post-Communist Countries. Human Resource Development Quarterly, 2001, 12(4).

[2] Alvesson M. Organizations, culture, and ideology. International Studies of Management and Organization, 1993, 13(3):4-18.

[3] Amabile Teresa M. & Gryskiewiez S. S. Creativity in the R&D laboratory. Technical Report, No.30.

[4] West M. A. & Anderson N. R. Innovation in top management teams. Journal of Applied Psychology, 1996, 81(6): 680-693.

[5] Barley S. R., G. W. Meyer, D. C. Gash. Cultures of culture: Academics, practitioners, and the pragmatics of normative control. Administrative Science Quarterly, 1998, 33:24-60.

[6] C. K. Prahalad, Gary Hamel. The Core Competence of the Corporation. Harvard Business Review, 1990, 5-6.

[7] Cameron K. S, Quinn R. E. Diagnosing and Changing Organizational Culture. New York: Addison-Wesley, 1998.

[8] Cascio, Wayne F. Managing Human Resources (4th Edition), New York: McGraw Hill, 1995.

[9] Chatman J. A., K. A. Jehn. Assessing the relationship between industry characteristics and organizational culture: How different can you be?. Academy of Management Journal, 1994, 37:522-553.

[10] Chip Jarnagin, John W. Slocum JR. Creating Corporate Cultures Through Mythopoetic Leadership. Organizational Dynamics, 2007, 36(3):288-302.

[11] Christiansen J. A. Building the innovative organization: management systems that encourage innovation. Basingstoke, Hampshire: Macmillan Press Ltd. New York : St. Martin's Press, 2000.

[12] Chung-Ming Lau, Hang-Yue Ngo. The HR system, organizational culture, and product innovation. International Business Review, 2004, 13 (6): 685-703.

[13] Claver Enrique, Llopis Juan, Garcia Daniel, Molina Hipolito. Organizational culture for innovation and new technological behavior. Journal of High Technology Management Research, 1998, 9(1):55-68.

[14] Collins J. C. and Porras J. I. Building Your Company's Vision. Harvard Business Review, 1996, 9-10: 65-74.

[15] Collins J. Level & Leadership: The Triumph of Humility and Fierce Resolve. Harvard Business Review, 2001, 1.

[16] Daniel R. Denison, Stephanie Haaland, Paulo Goelzer. Corporate Culture and Organizational Effectiveness:

Is Asia Different From the Rest of the World?. Organizational Dynamics, 2004, 33(1):98-109.
[17] David Wan, Chin Huat Ong, Francis Lee. Determinants of firm innovation in Singapore. Technovation, 2005, 25(3): 261-268.
[18] David W. Cravens, Nigel F. Piercy, George S. Low. Globalization of the Sales Organization: Management Control and Its Consequences. Organizational Dynamics, 2006, 35(3):291-303.
[19] Denison D. R. Corporate Culture and Organizational Effectiveness, New York: Wiely, 1990.
[20] Denison D. What is the difference between organizational culture and organizational climate? A native's point of view on a decade of paradigm wars. The Academy of Management Review, 1996, 6: 619-650.
[21] Earley, P. C., Soon Ang. Cultural Intelligence: Individual Interactions Across Cultures. San Francisco: Stanford University Press, 2003.
[22] Earley, P. C. Mosakowski,E. Cultural Intelligence. Harvard Business Review, 2004, 82(10): 139-146.
[23] Eric Klein. Values, gifts, and legacy: The keys to high performance and high fulfillment. The Journal for Quality and Participation, 2001, 24(1): 32-36.
[24] Fletcher B., Jones S. Measuring Organizational Culture: The Cultural Adult. Managerial Auditing Journal, 1992, 7:30-49.
[25] F. John, Welch Jr. and Jack. Straight from the Gut. Arts & Licensing International, Inc, 2001.
[26] Fletcher B. Work, Stress, Disease and Life Expectancy. Chichester: Wiley and Sones, 1991.
[27] G. Neuijen B., Ohayv D., Sanders, G. Measuring organizational cultures: A qualitative and quantitative study across twenty cases. Administrative Science Quarterly, 1990, 35:286-316.
[28] Geert Hofstede. Cultures and Organizations. London: McGraw-Hill, 1991.
[29] Hatch, Mary Jo. The dynamics of organizational culture. The Academy of Management Review, 1993, 10: 657-677.
[30] Hofstede G. Attitudes, values and organizational culture: Disentangling the concepts. Organization Studies, 1998, 19:477-492.
[31] Hofstede. Culture and Organizations: Software of the mind. New York: McGraw-Hill, 1997.
[32] I Kujiro Nonaka, Hirotaka Takeuchi. The Knowledge-Creating Company, London: Oxford University Press, 1995.
[33] Inge C Kerssens-Van Drongelen et al. Describing the Issues of Knowledge Managementin R&D: Towards a Communication and Analysis Tool. R&D Management, 1996, 26(3).
[34] James M. Higgins, Craig Mcallaster. Want Innovation? Then Use Cultural Artifacts that Support It. Organizational Dynamics, 2002, 31(1):74－84.
[35] Jesper Kunde. Corporate Religion. New York: Pearson Education Ltd, 2000.
[36] Jim Collins, Jerry I. Porras. Built to Last: Successful Habits Of Visionary Company. CITIC Publishing House, 2002.
[37] Joanne Martin. Meta-Theory Controversies in Studying Organizational Cultures. Stanford University Work Paper, No.1676.
[38] Joe Henrich, Robert Boyd et al. Foundations of Human Reciprocity: Economic Experiments and Ethnographic Evidence in 15 Small-scale Societies. Oxford: Oxford University Press, 2004.
[39] John W. Upson David, J. Ketchen JR., R. Duane Ireland. Managing Employee Stress: A Key to the Effectiveness of Strategic Supply Chain Management. Organizational Dynamics, 2007, 36(1):78-92.
[40] Karen A. Z., Sheldon A. B. Dreams to Market: Crafting a Culture of Innovation. Journal of Product Innovation Management, 1997, 14(4): 274-287.
[41] Ken Blanchard. Managing by values. Executive Excellence, 2001, 18(5):18-20.
[42] Kevin M. Baird, Graeme L. Harrison, Robert C. Reeve. Adoption of activity management practices: a note

on the extent of adoption and the influence of organizational and cultural factors. Management Accounting Research, 2004,15(4):383-399.

[43] Kim S.Cameron, Robert E.Quinn. Diagnosing and Changing Organizational Culture: The Competing Values Framework. Jossey-Bass, 1998.

[44] Kunda G. Engineering culture: Control and commitment in a high-tech corporation. Philadephia: Temple University Press, 1992.

[45] Kluckhohn, F., Strodtbeck, F. L. Variations in value organizations. Westport. CT: Greenwood Press, 1961.

[46] L. Poole, Warner M. The IEBM Handbook of Human Resource Management. New York: International Thomson Business Press, 1998.

[47] Lan D. C., Fu P. P. et al. Feeling Trusted by Top Leaders: A Study of Chinese Managers. To be presented in 2002' s Asia Academy Management Conference, Thailand, 2002.

[48] Laird D. Mclean. Organizational culture' s influence on creativity and innovation: a review of literature and implications on human resources development. Advances in developing human resources, 2005, 7(2): 226-246.

[49] Larry Bossidy, Ram Charan. Execution: The Discipline of Getting Things Done. New York: Crown Business, 2002.

[50] Miha Škerlavaj, et al. Organizational learning culture—the missing link between business process change and organizational performance. International Journal of Production Economics, 2007, 106(2): 346-367.

[51] Malhotra Yogesh. Toward a Knowledge Ecology for Organizational White-Waters. Knowledge Ecology Fair, 1998, 98.

[52] Mandelbaum M, et al. Flexibility and decision making. European Journal of Operational Research, 1990, 17-27.

[53] Mansour Javidan Robert J. House. Cultural Acumen for the Global Manager: Lessons from Project GLOBE. Organizational Dynamics, 2001, 29(4):289-305.

[54] Marianne Broadbent. The Phenomenon of Knowledge Management: What does it Mean to the Information Profession?. Information Outlook, 1998, 23-36.

[55] Markus Pudelko & Mark E. Mendenhall. The Japanese Management Metamorphosis: What Western Executives Need to Know About Current Japanese Management Practices. Organizational Dynamics, 2007, 36(3):274－287.

[56] Martin Hatch & Sitkin S. The uniqueness paradox in organizational stories. Administrative Science Quarterly, 1983, 33:24-60.

[57] Michael J. Marquardt. The Global Advantage: How World-Class Organizations Improve Performance Through Globalization. Kidlington: Gulf Publishing Company, 1999.

[58] Ott, J. S. The Organizational Culture Perspective, Chicago, IL: Dorsey Press, 1989.

[59] Perlmutter, H. V. The tortuous evolution of the multinational corporation. Columbia Industrial Journal of World Business, 1969, 9-18.

[60] Peter F. Drucker. Post- Capitalist Society, New York: Happer Collins Publishers, 1993.

[61] Peter F. Drucker. Management challenges for the 21st century. New York: Harper Press, 1999, 21-22.

[62] Peter M. Senge. The Fifth Discipline: The Art and Practice of the Learning Organization. New York: Doubleday/Currency, 1990.

[63] Pettigrew A. M. On studying organizational cultures. Science Quarterly, 1989, 24:570-581.

[64] Pfeffer J. New directions for organization theory: Problems and Prospects. London: Oxford University Press, 1997.

[65] Pfeffer Jeffrey & Sutton Robert I. Evidence-based Management. Harvard Business Review, 2006, 84(1):

62-74.
[66] Richard O. Mason. Lessons in Organizational Ethics from the Columbia Disaster: Can a Culture be Lethal?. Organizational Dynamics, 2004, 33(2):128-142.
[67] Robert M. Price. Infusing Innovation into Corporate Culture. Organizational Dynamics, 2007, 36(3): 320-328.
[68] S. Bowles, Richard Edwards, Frank Roosevelt. Understanding Capitalism. Oxford : OUP, 2004.
[69] Saffold G. S. Culture traits, strength, and organizational performance: moving beyond "strong" culture. Academy of Management Review, 1988, 13(4): 546-555.
[70] Schein, E. H. The role of the founder in creating organizational culture. Organizational Dynamics, 1983, 12(1):13-28.
[71] Schein, E. H. Organizational Culture and Leadership (2ed). San Francisco, CA: Jossey-Bass, 1992.
[72] Shalini Khazanchi, Marianne W. Lewis, Kenneth K. Boyer. Innovation-supportive culture: The impact of organizational values on process innovation. Journal of Operations Management, 2007, 25(4): 871-884.
[73] Sheila M. Puffer, Daniel J. McCarthy. Management Challenges in the New Europe. Organizational Dynamics, 2005, 34(3):197-201.
[74] Shelby D. Hunt & Jared M. Hansen. Understanding Ethical Diversity in Organizations. Organizational Dynamics, 2007, 36(2):202-216.
[75] Smircich, L. Calas & Morgan. Theory Development Forum, Academic of Management Review, 1992.
[76] Smircich. Organizations as Shared Meaning. in Pondy, P. Frost, Organizational Symbolism, JAI Press, 1983.
[77] Simons R. Control in an age of empowerment, Havard Business Review, 1995, 3-4.
[78] Steve Lohr. IBM to give free access to 500 patents. New York Times, 2005, 1-11.
[79] Steven P. Feldman. Moral Business Cultures: The Keys to Creating and Maintaining Them. Organizational Dynamics, 2007, 36(2):156-170.
[80] Sveiby, K. E. The new organizational Wealth: Managing and measuring knowledge-based assets, San Francisco: Berrett-koehler Publishers, 1997.
[81] Tesluk PE, Farr J L, Klein S R. Influences of organizational culture and climate on individual creativity. Journal of Creative Behavior, 1997, 31: 27-41.
[82] Trice, H. M. & Beyer, J. M. The Cultures of Work Organizations. New Jersey: Prentice Hall, 1993.
[83] Tushman M. L, O'Reilly C. A. Winning through innovation-a practical guide to leading organizational change and renewal. MA: Harvard Business School, 1996.
[84] Verna Allee. The Knowledge Evolution, Boston: Butter worth-Heinemann, 1997.
[85] W. B. Brenneman, et al. Learning Across a Living Company: The Shell Companies' Experiences. Organizational Dynamics, 1998, 61-69.
[86] Weldon E. & Vanhonacker W. Operating a foreign-invested enterprise in China: challenges for managers and management researchers. Journal of World Business, 1999, 34(1):94-107.
[87] Yochanan Altman & Yehuda Baruch. Cultural theory and organizations: Analytical method and cases. Organization Studies, 1998, 19:769-785.
[88] [美]Joe Tidd, John Bessant, Keith Pavitt. 创新管理——技术、市场与组织变革的集成. 陈劲，龚焱等，译. 北京：清华大学出版社，2002.
[89] [美]F. 赫塞尔本等. 未来的组织——51 位世界顶尖管理大师的世纪预言. 胡苏云、储开方，译. 成都：四川人民出版社，1998.
[90] [美]P. 普拉利. 商业伦理. 洪成文等，译. 北京：中信出版社，1999.
[91] [美]V. 布什 等. 科学——无止境的前沿. 范岱年，解道华等，译. 北京：商务印书馆，2005.

[92] [美]阿伦·肯尼迪，特伦斯·迪尔. 公司文化. 印国有，葛鹏，译. 北京：生活·读书·新知三联书店，1989.
[93] [美]埃德加·H. 沙因. 企业文化与领导. 朱明伟，罗丽萍，译. 北京：中国友谊出版公司，1989.
[94] [美]艾伦·鲁宾逊，萨姆·斯特恩. 公司创造力：创新和改进是如何发生的. 杨炯，译. 上海：上海译文出版社，2001.
[95] [美]巴克·罗杰斯. IBM 道路——国际商用机器公司成功秘诀. 刘文德，张翠，译. 北京：中国展望出版社，1987.
[96] [美]彼得·德鲁克. 管理实践. 毛忠明等，译. 上海：上海译文出版社，1999.
[97] [美]彼得·德鲁克. 大变革时代的管理. 赵干城，译. 上海：上海译文出版社，1999.
[98] [美]戴维·布雷福德，艾伦·科恩. 追求卓越的管理. 蔚誉蛟，译. 北京：中国友谊出版公司，1985.
[99] [美]丹尼尔·A. 雷恩. 管理思想的演变. 李柱流等，译. 北京：中国社会科学出版社，1997.
[100] [美]杰弗瑞·克雷默. 杰克·韦尔奇领导艺术词典. 罗晓军，于春海，译. 北京：中国财政经济出版社，2001：225.
[101] [美]拉里·A. 萨默瓦、理查德·E. 波特. 跨文化传播. 北京：中国人民大学出版社，2004.
[102] [美]理查德·帕斯卡，安东尼·阿索思. 日本企业的管理艺术. 陈今森等，译. 北京：中国科学技术出版社，1984.
[103] [美]皮特斯·T. 第六项修炼——创新型组织的艺术与实务. 凯歌编，译. 延吉：延边人民出版社，2003.
[104] [美]托马斯·J. 沃森. 事业和信念. 北京：科学技术文献出版社，1984.
[105] [美]托马斯·彼得斯，罗伯特·沃特曼. 追求卓越. 北京天下风经济文化研究所，译. 北京：中央编译出版社，2000.
[106] [美]托马斯·弗里德曼. 世界是平的——21 世纪简史. 何帆，肖莹莹，郝正非，译. 长沙：湖南科学技术出版社，2006.
[107] [美]托马斯·内夫，詹姆斯·西特林. 高层智慧——全球 50 位顶级首席执行官的经营理念. 王庆华等，译. 北京：华夏出版社，2001.
[108] [美]威廉·G. 大内. Z 理论——美国企业界怎样迎接日本的挑战. 孙耀君，王祖融，译. 北京：中国社会科学出版社，1984.
[109] [美]约翰·P. 科特，詹姆斯·L. 赫斯克特. 企业文化与经营业绩. 李晓涛，曾中，译. 北京：华夏出版社，1997.
[110] [美]詹姆斯·库泽斯，巴里·波斯纳. 领导力. 李丽林，杨振东，译. 北京：电子工业出版社，2005.
[111] [美]米歇尔·勒波尔夫. 奖励——用人之道. 徐文栋，张玉姝，译. 海口：南海出版公司，1991.
[112] [美]诺尔·M. 泰奇，玛丽·安·戴瓦娜. 美国优秀企业家的成功之路——变革管理更新观念. 解景林，王建华，译. 哈尔滨：黑龙江人民出版社，1989.
[113] [美]菲力普·科特勒. 市场营销管理. 广东省财贸管理干部学院市场学翻译组，译. 北京：科学技术文献出版社，1991.
[114] [日]松下幸之助. 实践经营哲学. 北京：中国社会科学出版社，1989.
[115] [日]上野明. 无形的经营资源——卓越经营的十一个条件. 王伟军，译. 上海：上海交通大学出版社，1987.
[116] [日]土光敏夫. 经营管理之道. 张惠民，译. 北京：北京大学出版社，1982.
[117] [日]永守重信. 奇迹般的人才育成法. 李永连，张友栋，译. 石家庄：河北人民出版社，1986.
[118] [英]亚当·斯密. 国富论. 杨敬年，译. 西安：陕西人民出版社，2001.
[119] [英]詹姆斯·克里斯蒂安森. 构建创新型组织：激励创新的管理系统. 北京：经济管理出版社，2005.
[120] 2012BrandZ 最具价值全球品牌百强榜，http://WorldBrandLab.com.
[121] 宝钢集团有限公司. 持续管理创新，融入国际竞争——谢企华和宝钢现代化管理. 上海企业. 2006，

9：27-29.

[122] 曹红涛，孙立极. 锻造百年油田之魂——大庆油田思想政治工作纪实（上、下）. 人民日报，2007-09-25，2007-09-26.

[123] 陈凯，汪晓凡. 北京民营科技企业内部管理问题及对策探析. 中国科技论坛. 2006，6：48-51.

[124] 陈涛. 我国民营企业文化建设的困境与对策. 经济纵横. 2007，3：75-76.

[125] 陈邦钰. 华为的狼性管理. 企业文化. 2007，1：84-85.

[126] 陈德容. 从“狼文化”到“和・睿・行”——两种企业文化的融合. 企业管理. 2011，9：48-50.

[127] 陈长松. 报业集团企业文化的定义及要素. 新闻爱好者. 2010，12（上半月），58-60.

[128] 陈国权. 组织行为学. 北京：清华大学出版社，2006：58-59.

[129] 陈鸿鹏. 文化变革再生茂名石化. 中国石油石化. 2010，10：48-53.

[130] 陈宇峰. 三星韩国造. 北京：企业管理出版社，2006.

[131] 成思危. 中国企业管理面临的问题及对策. 北京：民主与建设出版社，2000.

[132] 房忠国，黎彩眉. 知识工资——学习型组织薪酬体系的核心. 中国人力资源开发. 2006，6：79-81，86.

[133] 董永梅. 知识经济时代组织的新趋势：知识型组织. 情报科学. 2004，3：282-285，290.

[134] 冯友兰. 中国哲学简史. 北京：北京大学出版社，1996.

[135] 付家骥. 技术创新学. 北京：清华大学出版社，1998.

[136] 官建成，王军霞. 创新型组织的界定. 科学学研究. 2002，3：319-322.

[137] 高红. 本田企业文化的忧患意识和创新意识及借鉴意义. 商场现代化. 2007，2（上旬刊）：272-273.

[138] 郭晓君，赵建辉. 学习型组织：人类社会发展的必然. 自然辩证法研究. 2006，1（22）：89-91.

[139] 郭跃进. 家族企业经营管理. 北京：经济管理出版社，2003.

[140] 国务院国资委研究室. 1+1>2——中海外重组并入中铁工纪实. 求是. 2007，4：48-50.

[141] 韩光军. 品牌策划. 北京：经济管理出版社，1997.

[142] 韩岫岚. 注意避免企业文化建设的误区. 中国工业经济. 1996，7：42-46.

[143] 郝真. 企业文化建设的运作. 北京：中国经济出版社，1995.

[144] 郝泽华. CI 策划得与失——麦当劳 CI 策划成功了吗？. 企业文化. 2005，10：30-33.

[145] 何明新. 建设集团文化需要处理好四个关系. 企业文明. 2007，9：24-26.

[146] 侯燕俐. 南非企业家一瞥. 中国企业家. 2011，9：24.

[147] 胡锦涛. 坚定不移沿着中国特色社会主义道路前进　为全面建成小康社会而奋斗——在中国共产党第十八次全国代表大会上的报告. 2012-11-8.

[148] 胡锦涛. 高举中国特色社会主义伟大旗帜　为夺取全面建设小康社会新胜利而奋斗——在中国共产党第十七次全国代表大会上的报告. 2007-10-15.

[149] 胡锦涛. 坚持走中国特色自主创新道路 为建设创新型国家而努力奋斗——在全国科学技术大会上的讲话. 2006-01-09.

[150] 湖德军，谢伯阳，程路. 中国民营企业发展报告 NO.1（2004）. 北京：社会科学文献出版社，2005.

[151] 黄心悦. Google 文化亲历记. 企业文化. 2006，9：10-12.

[152] 姜汝祥. 从 TCL 亏损看中国企业国际化之忧. 企业文化. 2005，8：22-24.

[153] 蒋兆平. 跨国公司的文化差异与竞争优势. 经济经纬. 2007，4：94-95.

[154] 可持续发展. 新华资料，http://news.xinhuanet.com/ziliao/2002-08/21/content_533048.htm.

[155] 李海，张德. 组织文化与组织有效性研究综述. 外国经济与管理. 2005，3：2-11，26.

[156] 李瑞环. 学哲学用哲学. 北京：中国人民大学出版社，2005.

[157] 李英禹等. 企业跨国并购中的人力资源整合研究. 商业研究，2008，8：50-53.

[158] 李占祥. 矛盾管理学. 北京：经济管理出版社，2000.

[159] 厉以宁. 消除国企改革九大顾虑. 中外管理，2001，5：26.

[160] 刘磊. 阿拉伯企业文化及管理特色. 阿拉伯世界，2004，5：42-45.
[161] 刘理晖. 国有企业文化的构成因素探索. 经济问题探索. 2005，9：47-49.
[162] 刘明坤. 中国商业银行海外并购的动因、机遇与战略. 金融论坛. 2011，5：37-42.
[163] 刘荣进. 破译重齿做强之谜. 企业管理. 2007，8：66-69.
[164] 刘志嘉. “不搞出名堂来就不是天铁人”——天铁集团用凝聚力打造核心竞争力的实践与思考. 求是. 2007，11：24-26.
[165] 罗珉. 新现代泰罗主义述评. 外国经济与管理. 2005，27（4）：15-27.
[166] 马秀芹. 美国文化创新价值观与教育. 当代教育科学，2005，15：54-55.
[167] 马丽蓉. 论中东国家清真寺的经济功能. 西亚非洲，2009，11：41-47.
[168] 马玉涛. 企业形象识别（CIS）与广告经营. 北京：中国广播电视出版社，1995.
[169] 美泰道歉：让中国制造赢回尊严. http://news.xinhuanet.com/comments/2007-09/23/content_6775956.htm。
[170] 潘承烈，虞祖尧. 振兴中国管理科学——中国管理科学引论. 北京：清华大学出版社，1997.
[171] 攀钢（集团）公司. 文化融合　母子同兴. 企业文明，2007，9：28-30.
[172] 清华大学人文学院. 中华文化与民族企业的崛起——百年李锦记成长之路. http://news.tsinghua.edu.cn/new/news.php?id=15352。
[173] 石滋宜. 企业领导如何塑造企业文化. 中外管理，2000，4：70-73.
[174] 水常青，许庆瑞. 企业创新文化理论研究述评. 科学学与科学技术管理，2005，3：138-142.
[175] 宋爱苏. 构建和谐社会：企业的社会责任. 探索，2005，2：100-102.
[176] 佚名. 创新长虹——中国国企的突围之路. 人民日报海外版，2007-10-09.
[177] 佚名. 文化差异冲突下中企在巴西的可持续发展道路. http://www.saonews.com/index.php?m=content&c=index&a=show&catid=21&id=157770。
[178] 汪洋，康毅仁. 联想无限：柳传志的管理艺术. 北京：民主与建设出版社，2003.
[179] 唐珺，朱启贵. 冲突、合作与和谐社会——2005 年诺贝尔经济学奖得主的学术思想及其启示. 统计研究，2006，2：74-79.
[180] 唐宁玉，洪媛媛. 文化智力：跨文化适应能力的新指标. 中国人力资源开发，2005，12：11-14，22.
[181] 王浩，卢勃. 企业集团协同经济与文化协同机制分析. 大众科技，2005，12：291-293.
[182] 王爱敏，陈磊. 跨文化人力资源管理与开发——基于经济全球化背景. 人民论坛，2011，7（333）：246-247.
[183] 王百战，高立勋. 华晨汽车在自主创新的大道上. 企业文化，2007，3：13-16.
[184] 王惠琴. 战略推进中的组织文化变革. 商业时代，2007，10：111-112.
[185] 王茂林. 构建和谐社会必须强化企业的社会责任. 求是，2005，23：17-19.
[186] 王秋佚. 民营企业二次创业中的文化建设. 上海企业，2006，10：48-50.
[187] 吴栋. 邯钢经验的理论价值及实践意义. 中国工业经济，1998，7：57-61.
[188] 吴季松. 21 世纪社会的趋势——知识经济. 北京：科学技术出版社，1998.
[189] 吴剑平，张德. 试论文化管理的两个理论假说. 中国软科学，2002，10：106-110.
[190] 吴剑平. 文化竞争力的实现模式. 中外企业文化，2001，4：4-5.
[191] 吴剑平. 当前企业观中的若干认识问题. 中外企业文化，2001，9：6-7.
[192] 吴剑平. 积极迎接学习型社会. 中国人才，2003，8：21-22.
[193] 吴剑平，吴群刚. 全球化与中国新的发展模式. 世界经济与政治，2001，4：45-50.
[194] 吴忠泽. 大力推动企业自主创新　加快建设创新型国家. 中国软科学. 2006，5：1-4.
[195] 习近平. 在庆祝中国共产党成立 95 周年大会上的讲话. 2016-07-01.
[196] 席酉民，尚玉钒. 和谐管理理论. 北京：中国人民大学出版社，2000.
[197] 蹊径. 和而不同　管理至善. 上海企业. 2007，2：62-63.

[198] 熊源伟. 公共关系学. 合肥：安徽人民出版社，1997.
[199] 解淑青. 跨国公司的跨文化冲突与策略研究. 经济理论与经济管理. 2008，10：77-80.
[200] 徐国华，张德，赵平. 管理学. 北京：清华大学出版社，1998.
[201] 许芳，李建华，吕红. 企业生态战略：和谐社会理念下的战略新思维. 生态经济，2005，11：66-70.
[202] 阎世平. 和而不同——母子公司型企业集团文化整合的根本原则. 经济问题探索，2003，9：53-58.
[203] 杨丽，李津. 中企跨国并购面临的文化差异挑战与跨文化管理模式选择. 现代财经，2009，5：34-37.
[204] 杨茗. 中国企业在非洲投资和经营研究. 现代商业，2010，3：44-45.
[205] 杨百寅，张德. 如何开发人力资源：技术理性与社会道德责任——中美人力资源理论与实践的比较研究. 清华大学学报（哲学社会科学版）. 2003，3：66-73.
[206] 阳礼泉. 我国企业集团文化建设的实践探索. 中外企业文化，2007，8：24-26.
[207] 叶生. 从《本田哲学》到《达康文化》——母子公司文化管理经典案例. 东方企业文化，2008，8：68-69.
[208] 张大中，徐文中，孟凡驰. 中国企业文化大词典. 北京：当代中国出版社，1999.
[209] 张德，刘冀生. 中国企业文化——现在与未来. 北京：中国商业出版社，1991.
[210] 张德，吴剑平，曲庆. 和谐管理——衡水电机模式. 北京：机械工业出版社，1997.
[211] 张德，吴剑平. 文化管理——对科学管理的超越. 北京：清华大学出版社，2008.
[212] 张德. 企业文化建设. 第二版. 北京：清华大学出版社，2009.
[213] 张德. 人力资源开发与管理. 第四版. 北京：清华大学出版社，2012.
[214] 张德. 现代管理学. 北京：清华大学出版社，2007.
[215] 张德. 组织行为学. 第四版. 北京：高等教育出版社，2011.
[216] 张德，潘文君. 企业文化. 北京：清华大学出版社，2007.
[217] 张德，余玲艳，刘泱. 中小企业的成功范式——心力管理解读. 北京：清华大学出版社，2012.
[218] 张德. 从科学管理到文化管理——世界企业管理的软化趋势. 清华大学学报（哲学社会科学版），1993，1：28-36.
[219] 张德. 企业的成功重在创造文化. 中外管理，1997，1.
[220] 张德. 人才争夺激化与企业文化建设. 中国人才，2002，5.
[221] 张德，王雪莉. 知识经济下的人力资源开发与管理. 清华大学学报（哲学社会科学版），2000，5.
[222] 张德. 儒家文化传统与东亚经济崛起. 北京企业文化，1995，4.
[223] 张德. 走动管理与站着开会. 北京企业文化，1993，6.
[224] 张德. 学习型组织与育才型领导. 中外企业文化，2006，1：11-12.
[225] 张德. 创新是企业永恒的主题. 税收与企业，2002，8：53-54.
[226] 张德，马月婷. 企业文化建设存在的问题和对策. 商业时代，2008，3：108-109.
[227] 张德，余玲艳. 集团文化建设落地的关键点. 中国人才，2007，19：80-81.
[228] 张勉，张德. 组织文化测量研究述评. 外国经济与管理，2004，8（26）：2-7.
[229] 张平. 解读永泰动力——访山东永泰化工集团董事长、总经理尤学中. 企业管理，2006，10：74-76.
[230] 张士景，贺颖峰. 雪驰，从谷底飞出的凤凰. 光明日报，1999-01-11.
[231] 张艳茹. 浙商投资非洲之策略. 企业经济，2008，8：156-158.
[232] 张永兴. 中国著名品牌处于提升关键期. http://news.xinhuanet.com/world/2007-08/30/content_6630742.htm.
[233] 张玉华. 知识经济背景下应运而生的知识工资方案. 石油大学学报（社会科学版），2003，5：25-27.
[234] 张占耕编著. 无形资产管理. 上海：立信会计出版社，1998.
[235] 章鲁生. 秘鲁银行大亨“装疯卖傻”. 青年参考，2011-08-17.
[236] 赵庆. 企业集团文化力管控研究综述. 生产力研究，2010，5：252-254.
[237] 中共中央关于全面深化改革若干重大问题的决定，2013-11-12.

[238] 中共中央关于构建社会主义和谐社会若干重大问题的决定，2006-10-11.
[239] 中共中央关于深化文化体制改革推动社会主义文化大发展大繁荣若干重大问题的决定，2011-10-18.
[240] 中国北京同仁堂集团公司，北京同仁堂史编委会. 北京同仁堂史. 北京：人民日报出版社，1993.
[241] 周清明. 非洲中小企业发展管见. 经济纵横，1999，5：60-61.
[242] 郑明身. 积极推进企业组织创新. 求是，2001，10：36-39.
[243] 郑明身. 迎接新世纪挑战的管理创新——浅析近年来我国企业管理创新实践. 经济界，2004，2：20-25.

教师服务

感谢您选用清华大学出版社的教材！为了更好地服务教学，我们为授课教师提供本书的教学辅助资源，以及本学科重点教材信息。请您扫码获取。

教辅获取

本书教辅资源，授课教师扫码获取

样书赠送

人力资源类重点教材，教师扫码获取样书

清华大学出版社

E-mail: tupfuwu@163.com
电话：010-83470332 / 83470142
地址：北京市海淀区双清路学研大厦 B 座 509

网址：http://www.tup.com.cn/
传真：8610-83470107
邮编：100084